메가스터디 **중학수학**

1일 1개념

3·1

중학수학, 개념이 먼저다!

초등수학은 "연산", 중학수학는 "개념", 고등수학은 "개념의 확장"이라고 합니다.

수학에서 개념이 중요하다는 말을 흔히 합니다. 많은 학생들을 살펴보면, 교과서나 문제집의 개념 설명 부분을 잘 읽지 않고, 개별적인 문제들을 곧장 풀기 시작하는 경우가 종종 있습니다. 이런 학생들은 문제를 풀면서 자연스럽게 개념이 이해되었다고 생각하고, 문제를 맞히면 그 개념을 이해한 것으로 여겨 더 이상 깊이 있게 개념을 학습하려 하지 않습니다.

그렇다면 수학을 공부할 때 문제 풀이는 어떤 의미를 가질까요?
개념을 잘 이해했는지 확인하는 데 가장 효율적인 방법이 문제 풀이입니다. 따라서 문제를 푸는 목적을 "개념 이해"에 두는 것이 맞습니다. 개념을 제대로 이해한 후에 문제를 풀어야 그 개념이 더욱 확장되고, 확장된 개념은 더 어려운 개념을 이해하고 더 어려운 문제를 푸는 데 도움이 됩니다.

이때 개념 이해를 소홀히 한 학생들은 개념이 확장되어 어려운 문제를 다루는 고등학교에 가서야 비로소 문제가 잘 풀리지 않는 경험을 하게 되고, 그제야 개념이 중요했다는 것을 깨닫습니다. 따라서 중학교 때 수학 개념을 꾸준히, 제대로 익히는 것이 무엇보다 중요합니다.

중학수학, 이렇게 공부하자!

01 문제 안에 사용된 개념을 파악하자!

문제를 푸는 기술만 익히면 당장 성적을 올리는 데 도움이 되지만, 응용 문제를 풀거나 상급 학교의 수학을 이해할 때 어려움을 겪을 수 있다.

📖 **그래서 이 책은,** 교과서를 분석하여 1일 1개 개념 학습이 가능하도록 개념을 선별, 구성하였습니다. 또한 이전 학습 개념을 제시하여 학습 결손이 예상되는 부분을 빠르게 찾도록 하였습니다.

02 문제 풀이 기술보다 개념을 먼저 익히자!

문제를 푸는 목적은 개념 이해이므로 문제에서 묻고자 하는 개념이 무엇인지 파악하는 것이 문제 풀이에서 가장 중요하다.

📖 **그래서 이 책은,** 개념 다지기 문제들은 핵심 개념을 분명하게 확인할 수 있는 것으로만 구성하였습니다. 억지로 어렵게 만든 문제들을 풀면서 소중한 학습 시간을 버리지 않도록 하였습니다.

03 쉬운 문제만 풀지 말자!

조금 까다로운 문제도 하루에 1~2문제씩 푸는 것이 좋다. 이는 어려운 내신 문제를 해결하거나 더 어려워지는 고등수학에의 적응을 위해 필요하다.

📖 **그래서 이 책은,** 생각이 자라는 문제 해결 또는 창의·융합 문제를 개념당 1개씩 마지막에 제시하였습니다. 문제를 풀기 위해 도출해야 할 개념, 원리를 스스로 생각해 보는 장치도 마련하였습니다.

04 공부한 개념 사이의 관계를 정리해 보자!

한 단원을 모두 학습한 후에 각 개념을 제대로 이해했는지, 개념들 사이에 어떤 관계가 있는지를 정리해야 한다.

📖 **그래서 이 책은,** 내신 빈출 문제로 단원 마무리를 할 수 있게 하였습니다. 이어서 해당 단원의 마인드맵으로 개념 사이의 관계를 이해하고, OX 문제로 개념 이해 유무를 빠르게 점검할 수 있게 하였습니다.

05 꾸준히 하는 수학 학습 습관을 들이자!

01~04의 과정을 매일 꾸준히 하는 수학 학습 습관을 만들어야 한다.

📖 **그래서 이 책은,** 하루 20분씩 매일 01~04의 학습 과정을 반복하도록 하는 학습 시스템을 교재에 구현하였습니다.

이 책의 짜임새

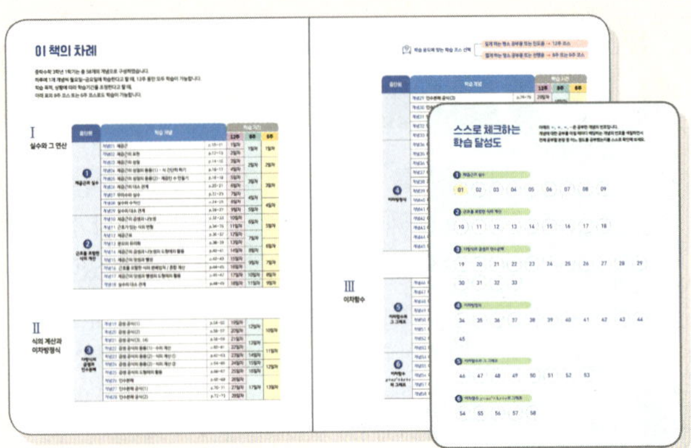

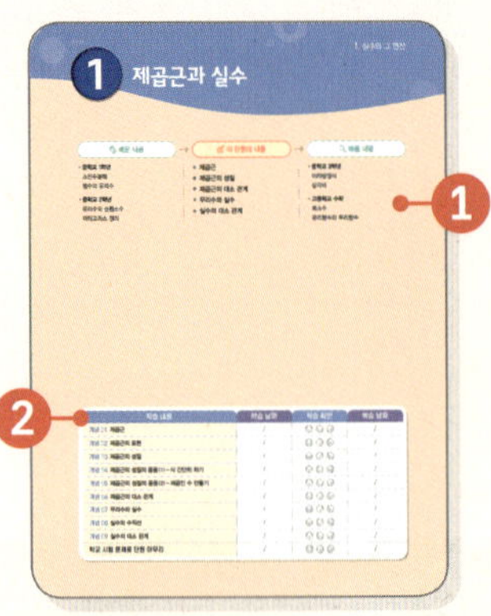

이 책의 차례
학습할 전체 개념과 이에 대한 12주, 8주, 6주 완성 코스를 제시

학습 달성도
개념 학습을 마칠 때마다 개념 번호를 색칠하면서
학습 달성 정도를 확인

학습 계통도 & 계획표
❶ 이 단원의 학습 내용에 대한 이전 학습,
이후 학습 제시
❷ 이 단원의 학습 계획표 제시(학습 날짜,
이해도 표시)

step1 개념 학습

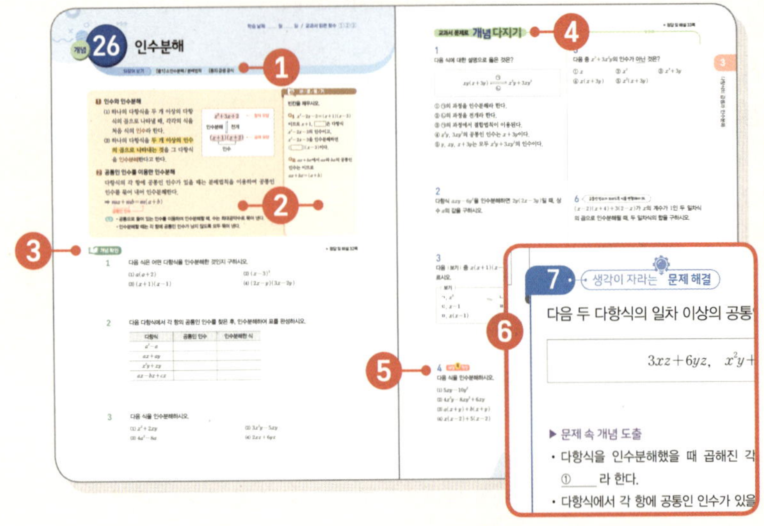

❶ 해당 개념 학습에 필요한 사전 학습 개념 제시
❷ • 1일 학습이 가능하도록 개념 분류 & 정리
  • 교과서 예를 문제화한 바로 푸는 문제 제시
❸ 기본기를 올리는 개념 확인 문제 제시
❹ 학습한 개념을 제대로 이해했는지 확인하는 문제
  들로만 구성
❺ 해설 꼭 확인 자주 실수하는 부분을 확인할 수 있는 문
  제 제시
❻ 생각이 자라는 창의·융합 / 문제 해결
  • 학습한 개념을 깊이 있게 분석하는 문제 또는 타
    교과나 실생활의 지식과 연계한 문제 제시
  • 문제 풀이에 필요한 개념, 원리를 스스로 도출하
    는 장치 제시

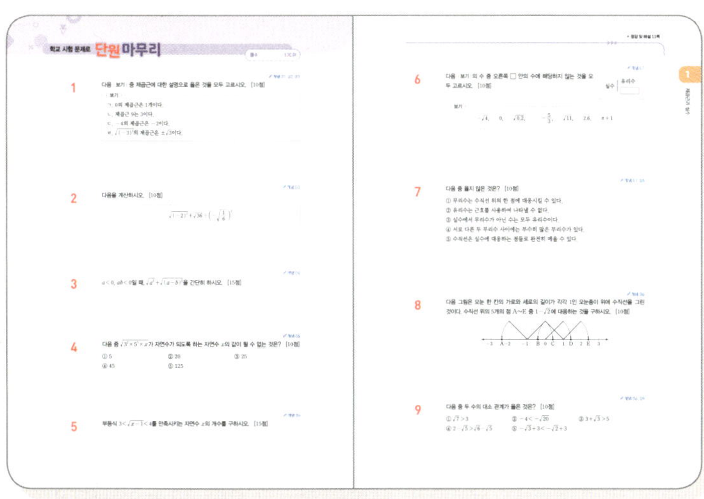

학교 시험 문제로 단원 마무리

자신의 실력을 점검하고, 실전 감각을 키울 수 있도록
전국 중학교 기출문제 중 최다 빈출 문제를 뽑아 중단원별로 구성

배운 내용 돌아보기

❶ 핵심 개념을 **마인드맵**으로 한눈에 정리
❷ **OX 문제**로 공부한 개념에 대한 이해를
　간단하게 점검

정확한 답과 친절한 해설

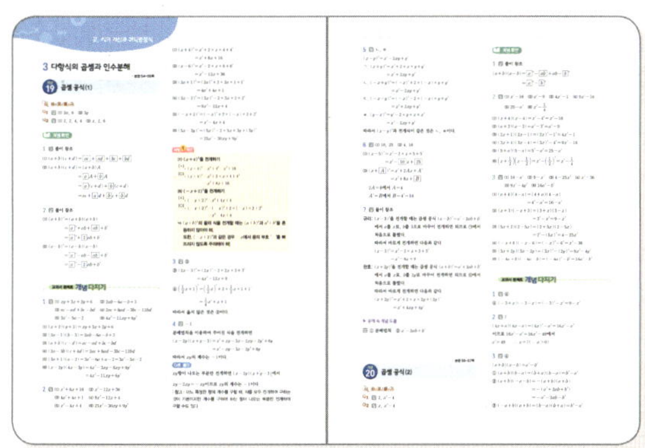

쉬운 문제부터 조금 까다로운 문제까지 과정을 생략
하는 부분 없이 이해하기 쉽도록 설명

해설 꼭 확인 개념 학습 부분에서 오개념이 발생할 수 있는,
즉 자주 실수하는 문제에 대해서는 그 이유와 실수를
피하는 방법 제시

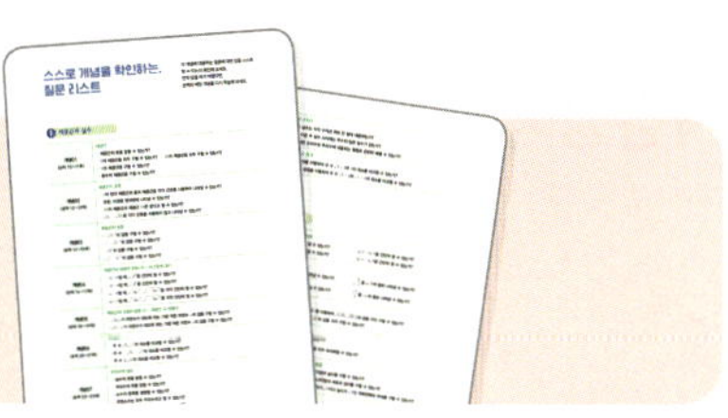

질문 리스트

개념이나 용어의 뜻, 원리 등을 제대로 이해했는지
확인하는 질문들을 모아 구성

개념 Drill **1일 1개념 드릴북**(별매) – 계산력과 개념 이해력 강화를 위한 반복 연습 교재
"1일 1개념 드릴북"은 "1일 1개념"을 공부한 후, 나만의 숙제로 추가 공부가 필요한 학생에게 추천합니다!

이 책의 차례

중학수학 3학년 1학기는 총 58개의 개념으로 구성하였습니다.
하루에 1개 개념씩 월요일~금요일에 학습한다고 할 때, 12주 동안 모두 학습이 가능합니다.
학습 목적, 상황에 따라 학습기간을 조정한다고 할 때,
아래 표의 8주 코스 또는 6주 코스로도 학습이 가능합니다.

I 실수와 그 연산

중단원	학습 개념		학습 기간		
			12주	8주	6주
1 제곱근과 실수	개념01 제곱근	p.10~11	1일차	1일차	1일차
	개념02 제곱근의 표현	p.12~13	2일차		
	개념03 제곱근의 성질	p.14~15	3일차	2일차	2일차
	개념04 제곱근의 성질의 응용(1) – 식 간단히 하기	p.16~17	4일차		
	개념05 제곱근의 성질의 응용(2) – 제곱인 수 만들기	p.18~19	5일차	3일차	3일차
	개념06 제곱근의 대소 관계	p.20~21	6일차		
	개념07 무리수와 실수	p.22~23	7일차		
	개념08 실수와 수직선	p.24~25	8일차	4일차	4일차
	개념09 실수의 대소 관계	p.26~27	9일차	5일차	
2 근호를 포함한 식의 계산	개념10 제곱근의 곱셈과 나눗셈	p.32~33	10일차	6일차	5일차
	개념11 근호가 있는 식의 변형	p.34~35	11일차		
	개념12 제곱근표	p.36~37	12일차	7일차	
	개념13 분모의 유리화	p.38~39	13일차		6일차
	개념14 제곱근의 곱셈과 나눗셈의 도형에의 활용	p.40~41	14일차	8일차	
	개념15 제곱근의 덧셈과 뺄셈	p.42~43	15일차	9일차	7일차
	개념16 근호를 포함한 식의 분배법칙 / 혼합 계산	p.44~45	16일차		
	개념17 제곱근의 덧셈과 뺄셈의 도형에의 활용	p.46~47	17일차	10일차	8일차
	개념18 실수의 대소 관계	p.48~49	18일차	11일차	9일차

II 식의 계산과 이차방정식

중단원	학습 개념		12주	8주	6주
3 다항식의 곱셈과 인수분해	개념19 곱셈 공식(1)	p.54~55	19일차	12일차	10일차
	개념20 곱셈 공식(2)	p.56~57	20일차		
	개념21 곱셈 공식(3), (4)	p.58~59	21일차	13일차	
	개념22 곱셈 공식의 응용(1) – 수의 계산	p.60~61	22일차		11일차
	개념23 곱셈 공식의 응용(2) – 식의 계산 ①	p.62~63	23일차	14일차	
	개념24 곱셈 공식의 응용(2) – 식의 계산 ②	p.64~65	24일차	15일차	12일차
	개념25 곱셈 공식의 도형에의 활용	p.66~67	25일차	16일차	
	개념26 인수분해	p.68~69	26일차		
	개념27 인수분해 공식(1)	p.70~71	27일차	17일차	13일차
	개념28 인수분해 공식(2)	p.72~73	28일차		

스스로 체크하는 학습 달성도

아래의 01, 02, 03, …은 공부한 개념의 번호입니다.
개념에 대한 공부를 마칠 때마다 해당하는 개념의 번호를 색칠하면서
전체 공부할 분량 중 어느 정도를 공부했는지를 스스로 확인해 보세요.

1 제곱근과 실수

01 02 03 04 05 06 07 08 09

2 근호를 포함한 식의 계산

10 11 12 13 14 15 16 17 18

3 다항식의 곱셈과 인수분해

19 20 21 22 23 24 25 26 27 28 29
30 31 32 33

4 이차방정식

34 35 36 37 38 39 40 41 42 43 44
45

5 이차함수와 그 그래프

46 47 48 49 50 51 52 53

6 이차함수 $y=ax^2+bx+c$의 그래프

54 55 56 57 58

1 제곱근과 실수

⏱ 배운 내용	→	🎯 이 단원의 내용	→	🔍 배울 내용

• 중학교 1학년
소인수분해
정수와 유리수

• 중학교 2학년
유리수와 순환소수
피타고라스 정리

◆ 제곱근
◆ 제곱근의 성질
◆ 제곱근의 대소 관계
◆ 무리수와 실수
◆ 실수의 대소 관계

• 중학교 3학년
이차방정식
삼각비

• 고등학교 수학
복소수
유리함수와 무리함수

학습 내용	학습 날짜	학습 확인	복습 날짜
개념 01 제곱근	/	☺ 😐 ☹	/
개념 02 제곱근의 표현	/	☺ 😐 ☹	/
개념 03 제곱근의 성질	/	☺ 😐 ☹	/
개념 04 제곱근의 성질의 응용 (1) − 식 간단히 하기	/	☺ 😐 ☹	/
개념 05 제곱근의 성질의 응용 (2) − 제곱인 수 만들기	/	☺ 😐 ☹	/
개념 06 제곱근의 대소 관계	/	☺ 😐 ☹	/
개념 07 무리수와 실수	/	☺ 😐 ☹	/
개념 08 실수와 수직선	/	☺ 😐 ☹	/
개념 09 실수의 대소 관계	/	☺ 😐 ☹	/
학교 시험 문제로 단원 마무리	/	☺ 😐 ☹	/

제곱근

되짚어 보기　[중1] 거듭제곱 / 양수와 음수

어떤 수 x를 제곱하여 a가 될 때, 즉

$$x^2 = a$$

일 때, x를 a의 **제곱근**이라 한다.

예 $2^2 = 4$, $(-2)^2 = 4$이므로 4의 제곱근은 2와 -2이다.

(1) 양수의 제곱근은 양수와 음수 2개가 있고, 그 두 수의 절댓값은 서로 같다.

(2) 0의 제곱근은 0뿐이다.

(3) 제곱하여 음수가 되는 수는 없으므로 음수의 제곱근은 생각하지 않는다(없다).

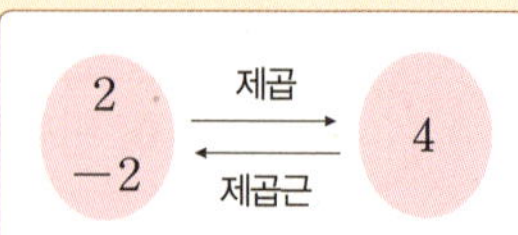

바/로/풀/기

빈칸을 채우시오.

Q1 $3^2 = 9$, $(-3)^2 = 9$이므로
9의 제곱근은 3과 □이다.
같은 방법으로
$5^2 = 25$, $(□)^2 = 25$이므로
25의 제곱근은 □와 -5이다.

📖 **개념 확인**　　　　　　　　　　　　　● 정답 및 해설 2쪽

1 제곱하여 다음 수가 되는 수를 모두 구하시오.

(1) 1　　　　　　　　　　　　(2) 16

(3) 64　　　　　　　　　　　(4) 100

(5) $\dfrac{1}{4}$　　　　　　　　　　(6) 0.09

2 다음 식을 만족시키는 x의 값을 모두 구하시오.

(1) $x^2 = 49$　　　　　　　　(2) $x^2 = 81$

(3) $x^2 = 144$　　　　　　　(4) $x^2 = 0$

(5) $x^2 = \dfrac{4}{9}$　　　　　　　(6) $x^2 = 0.16$

3 다음 □ 안에 알맞은 수를 쓰고, 주어진 수의 제곱근을 구하시오.

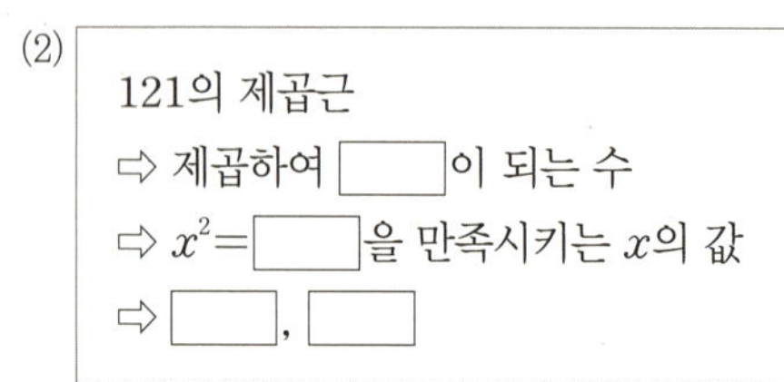

(1)
36의 제곱근
⇨ 제곱하여 □이 되는 수
⇨ $x^2 = □$을 만족시키는 x의 값
⇨ □, □

(2)
121의 제곱근
⇨ 제곱하여 □이 되는 수
⇨ $x^2 = □$을 만족시키는 x의 값
⇨ □, □

1

다음 □ 안에 알맞은 수를 쓰시오.

(1) $x^2 = 4$를 만족시키는 x의 값은 □, □이다.

(2) 81의 제곱근은 □, □이다.

(3) 제곱하여 0.36이 되는 수는 □, □이다.

(4) $\dfrac{9}{49}$의 제곱근은 □, □이다.

2

다음 중 'x는 9의 제곱근이다.'를 식으로 바르게 나타낸 것은?

① $x^2 = 9$ ② $x = 9^2$

③ $x^2 = 9^2$ ④ $x = 9$

⑤ $x = -9$

3

다음 수의 제곱근을 모두 구하시오.

(1) 64   (2) $\dfrac{16}{25}$

(3) 0.04   (4) $(-5)^2$

4

다음을 만족시키는 수를 | 보기 |에서 모두 고르시오.

| 보기 |

$$-8, \quad 0, \quad -1, \quad \frac{1}{9}, \quad 16$$

(1) 제곱근이 0개인 수

(2) 제곱근이 1개인 수

(3) 제곱근이 2개인 수

5

다음 | 보기 | 중 제곱근에 대한 설명으로 옳은 것을 모두 고르시오.

| 보기 |

ㄱ. 6은 36의 제곱근이다.

ㄴ. 49의 제곱근은 2개이다.

ㄷ. 0의 제곱근은 없다.

ㄹ. $(-8)^2$과 8^2의 제곱근은 같다.

ㅁ. 25의 제곱근은 5이다.

ㅂ. -9의 제곱근은 -3이다.

6 · 생각이 자라는 **문제 해결**

가로의 길이가 4 cm, 세로의 길이가 9 cm인 직사각형과 넓이가 같은 정사각형을 만들려고 한다. 이 정사각형의 한 변의 길이를 구하시오.

▶ 문제 속 개념 도출

• x는 a의 ① _______ 이다. (단, $a > 0$)

  ➡ x를 제곱하면 a가 된다.

  ➡ $x^2 = $ ② ___ 를 만족시킨다.

• (정사각형의 넓이)=(정사각형의 한 변의 길이)^{2}이므로 정사각형의 한 변의 길이는 ③ _______ 의 제곱근 중 양수의 값과 같다.

개념 02 제곱근의 표현

되짚어 보기　[중1] 거듭제곱　[중3] 제곱근

(1) 제곱근을 나타내기 위하여 기호 $\sqrt{}$ 를 사용하는데, 이 기호를 **근호**라 하고 '제곱근' 또는 '루트'라 읽는다.

$$\sqrt{a} \;\Rightarrow\; \text{제곱근 } a, \text{ 루트 } a$$

(2) 양수 a의 두 제곱근 중에서
① 양수인 것을 양의 제곱근이라 하고, $\sqrt{a}$로 나타낸다.
② 음수인 것을 음의 제곱근이라 하고, $-\sqrt{a}$로 나타낸다.

이때 $\sqrt{a}$와 $-\sqrt{a}$를 한꺼번에 $\pm\sqrt{a}$로 나타내기도 한다.

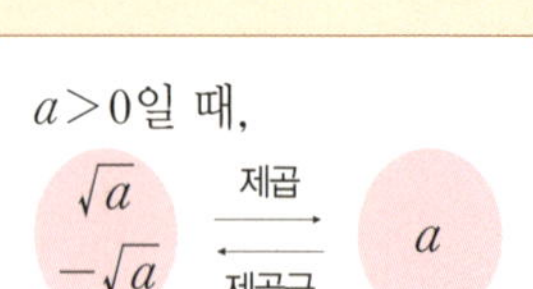

참고 제곱근을 나타낼 때, 근호 안의 수가 어떤 유리수의 제곱이면 근호를 사용하지 않고 나타낼 수 있다.
예 4의 제곱근: $\pm\sqrt{4}=\pm2$

바/로/풀/기

빈칸을 채우고, 옳은 것에 ○표 하시오.

Q1 7의 양의 제곱근은 $\boxed{}$, 음의 제곱근은 $\boxed{}$이고 이것을 한꺼번에 $\boxed{}$로 나타내기도 한다.

Q2 9의 제곱근을 나타낼 때, 9는 3의 제곱이므로 근호를 사용하지 않고 나타낼 수 (있다, 없다).

개념 확인　　　　　　　　　　● 정답 및 해설 3쪽

1 다음 표를 완성하시오.

a	2	3	4	5	6
a의 양의 제곱근	$\sqrt{2}$	$\sqrt{3}$	$\sqrt{4}=2$		
a의 음의 제곱근	$-\sqrt{2}$	$-\sqrt{3}$			
a의 제곱근	$\pm\sqrt{2}$				

2 다음 수의 제곱근을 근호를 사용하여 나타내시오.

(1) 7　　　　　(2) 11　　　　　(3) 0.2　　　　　(4) $\dfrac{2}{5}$

3 다음 표를 완성하시오.

a	a의 제곱근	제곱근 a
10		
23		
0.1		
$\dfrac{1}{2}$		

교과서 문제로 개념 다지기

1 해설 꼭 확인

다음을 근호를 사용하여 나타내시오.

(1) 11의 양의 제곱근 (2) 11의 음의 제곱근

(3) 11의 제곱근 (4) 제곱근 11

2

다음 중 그 값이 나머지 넷과 다른 하나는?

① 13의 제곱근

② 제곱하여 13이 되는 수

③ $x^2=13$을 만족시키는 x의 값

④ $\pm\sqrt{13}$

⑤ 제곱근 13

3 피타고라스 정리를 이용하여 직각삼각형의 빗변의 길이를 구해 봐.

다음 그림의 직각삼각형에서 빗변의 길이를 근호를 사용하여 나타내시오.

(1) 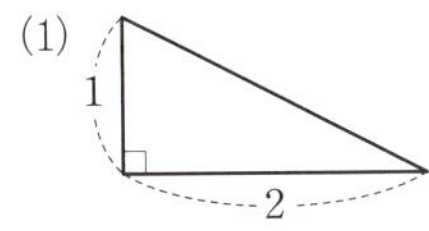 (2) 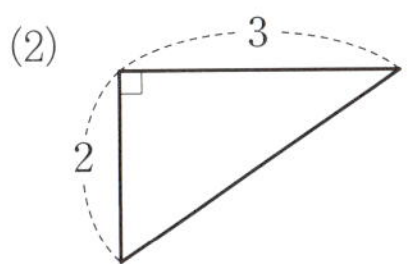

4

다음을 근호를 사용하지 않고 나타내시오.

(1) $\sqrt{16}$ (2) $-\sqrt{25}$

(3) $\sqrt{\dfrac{1}{9}}$ (4) $\sqrt{0.04}$

5

다음 |보기| 중 옳은 것을 모두 고르시오.

| 보기 |

ㄱ. 3의 음의 제곱근은 $-\sqrt{3}$이다.

ㄴ. $\sqrt{2}$는 2의 제곱근이다.

ㄷ. 제곱근 16은 ±4이다.

ㄹ. 넓이가 5인 정사각형의 한 변의 길이는 $\sqrt{5}$이다.

6 해설 꼭 확인

$\sqrt{81}$의 양의 제곱근을 a, $(-4)^2$의 음의 제곱근을 b라 할 때, $a-b$의 값을 구하시오.

7 생각이 자라는 문제 해결

오른쪽 그림과 같이 $\overline{AB}=4$, $\overline{BC}=3$, $\overline{CD}=2$일 때, $\overline{AD}$의 길이를 구하시오.

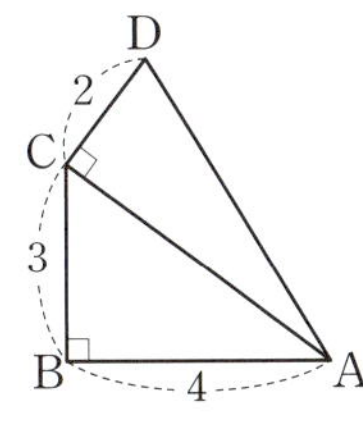

▶ 문제 속 개념 도출

• 양수 a의 양의 제곱근은 $\sqrt{a}$이고, 음의 제곱근은 ①______ 이다.

• 근호 안의 수가 어떤 수의 ②______ 이면 근호를 사용하지 않고 나타낼 수 있다.

• 직각삼각형에서 직각을 낀 두 변의 길이를 각각 a, b라 하고, 빗변의 길이를 c라 하면 다음이 성립한다.

➡ $a^2+b^2=$③______

개념 03 제곱근의 성질

되짚어 보기　[중1] 거듭제곱　[중3] 제곱근의 표현

$a>0$일 때

(1) a의 제곱근을 제곱하면 a가 된다.

➡ $(\sqrt{a})^2=a,\ (-\sqrt{a})^2=a$

（예） $(\sqrt{3})^2=3,\ (-\sqrt{3})^2=(\sqrt{3})^2=3$

(2) 근호 안의 수가 어떤 수의 제곱이면 근호를 사용하지 않고 나타낼 수 있다.

➡ $\sqrt{a^2}=a,\ \sqrt{(-a)^2}=a$

（예） $\sqrt{3^2}=3,\ \sqrt{(-3)^2}=\sqrt{3^2}=3$

바/로/풀/기

빈칸을 채우시오.

Q1 2의 제곱근은 $\pm\sqrt{2}$이므로
$(\sqrt{2})^2=\square,\ (-\sqrt{2})^2=\square$

Q2 $5^2=25,\ (-5)^2=25$이고,
25의 양의 제곱근은 5이므로
$\sqrt{5^2}=\square,\ \sqrt{(-5)^2}=\square$

개념 확인

● 정답 및 해설 4쪽

1 다음 값을 구하시오.

(1) $(\sqrt{5})^2$

(2) $(\sqrt{10})^2$

(3) $(-\sqrt{7})^2$

(4) $-(-\sqrt{7})^2$

(5) $\left(\sqrt{\dfrac{1}{3}}\right)^2$

(6) $\left(-\sqrt{\dfrac{3}{4}}\right)^2$

(7) $(\sqrt{0.2})^2$

(8) $(-\sqrt{0.4})^2$

2 다음 값을 구하시오.

(1) $\sqrt{4^2}$

(2) $\sqrt{11^2}$

(3) $\sqrt{(-6)^2}$

(4) $-\sqrt{(-6)^2}$

(5) $\sqrt{\left(\dfrac{1}{2}\right)^2}$

(6) $\sqrt{\left(-\dfrac{2}{5}\right)^2}$

(7) $\sqrt{0.5^2}$

(8) $\sqrt{(-0.1)^2}$

3 다음은 제곱근의 성질을 이용하여 식을 계산하는 과정이다. □ 안에 알맞은 수를 쓰시오.

(1) $\sqrt{2^2}+(-\sqrt{5})^2$

$\sqrt{2^2}=\square,\ (-\sqrt{5})^2=\square$ 이므로
$\sqrt{2^2}+(-\sqrt{5})^2=\square$

(2) $\sqrt{(-7)^2}-(\sqrt{6})^2$

$\sqrt{(-7)^2}=\square,\ (\sqrt{6})^2=\square$ 이므로
$\sqrt{(-7)^2}-(\sqrt{6})^2=\square$

교과서 문제로 **개념 다지기**

1 해설 꼭 확인

다음 네 학생 중 나머지 셋과 다른 값을 갖고 있는 학생을 찾으시오.

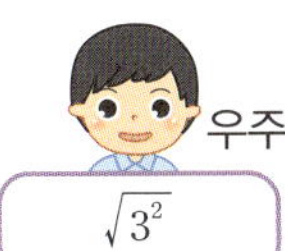

2

다음 중 옳지 <u>않은</u> 것은?

① $\sqrt{3^2}=3$

② $\sqrt{(-10)^2}=-10$

③ $-\sqrt{8^2}=-8$

④ $\left(-\sqrt{\dfrac{3}{2}}\right)^2=\dfrac{3}{2}$

⑤ $(\sqrt{0.7})^2=0.7$

3

다음 수를 크기가 작은 것부터 차례로 나열하시오.

$$-\sqrt{6^2}, \quad (-\sqrt{2})^2, \quad \sqrt{(-5)^2}, \quad (-\sqrt{3})^2$$

4

다음 | 보기 | 중 옳은 것을 모두 고르시오.

| 보기 |

ㄱ. $(\sqrt{7})^2$의 제곱근은 $\pm\sqrt{7}$이다.

ㄴ. $\sqrt{(-11)^2}$의 제곱근은 -11이다.

ㄷ. $(-\sqrt{9})^2$의 제곱근은 ±9이다.

ㄹ. $-\sqrt{(-4)^2}$의 제곱근은 없다.

5

다음을 계산하시오.

(1) $(\sqrt{3})^2+\sqrt{7^2}$

(2) $(-\sqrt{13})^2-\sqrt{5^2}$

(3) $(\sqrt{2})^2\times\sqrt{(-6)^2}$

(4) $\sqrt{12^2}\div(-\sqrt{4})^2$

6 · 생각이 자라는 **창의·융합**

다음 그림과 같은 전개도를 이용하여 정육면체를 만들었을 때, 마주 보는 두 면에 적힌 두 수 중 한 수는 다른 한 수를 근호를 사용하지 않고 나타낸 것이다. 이때 정수 a, b, c의 값을 각각 구하시오.

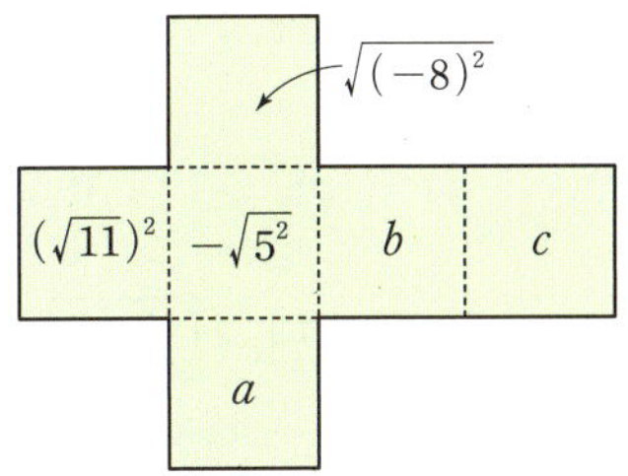

▶ 문제 속 개념 도출

- $a>0$일 때, $\sqrt{a}$와 $-\sqrt{a}$는 a의 제곱근이므로 이들을 각각 ① ______ 하면 a가 된다.

  ➡ $(\sqrt{a})^2=a$, $(-\sqrt{a})^2=a$

- $a>0$일 때, 근호 안의 수가 어떤 수의 제곱이면 ② ______ 를 사용하지 않고 나타낼 수 있다.

  ➡ $\sqrt{a^2}=a$, $\sqrt{(-a)^2}=a$

개념 04 제곱근의 성질의 응용(1) – 식 간단히 하기

되짚어 보기   [중1] 절댓값   [중3] 제곱근의 성질

모든 수 A에 대하여 $\sqrt{A^2}$은 A^2의 양의 제곱근이므로 A의 부호에 관계없이 항상 음이 아닌 값을 가진다.

➡ $\sqrt{A^2}=\underset{\text{음이 아닌 값}}{|A|}=\begin{cases} A\geq 0\text{일 때, } A \\ A<0\text{일 때, } -A \end{cases}$

$\sqrt{(\text{양수})^2}=(\text{양수})$
$\sqrt{(\text{음수})^2}=\underset{\text{양수}}{-(\text{음수})}$

(예) $\sqrt{2^2}=2$, $\sqrt{(-2)^2}=-(-2)=2$
2가 양수이므로 부호 그대로 ┗→ −2가 음수이므로 앞에 −를 붙인다.

(참고) $\sqrt{(a-b)^2}$을 포함한 식을 간단히 할 때는 먼저 $a-b$의 부호를 조사한다.
• $a-b>0 \Rightarrow \sqrt{(a-b)^2}=a-b$ ← 부호 그대로
• $a-b<0 \Rightarrow \sqrt{(a-b)^2}=-(a-b)=-a+b$ ← 부호 반대로

바/로/풀/기

빈칸을 채우시오.

Q_1 $\sqrt{3^2}=\boxed{}$,
3이 양수이므로 부호 그대로

$\sqrt{(-3)^2}=-(\boxed{})=3$
−3이 음수이므로 부호 반대로

개념 확인   ● 정답 및 해설 5쪽

1 다음 □ 안에 알맞은 것을 쓰시오.

(1) $\sqrt{a^2}=\begin{cases} a\geq 0\text{일 때, } \boxed{} \\ a<0\text{일 때, } \boxed{} \end{cases}$

(2) $\sqrt{(-a)^2}=\begin{cases} a\geq 0\text{일 때, } -a\leq 0\text{이므로 } \boxed{} \\ a<0\text{일 때, } -a>0\text{이므로 } \boxed{} \end{cases}$

2 다음 ○ 안에는 부등호 >, < 중 알맞은 것을 쓰고, □ 안에는 알맞은 식을 쓰시오.

(1) $a>0$일 때, $\sqrt{(2a)^2}=\boxed{}$
$2a \bigcirc 0$

(2) $a<0$일 때, $\sqrt{(2a)^2}=\boxed{}$
$2a \bigcirc 0$

(3) $a>0$일 때, $\sqrt{(-2a)^2}=-(\boxed{})=\boxed{}$
$-2a \bigcirc 0$

(4) $a<0$일 때, $\sqrt{(-2a)^2}=\boxed{}$
$-2a \bigcirc 0$

3 다음 ○ 안에는 부등호 >, < 중 알맞은 것을 쓰고, □ 안에는 알맞은 식을 쓰시오.

(1) $x>1$일 때, $\sqrt{(x-1)^2}=\boxed{}$
$x-1 \bigcirc 0$

(2) $x<1$일 때, $\sqrt{(x-1)^2}=-(\boxed{})=\boxed{}$
$x-1 \bigcirc 0$

교과서 문제로 **개념**다지기

1

다음 식을 간단히 하시오.

(1) $x>0$일 때, $\sqrt{(3x)^2}$

(2) $x<0$일 때, $\sqrt{(3x)^2}$

(3) $x>0$일 때, $\sqrt{(-3x)^2}$

(4) $x<0$일 때, $\sqrt{(-3x)^2}$

2

$a>0$일 때, 다음 식을 간단히 하시오.

(1) $\sqrt{(7a)^2}$

(2) $\sqrt{(-5a)^2}$

(3) $\sqrt{(7a)^2}+\sqrt{(-5a)^2}$

3

$a<0$일 때, 다음 식을 간단히 하시오.

(1) $\sqrt{(4a)^2}$

(2) $\sqrt{(-6a)^2}$

(3) $\sqrt{(4a)^2}-\sqrt{(-6a)^2}$

4

$a>0$일 때, $\sqrt{(5a)^2}+\sqrt{(-4a)^2}$을 간단히 하시오.

5

다음 식을 간단히 하시오.

(1) $x>-1$일 때, $\sqrt{(x+1)^2}$

(2) $x<-1$일 때, $\sqrt{(x+1)^2}$

(3) $x>4$일 때, $\sqrt{(x-4)^2}$

(4) $x>4$일 때, $\sqrt{(4-x)^2}$

6

다음은 $-3<x<2$일 때, $\sqrt{(x-2)^2}+\sqrt{(x+3)^2}$을 간단히 하는 과정이다. $\square$ 안에 알맞은 것을 쓰시오.

$$\sqrt{(x-2)^2}+\sqrt{(x+3)^2}$$
$$\Rightarrow x-2<0이므로 \sqrt{(x-2)^2}=\boxed{}$$
$$x+3>0이므로 \sqrt{(x+3)^2}=\boxed{}$$
$$\therefore \sqrt{(x-2)^2}+\sqrt{(x+3)^2}=\boxed{}$$

7 · 생각이 자라는 **문제 해결**

$a>0$, $b<0$일 때, 다음 식을 간단히 하시오.

$$\sqrt{a^2}+\sqrt{b^2}+\sqrt{(a-b)^2}$$

▶ 문제 속 개념 도출

- $\sqrt{(양수)^2}=(①\underline{})$, $\sqrt{(음수)^2}=-(②\underline{})$
- $\sqrt{(a-b)^2}$을 포함한 식을 간단히 할 때는 먼저 ③$\underline{}$의 부호를 판단한다.

개념 05 제곱근의 성질의 응용 (2) - 제곱인 수 만들기

되짚어 보기   [중1] 소인수분해   [중3] 제곱근의 성질

(1) 1, 4, 9, 16, …과 같은 수는 자연수의 제곱인 수이다.

(2) 근호 안의 수가 자연수의 제곱인 수이면 근호를 사용하지 않고 자연수로 나타낼 수 있다.

➡ $\sqrt{(제곱인\ 수)}=\sqrt{(자연수)^2}=(자연수)$

예 $\sqrt{49}=\sqrt{7^2}=7$

(3) 자연수의 제곱인 수는 소인수분해했을 때, 각 소인수의 지수가 모두 짝수이다.

예 $9=3^2$, $16=2^4$, $36=2^2\times3^2$

바/로/풀/기

빈칸을 채우시오.

Q1 $1^2=1$이므로 $\sqrt{1}=1$

$2^2=4$이므로 $\sqrt{4}=2$

$3^2=9$이므로 $\sqrt{9}=\square$

$4^2=16$이므로 $\sqrt{16}=\square$

📖 개념 확인 .... ● 정답 및 해설 6쪽

1 다음 표를 완성하시오.

$\sqrt{(제곱인\ 수)}$	$\sqrt{(자연수)^2}$	자연수
$\sqrt{25}$	$\sqrt{5^2}$	5
$\sqrt{64}$		
$\sqrt{100}$		
$\sqrt{225}$		
$\sqrt{400}$		

2 다음은 주어진 식이 자연수가 되도록 하는 가장 작은 자연수 x의 값을 구하는 과정이다. □ 안에 알맞은 수를 쓰시오.

(1) $\sqrt{18x}$

18을 소인수분해하면

$18=\square\times\square^2$

18의 소인수 중에서 지수가 홀수인 소인수는 $\square$이다.

$\sqrt{18x}=\sqrt{2\times3^2\times x}$ 가 자연수가 되려면 자연수 x는 $x=\square\times(자연수)^2$의 꼴이어야 하므로 가장 작은 자연수 x의 값은 $\square$이다.

(2) $\sqrt{6+x}$

x는 자연수이므로 $\sqrt{6+x}$가 자연수가 되려면 $6+x$가 6보다 큰 제곱인 수이어야 한다.

6보다 큰 제곱인 수는 $\square$, $\square$, $\square$, …이므로

$6+x=\square$, $\square$, $\square$, …

$\therefore x=\square$, $\square$, $\square$, …

$\sqrt{6+x}$가 자연수가 되도록 하는 가장 작은 자연수 x의 값은 $\square$이다.

1

$\sqrt{45x}$ 가 자연수가 되도록 하는 가장 작은 자연수 x의 값을 구하시오.

2

$\sqrt{\dfrac{28}{x}}$ 이 자연수가 되도록 하는 가장 작은 자연수 x의 값을 구하려고 한다. 다음 물음에 답하시오.

(1) 28을 소인수분해하시오.

(2) (1)의 결과에서 지수가 홀수인 소인수를 구하시오.

(3) $\sqrt{\dfrac{28}{x}}$ 이 자연수가 되도록 하는 가장 작은 자연수 x의 값을 구하시오.

3

$\sqrt{\dfrac{72}{x}}$ 가 자연수가 되도록 하는 가장 작은 자연수 x의 값을 구하시오.

4

$\sqrt{13+x}$ 가 자연수가 되도록 하는 가장 작은 자연수 x의 값을 구하시오.

5

$\sqrt{20-x}$ 가 자연수가 되도록 하는 자연수 x의 값을 모두 구하려고 한다. 다음 물음에 답하시오.

(1) 20보다 작은 제곱인 수를 모두 구하시오.

(2) $\sqrt{20-x}$ 가 자연수가 되도록 하는 자연수 x의 값을 모두 구하시오.

6 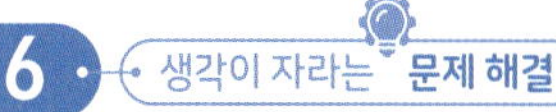 생각이 자라는 **문제 해결**

오른쪽 그림과 같은 정사각형 모양의 화단이 있다. 화단의 넓이가 $\dfrac{60}{x}$ 일 때, 정사각형 모양의 화단의 한 변의 길이가 자연수가 되도록 하는 자연수 x의 값을 구하시오.

▶ 문제 속 개념 도출

- 제곱근의 성질에 따라 근호 안이 어떤 수나 식의 ①______ 인 경우 근호를 사용하지 않고 나타낼 수 있다.
- 자연수의 제곱인 수는 소인수분해했을 때, 각 소인수의 지수가 모두 ②______ 이다.
- 자연수를 소인수만의 곱으로 나타낸 것을 ③______ 라 한다.

개념 06 제곱근의 대소 관계

되짚어 보기   [중1] 수의 대소 관계   [중2] 부등식의 성질   [중3] 제곱근의 성질

$a>0$, $b>0$일 때
(1) $a<b$이면 $\sqrt{a}<\sqrt{b}$
(2) $\sqrt{a}<\sqrt{b}$이면 $a<b$
(3) $\sqrt{a}<\sqrt{b}$이면 $-\sqrt{a}>-\sqrt{b}$

참고 두 양수 a, b에 대하여 a와 $\sqrt{b}$와 같이 근호가 없는 수와 근호가 있는 수가 주어질 때는
$a=\sqrt{a^2}$이므로 $\sqrt{a^2}$과 $\sqrt{b}$의 대소를 비교한다.
➡ 근호가 없는 수를 근호를 사용하여 나타낸 후 대소를 비교한다.

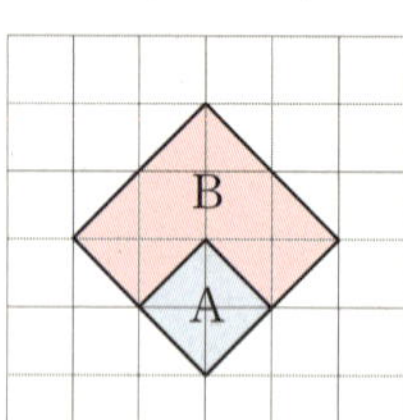

바/로/풀/기

빈칸을 채우시오.

Q1 $\sqrt{5}$와 $\sqrt{6}$의 대소를 비교하면
$5<6$이므로 $\sqrt{5}\ \bigcirc\ \sqrt{6}$이다.

Q2 $\sqrt{3}$과 2의 대소를 비교하면
$2=\sqrt{\square}=\sqrt{4}$이고 $\sqrt{3}<\sqrt{4}$이므로
$\sqrt{3}\ \bigcirc\ 2$이다.

📖 **개념 확인**   ● 정답 및 해설 7쪽

1 오른쪽 그림은 한 칸의 가로와 세로의 길이가 각각 1인 모눈종이 위에 크기가 다른 두 정사각형 A, B를 겹쳐 그린 것이다. □ 안에 알맞은 수를 쓰시오.

(1) 두 정사각형 A, B의 넓이
⇨ (정사각형 A의 넓이)=□, (정사각형 B의 넓이)=□

(2) 두 정사각형 A, B의 한 변의 길이
⇨ (정사각형 A의 한 변의 길이)=□, (정사각형 B의 한 변의 길이)=□

(3) 두 정사각형 A, B의 한 변의 길이의 대소 관계
⇨ □ < □

2 다음 두 수의 대소를 비교하여 ◯ 안에 부등호 >, < 중 알맞은 것을 쓰시오.

(1) $\sqrt{3}$, $\sqrt{6}$ ⇨ $3\ \bigcirc\ 6$이므로 $\sqrt{3}\ \bigcirc\ \sqrt{6}$

(2) $\sqrt{10}$, $\sqrt{13}$ ⇨ $\sqrt{10}\ \bigcirc\ \sqrt{13}$

(3) $\sqrt{\dfrac{1}{3}}$, $\sqrt{\dfrac{1}{6}}$ ⇨ $\sqrt{\dfrac{1}{3}}\ \bigcirc\ \sqrt{\dfrac{1}{6}}$

(4) $-\sqrt{5}$, $-\sqrt{7}$ ⇨ $5\ \bigcirc\ 7$이므로 $\sqrt{5}\ \bigcirc\ \sqrt{7}$ ∴ $-\sqrt{5}\ \bigcirc\ -\sqrt{7}$

(5) $-\sqrt{11}$, $-\sqrt{14}$ ⇨ $-\sqrt{11}\ \bigcirc\ -\sqrt{14}$

(6) $-\sqrt{0.9}$, $-\sqrt{0.4}$ ⇨ $-\sqrt{0.9}\ \bigcirc\ -\sqrt{0.4}$

3 다음 □ 안에는 알맞은 수를 쓰고, 주어진 두 수의 대소를 비교하여 ◯ 안에는 부등호 >, < 중 알맞은 것을 쓰시오.

(1) 3, $\sqrt{8}$ ⇨ $3=\sqrt{\square}$이고 $\sqrt{\square}\ \bigcirc\ \sqrt{8}$이므로 $3\ \bigcirc\ \sqrt{8}$

(2) $\sqrt{20}$, 5 ⇨ $\sqrt{20}\ \bigcirc\ 5$

(3) $\dfrac{1}{2}$, $\sqrt{\dfrac{3}{4}}$ ⇨ $\dfrac{1}{2}\ \bigcirc\ \sqrt{\dfrac{3}{4}}$

(4) -4, $-\sqrt{10}$ ⇨ $4=\sqrt{\square}$이고 $\sqrt{\square}\ \bigcirc\ \sqrt{10}$이므로 $4\ \bigcirc\ \sqrt{10}$ ∴ $-4\ \bigcirc\ -\sqrt{10}$

(5) $-\sqrt{33}$, -6 ⇨ $-\sqrt{33}\ \bigcirc\ -6$

(6) -0.3, $-\sqrt{0.07}$ ⇨ $-0.3\ \bigcirc\ -\sqrt{0.07}$

교과서 문제로 개념다지기

1

다음 중 두 수의 대소 관계가 옳은 것은?

① $\sqrt{6} > 3$ ② $\sqrt{13} < \sqrt{14}$

③ $-\sqrt{15} < -\sqrt{17}$ ④ $\sqrt{\dfrac{1}{3}} < \dfrac{1}{2}$

⑤ $\sqrt{0.7} > \sqrt{0.8}$

2 음수는 음수끼리, 양수는 양수끼리 대소를 비교한 후 (음수) < (양수)임을 이용해 봐.

다음 수를 크기가 작은 것부터 차례로 나열하시오.

$$\sqrt{5}, \quad -2, \quad -\sqrt{6}, \quad 3$$

3

다음 중 가장 작은 수인 것은?

① $\dfrac{5}{2}$ ② $\sqrt{10}$ ③ $\sqrt{(-6)^2}$

④ $(-\sqrt{7})^2$ ⑤ 4

4

다음은 부등식 $2 < \sqrt{x} < 3$을 만족시키는 자연수 x의 값을 모두 구하는 과정이다. □ 안에 알맞은 수를 쓰시오.

$2 < \sqrt{x} < 3$에서 2와 3을 각각 근호를 사용하여 나타내면

$\sqrt{\boxed{}} < \sqrt{x} < \sqrt{9}$ ∴ $\boxed{} < x < 9$

따라서 주어진 부등식을 만족시키는 자연수 x의 값은

$\boxed{}, \boxed{}, \boxed{}, \boxed{}$ 이다.

5

다음 부등식을 만족시키는 자연수 x의 개수를 구하시오.

(1) $\sqrt{8} < \sqrt{x} < 4$

(2) $1 < \sqrt{2x} < 3$

6 • 생각이 자라는 창의·융합

두 수를 넣으면 두 수 중 큰 수가 나오는 기계 A와 두 수 중 작은 수가 나오는 기계 B가 있다. 오른쪽 그림과 같이 기계에 수를 넣을 때, 마지막에 나오는 수를 구하시오.

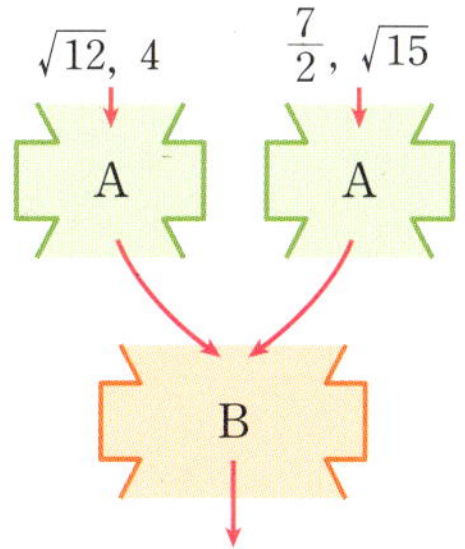

▶ 문제 속 개념 도출

$a > 0$, $b > 0$일 때	
$\sqrt{a}$와 $\sqrt{b}$의 대소 비교	a와 $\sqrt{b}$의 대소 비교
$a > b$이면 ① $a < b$이면 $\sqrt{a} < \sqrt{b}$	$a = \sqrt{a^2}$이므로 $a^2 > b$이면 $a > \sqrt{b}$ $a^2 < b$이면 ②

개념 07 무리수와 실수

❶ 무리수

┌→ 분수 $\dfrac{a}{b}$ (a, b는 정수, $b \neq 0$)의 꼴로 나타낼 수 있는 수

(1) **무리수**: 유리수가 아닌 수, 즉 순환소수가 아닌 무한소수로 나타내어지는 수

　　예 $\sqrt{2}=1.414213\cdots$,　$\sqrt{3}=1.732050\cdots$,　$\pi=3.141592\cdots$

(2) **소수의 분류**

$$
\text{소수}
\begin{cases}
\text{유한소수} \overline{\qquad\qquad\qquad\qquad\qquad}\!\!\!\!\!\!\Big\} \text{유리수} \\[2ex]
\text{무한소수}
\begin{cases}
\text{순환소수} \overline{\qquad\qquad} \\[1.5ex]
\text{순환소수가 아닌 무한소수 } - \text{ 무리수}
\end{cases}
\end{cases}
$$

주의 근호를 사용하여 나타낸 수가 모두 무리수인 것은 아니다. ➡ $\sqrt{9}=\sqrt{3^2}=3$이므로 $\sqrt{9}$는 유리수이다.

❷ 실수

(1) **실수**: 유리수와 무리수를 통틀어 **실수**라 한다.

(2) **실수의 분류**

$$
\text{실수}
\begin{cases}
\text{유리수}
\begin{cases}
\text{정수}
\begin{cases}
\text{양의 정수(자연수): } 1, 2, 3, \cdots \\
0 \\
\text{음의 정수: } -1, -2, -3, \cdots
\end{cases} \\[1ex]
\text{정수가 아닌 유리수: } 1.8, -\dfrac{1}{7}, 0.\dot{3}\cdots
\end{cases} \\[3ex]
\text{무리수(유리수가 아닌 실수): } \pi, \sqrt{2}, -\sqrt{3}, \cdots
\end{cases}
$$

참고 앞으로 특별한 말이 없을 때는 수라고 하면 실수를 뜻한다.

📖 개념 확인

● 정답 및 해설 8쪽

1 다음 수가 유리수인 것은 '유', 무리수인 것은 '무'를 (　　) 안에 쓰시오.

⑴ -3 　　　　　　　　　　(　　) 　　⑵ $\sqrt{4}$ 　　　　　　　　　(　　)

⑶ π 　　　　　　　　　　　(　　) 　　⑷ $1.2\dot{6}\dot{5}$ 　　　　　　　(　　)

⑸ $0.2564301\cdots$ 　　　　　(　　) 　　⑹ $-\sqrt{7}$ 　　　　　　　　(　　)

2 무리수와 실수에 대한 다음 설명 중 옳은 것은 ○표, 옳지 않은 것은 ×표를 (　　) 안에 쓰시오.

⑴ 순환소수는 유리수이다. 　　　　　　　　　　　　　　　　　　　(　　)

⑵ 무한소수는 모두 무리수이다. 　　　　　　　　　　　　　　　　　(　　)

⑶ 유한소수는 모두 유리수이다. 　　　　　　　　　　　　　　　　　(　　)

⑷ 순환소수가 아닌 무한소수는 무리수이다. 　　　　　　　　　　　　(　　)

⑸ 무리수는 소수로 나타낼 수 없다. 　　　　　　　　　　　　　　　(　　)

교과서 문제로 개념다지기

1 해설 꼭 확인

다음 |보기| 중 무리수인 것을 모두 고르시오.

| 보기 |

ㄱ. 0   ㄴ. $\sqrt{10}$

ㄷ. $-\dfrac{1}{3}$ ㄹ. $0.\dot{2}$

ㅁ. $\sqrt{\dfrac{1}{4}}$ ㅂ. 3의 제곱근

ㅅ. 2.5   ㅇ. $\sqrt{16}$

2

다음 |보기| 중 소수로 나타내었을 때 순환소수가 아닌 무한소수가 되는 것의 개수를 구하시오.

| 보기 |

$$-\sqrt{11}, \quad \dfrac{1}{2}, \quad \sqrt{25}, \quad 0.3\dot{4}, \quad \sqrt{2.8}$$

3

다음 중 옳은 것은?

① 유리수는 모두 유한소수이다.

② 유리수와 무리수는 모두 실수이다.

③ 순환소수가 아닌 무한소수는 모두 유리수이다.

④ 근호를 사용하여 나타낸 수는 모두 무리수이다.

⑤ 모든 무리수는 $\dfrac{(정수)}{(0이\ 아닌\ 정수)}$의 꼴로 나타낼 수 있다.

4

|보기|의 수 중 다음에 해당하는 것을 모두 고르시오.

| 보기 |

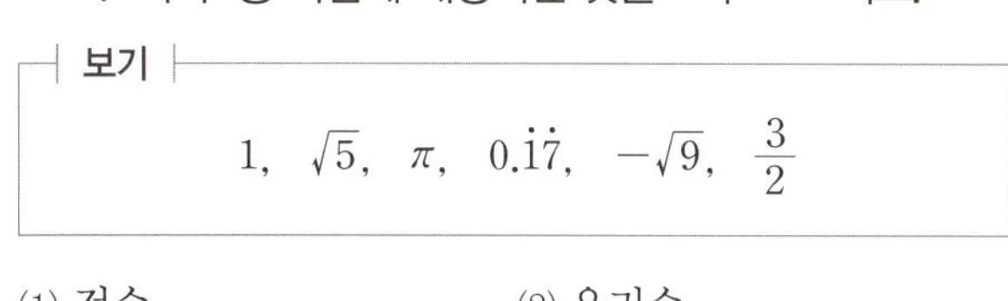

$$1, \quad \sqrt{5}, \quad \pi, \quad 0.1\dot{7}, \quad -\sqrt{9}, \quad \dfrac{3}{2}$$

(1) 정수   (2) 유리수

(3) 무리수   (4) 실수

5

다음 중 (개)에 해당하는 수인 것은?

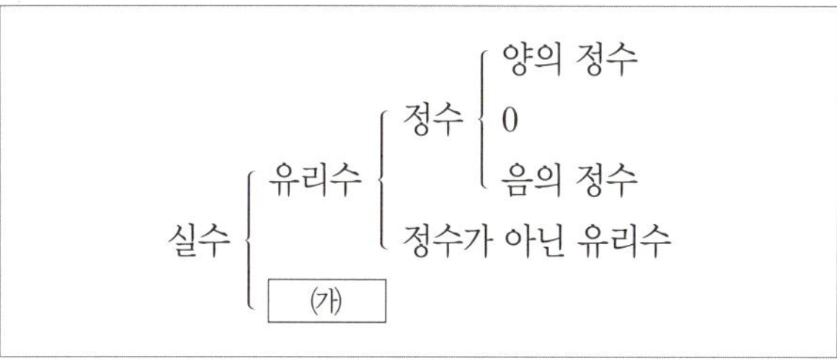

			양의 정수
		정수	0
	유리수		음의 정수
실수		정수가 아닌 유리수	
	(개)		

① $2.\dot{1}$ ② $\sqrt{4}+1$ ③ $-\sqrt{8}$

④ 5.24 ⑤ $\dfrac{3}{5}$

6 생각이 자라는 문제 해결

오른쪽 표에서 무리수가 있는 칸을 모두 색칠했을 때, 나타나는 알파벳을 말하시오.

$\sqrt{2}+1$	$\sqrt{\dfrac{1}{6}}$	π
$0.\dot{7}$	$\sqrt{0.1}$	$\sqrt{9}$
$\sqrt{\dfrac{4}{9}}$	$-\sqrt{5}$	0

▶ 문제 속 개념 도출

• 실수 중 유리수가 아닌 수를 ①______ 라 한다.

• 근호를 사용하여 나타낸 수이더라도 근호를 사용하지 않고 나타낼 수 있으면 그 수는 ②______ 이다.

• 유리수와 무리수를 통틀어 ③______ 라 한다.

개념 08 실수와 수직선

되짚어 보기　　[중1] 정수와 유리수 / 수직선　　[중2] 피타고라스 정리　　[중3] 무리수와 실수

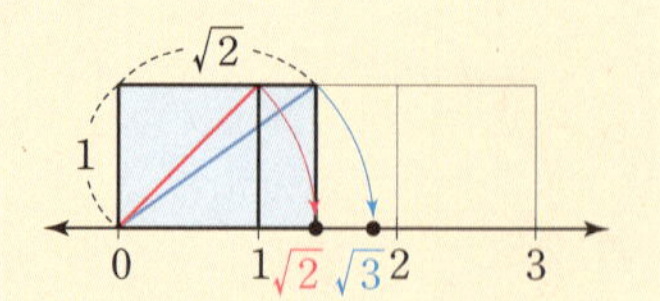

(1) 모든 실수는 각각 수직선 위의 한 점에 대응하고, 수직선 위의 한 점에는 한 실수가 반드시 대응한다.

(2) 서로 다른 두 실수 사이에는 무수히 많은 실수가 있다.

(3) 수직선은 유리수와 무리수, 즉 실수에 대응하는 점들로 완전히 메울 수 있다.

> **참고**　• 서로 다른 두 유리수 사이에는 무수히 많은 유리수(또는 무리수)가 있다.
> 　　　　• 서로 다른 두 무리수 사이에는 무수히 많은 유리수(또는 무리수)가 있다.
> 　　　　• 유리수(또는 무리수)에 대응하는 점만으로 수직선을 완전히 메울 수 없다.

개념 확인

● 정답 및 해설 9쪽

1 실수와 수직선에 대한 다음 설명 중 옳은 것은 ○표, 옳지 <u>않은</u> 것은 ×표를 (　　) 안에 쓰시오.

(1) $\sqrt{5}$에 대응하는 점은 수직선 위에 나타낼 수 없다.　　　　　　　　(　　　)

(2) 두 유리수 0과 1 사이에는 무리수가 없다.　　　　　　　　　　　　(　　　)

(3) 서로 다른 두 무리수 사이에는 무수히 많은 유리수가 있다.　　　　　(　　　)

(4) 서로 다른 두 실수 사이에는 무수히 많은 무리수가 있다.　　　　　　(　　　)

(5) 수직선은 유리수와 무리수에 대응하는 점들로 완전히 메울 수 있다.　(　　　)

(6) 모든 실수는 수직선 위에 나타낼 수 있다.　　　　　　　　　　　　(　　　)

2 다음은 두 무리수 $\sqrt{2}$, $-\sqrt{2}$에 대응하는 점을 각각 수직선 위에 나타내는 과정이다. □ 안에 알맞은 수를 쓰시오.

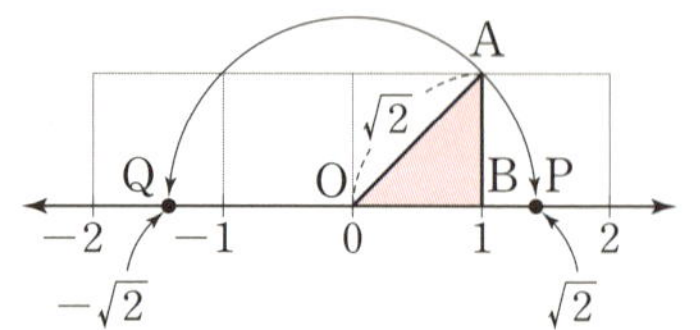

❶ 오른쪽 그림과 같이 한 칸의 가로와 세로의 길이가 각각 1인 모눈종이 위에 수직선과 직각을 낀 두 변의 길이가 각각 1인 직각삼각형 AOB를 그린다.

❷ 직각삼각형 AOB의 빗변의 길이를 구한다.

$\Rightarrow \overline{\mathrm{OA}} = \sqrt{\boxed{}^2 + \boxed{}^2} = \sqrt{\boxed{}}$

❸ 원점 O를 중심으로 하고 $\overline{\mathrm{OA}}$를 반지름으로 하는 원을 그려 원이 수직선과 만나는 두 점을 각각 P, Q라 하면 두 점 P, Q에 대응하는 수는 각각 $\boxed{}$, $\boxed{}$이다.

교과서 문제로 **개념**다지기

1

다음 |보기| 중 옳은 것을 모두 고르시오.

| 보기 |

ㄱ. 수직선은 유리수에 대응하는 점들로 완전히 메울 수 있다.

ㄴ. 무리수는 수직선 위의 한 점에 대응시킬 수 있다.

ㄷ. 서로 다른 두 유리수 사이에는 무수히 많은 무리수가 있다.

2 多보기

다음 중 옳지 <u>않은</u> 것을 모두 고르면? (정답 3개)

① 두 무리수 $\sqrt{2}$와 $\sqrt{3}$ 사이에는 무리수가 없다.

② 서로 다른 두 유리수 사이에는 무수히 많은 유리수가 있다.

③ 서로 다른 두 실수 사이에는 무수히 많은 실수가 있다.

④ π는 수직선 위의 점에 대응시킬 수 있다.

⑤ 수직선 위의 모든 점은 유리수에 대응한다.

⑥ 수직선은 무리수에 대응하는 점들로 완전히 메울 수 있다.

3

아래 그림은 한 칸의 가로와 세로의 길이가 각각 1인 모눈종이 위에 직각삼각형 AOB와 수직선을 그린 것이다. 원점 O를 중심으로 하고 $\overline{OA}$를 반지름으로 하는 원을 그려 수직선과 만나는 두 점을 각각 P, Q라 할 때, 다음을 구하시오.

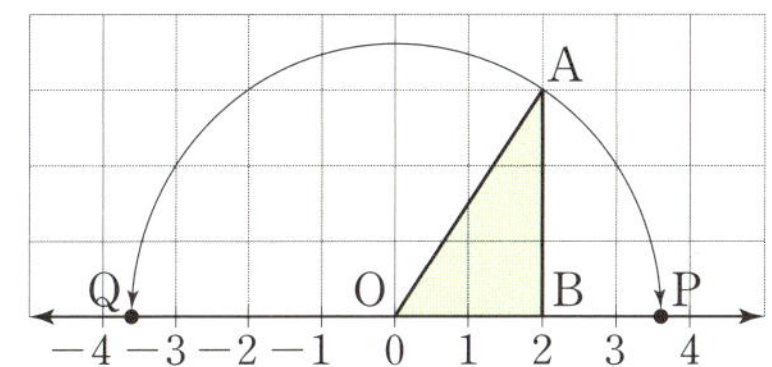

(1) $\overline{OA}$의 길이

(2) 점 P에 대응하는 수

(3) 점 Q에 대응하는 수

4

오른쪽 그림은 한 칸의 가로와 세로의 길이가 각각 1인 모눈종이 위에 수직선을 그린 것이다. $\overline{AB}=\overline{AP}$, $\overline{AC}=\overline{AQ}$일 때, 두 점 P, Q에 대응하는 수를 각각 구하시오.

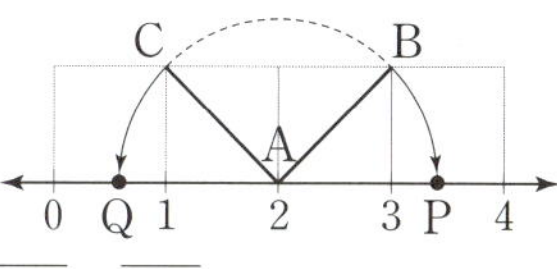

5

오른쪽 그림은 한 칸의 가로와 세로의 길이가 각각 1인 모눈종이 위에 수직선을 그린 것이다.

$\overline{AB}=\overline{AP}$, $\overline{CD}=\overline{CQ}$일 때, 다음 물음에 답하시오.

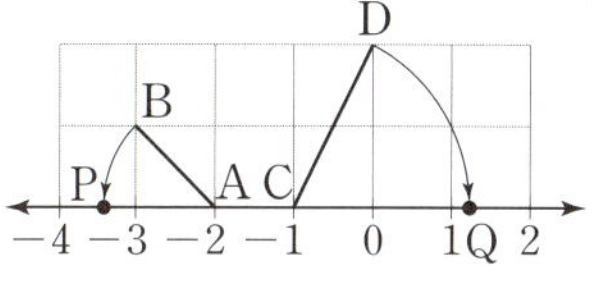

(1) $\overline{AB}$, $\overline{CD}$의 길이를 각각 구하시오.

(2) 두 점 P, Q에 대응하는 수를 각각 구하시오.

6 ● 생각이 자라는 **문제 해결**

다음 그림은 수직선 위에 넓이가 11인 정사각형 ABCD를 그린 것이다. $\overline{AB}=\overline{AP}$, $\overline{AD}=\overline{AQ}$일 때, 두 점 P, Q에 대응하는 수를 각각 구하시오.

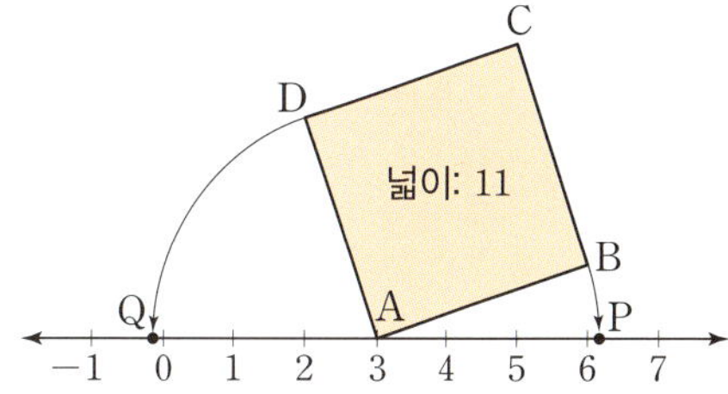

▶ 문제 속 개념 도출

· 실수 x에 대응하는 수직선 위의 점에서

┌ 오른쪽으로 $\sqrt{a}$만큼 떨어진 점에 대응하는 수 ➡ $x+\sqrt{a}$

└ 왼쪽으로 $\sqrt{a}$만큼 떨어진 점에 대응하는 수 ➡ ① ________

· 수직선은 유리수와 ② ________, 즉 실수에 대응하는 점들로 완전히 메울 수 있다.

· 모든 실수는 ③ ________ 위의 점에 하나씩 대응한다.

개념 09 실수의 대소 관계

되짚어 보기　[중1] 수의 대소 관계　[중2] 부등식의 성질　[중3] 제곱근의 대소 관계

(1) 수직선 위에서 원점의 오른쪽에 있는 점에는 양의 실수(양수)가 대응하고, 왼쪽에 있는 점에는 음의 실수(음수)가 대응한다.

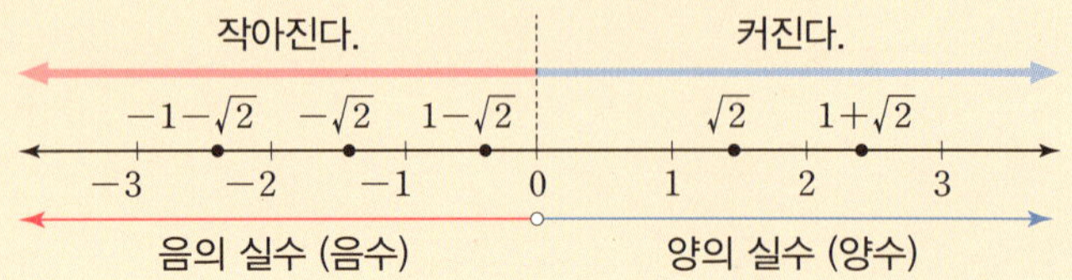

(2) 수직선 위에서 오른쪽에 있는 점에 대응하는 실수가 왼쪽에 있는 점에 대응하는 실수보다 크다.

(3) **실수의 대소 관계**

두 실수의 대소는 다음과 같이 두 가지 방법으로 비교할 수 있다.

방법1 두 수의 차를 이용한다.

➡ a, b가 실수일 때, $a-b>0$이면 $a>b$

$a-b=0$이면 $a=b$

$a-b<0$이면 $a<b$

방법2 부등식의 성질을 이용한다.

바/로/풀/기

빈칸을 채우고, 옳은 것에 ○표 하시오.

Q1 수직선 위에서 $1+\sqrt{2}$에 대응하는 점은 $-\sqrt{2}$에 대응하는 점보다 (왼쪽, 오른쪽)에 있으므로 $1+\sqrt{2}$는 $-\sqrt{2}$보다 (크다, 작다).
또한, 수직선 위에서 $-1-\sqrt{2}$에 대응하는 점은 $1-\sqrt{2}$에 대응하는 점보다 (왼쪽, 오른쪽)에 있으므로 $-1-\sqrt{2}$는 $1-\sqrt{2}$보다 (크다, 작다).

Q2 $\sqrt{3}+2$와 2의 대소를 두 수의 차를 이용하여 비교하면 $(\sqrt{3}+2)-2=\sqrt{3}\ \bigcirc\ 0$이므로 $\sqrt{3}+2\ \bigcirc\ 2$

📖 **개념 확인**　　　　　　　　　　　● 정답 및 해설 10쪽

1 다음은 두 실수의 대소를 비교하는 과정이다. ○ 안에 부등호 $>$, $<$ 중 알맞은 것을 쓰시오.

(1) $\sqrt{6}+1$, 3

> 방법1 $(\sqrt{6}+1)-3=\sqrt{6}-2$
> 이때 $\sqrt{6}\ \bigcirc\ 2$에서 $\sqrt{6}-2\ \bigcirc\ 0$이므로
> $(\sqrt{6}+1)-3\ \bigcirc\ 0$　　∴ $\sqrt{6}+1\ \bigcirc\ 3$
> 방법2 $\sqrt{6}\ \bigcirc\ 2(=\sqrt{4})$이므로 양변에 1을 더하면
> $\sqrt{6}+1\ \bigcirc\ 3$

(2) $\sqrt{5}+2$, $\sqrt{7}+2$

> 방법1 $(\sqrt{5}+2)-(\sqrt{7}+2)=\sqrt{5}-\sqrt{7}$
> 이때 $\sqrt{5}\ \bigcirc\ \sqrt{7}$에서 $\sqrt{5}-\sqrt{7}\ \bigcirc\ 0$이므로
> $(\sqrt{5}+2)-(\sqrt{7}+2)\ \bigcirc\ 0$　　∴ $\sqrt{5}+2\ \bigcirc\ \sqrt{7}+2$
> 방법2 $\sqrt{5}\ \bigcirc\ \sqrt{7}$이므로 양변에 2를 더하면
> $\sqrt{5}+2\ \bigcirc\ \sqrt{7}+2$

교과서 문제로 **개념**다지기

1

다음 ○ 안에 부등호 $>$, $<$ 중 알맞은 것을 쓰시오.

(1) $4 \bigcirc \sqrt{5}+1$

(2) $2 \bigcirc 1+\sqrt{2}$

(3) $5-\sqrt{3} \bigcirc 4$

(4) $\sqrt{5}-1 \bigcirc 2$

(5) $\sqrt{7}+2 \bigcirc \sqrt{8}+2$

(6) $\sqrt{5}-\sqrt{3} \bigcirc 2-\sqrt{3}$

2

다음 두 실수의 대소를 비교하시오.

(1) $3+\sqrt{2}$, 4

(2) $5-\sqrt{7}$, 2

(3) $\sqrt{11}-1$, 3

(4) -2, $1-\sqrt{10}$

3

다음 중 ○ 안에 알맞은 부등호의 방향이 나머지 넷과 다른 하나는?

① $3 \bigcirc \sqrt{3}+1$

② $4+\sqrt{2} \bigcirc 5$

③ $\sqrt{15}+1 \bigcirc 4$

④ $4-\sqrt{7} \bigcirc \sqrt{17}-\sqrt{7}$

⑤ $\sqrt{2}+\sqrt{6} \bigcirc 1+\sqrt{6}$

4

> 세 수 a, b, c에 대하여 $a<b$이고 $b<c$이면 $a<b<c$이다.

다음은 세 수 $2+\sqrt{3}$, 4, $\sqrt{7}+2$의 대소를 비교하는 과정이다. ○ 안에는 부등호 $>$, $<$ 중 알맞은 것을 쓰고, □ 안에는 알맞은 수를 쓰시오.

(ⅰ) 두 수 $2+\sqrt{3}$과 4의 대소를 비교하면

$$(2+\sqrt{3})-4=\boxed{}$$

이때 $\sqrt{3}<2$에서 $\sqrt{3}-2 \bigcirc 0$이므로

$$(2+\sqrt{3})-4 \bigcirc 0 \qquad \therefore 2+\sqrt{3} \bigcirc 4$$

(ⅱ) 두 수 4와 $\sqrt{7}+2$의 대소를 비교하면

$$4-(\sqrt{7}+2)=\boxed{}$$

이때 $2<\sqrt{7}$에서 $2-\sqrt{7} \bigcirc 0$이므로

$$4-(\sqrt{7}+2) \bigcirc 0 \qquad \therefore 4 \bigcirc \sqrt{7}+2$$

따라서 (ⅰ), (ⅱ)에서

$$2+\sqrt{3} \bigcirc 4 \bigcirc \sqrt{7}+2$$

5

위의 **4**번과 같은 방법으로 다음 세 수 a, b, c의 대소 관계를 부등호를 사용하여 나타내시오.

$$a=1+\sqrt{2}, \quad b=2, \quad c=\sqrt{5}-1$$

6 · 생각이 자라는 **문제 해결**

$\sqrt{3}$은 1보다 크고 2보다 작으므로 $\sqrt{3}$의 정수 부분은 1이고, 소수 부분은 $\sqrt{3}$에서 정수 부분인 1을 뺀 $\sqrt{3}-1$이다. $2+\sqrt{3}$의 정수 부분을 a, 소수 부분을 b라 할 때, $a-b$의 값을 구하시오.

▶ 문제 속 개념 도출

- 무리수는 순환소수가 아닌 무한소수로 나타내어지는 수이므로 정수 부분과 소수 부분으로 나눌 수 있다.

- 실수의 대소는 두 수의 ①____ 를 이용하거나 부등식의 성질을 이용해 비교할 수 있다.

- 부등식의 양변에 같은 수를 더하거나 양변에서 같은 수를 빼어도 부등호의 ②____ 은 바뀌지 않는다.

개념 01, 02, 03

1 다음 |보기| 중 제곱근에 대한 설명으로 옳은 것을 모두 고르시오. [10점]

| 보기 |

ㄱ. 0의 제곱근은 1개이다.

ㄴ. 제곱근 9는 3이다.

ㄷ. -4의 제곱근은 -2이다.

ㄹ. $\sqrt{(-3)^2}$의 제곱근은 $\pm\sqrt{3}$이다.

개념 03

2 다음을 계산하시오. [10점]

$$\sqrt{(-2)^2}+\sqrt{36}\div\left(-\sqrt{\dfrac{1}{6}}\right)^2$$

개념 04

3 $a<0$, $ab<0$일 때, $\sqrt{a^2}+\sqrt{(a-b)^2}$을 간단히 하시오. [15점]

개념 05

4 다음 중 $\sqrt{3^2\times5^5\times x}$가 자연수가 되도록 하는 자연수 x의 값이 될 수 <u>없는</u> 것은? [10점]

① 5　　　　　　② 20　　　　　　③ 25

④ 45　　　　　　⑤ 125

개념 06

5 부등식 $3<\sqrt{x-1}<4$를 만족시키는 자연수 x의 개수를 구하시오. [15점]

6

개념 07

다음 | 보기 |의 수 중 오른쪽 ☐ 안의 수에 해당하지 <u>않는</u> 것을 모두 고르시오. [10점]

실수 { 유리수 / ☐ }

| 보기 |

$$-\sqrt{4}, \quad 0, \quad \sqrt{0.2}, \quad -\frac{5}{3}, \quad \sqrt{11}, \quad 2.\dot{6}, \quad \pi+1$$

7

개념 07, 08

다음 중 옳지 <u>않은</u> 것은? [10점]

① 무리수는 수직선 위의 한 점에 대응시킬 수 있다.
② 유리수는 근호를 사용하여 나타낼 수 없다.
③ 실수에서 무리수가 아닌 수는 모두 유리수이다.
④ 서로 다른 두 무리수 사이에는 무수히 많은 무리수가 있다.
⑤ 수직선은 실수에 대응하는 점들로 완전히 메울 수 있다.

8

개념 08

다음 그림은 모눈 한 칸의 가로와 세로의 길이가 각각 1인 모눈종이 위에 수직선을 그린 것이다. 수직선 위의 5개의 점 A~E 중 $1-\sqrt{2}$에 대응하는 것을 구하시오. [10점]

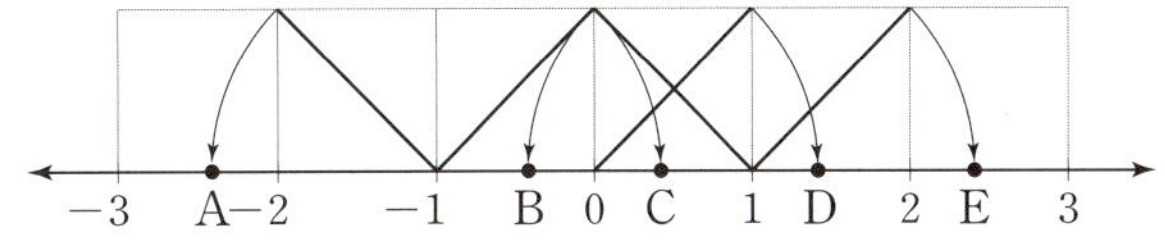

9

개념 06, 09

다음 중 두 수의 대소 관계가 옳은 것은? [10점]

① $\sqrt{7}>3$ ② $-4<-\sqrt{20}$ ③ $3+\sqrt{3}>5$
④ $2-\sqrt{5}>\sqrt{6}-\sqrt{5}$ ⑤ $-\sqrt{3}+3<-\sqrt{2}+3$

배운 내용 돌아보기

↻ 마인드맵으로 정리하기

↻ OX 문제로 확인하기

옳은 것은 ○, 옳지 않은 것은 X를 택하시오. ● 정답 및 해설 12쪽

❶ 양수의 제곱근은 항상 2개이다. O ┊ X

❷ 6의 제곱근은 $\pm\sqrt{6}$이다. O ┊ X

❸ $\sqrt{(-2)^2}=-2$이다. O ┊ X

❹ $\sqrt{1.1}<1.1$이다. O ┊ X

❺ $\sqrt{0.9}<0.9$이다. O ┊ X

❻ 무한소수로 나타낼 수 있는 수는 모두 무리수이다. O ┊ X

❼ 실수 중에서 유리수인 동시에 무리수인 수는 없다. O ┊ X

❽ 무리수에 대응하는 점은 수직선 위에 나타낼 수 없다. O ┊ X

2 근호를 포함한 식의 계산

| 🕐 배운 내용 | → | 🎯 이 단원의 내용 | → | 🔍 배울 내용 |

🕐 배운 내용

- **중학교 1학년**
  소인수분해
  정수와 유리수의 사칙계산
- **중학교 2학년**
  단항식의 계산
- **중학교 3학년**
  제곱근의 성질

🎯 이 단원의 내용

- ◆ 제곱근의 곱셈과 나눗셈
- ◆ 제곱근의 덧셈과 뺄셈
- ◆ 실수의 대소 관계

🔍 배울 내용

- **중학교 3학년**
  이차방정식
- **고등학교 수학**
  복소수
  유리함수와 무리함수

학습 내용	학습 날짜	학습 확인	복습 날짜
개념 10 제곱근의 곱셈과 나눗셈	/	☺ ☹ ☹	/
개념 11 근호가 있는 식의 변형	/	☺ ☹ ☹	/
개념 12 제곱근표	/	☺ ☹ ☹	/
개념 13 분모의 유리화	/	☺ ☹ ☹	/
개념 14 제곱근의 곱셈과 나눗셈의 도형에의 활용	/	☺ ☹ ☹	/
개념 15 제곱근의 덧셈과 뺄셈	/	☺ ☹ ☹	/
개념 16 근호를 포함한 식의 분배법칙 / 혼합 계산	/	☺ ☹ ☹	/
개념 17 제곱근의 덧셈과 뺄셈의 도형에의 활용	/	☺ ☹ ☹	/
개념 18 실수의 대소 관계	/	☺ ☹ ☹	/
학교 시험 문제로 단원 마무리	/	☺ ☹ ☹	/

개념 10 제곱근의 곱셈과 나눗셈

되짚어 보기   [중1] 정수와 유리수의 곱셈과 나눗셈   [중2] 단항식의 곱셈과 나눗셈

❶ 제곱근의 곱셈

$a>0$, $b>0$이고, m, n이 유리수일 때

(1) $\sqrt{a} \times \sqrt{b} = \sqrt{a}\,\sqrt{b} = \sqrt{ab}$　예 $\sqrt{2} \times \sqrt{3} = \sqrt{2}\,\sqrt{3} = \sqrt{2 \times 3} = \sqrt{6}$

(2) $m\sqrt{a} \times n\sqrt{b} = mn\sqrt{ab}$　예 $3\sqrt{2} \times 5\sqrt{3} = (3 \times 5) \times \sqrt{2 \times 3} = 15\sqrt{6}$

❷ 제곱근의 나눗셈

$a>0$, $b>0$이고, m, n이 유리수일 때

(1) $\sqrt{a} \div \sqrt{b} = \dfrac{\sqrt{a}}{\sqrt{b}} = \sqrt{\dfrac{a}{b}}$　예 $\sqrt{2} \div \sqrt{3} = \dfrac{\sqrt{2}}{\sqrt{3}} = \sqrt{\dfrac{2}{3}}$

(2) $m\sqrt{a} \div n\sqrt{b} = \dfrac{m}{n}\sqrt{\dfrac{a}{b}}$ (단, $n \neq 0$)　예 $3\sqrt{2} \div 4\sqrt{3} = \dfrac{3\sqrt{2}}{4\sqrt{3}} = \dfrac{3}{4}\sqrt{\dfrac{2}{3}}$

참고 제곱근의 곱셈과 나눗셈의 혼합 계산은 다음과 같은 순서로 푼다.

❶ 나눗셈은 분수 꼴이나 역수의 곱셈으로 고친다.

❷ 앞에서부터 순서대로 계산한다.

바/로/풀/기

빈칸을 채우시오.

Q1 다음을 간단히 하면

$\sqrt{2} \times \sqrt{5} = \sqrt{2}\,\sqrt{5} = \sqrt{2 \times 5} = \boxed{}$

$2\sqrt{3} \times 4\sqrt{5} = (\boxed{} \times 4) \times \sqrt{3 \times \boxed{}}$

$= \boxed{}$

Q2 다음을 간단히 하면

$\sqrt{6} \div \sqrt{5} = \dfrac{\sqrt{6}}{\sqrt{5}} = \sqrt{\boxed{}}$

$2\sqrt{5} \div 5\sqrt{6} = \dfrac{2\sqrt{5}}{5\sqrt{6}} = \dfrac{2}{5}\sqrt{\boxed{}}$

📖 **개념 확인**　　　　　　　　　　　● 정답 및 해설 12쪽

1 다음을 간단히 하고, □ 안에 알맞은 수를 쓰시오.

(1) $\sqrt{3} \times \sqrt{5}$

(2) $\sqrt{7}\,\sqrt{6}$

(3) $-\sqrt{2} \times \sqrt{7}$

(4) $3\sqrt{5} \times 4\sqrt{2}$

(5) $\sqrt{\dfrac{7}{2}} \times \sqrt{6}$

(6) $\sqrt{2}\,\sqrt{3}\,\sqrt{5} = \sqrt{\boxed{} \times \boxed{} \times \boxed{}} = \sqrt{\boxed{}}$

2 다음을 간단히 하고, □ 안에 알맞은 수를 쓰시오.

(1) $\sqrt{21} \div \sqrt{7}$

(2) $\dfrac{\sqrt{18}}{\sqrt{3}}$

(3) $-\sqrt{42} \div \sqrt{6}$

(4) $4\sqrt{6} \div 2\sqrt{2}$

(5) $\sqrt{\dfrac{15}{7}} \div \sqrt{\dfrac{3}{14}} = \sqrt{\dfrac{15}{7}} \times \sqrt{\boxed{}} = \sqrt{\dfrac{15}{7}} \times \boxed{} = \sqrt{\boxed{}}$　제곱근의 나눗셈은 역수의 곱셈으로 바꾸어 풀어 봐.

교과서 문제로 개념 다지기

1 (3), (4) 계산 결과가 근호를 사용하지 않고 나타낼 수 있는지 확인해야 해.

다음을 간단히 하시오.

(1) $\sqrt{\dfrac{2}{3}} \times \sqrt{\dfrac{6}{5}}$
(2) $\sqrt{5} \div \sqrt{35}$

(3) $\sqrt{5}\sqrt{20}$
(4) $-\dfrac{\sqrt{32}}{\sqrt{2}}$

2

다음 중 옳지 <u>않은</u> 것은?

① $\sqrt{2}\sqrt{7} = \sqrt{14}$
② $\sqrt{2} \times (-\sqrt{18}) = -6$

③ $\sqrt{12} \div (-\sqrt{3}) = -4$
④ $\sqrt{10} \div \sqrt{11} = \sqrt{\dfrac{10}{11}}$

⑤ $\sqrt{\dfrac{5}{3}}\sqrt{\dfrac{3}{4}} = \sqrt{\dfrac{5}{4}}$

3

$x = \sqrt{5}$일 때, $2x$는 $\dfrac{1}{x}$의 몇 배인지 구하시오.

4

다음을 간단히 하시오.

(1) $\sqrt{5} \times \sqrt{\dfrac{7}{2}} \times \sqrt{\dfrac{2}{5}}$

(2) $\sqrt{35} \div \sqrt{5} \div \sqrt{\dfrac{7}{6}}$

5

다음과 같이 $\sqrt{12}$에서 시작하여 화살표 위에 쓰여 있는 계산을 차례로 할 때, ㈎에 알맞은 수를 구하시오.

$$\boxed{\sqrt{12}} \xrightarrow{\times\sqrt{\frac{3}{2}}} \boxed{} \xrightarrow{\div\sqrt{\frac{6}{5}}} \boxed{\text{㈎}}$$

6

다음을 간단히 하시오.

(1) $\sqrt{30} \div \sqrt{6} \times \sqrt{7}$

(2) $\sqrt{6} \times \sqrt{8} \div \sqrt{\dfrac{3}{4}}$

7 생각이 자라는 **창의·융합**

오른쪽 그림은 이웃한 두 칸에 적혀 있는 두 수의 곱을 위의 칸에 적은 것이다. 이와 같은 방법을 이용하여 다음 그림에서 상수 a, b, c의 값을 각각 구하시오.

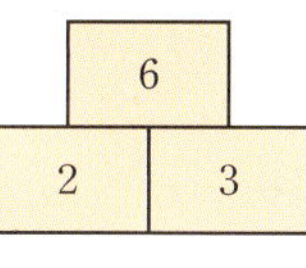

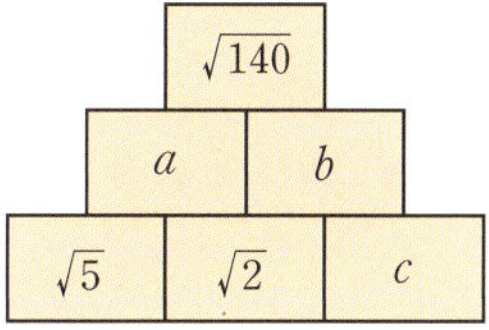

▶ 문제 속 개념 도출

· 제곱근의 곱셈과 나눗셈은 $a > 0$, $b > 0$일 때

$$\Rightarrow \sqrt{a}\sqrt{b} = ① \underline{}, \quad \dfrac{\sqrt{a}}{\sqrt{b}} = ② \underline{}$$

· 제곱근의 나눗셈은 분수 꼴로 고치거나 역수를 이용하여 ③ ______으로 고쳐서 계산할 수 있다.

· 유리수에서와 마찬가지로 실수에서도 곱셈에 대한 교환법칙과 결합법칙이 성립한다.

개념 11 근호가 있는 식의 변형

(1) 근호 안의 수에 제곱인 인수가 있으면 근호 밖으로 꺼낼 수 있다.

$a>0$, $b>0$일 때

① $\sqrt{a^2 b}=\sqrt{a^2}\sqrt{b}=a\sqrt{b}$　　예 $\sqrt{12}=\sqrt{2^2\times3}=\sqrt{2^2}\sqrt{3}=2\sqrt{3}$

② $\sqrt{\dfrac{b}{a^2}}=\dfrac{\sqrt{b}}{\sqrt{a^2}}=\dfrac{\sqrt{b}}{a}$　　예 $\sqrt{\dfrac{3}{4}}=\sqrt{\dfrac{3}{2^2}}=\dfrac{\sqrt{3}}{\sqrt{2^2}}=\dfrac{\sqrt{3}}{2}$

참고 $a\sqrt{b}$의 꼴로 나타낼 때, 일반적으로 근호 안의 수는 가장 작은 자연수이다.

(2) 근호 밖의 양수는 제곱하여 근호 안으로 넣을 수 있다.

$a>0$, $b>0$일 때

① $a\sqrt{b}=\sqrt{a^2}\sqrt{b}=\sqrt{a^2 b}$　　예 $3\sqrt{2}=\sqrt{3^2}\sqrt{2}=\sqrt{3^2\times2}=\sqrt{18}$

② $\dfrac{\sqrt{b}}{a}=\dfrac{\sqrt{b}}{\sqrt{a^2}}=\sqrt{\dfrac{b}{a^2}}$　　예 $\dfrac{\sqrt{2}}{3}=\dfrac{\sqrt{2}}{\sqrt{3^2}}=\sqrt{\dfrac{2}{3^2}}=\sqrt{\dfrac{2}{9}}$

바/로/풀/기

빈칸을 채우시오.

Q1 $\sqrt{28}=\sqrt{2^2\times7}$이므로 근호 안의 제곱인 수 2를 근호 밖으로 꺼내 $\square\sqrt{7}$로 나타낼 수 있다.

Q2 $\dfrac{\sqrt{3}}{2}$은 분모인 근호 밖의 양수 2를 제곱하여 근호 안으로 넣어 $\sqrt{\dfrac{3}{\square}}$으로 나타낼 수 있다.

📖 개념 확인

● 정답 및 해설 13쪽

1 $a>0$, $b>0$일 때, $\sqrt{a^2 b}=a\sqrt{b}$임을 이용하여 다음 $\square$ 안에 알맞은 수를 쓰시오.

$$\sqrt{40}=\sqrt{2^3\times5}=\sqrt{\square^2\times2\times5}=\sqrt{\square}\times\sqrt{10}=\square\times\sqrt{10}=\square$$

2 다음 $\square$ 안에 알맞은 수를 쓰시오.

(1) $\sqrt{20}=\sqrt{\square^2\times5}=\square\sqrt{5}$

(2) $\sqrt{32}=\sqrt{\square^2\times2}=\square\sqrt{2}$

(3) $\sqrt{27}=\sqrt{\square^2\times3}=\square\sqrt{3}$

(4) $-\sqrt{54}=-\sqrt{\square^2\times6}=-\square\sqrt{6}$

(5) $\sqrt{\dfrac{5}{16}}=\sqrt{\dfrac{5}{\square^2}}=\dfrac{\sqrt{5}}{\square}$

(6) $\sqrt{0.07}=\sqrt{\dfrac{7}{\square}}=\sqrt{\dfrac{7}{\square^2}}=\dfrac{\sqrt{7}}{\square}$

3 다음 $\square$ 안에 알맞은 수를 쓰시오.

(1) $3\sqrt{5}=\sqrt{\square^2\times5}=\sqrt{\square}$

(2) $4\sqrt{3}=\sqrt{\square^2\times3}=\sqrt{\square}$

(3) $6\sqrt{2}=\sqrt{\square^2\times2}=\sqrt{\square}$

(4) $-5\sqrt{2}=-\sqrt{\square^2\times2}=-\sqrt{\square}$

(5) $\dfrac{\sqrt{10}}{3}=\sqrt{\dfrac{10}{\square^2}}=\sqrt{\square}$

(6) $-\dfrac{\sqrt{3}}{4}=-\sqrt{\dfrac{3}{\square^2}}=-\sqrt{\square}$

교과서 문제로 **개념**다지기

1

다음 수를 $a\sqrt{b}$의 꼴로 나타내시오.

(단, b는 가장 작은 자연수)

(1) $\sqrt{8}$

(2) $-\sqrt{45}$

(3) $\sqrt{\dfrac{2}{9}}$

(4) $\sqrt{0.13}$

2

다음 수를 $\sqrt{a}$ 또는 $-\sqrt{a}$의 꼴로 나타내시오.

(1) $2\sqrt{5}$

(2) $-3\sqrt{3}$

(3) $\dfrac{\sqrt{3}}{5}$

(4) $\dfrac{2\sqrt{7}}{3}$

3

$\sqrt{90}=a\sqrt{10}$, $\sqrt{75}=5\sqrt{b}$를 만족시키는 유리수 a, b에 대하여 $a+b$의 값을 구하시오.

4

$\sqrt{11+k}=4\sqrt{2}$일 때, 유리수 k의 값을 구하시오.

5 | 해설 꼭 확인

다음 |보기| 중 옳은 것을 모두 고르시오.

| 보기 |

ㄱ. $2\sqrt{10}=\sqrt{20}$

ㄴ. $-\sqrt{48}=-4\sqrt{3}$

ㄷ. $-2\sqrt{6}=\sqrt{24}$

ㄹ. $\sqrt{0.12}=\dfrac{\sqrt{3}}{5}$

ㅁ. $\sqrt{\dfrac{5}{9}}=\dfrac{5}{3}$

ㅂ. $-\dfrac{\sqrt{7}}{4}=-\sqrt{\dfrac{7}{16}}$

6

$\sqrt{2}=a$, $\sqrt{3}=b$라 할 때, $\sqrt{6}$을 |보기|와 같이 a, b를 사용하여 나타낼 수 있다. 이때 다음 수를 a, b를 사용하여 나타내시오.

| 보기 |

$$\sqrt{6}=\sqrt{2\times3}=\sqrt{2}\times\sqrt{3}=ab$$

(1) $\sqrt{18}$

(2) $\sqrt{24}$

(3) $\sqrt{54}$

(4) $\sqrt{72}$

7 · 생각이 자라는 **문제 해결**

다음 풀이 과정에서 틀린 부분을 찾아 바르게 고치고, 그 이유를 설명하시오.

$$-3\sqrt{7}=\sqrt{(-3)^2\times7}=\sqrt{63}$$

▶ **문제 속 개념 도출**

• 근호 밖의 수가 음수일 때, 부호($-$)는 그대로 둔 채 ① ____ 만 제곱하여 근호 안으로 넣을 수 있다.

개념 12 제곱근표

되짚어 보기   [중3] 제곱근 / 근호가 있는 식의 변형

---

1 제곱근표 ← 149~152쪽 참고

1.00부터 9.99까지의 수는 0.01 간격으로, 10.0부터 99.9까지의 수는 0.1 간격으로 그 수의 양의 제곱근의 값을 반올림하여 소수점 아래 셋째 자리까지 나타낸 표

2 제곱근표에 없는 수의 제곱근의 값

제곱근표에 없는 수의 제곱근의 값은 $\sqrt{a^2b}=a\sqrt{b}$임을 이용하여 근호 안의 수를 제곱근표에 있는 수로 바꾸어 구한다.

(1) **100보다 큰 수의 제곱근의 값**

➡ $\sqrt{100a}=10\sqrt{a}$, $\sqrt{10000a}=100\sqrt{a}$, …임을 이용한다.

(2) **0보다 크고 1보다 작은 수의 제곱근의 값**

➡ $\sqrt{\dfrac{a}{100}}=\dfrac{\sqrt{a}}{10}$, $\sqrt{\dfrac{a}{10000}}=\dfrac{\sqrt{a}}{100}$, …임을 이용한다.

예 (1) $\sqrt{213}=\sqrt{2.13\times100}=10\sqrt{2.13}=10\times1.459=14.59$ (2) $\sqrt{0.0213}=\sqrt{\dfrac{2.13}{100}}=\dfrac{\sqrt{2.13}}{10}=\dfrac{1.459}{10}=0.1459$

제곱근표 읽는 방법

수	0	1	2	3	…
⋮					
2.0	1.414	1.418	1.421	1.425	…
2.1	1.449	1.453	1.456	1.459	…
⋮	⋮	⋮	⋮	⋮	⋮

처음 두 자리 수의 가로줄과 끝자리 수의 세로줄이 만나는 칸에 적혀 있는 수를 읽는다.

예 $\sqrt{2.02}=1.421$, $\sqrt{2.11}=1.453$

📖 **개념 확인**

● 정답 및 해설 14쪽

1 오른쪽 표는 제곱근표의 일부이다. 이 표를 이용하여 다음 ☐ 안에 알맞은 수를 쓰시오.

(1) $\sqrt{1.15}=\boxed{}$

(2) $\sqrt{\boxed{}}=1.015$

(3) $\sqrt{63.\boxed{}}=7.962$

(4) $\sqrt{64.2}=\boxed{}$

수	2	3	4	5	6
1.0	1.010	1.015	1.020	1.025	1.030
1.1	1.058	1.063	1.068	1.072	1.077
⋮	⋮	⋮	⋮	⋮	⋮
63	7.950	7.956	7.962	7.969	7.975
64	8.012	8.019	8.025	8.031	8.037

2 $\sqrt{5}=2.236$, $\sqrt{50}=7.071$일 때, 다음 ☐ 안에 알맞은 수를 쓰시오.

(1) $\sqrt{500}=\sqrt{5\times\boxed{}}=\boxed{}\sqrt{5}=\boxed{}\times2.236=\boxed{}$

(2) $\sqrt{5000}=\sqrt{50\times\boxed{}}=\boxed{}\sqrt{50}=\boxed{}\times7.071=\boxed{}$

(3) $\sqrt{0.05}=\sqrt{\dfrac{5}{\boxed{}}}=\dfrac{\sqrt{5}}{\boxed{}}=\dfrac{2.236}{\boxed{}}=\boxed{}$

(4) $\sqrt{0.005}=\sqrt{\dfrac{50}{\boxed{}}}=\dfrac{\sqrt{50}}{\boxed{}}=\dfrac{7.071}{\boxed{}}=\boxed{}$

교과서 문제로 개념 다지기

1

아래 표는 제곱근표의 일부이다. 이 표를 이용하여 다음 제곱근의 값을 소수로 나타내시오.

수	0	1	2	3	4
2.1	1.449	1.453	1.456	1.459	1.463
2.2	1.483	1.487	1.490	1.493	1.497
2.3	1.517	1.520	1.523	1.526	1.530
⋮	⋮	⋮	⋮	⋮	⋮
21	4.583	4.593	4.604	4.615	4.626
22	4.690	4.701	4.712	4.722	4.733
23	4.796	4.806	4.817	4.827	4.837

(1) $\sqrt{2.12}$ (2) $\sqrt{2.31}$

(3) $\sqrt{22.4}$ (4) $\sqrt{23}$

2

위의 **1**번의 제곱근표를 이용하여 a의 값을 구하시오.

(1) $\sqrt{a}=1.459$ (2) $\sqrt{a}=1.497$

(3) $\sqrt{a}=4.604$ (4) $\sqrt{a}=4.806$

3

다음 제곱근표에서 $\sqrt{5.58}$의 값이 a이고, $\sqrt{b}$의 값이 2.421일 때, $a+b$의 값을 구하시오.

수	5	6	7	8	9
5.5	2.356	2.358	2.360	2.362	2.364
5.6	2.377	2.379	2.381	2.383	2.385
5.7	2.398	2.400	2.402	2.404	2.406
5.8	2.419	2.421	2.423	2.425	2.427

4

$\sqrt{2}=1.414$, $\sqrt{20}=4.472$일 때, 다음 제곱근의 값을 소수로 나타내시오.

(1) $\sqrt{200}$ (2) $\sqrt{2000}$

(3) $\sqrt{0.2}$ (4) $\sqrt{0.02}$

5

$\sqrt{7}=2.646$일 때, 다음 |보기| 중 이를 이용하여 그 값을 구할 수 <u>없는</u> 것을 모두 고르시오.

| 보기 |

ㄱ. $\sqrt{0.07}$ ㄴ. $\sqrt{0.7}$

ㄷ. $\sqrt{700}$ ㄹ. $\sqrt{7000}$

6 · 생각이 자라는 창의·융합

다음 표는 제곱근표의 일부이다. 넓이가 $1400\,\mathrm{cm}^2$인 정사각형의 한 변의 길이를 제곱근표를 이용하여 구하시오.

수	0	1	2	3	4
1.4	1.183	1.187	1.192	1.196	1.200
1.5	1.225	1.229	1.233	1.237	1.241
⋮	⋮	⋮	⋮	⋮	⋮
14	3.742	3.755	3.768	3.782	3.795
15	3.873	3.886	3.899	3.912	3.924

▶ 문제 속 개념 도출

- 1.00부터 99.9까지의 수에 대한 양의 제곱근의 값을 반올림하여 소수점 아래 셋째 자리까지 나타낸 표를 ① ______ 라 한다.
- 제곱근표에 없는 수의 제곱근의 값은 제곱근의 성질을 이용하여 근호 안의 수를 제곱근표에 있는 수로 바꾸어 구할 수 있다.

개념 13 분모의 유리화

되짚어 보기   [중3] 제곱근의 성질 / 제곱근의 곱셈과 나눗셈

(1) **분모의 유리화**: 분수의 분모가 근호가 있는 무리수일 때, 분모와 분자에 0이 아닌 같은 수를 곱하여 분모를 유리수로 고치는 것

(2) **분모를 유리화하는 방법**

$a>0$이고, a, b, c가 유리수일 때

① $\dfrac{b}{\sqrt{a}}=\dfrac{b\times\sqrt{a}}{\sqrt{a}\times\sqrt{a}}=\dfrac{b\sqrt{a}}{a}$ (단, $a>0$)

예 $\dfrac{3}{\sqrt{2}}=\dfrac{3\times\sqrt{2}}{\sqrt{2}\times\sqrt{2}}=\dfrac{3\sqrt{2}}{2}$

② $\dfrac{\sqrt{b}}{\sqrt{a}}=\dfrac{\sqrt{b}\times\sqrt{a}}{\sqrt{a}\times\sqrt{a}}=\dfrac{\sqrt{ab}}{a}$ (단, $a>0$, $b>0$)

예 $\dfrac{\sqrt{2}}{\sqrt{3}}=\dfrac{\sqrt{2}\times\sqrt{3}}{\sqrt{3}\times\sqrt{3}}=\dfrac{\sqrt{6}}{3}$

③ $\dfrac{b}{c\sqrt{a}}=\dfrac{b\times\sqrt{a}}{c\sqrt{a}\times\sqrt{a}}=\dfrac{b\sqrt{a}}{ac}$ (단, $a>0$, $c\neq0$)

예 $\dfrac{5}{3\sqrt{2}}=\dfrac{5\times\sqrt{2}}{3\sqrt{2}\times\sqrt{2}}=\dfrac{5\sqrt{2}}{6}$

참고 분모의 근호 안에 제곱인 인수가 있으면 $\sqrt{a^2b}=a\sqrt{b}$임을 이용하여 근호 안의 수를 가장 작은 자연수로 바꾼 후 분모를 유리화한다. 예 $\dfrac{1}{\sqrt{12}}=\dfrac{1}{2\sqrt{3}}=\dfrac{1\times\sqrt{3}}{2\sqrt{3}\times\sqrt{3}}=\dfrac{\sqrt{3}}{6}$

바/로/풀/기

빈칸을 채우시오.

Q1 $\dfrac{2}{\sqrt{3}}=\dfrac{2\times\boxed{}}{\sqrt{3}\times\sqrt{3}}=\dfrac{\boxed{}}{3}$

Q2 $\dfrac{\sqrt{3}}{\sqrt{5}}=\dfrac{\sqrt{3}\times\boxed{}}{\sqrt{5}\times\sqrt{5}}=\dfrac{\boxed{}}{5}$

Q3 $\dfrac{5}{2\sqrt{3}}=\dfrac{5\times\boxed{}}{2\sqrt{3}\times\sqrt{3}}$

$=\boxed{}$

개념 확인
● 정답 및 해설 15쪽

1 다음은 수의 분모를 유리화하는 과정이다. □ 안에 알맞은 수를 쓰시오.

(1) $\dfrac{1}{\sqrt{3}}=\dfrac{1\times\boxed{}}{\sqrt{3}\times\boxed{}}=\boxed{}$

(2) $\dfrac{2}{\sqrt{5}}=\dfrac{2\times\boxed{}}{\sqrt{5}\times\boxed{}}=\boxed{}$

(3) $\dfrac{\sqrt{3}}{\sqrt{7}}=\dfrac{\sqrt{3}\times\boxed{}}{\sqrt{7}\times\boxed{}}=\boxed{}$

(4) $\dfrac{\sqrt{5}}{\sqrt{2}}=\dfrac{\sqrt{5}\times\boxed{}}{\sqrt{2}\times\boxed{}}=\boxed{}$

(5) $\dfrac{5}{2\sqrt{2}}=\dfrac{5\times\boxed{}}{2\sqrt{2}\times\boxed{}}=\boxed{}$

(6) $\dfrac{\sqrt{7}}{\sqrt{24}}=\dfrac{\sqrt{7}}{2\sqrt{6}}=\dfrac{\sqrt{7}\times\boxed{}}{2\sqrt{6}\times\boxed{}}=\boxed{}$

먼저 분모를 $a\sqrt{b}$의 꼴로 바꾸고 유리화해야 해.

2 다음 수의 분모를 유리화하시오.

(1) $\dfrac{1}{\sqrt{6}}$

(2) $-\dfrac{7}{\sqrt{2}}$

(3) $\dfrac{\sqrt{11}}{\sqrt{5}}$

(4) $\dfrac{4}{5\sqrt{3}}$

(5) $\dfrac{3}{\sqrt{20}}$

(6) $\dfrac{2\sqrt{2}}{\sqrt{14}}$

분모와 분자가 약분이 되는 경우 계산을 편리하게 하려면 약분을 먼저 해야 해.

교과서 문제로 **개념** 다지기

1 분모를 유리화한 후 약분이 되는 것은 약분하여 간단히 정리해야 해.

$\dfrac{14}{\sqrt{7}}$ 의 분모를 유리화하면?

① $\sqrt{2}$　　② $\sqrt{7}$　　③ 2
④ $2\sqrt{7}$　　⑤ $7\sqrt{2}$

2

다음은 $\dfrac{\sqrt{6}}{\sqrt{5}}$ 의 분모를 유리화하는 과정이다. 이때 $b \div a$의 값은? (단, $a > 0$, $b > 0$)

$$\frac{\sqrt{6}}{\sqrt{5}} = \frac{\sqrt{6} \times a}{\sqrt{5} \times a} = \frac{b}{5}$$

① $\dfrac{\sqrt{30}}{5}$　　② $\dfrac{\sqrt{6}}{5}$　　③ $\sqrt{6}$
④ $\sqrt{5}$　　⑤ 1

3

다음 중 분모를 유리화한 것으로 옳지 <u>않은</u> 것은?

① $\dfrac{1}{\sqrt{5}} = \dfrac{\sqrt{5}}{5}$　　　② $-\dfrac{6}{\sqrt{3}} = -2\sqrt{3}$

③ $\dfrac{7}{2\sqrt{7}} = \dfrac{\sqrt{7}}{2}$　　　④ $\dfrac{\sqrt{3}}{3\sqrt{6}} = \dfrac{\sqrt{6}}{6}$

⑤ $\dfrac{2}{\sqrt{12}} = \dfrac{\sqrt{3}}{3}$

4 해설 꼭 확인

$\dfrac{6}{\sqrt{2}} = a\sqrt{2}$, $\dfrac{10\sqrt{3}}{\sqrt{5}} = b\sqrt{15}$를 만족시키는 유리수 a, b에 대하여 ab의 값을 구하시오.

5

$\dfrac{3\sqrt{7}}{a\sqrt{6}}$ 의 분모를 유리화하였더니 $\dfrac{\sqrt{42}}{4}$ 가 되었다. 이때 자연수 a의 값은?

① 2　　　② 3　　　③ 4
④ 5　　　⑤ 6

6 · 생각이 자라는 **문제 해결**

두 자연수 a, b에 대하여 $ab = 36$일 때, $\dfrac{a\sqrt{b}}{\sqrt{a}}$ 의 값을 구하려고 한다. 다음 물음에 답하시오.

(1) $\dfrac{a\sqrt{b}}{\sqrt{a}}$ 의 분모를 유리화하시오.

(2) $ab = 36$임을 이용하여 (1)의 식의 값을 구하시오.

▶ 문제 속 개념 도출

- 분모가 무리수인 분수는 분모에 곱했을 때 분모가 유리수가 되는 수 중에서 가장 간단한 수를 곱하여 분모를 ① ______ 한다.
- 분모가 $\sqrt{a}$이면 분모와 분자에 모두 ② ______ 를 곱하고, 분모가 $a\sqrt{b}$이면 분모와 분자에 모두 ③ ______ 를 곱한다.

개념 14 제곱근의 곱셈과 나눗셈의 도형에의 활용

되짚어 보기   [초5~6] 평면도형의 넓이   [중1] 입체도형의 부피   [중3] 제곱근의 곱셈과 나눗셈 / 분모의 유리화

변의 길이가 근호를 포함한 무리수인 도형의 둘레의 길이, 넓이, 부피 등은 다음과 같은 순서로 구한다.

❶ 공식을 이용하여 조건에 맞는 식을 세운다.

❷ 제곱근의 곱셈과 나눗셈, 분모의 유리화를 이용하여 식을 간단히 한다.

참고 · (삼각형의 넓이)$=\dfrac{1}{2}\times$(밑변의 길이)$\times$(높이)　　· (직사각형의 넓이)$=$(가로의 길이)$\times$(세로의 길이)

· (원의 넓이)$=\pi\times$(반지름의 길이)^2　　· (기둥의 부피)$=$(밑넓이)$\times$(높이)

📖 **개념 확인**　　　　　　　　　　　　　　　　　　　　　● 정답 및 해설 16쪽

1　다음 도형에 대하여 표를 완성하시오.

(1) 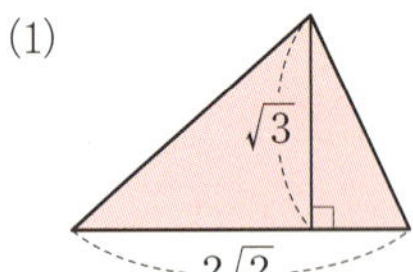

밑변의 길이	$2\sqrt{2}$
높이	$\sqrt{3}$
넓이	

(2) 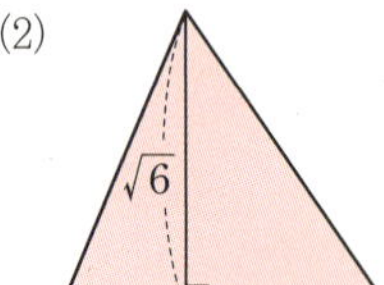

밑변의 길이	
높이	$\sqrt{6}$
넓이	$2\sqrt{3}$

(3) 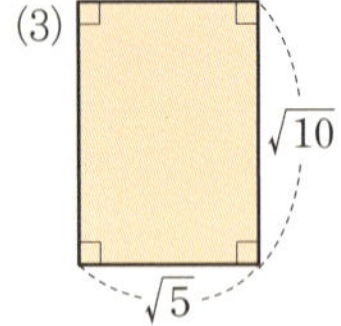

가로의 길이	$\sqrt{5}$
세로의 길이	$\sqrt{10}$
넓이	

(4) 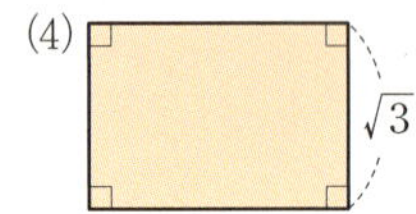

가로의 길이	
세로의 길이	$\sqrt{3}$
넓이	$3\sqrt{2}$

(5) 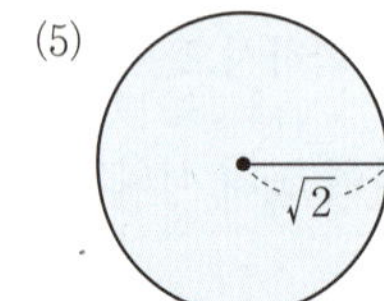

반지름의 길이	$\sqrt{2}$
넓이	

(6) 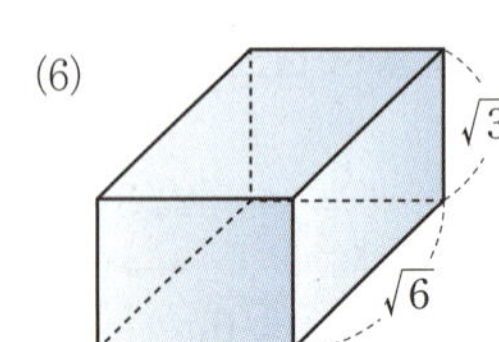

밑넓이	
높이	$\sqrt{3}$
부피	

1

오른쪽 그림과 같이 밑변의 길이가 $\sqrt{12}$, 높이가 $\sqrt{5}$인 삼각형의 넓이는?

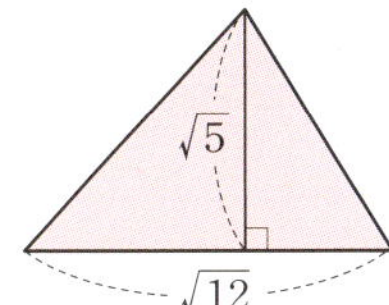

① $\sqrt{15}$ ② $\sqrt{30}$

③ $2\sqrt{15}$ ④ 15

⑤ 30

2

가로의 길이가 $6\sqrt{3}$ cm, 세로의 길이가 $2\sqrt{3}$ cm인 직사각형과 넓이가 같은 정사각형의 한 변의 길이는?

① 4 cm ② 5 cm ③ $4\sqrt{2}$ cm

④ 6 cm ⑤ $5\sqrt{2}$ cm

3

다음 그림의 삼각형과 직사각형의 넓이가 서로 같을 때, 직사각형의 세로의 길이를 구하시오.

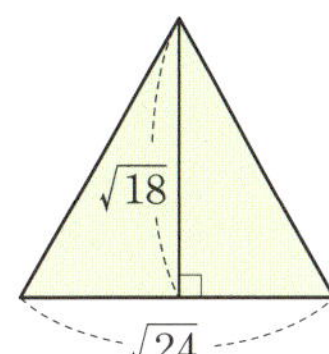 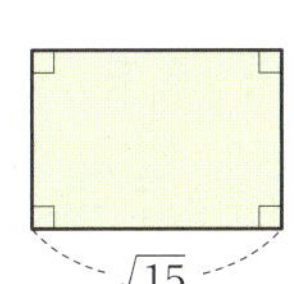

4

오른쪽 그림과 같이 밑면의 가로의 길이와 세로의 길이가 각각 $\sqrt{6}$ cm, $2\sqrt{2}$ cm인 직육면체의 부피가 $4\sqrt{15}$ cm³일 때, 직육면체의 높이를 구하시오.

5

오른쪽 그림과 같이 밑면의 반지름의 길이가 $2\sqrt{2}$, 높이가 $3\sqrt{5}$인 원기둥의 부피를 구하시오.

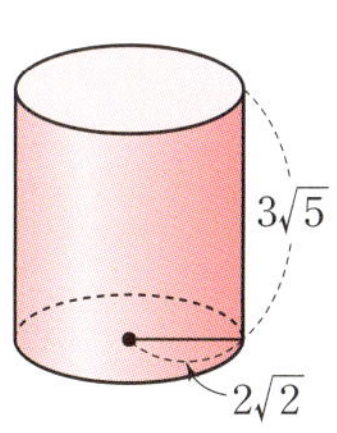

6 · 생각이 자라는 **문제 해결**

오른쪽 그림은 하나의 큰 정사각형을 2개의 정사각형과 2개의 직사각형으로 나눈 것이다. 빨간색 정사각형의 넓이는 6 cm²이고 노란색 정사각형의 넓이는 3 cm²일 때, 파란색 직사각형의 넓이를 구하시오.

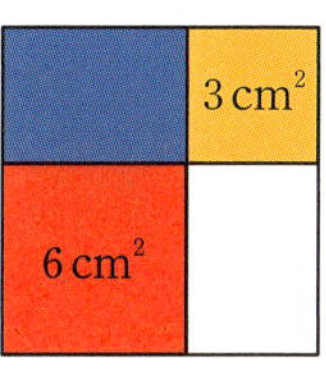

▶ 문제 속 개념 도출

• 제곱근끼리 곱할 때는 근호 안의 수끼리 곱하여 계산한다.
  ➡ $a>0$, $b>0$일 때, $\sqrt{a}\times\sqrt{b}=$ ①______
• 어떤 수 x를 제곱하여 음이 아닌 수 a가 될 때 x를 a의 ②______ 이라 한다.

15 제곱근의 덧셈과 뺄셈

개념

되짚어 보기 [중2] 다항식의 덧셈과 뺄셈   [중3] 근호가 있는 식의 변형

---

l, m, n이 유리수이고 $a>0$일 때

(1) $m\sqrt{a}+n\sqrt{a}=(m+n)\sqrt{a}$

예 $5\sqrt{3}+2\sqrt{3}=(5+2)\sqrt{3}=7\sqrt{3}$

(2) $m\sqrt{a}-n\sqrt{a}=(m-n)\sqrt{a}$

예 $5\sqrt{3}-2\sqrt{3}=(5-2)\sqrt{3}=3\sqrt{3}$

(3) $m\sqrt{a}+n\sqrt{a}-l\sqrt{a}=(m+n-l)\sqrt{a}$

예 $5\sqrt{3}+2\sqrt{3}-4\sqrt{3}=(5+2-4)\sqrt{3}=3\sqrt{3}$

$$m\sqrt{a}+n\sqrt{a}=(m+n)\sqrt{a}$$
$$\vdots \qquad \vdots \qquad\qquad \vdots$$
$$m\ x+n\ x=(m+n)\ x$$

참고 · $\sqrt{3}+\sqrt{2}$와 같이 근호 안의 수가 같지 않으면 더 이상 계산할 수 없다.

➡ $\sqrt{3}+\sqrt{2}\neq\sqrt{3+2}$, $\sqrt{3}-\sqrt{2}\neq\sqrt{3-2}$

· $\sqrt{a^2b}$의 꼴이 포함된 경우에는 $a\sqrt{b}$의 꼴로 근호 안의 수를 가장 작은 자연수로 바꾼 후 계산한다.

➡ $\sqrt{2}+\sqrt{8}=\sqrt{2}+2\sqrt{2}=(1+2)\sqrt{2}=3\sqrt{2}$

바/로/풀/기

빈칸을 채우시오.

Q1 $4\sqrt{2}+2\sqrt{2}=(\square+2)\sqrt{\square}$
$=\square\sqrt{\square}$

Q2 $4\sqrt{2}-2\sqrt{2}=(4-\square)\sqrt{\square}$
$=\square\sqrt{\square}$

Q3 $5\sqrt{2}+2\sqrt{2}-4\sqrt{2}$
$=(5+2-\square)\sqrt{\square}$
$=\square\sqrt{\square}$

개념 확인

● 정답 및 해설 17쪽

1 다음 그림에서 (㉠의 넓이)+(㉡의 넓이)=(㉢의 넓이)임을 이용하여 □ 안에 알맞은 수를 쓰시오.

$$2\sqrt{3} \quad + \quad 3\sqrt{3} \quad = \quad (\square+\square)\sqrt{3}=\square\sqrt{3}$$

2 다음을 계산하시오.

(1) $3\sqrt{5}+2\sqrt{5}$

(2) $7\sqrt{3}-4\sqrt{3}$

(3) $\sqrt{7}+3\sqrt{7}$

(4) $\sqrt{6}-5\sqrt{6}$

(5) $4\sqrt{2}-6\sqrt{2}+\sqrt{2}$

(6) $4\sqrt{5}+3\sqrt{5}-8\sqrt{5}$

(7) $5\sqrt{2}+6\sqrt{3}+\sqrt{2}-4\sqrt{3}$

(8) $\sqrt{3}+2\sqrt{7}-5\sqrt{3}+3\sqrt{7}$

3 다음을 계산하시오. 근호 안의 수가 제곱인 수를 인수로 가지면 근호 밖으로 꺼낸 후 계산하고, 분모가 무리수인 분수는 유리화한 후 계산해야 해.

(1) $\sqrt{3}+\sqrt{12}$

(2) $\sqrt{28}-\sqrt{7}$

(3) $\sqrt{18}+\sqrt{2}$

(4) $\sqrt{6}-\sqrt{24}$

(5) $3\sqrt{7}+\dfrac{14}{\sqrt{7}}$

(6) $3\sqrt{3}-\dfrac{6}{\sqrt{3}}$

1

다음 중 옳은 것은?

① $\sqrt{2}+\sqrt{5}=\sqrt{7}$ ② $4\sqrt{6}-3\sqrt{6}=\sqrt{6}$

③ $3\sqrt{3}+2\sqrt{3}=5\sqrt{6}$ ④ $\sqrt{18}+\sqrt{2}=\sqrt{20}$

⑤ $\sqrt{32}-\sqrt{8}=2\sqrt{6}$

2

다음을 계산하시오.

(1) $2\sqrt{7}+\sqrt{63}-6\sqrt{7}$

(2) $4\sqrt{3}-\sqrt{12}+\sqrt{6}-\sqrt{24}$

3

$\sqrt{27}-\sqrt{50}-2\sqrt{3}+3\sqrt{2}=a\sqrt{2}+b\sqrt{3}$을 만족시키는 유리수 a, b의 값을 각각 구하시오.

4

$\sqrt{48}+\dfrac{3}{\sqrt{3}}-2\sqrt{12}=a\sqrt{3}$일 때, 유리수 a의 값을 구하시오.

5

$x=2\sqrt{2}$이고 x의 역수를 y라 할 때, $x+y$의 값은?

① $\dfrac{\sqrt{2}}{4}$ ② $\dfrac{3\sqrt{2}}{4}$ ③ $\dfrac{5\sqrt{2}}{4}$

④ $\dfrac{7\sqrt{2}}{4}$ ⑤ $\dfrac{9\sqrt{2}}{4}$

6

$\dfrac{10}{\sqrt{5}}-\dfrac{15}{\sqrt{45}}$ 를 계산하면?

① $\dfrac{1}{5}$ ② $\dfrac{\sqrt{5}}{5}$ ③ $\sqrt{5}$

④ 5 ⑤ $5\sqrt{5}$

7 · 생각이 자라는 **문제 해결**

다음 □ 안에 알맞은 수를 구하시오.

$$\sqrt{63}+\sqrt{28}-\boxed{}=\sqrt{7}$$

▶ 문제 속 개념 도출

· m, n이 유리수이고 $a>0$일 때

➡ $m\sqrt{a}+n\sqrt{a}=①\underline{}$, $m\sqrt{a}-n\sqrt{a}=②\underline{}$

· 근호 안에 제곱인 인수가 있으면 제곱인 인수를 근호 밖으로 꺼내어 간단히 한 후 계산한다.

· 실수의 덧셈에서는 유리수에서와 같이 교환법칙과 결합법칙이 성립한다.

개념 16 근호를 포함한 식의 분배법칙 / 혼합 계산

되짚어 보기　[중1] 분배법칙 / 사칙연산의 혼합 계산　　[중3] 제곱근의 사칙계산

❶ 근호를 포함한 식의 분배법칙

(1) 근호를 포함한 식의 분배법칙

분배법칙을 이용하여 괄호를 풀어 계산한다.

$a>0$, $b>0$, $c>0$일 때

① $\sqrt{a}(\sqrt{b}+\sqrt{c})=\sqrt{a}\sqrt{b}+\sqrt{a}\sqrt{c}=\sqrt{ab}+\sqrt{ac}$

② $(\sqrt{a}+\sqrt{b})\sqrt{c}=\sqrt{a}\sqrt{c}+\sqrt{b}\sqrt{c}=\sqrt{ac}+\sqrt{bc}$

（예）① $\sqrt{2}(\sqrt{3}+\sqrt{5})=\sqrt{2}\sqrt{3}+\sqrt{2}\sqrt{5}=\sqrt{6}+\sqrt{10}$

② $(\sqrt{5}-\sqrt{7})\sqrt{2}=\sqrt{5}\sqrt{2}-\sqrt{7}\sqrt{2}=\sqrt{10}-\sqrt{14}$

(2) 분배법칙을 이용한 분모의 유리화

분모에 근호를 포함한 무리수가 있는 식은 분모를 유리화하여 계산한다.
이때 분자는 분배법칙을 이용하여 간단히 한다.

（예） $\dfrac{1+\sqrt{2}}{\sqrt{3}}=\dfrac{(1+\sqrt{2})\times\sqrt{3}}{\sqrt{3}\times\sqrt{3}}=\dfrac{\sqrt{3}+\sqrt{6}}{3}$

❷ 근호를 포함한 식의 혼합 계산

❶ 괄호가 있으면 분배법칙을 이용하여 괄호를 푼다.

❷ 근호 안에 제곱인 인수가 있으면 근호 밖으로 꺼내고,
분모에 무리수가 있으면 분모를 유리화한다.

❸ 곱셈, 나눗셈을 먼저 한 후 덧셈, 뺄셈을 한다.

바/로/풀/기

빈칸을 채우시오.

Q1 다음을 계산하면

(1) $\sqrt{5}(\sqrt{2}+\sqrt{3})$
$=\sqrt{5}\sqrt{2}+\sqrt{\boxed{}}\sqrt{3}$
$=\sqrt{10}+\sqrt{\boxed{}}$

(2) $(\sqrt{5}-\sqrt{2})\sqrt{3}$
$=\sqrt{5}\sqrt{3}-\sqrt{2}\sqrt{\boxed{}}$
$=\sqrt{15}-\sqrt{\boxed{}}$

Q2 $\dfrac{1+\sqrt{2}}{\sqrt{2}}=\dfrac{(1+\sqrt{2})\times\boxed{}}{\sqrt{2}\times\boxed{}}$
$=\dfrac{\boxed{}}{2}$

Q3 $2\sqrt{6}+\sqrt{2}\times\sqrt{3}$
$=2\sqrt{6}+\boxed{}$
$=\boxed{}$

📖 개념 확인

● 정답 및 해설 18쪽

1 다음을 계산하시오.

(1) $\sqrt{5}(\sqrt{3}+\sqrt{7})$

(2) $\sqrt{2}(\sqrt{3}-\sqrt{5})$

(2) $\sqrt{3}(2\sqrt{3}+\sqrt{5})$

(4) $(3\sqrt{2}+4\sqrt{6})\div\sqrt{2}$

2 다음은 수의 분모를 유리화하는 과정이다. □ 안에 알맞은 수를 쓰시오.

(1) $\dfrac{1-\sqrt{3}}{\sqrt{2}}=\dfrac{(1-\sqrt{3})\times\boxed{}}{\sqrt{2}\times\boxed{}}=\boxed{}$

(2) $\dfrac{\sqrt{3}+\sqrt{2}}{\sqrt{5}}=\dfrac{(\sqrt{3}+\sqrt{2})\times\boxed{}}{\sqrt{5}\times\boxed{}}=\boxed{}$

3 다음을 계산하시오.

(1) $\sqrt{3}\times\sqrt{6}+3\sqrt{2}$

(2) $\sqrt{30}\div\sqrt{5}-4\sqrt{6}$

(3) $\dfrac{\sqrt{27}}{3}-\sqrt{2}\times\sqrt{6}$

(4) $\sqrt{8}+\sqrt{10}\div\dfrac{1}{\sqrt{5}}$

(5) $\sqrt{10}\times\sqrt{2}+\sqrt{15}\div\sqrt{3}$

(6) $\sqrt{21}\div\sqrt{3}-\sqrt{14}\times\sqrt{2}$

교과서 문제로 **개념**다지기

1

다음을 계산하시오.

(1) $\sqrt{3}(\sqrt{3}+\sqrt{6})-4\sqrt{2}$

(2) $(2-\sqrt{8})\sqrt{2}+3\sqrt{2}$

(3) $\sqrt{27}-\sqrt{2}(\sqrt{14}+\sqrt{6})$

(4) $5\sqrt{5}+(3-2\sqrt{15})\div\sqrt{3}$

2

$A=\sqrt{5}+\sqrt{3},\ B=\sqrt{5}-\sqrt{3}$일 때, $\sqrt{5}A-\sqrt{3}B$의 값을 구하시오.

3

$\sqrt{2}\left(\dfrac{1}{\sqrt{2}}+\dfrac{1}{\sqrt{7}}\right)-\sqrt{7}\left(\dfrac{1}{\sqrt{7}}-\dfrac{2\sqrt{2}}{7}\right)$를 계산하면?

① 1 ② $\dfrac{3\sqrt{14}}{7}$ ③ $\sqrt{14}$

④ $\dfrac{9\sqrt{14}}{7}$ ⑤ $2\sqrt{14}$

4 해설 꼭 확인

다음 수의 분모를 유리화하시오.

(1) $\dfrac{\sqrt{3}-2}{\sqrt{3}}$

(2) $\dfrac{\sqrt{3}+\sqrt{6}}{\sqrt{2}}$

(3) $\dfrac{5\sqrt{2}-\sqrt{5}}{\sqrt{5}}$

5

다음을 계산하시오.

(1) $\sqrt{18}-\dfrac{4}{\sqrt{2}}+\sqrt{10}\times\sqrt{5}$

(2) $\dfrac{\sqrt{6}+3\sqrt{2}}{\sqrt{3}}-\sqrt{2}(2+\sqrt{3})$

6 · 생각이 자라는 **문제 해결**

다음 그림은 한 칸의 가로와 세로의 길이가 각각 1인 모눈종이 위에 수직선을 그린 것이다. $\overline{AB}=\overline{AP}$, $\overline{AC}=\overline{AQ}$ 이고, 점 P에 대응하는 수를 a, 점 Q에 대응하는 수를 b라 할 때, 물음에 답하시오.

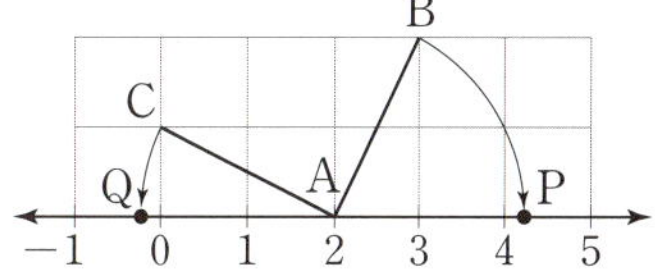

(1) a, b의 값을 각각 구하시오.

(2) (1)에서 구한 a, b의 값을 이용하여 $2a-3b$의 값을 구하시오.

▶ 문제 속 개념 도출

• 근호를 포함한 식에서 괄호가 있는 경우 ①________ 을 이용하여 괄호를 푼 후 계산한다.

• 실수 x에 대응하는 수직선 위의 점에서

  ┌ 오른쪽으로 $\sqrt{a}$만큼 떨어진 점에 대응하는 수 ➡ $x+\sqrt{a}$

  └ 왼쪽으로 $\sqrt{a}$만큼 떨어진 점에 대응하는 수 ➡ $x-\sqrt{a}$

제곱근의 덧셈과 뺄셈의 도형에의 활용

되짚어 보기　[중1] 입체도형의 겉넓이와 부피　　[중3] 제곱근의 덧셈과 뺄셈 / 분배법칙

변의 길이가 근호를 포함한 무리수인 도형의 둘레의 길이, 넓이, 부피 등은 다음과 같은 순서로 구한다.

❶ 공식을 이용하여 조건에 맞는 식을 세운다.

❷ 제곱근의 덧셈과 뺄셈, 근호를 포함한 식의 분배법칙, 근호를 포함한 식의 혼합 계산 등을 이용하여 식을 간단히 한다.

참고　• (직사각형의 둘레의 길이)$=2\times\{$(가로의 길이)$+$(세로의 길이)$\}$

　　• (사다리꼴의 넓이)$=\dfrac{1}{2}\times\{$(윗변의 길이)$+$(아랫변의 길이)$\}\times$(높이)

　　• (직육면체의 겉넓이)$=$(밑넓이)$\times2+$(밑면의 둘레의 길이)$\times$(높이)

📖 **개념 확인**　　　　　　　　　　　　　　　　● 정답 및 해설 19쪽

1　다음 그림과 같은 도형의 둘레의 길이를 구하시오.

(1) 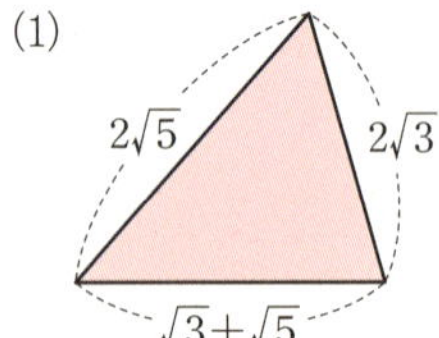

(2) 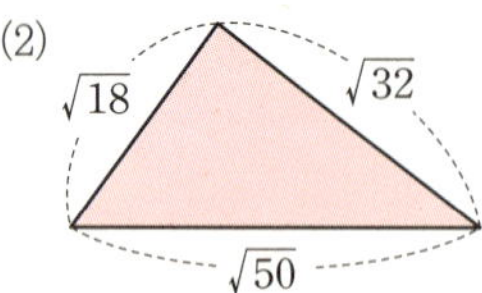

(3) 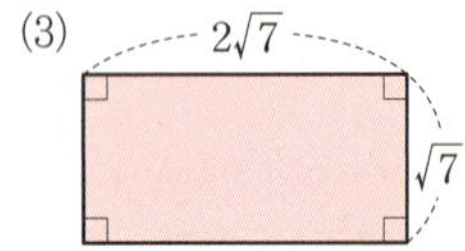

(4) 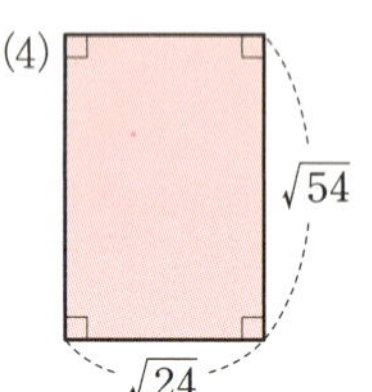

2　다음 그림과 같은 도형의 넓이를 구하시오.

(1) 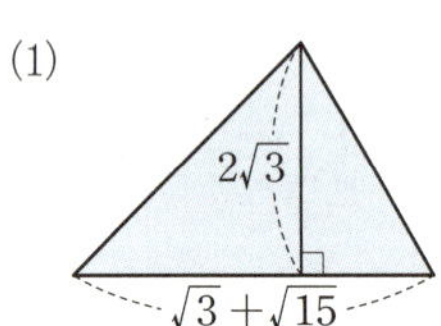

(2) 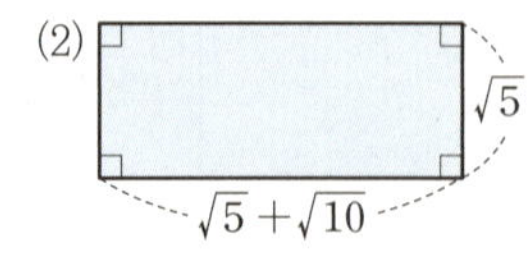

(3) 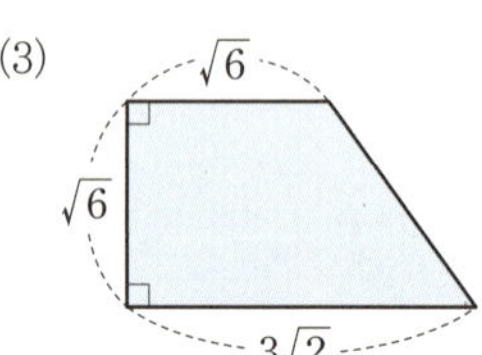

1

오른쪽 그림과 같은 삼각형의 넓이는?

① $10\sqrt{2}$ ② $12\sqrt{2}$

③ $16\sqrt{2}$ ④ $18\sqrt{2}$

⑤ $20\sqrt{2}$

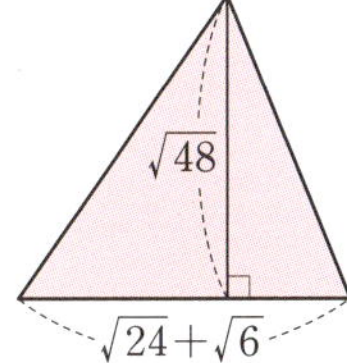

4

오른쪽 그림은 한 칸의 가로와 세로의 길이가 각각 1인 모눈종이 위에 칠교판을 그린 것이다. 다음을 구하시오.

(1) 파란색 조각의 둘레의 길이

(2) 빨간색 조각의 둘레의 길이

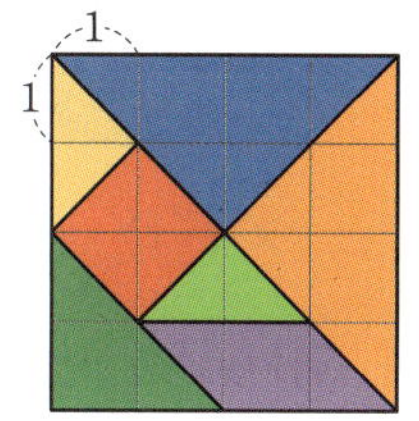

2

다음 그림과 같은 사다리꼴의 넓이를 구하시오.

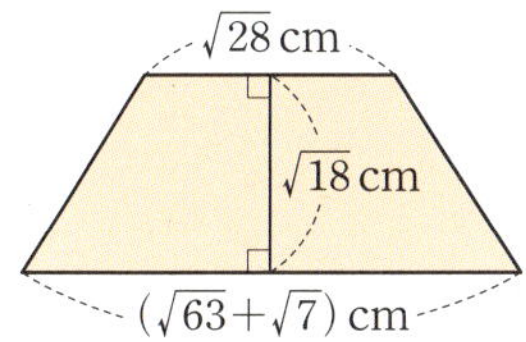

5

다음 그림과 같은 직육면체의 겉넓이를 구하시오.

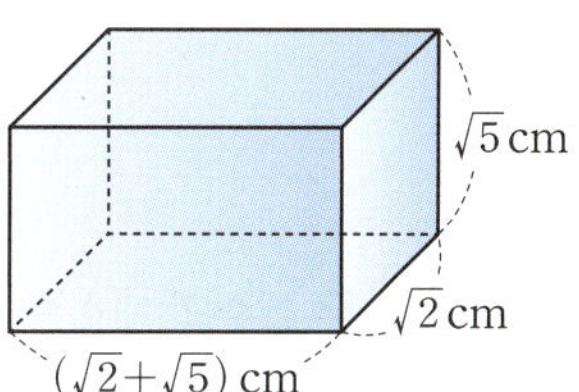

3

다음 그림과 같은 두 직사각형의 넓이의 합을 구하시오.

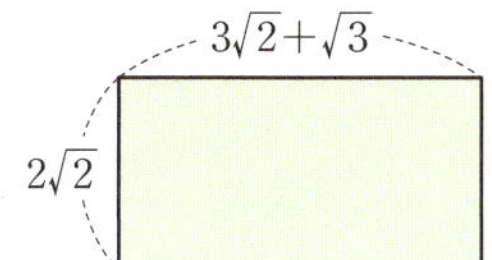

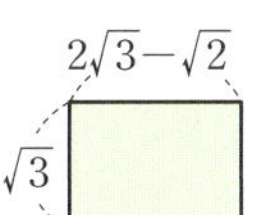

6 · 생각이 자라는 **문제 해결**

다음 그림과 같이 $\overline{\text{AB}}$, $\overline{\text{BC}}$, $\overline{\text{CD}}$를 한 변으로 하는 세 정사각형의 넓이가 각각 $2\,\text{cm}^2$, $8\,\text{cm}^2$, $18\,\text{cm}^2$일 때, $\overline{\text{AD}}$의 길이를 구하시오.

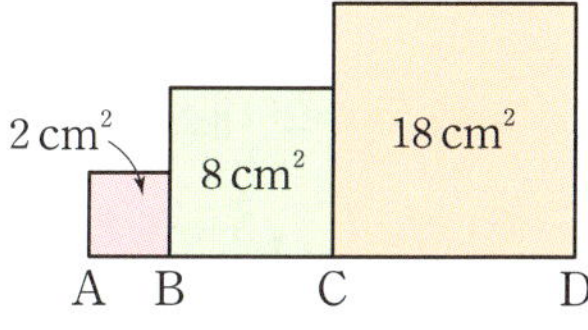

▶ 문제 속 개념 도출

• 제곱근의 덧셈과 뺄셈은 다항식의 덧셈과 뺄셈에서 동류항의 계산과 같은 방법으로 ① ______ 안의 수가 같은 것끼리 묶어서 계산한다.

• 근호 안의 수가 $\sqrt{a^2b}$의 꼴인 경우 $a\sqrt{b}$의 꼴로 고친 후 계산한다.

개념 18 실수의 대소 관계

되짚어 보기 [중3] 제곱근의 대소 관계 / 실수의 대소 관계 / 제곱근의 덧셈과 뺄셈

(1) 양수는 0보다 크고, 음수는 0보다 작다.

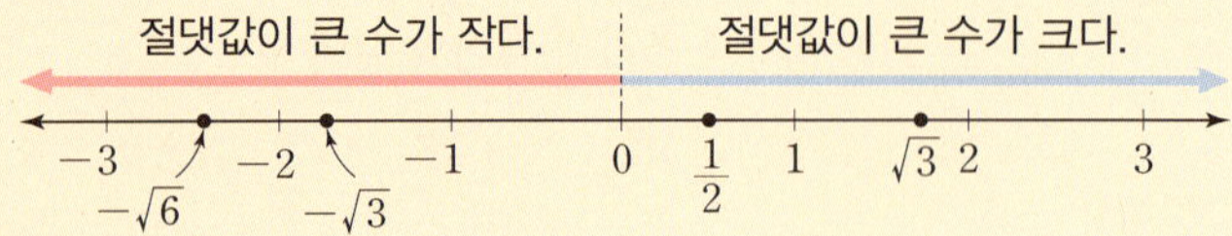

(2) 양수는 음수보다 크다.

(3) 양수끼리는 절댓값이 큰 수가 크다.

(4) 음수끼리는 절댓값이 큰 수가 작다.

(5) 두 실수 A, B의 대소 관계는 $A-B$의 부호로 판단한다.

➡ $A-B>0$이면 $A>B$

$A-B=0$이면 $A=B$

$A-B<0$이면 $A<B$

바/로/풀/기

빈칸을 채우시오.

Q1 두 수 $2\sqrt{2}$와 $2+\sqrt{2}$의 대소를 비교하면

$2\sqrt{2}-(2+\sqrt{2})=2\sqrt{2}-2-\sqrt{2}$

$=\boxed{}-2$

$=\boxed{}-\sqrt{4}\ \bigcirc\ 0$

즉, $2\sqrt{2}-(2+\sqrt{2})\ \bigcirc\ 0$이므로

$2\sqrt{2}\ \bigcirc\ 2+\sqrt{2}$

📖 **개념 확인** ● 정답 및 해설 20쪽

1 다음은 두 실수의 대소를 비교하는 과정이다. □ 안에는 알맞은 수를 쓰고, ○ 안에는 부등호 >, < 중 알맞은 것을 쓰시오.

(1) $5-\sqrt{3}$, $1+2\sqrt{3}$

$(5-\sqrt{3})-(1+2\sqrt{3})$

$=\boxed{}-\sqrt{3}-1-\boxed{}$

$=\boxed{}-3\sqrt{3}$

$=\sqrt{\boxed{}}-\sqrt{27}\ \bigcirc\ 0$

$\therefore\ 5-\sqrt{3}\ \bigcirc\ 1+2\sqrt{3}$

(2) $2\sqrt{2}-\sqrt{3}$, $\sqrt{3}-\sqrt{2}$

$(2\sqrt{2}-\sqrt{3})-(\sqrt{3}-\sqrt{2})$

$=\boxed{}-\sqrt{3}-\boxed{}+\sqrt{2}$

$=\boxed{}-2\sqrt{3}$

$=\sqrt{\boxed{}}-\sqrt{12}\ \bigcirc\ 0$

$\therefore\ 2\sqrt{2}-\sqrt{3}\ \bigcirc\ \sqrt{3}-\sqrt{2}$

2 다음 두 수의 대소를 비교하여 ○ 안에 부등호 >, < 중 알맞은 것을 쓰시오.

(1) $4\sqrt{2}\ \bigcirc\ \sqrt{5}+2\sqrt{2}$

(2) $3+\sqrt{5}\ \bigcirc\ 1+2\sqrt{5}$

(3) $3-\sqrt{3}\ \bigcirc\ -1+\sqrt{3}$

(4) $3\sqrt{2}-\sqrt{3}\ \bigcirc\ \sqrt{3}+\sqrt{2}$

1

다음 두 실수의 대소를 비교하시오.

(1) $\sqrt{6}-1$, $2\sqrt{6}-3$

(2) $2+2\sqrt{3}$, $3+\sqrt{3}$

(3) $7-\sqrt{5}$, $2\sqrt{5}+1$

2

다음 중 두 실수의 대소 관계가 옳은 것은?

① $1+\sqrt{2}<2$

② $\sqrt{11}+3>7$

③ $\sqrt{5}+\sqrt{2}>3\sqrt{2}$

④ $2-\sqrt{3}<\sqrt{3}-1$

⑤ $\sqrt{7}+\sqrt{2}<2\sqrt{7}-\sqrt{2}$

3

다음 |보기| 중 두 실수의 대소 관계가 옳은 것을 모두 고른 것은?

|보기|

ㄱ. $3+\sqrt{3}>\sqrt{12}+1$

ㄴ. $3\sqrt{2}-5<\sqrt{8}-3$

ㄷ. $\sqrt{54}<2\sqrt{6}+2$

① ㄱ   ② ㄴ   ③ ㄷ

④ ㄱ, ㄴ   ⑤ ㄴ, ㄷ

4

지연이가 출발 지점에서 출발하여 다음 그림과 같은 길을 따라 이동한다. 지연이가 각각의 갈림길에서 큰 수가 적힌 깃발이 있는 방향으로 이동한다고 할 때, A~D 중 지연이가 도착한 지점을 구하시오.

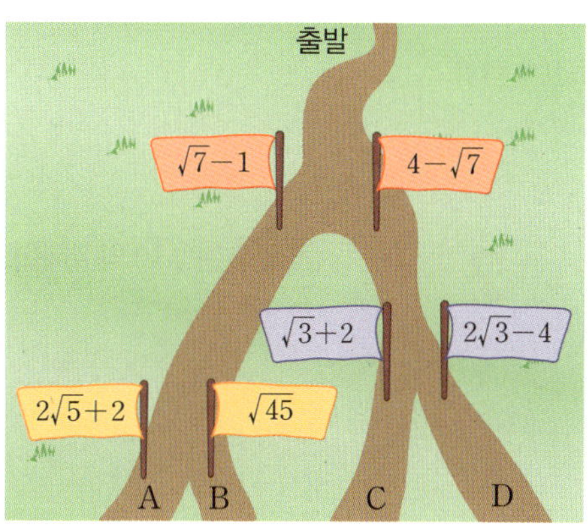

5

세 실수 a, b, c에 대하여 $a<b$이고 $b<c$이면 $a<b<c$임을 이용해야 해.

다음 세 수를 작은 것부터 차례로 나열하시오.

$$\sqrt{2}+\sqrt{3}, \quad 2\sqrt{3}-\sqrt{2}, \quad 2\sqrt{2}-\sqrt{3}$$

6 • 생각이 자라는 **문제 해결**

다음 수 중에서 가장 큰 수를 a, 가장 작은 수를 b라 할 때, $a+b$의 값을 구하시오.

$$2+\sqrt{2}, \quad \sqrt{8}+1, \quad \sqrt{18}-1$$

▶ 문제 속 개념 도출

• 두 수의 차의 부호를 알면 실수의 대소를 비교할 수 있다.

➡ 두 실수 A, B에 대하여
$$\begin{cases} A-B>0\text{이면 } A>B \\ ①\rule{2cm}{0.4pt}\text{이면 } A=B \\ A-B<0\text{이면 } ②\rule{2cm}{0.4pt} \end{cases}$$

개념 10

1　$3\sqrt{5} \div \sqrt{\dfrac{5}{7}} \times (-2\sqrt{3})$을 간단히 하시오.　[10점]

개념 10, 11

2　$\sqrt{0.025}$는 $\sqrt{10}$의 a배이고 $\sqrt{150}$은 $\sqrt{6}$의 b배일 때, ab의 값을 구하시오.　[15점]

개념 12

3　다음 중 주어진 제곱근표를 이용하여 그 값을 구할 수 <u>없는</u> 것은?　[10점]

수	0	1	2	3	4	5
2.4	1.549	1.552	1.556	1.559	1.562	1.565
2.5	1.581	1.584	1.587	1.591	1.594	1.597
2.6	1.612	1.616	1.619	1.622	1.625	1.628
2.7	1.643	1.646	1.649	1.652	1.655	1.658

① $\sqrt{2.40}$　　　② $\sqrt{263}$　　　③ $\sqrt{2710}$
④ $\sqrt{0.0254}$　　⑤ $\sqrt{2.75}$

개념 13

4　다음 수를 크기가 작은 것부터 차례로 나열할 때, 세 번째에 오는 수를 구하시오.　[10점]

$$\dfrac{\sqrt{2}}{\sqrt{5}}, \quad \dfrac{2}{\sqrt{5}}, \quad \dfrac{\sqrt{2}}{5}, \quad \dfrac{2}{5}$$

개념 10, 11, 15

5　$A=\sqrt{8}+4\sqrt{2}-\sqrt{18}$, $B=4\sqrt{3}-\sqrt{27}+5\sqrt{3}$일 때, AB의 값을 구하시오.　[10점]

6 오른쪽 그림은 수직선 위에 한 변의 길이가 1인 정사각형 ABCD를 그린 것이다. $\overline{AC}=\overline{AQ}$, $\overline{BD}=\overline{BP}$일 때, 점 P에 대응하는 수를 a, 점 Q에 대응하는 수를 b라 하자. 이때 $b-a$의 값을 구하시오. [15점]

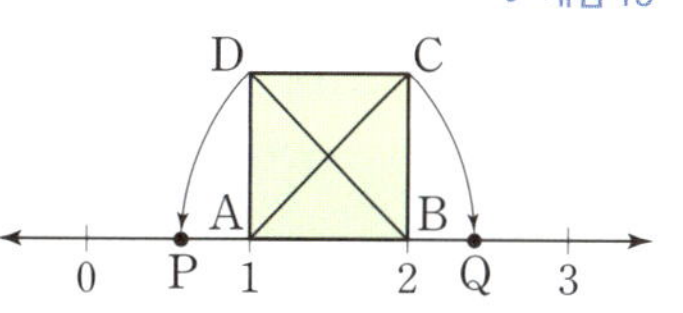

개념 15

7 $\sqrt{2}(\sqrt{2}+4\sqrt{3})-\sqrt{2}(a\sqrt{3}-\sqrt{2})$를 계산한 결과가 유리수가 되도록 하는 유리수 a의 값은? [10점]

개념 16

① 2   ② 3   ③ 4   ④ 5   ⑤ 6

8 오른쪽 그림에서 □AEFB는 넓이가 12인 정사각형이고, □ADGH는 넓이가 27인 정사각형이다. 이때 직사각형 ABCD의 넓이와 둘레의 길이를 각각 구하시오. [10점]

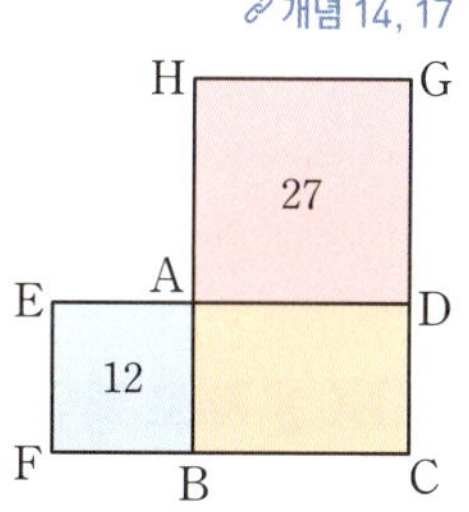

개념 14, 17

9 다음 중 두 실수의 대소 관계가 옳은 것은? [10점]

개념 18

① $-2\sqrt{5}>-4$

② $4+\sqrt{2}>6$

③ $\sqrt{5}+\sqrt{2}<\sqrt{5}+1$

④ $\sqrt{3}+3\sqrt{5}<\sqrt{3}+2\sqrt{11}$

⑤ $4\sqrt{2}-3\sqrt{3}>\sqrt{8}-\sqrt{12}$

↻ 마인드맵으로 정리하기

↻ OX 문제로 확인하기

옳은 것은 ○, 옳지 않은 것은 X를 택하시오.　　　● 정답 및 해설 23쪽

❶ $\sqrt{2}\times\sqrt{3}=\sqrt{6}$이다.　　　　O ¦ X

❷ $\sqrt{10}\div5=\sqrt{2}$이다.　　　　O ¦ X

❸ $\sqrt{12}$는 $2\sqrt{3}$으로 나타낼 수 있다.　　　　O ¦ X

❹ $\dfrac{3}{\sqrt{3}}$의 분모를 유리화하면 $\dfrac{\sqrt{3}}{3}$이다.　　　　O ¦ X

❺ $\sqrt{7}+\sqrt{3}=\sqrt{10}$이다.　　　　O ¦ X

❻ $5\sqrt{2}-3\sqrt{2}=2\sqrt{2}$이다.　　　　O ¦ X

❼ $\sqrt{3}(\sqrt{2}+\sqrt{5})=\sqrt{6}+\sqrt{15}$이다.　　　　O ¦ X

❽ $2\sqrt{3}-\sqrt{2}<\sqrt{3}+\sqrt{2}$이다.　　　　O ¦ X

3 다항식의 곱셈과 인수분해

| ⏱ 배운 내용 | → | 🎯 이 단원의 내용 | → | 🔍 배울 내용 |

배운 내용

• **중학교 1학년**
  소인수분해
  문자의 사용과 식의 계산
  일차방정식

• **중학교 2학년**
  지수법칙
  다항식의 덧셈과 뺄셈
  단항식과 다항식의 곱셈, 나눗셈

이 단원의 내용

◆ 다항식의 곱셈
◆ 곱셈 공식
◆ 인수분해
◆ 인수분해 공식

배울 내용

• **고등학교 수학**
  다항식의 연산
  나머지정리
  다항식의 인수분해
  방정식과 부등식

학습 내용	학습 날짜	학습 확인	복습 날짜
개념 19 곱셈 공식(1)	/	😊 😐 😞	/
개념 20 곱셈 공식(2)	/	😊 😐 😞	/
개념 21 곱셈 공식(3), (4)	/	😊 😐 😞	/
개념 22 곱셈 공식의 응용(1) – 수의 계산	/	😊 😐 😞	/
개념 23 곱셈 공식의 응용(2) – 식의 계산 ①	/	😊 😐 😞	/
개념 24 곱셈 공식의 응용(2) – 식의 계산 ②	/	😊 😐 😞	/
개념 25 곱셈 공식의 도형에의 활용	/	😊 😐 😞	/
개념 26 인수분해	/	😊 😐 😞	/
개념 27 인수분해 공식(1)	/	😊 😐 😞	/
개념 28 인수분해 공식(2)	/	😊 😐 😞	/
개념 29 인수분해 공식(3)	/	😊 😐 😞	/
개념 30 인수분해 공식(4)	/	😊 😐 😞	/
개념 31 인수분해 공식의 응용	/	😊 😐 😞	/
개념 32 인수분해 공식의 도형에의 활용	/	😊 😐 😞	/
개념 33 복잡한 식의 인수분해	/	😊 😐 😞	/
학교 시험 문제로 단원 마무리	/	😊 😐 😞	/

개념 19 곱셈 공식(1)

❶ 다항식의 곱셈

분배법칙을 이용하여 전개하고 동류항이 있으면 동류항끼리 모아서 정리한다.

➡ $(a+b)(c+d)=ac+ad+bc+bd$

〈동류항〉

예 $(a+2)(a+3)=a^2+3a+2a+6=a^2+5a+6$

❷ $(a+b)^2$, $(a-b)^2$의 전개　← 곱셈 공식(1)

(1) $(a+b)^2=a^2+2ab+b^2$　← 합의 제곱

〈곱의 2배〉

예 $(x+1)^2=x^2+2\times x\times 1+1^2=x^2+2x+1$

(2) $(a-b)^2=a^2-2ab+b^2$　← 차의 제곱

〈곱의 2배〉

예 $(x-1)^2=x^2-2\times x\times 1+1^2=x^2-2x+1$

주의 $(a+b)^2\neq a^2+b^2$, $(a-b)^2\neq a^2-b^2$임에 주의한다.

바/로/풀/기

빈칸을 채우시오.

Q1 다음 식을 전개하면

(1) $(a+3)(b+2)$
$=ab+\boxed{}+3b+\boxed{}$

(2) $(2x+3)(y+5)$
$=2xy+10x+\boxed{}+15$

Q2 다음 식을 전개하면

(1) $(x+2)^2$
$=x^2+2\times x\times\boxed{}+\boxed{}^2$
$=x^2+\boxed{}x+\boxed{}$

(2) $(x-3)^2$
$=\boxed{}^2-\boxed{}\times x\times 3+3^2$
$=x^2-\boxed{}x+9$

📖 개념 확인

● 정답 및 해설 24쪽

1 다음은 직사각형의 넓이와 분배법칙을 이용하여 $(a+b)(c+d)$를 전개하는 과정이다. ☐ 안에 알맞은 것을 쓰시오.

(1) 직사각형의 넓이 이용하기

$(a+b)(c+d)=\boxed{}+\boxed{}+\boxed{}+\boxed{}$
　　　　　　　　　①　②　③　④

(2) 분배법칙 이용하기

$(a+b)(c+d)$
$=(a+b)A$　　　$c+d$를 A로 놓기
$=\boxed{}A+\boxed{}A$　　　분배법칙 이용
$=\boxed{}(c+d)+\boxed{}(c+d)$　　　A에 $c+d$를 대입
$=ac+\boxed{}d+\boxed{}c+\boxed{}d$　　　분배법칙 이용

2 다음은 분배법칙을 이용하여 $(a+b)^2$과 $(a-b)^2$을 전개하는 과정이다. ☐ 안에 알맞은 것을 쓰시오.

(1) $(a+b)^2=(a+b)(a+b)$
$=\boxed{}^2+ab+\boxed{}+b^2$
$=\boxed{}^2+\boxed{}ab+b^2$

(2) $(a-b)^2=(a-b)(a-b)$
$=\boxed{}^2-ab-\boxed{}+b^2$
$=\boxed{}^2-\boxed{}ab+b^2$

▶ 도형을 이용하여 $(a+b)^2$, $(a-b)^2$의 전개 이해하기

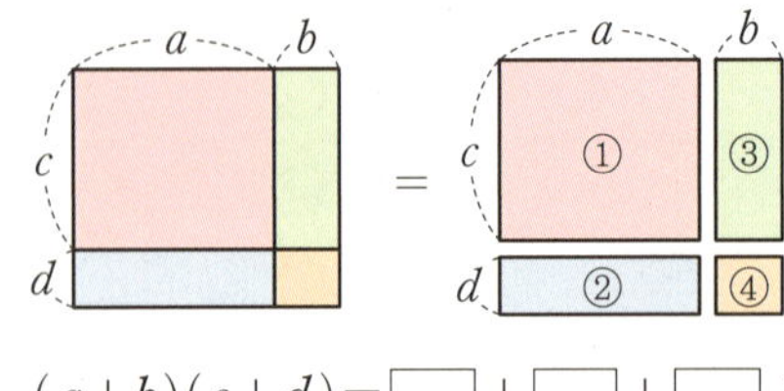

$(a+b)^2=a^2+2ab+b^2$　　　$(a-b)^2=a^2-2ab+b^2$

교과서 문제로 **개념** 다지기

1 — (5), (6) 식을 전개한 후 동류항이 있으면 동류항끼리 모아서 정리해야 해.

다음 식을 전개하시오.

(1) $(x+2)(y+3)$

(2) $(2a-1)(b-3)$

(3) $(a+b)(c-d)$

(4) $(2a-3b)(c+4d)$

(5) $(3a+1)(a-2)$

(6) $(x-2y)(4x-3y)$

2 해설 꼭 확인

다음 식을 전개하시오.

(1) $(x+4)^2$

(2) $(x-6)^2$

(3) $(2a+1)^2$

(4) $(3x-2)^2$

(5) $(-x+2)^2$

(6) $(5x-3y)^2$

3

다음 중 옳지 <u>않은</u> 것은?

① $(x+5)^2=x^2+10x+25$

② $(-a+4)^2=a^2-8a+16$

③ $(2x-3)^2=4x^2-9$

④ $\left(\dfrac{1}{2}x+1\right)^2=\dfrac{1}{4}x^2+x+1$

⑤ $(3a-b)^2=9a^2-6ab+b^2$

4

$(x-2y)(x+y-3)$의 전개식에서 xy의 계수를 구하시오.

5

다음 | 보기 | 중 $(x-y)^2$과 전개식이 같은 것을 모두 고르시오.

| 보기 |

ㄱ. $(x+y)^2$ ㄴ. $(-x+y)^2$

ㄷ. $(-x-y)^2$ ㄹ. $(y-x)^2$

6

다음 ☐ 안에 알맞은 수를 쓰시오.

(1) $(x-5)^2=x^2-\boxed{}x+\boxed{}$

(2) $(x+\boxed{})^2=x^2+8x+\boxed{}$

7 생각이 자라는 **문제 해결**

다음은 규리와 관호가 각각 $(x-3)^2$, $(x+2y)^2$을 전개한 것이다. 규리와 관호가 처음으로 틀린 곳을 각각 찾고, 주어진 식을 바르게 전개하시오.

▶ **문제 속 개념 도출**

• 다항식과 다항식의 곱셈은 ① __________ 을 이용하여 전개한 후, 동류항이 있으면 동류항끼리 모아서 간단하게 정리한다.

• $(a+b)^2=a^2+2ab+b^2$, $(a-b)^2=$② __________

개념 20 곱셈 공식(2)

되짚어 보기　[중1] 분배법칙 / 일차식과 수의 곱셈　　[중2] 단항식의 곱셈 / 단항식과 다항식의 곱셈　　[중3] 곱셈 공식 (1)

$(a+b)(a-b)$**의 전개** ← 곱셈 공식 (2)

$$\underset{\text{합}}{(a+b)}\,\underset{\text{차}}{(a-b)}=\underset{\text{제곱의 차}}{a^2-b^2} \leftarrow \text{합과 차의 곱}$$

예 $(x+1)(x-1)=x^2-1^2=x^2-1$

참고 (합과 차의 곱)=(부호가 같은 것)²−(부호가 다른 것)²이므로

$$(-a+b)(a+b)=(b-a)(b+a)=b^2-a^2,$$
$$(-a+b)(-a-b)=(-a)^2-b^2=a^2-b^2$$

바/로/풀/기

빈칸을 채우시오.

Q1 $(a+2)(a-2)=a^2-\square^2$
$$=\boxed{}$$

Q2 $(-2+x)(x+2)$
$$=(x-2)(x+2)$$
$$=\square^2-2^2$$
$$=\boxed{}$$

개념 확인　　　　　　　　　　　　　　　　　　　　● 정답 및 해설 25쪽

1　다음은 분배법칙을 이용하여 $(a+b)(a-b)$를 전개하는 과정이다. $\square$ 안에 알맞은 것을 쓰시오.

$$(a+b)(a-b)=\square^2-\square+ab-\square^2$$
$$=\square^2-\square^2$$

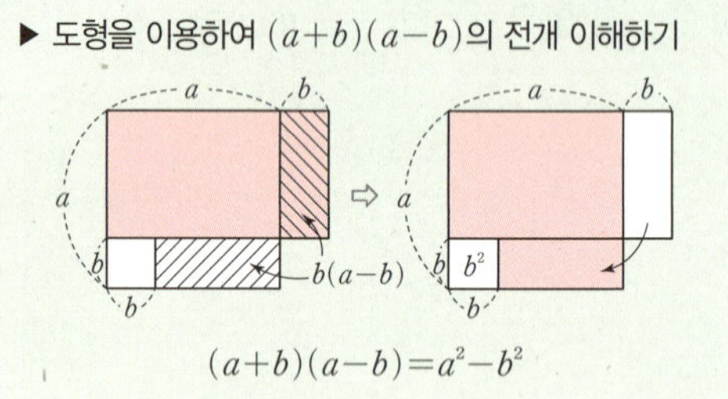

2　다음 식을 전개하시오.

(1) $(x+4)(x-4)$

(2) $(a+3)(a-3)$

(3) $(2x+1)(2x-1)$

(4) $(3x+4)(3x-4)$

(5) $(5+a)(5-a)$

(6) $\left(x+\dfrac{1}{2}\right)\left(x-\dfrac{1}{2}\right)$

3　다음 식을 전개하시오.

(1) $(a+4)(4-a)$

(2) $(x+3)(-x+3)$

(3) $(5x+2)(2-5x)$

(4) $(-x+6)(-x-6)$

(5) $(3x+2y)(3x-2y)$

(6) $(-4a+b)(-4a-b)$

1

다음 중 옳지 <u>않은</u> 것은?

① $(x+5)(x-5)=x^2-25$

② $(2a-3)(2a+3)=4a^2-9$

③ $(4x+1)(4x-1)=16x^2-1$

④ $(-3+x)(-3-x)=x^2-9$

⑤ $\left(a+\dfrac{1}{3}b\right)\left(a-\dfrac{1}{3}b\right)=a^2-\dfrac{1}{9}b^2$

2

$(4x+a)(4x-a)=16x^2-49$일 때, 양수 a의 값을 구하시오.

3

다음 중 $(a+b)(a-b)$와 전개식이 같은 것은?

① $(a+b)(b-a)$ ② $(a+b)(-a-b)$

③ $(-a+b)(a+b)$ ④ $(-a+b)(-a-b)$

⑤ $(a-b)(-a-b)$

4

다음 식을 계산하시오.

$$(3x-1)(3x+1)-2(x+4)(x-4)$$

5 〔해설 꼭 확인〕

$a^2=50$, $b^2=27$일 때, $\left(\dfrac{1}{5}a+\dfrac{2}{3}b\right)\left(\dfrac{1}{5}a-\dfrac{2}{3}b\right)$의 값을 구하시오.

6 ・생각이 자라는 문제 해결

곱셈 공식을 이용하여 다음 식을 전개하시오.

$$(a-1)(a+1)(a^2+1)$$

▶ 문제 속 개념 도출

· $(a+b)(a-b)=$①______

· 지수가 2 이상인 항의 제곱은 지수법칙 $(a^m)^n=a^{mn}$을 이용한다.

개념 21 곱셈 공식 (3), (4)

되짚어 보기　[중1] 분배법칙 / 동류항 / 일차식과 수의 곱셈　[중2] 단항식의 곱셈 / 단항식과 다항식의 곱셈　[중3] 곱셈 공식 (1), (2)

❶ $(x+a)(x+b)$의 전개 ← 곱셈 공식 (3)

합

$$(x+a)(x+b)=x^2+(a+b)x+ab$$

곱

예 $(x+2)(x+3)=x^2+(2+3)x+2\times 3=x^2+5x+6$

❷ $(ax+b)(cx+d)$의 전개 ← 곱셈 공식 (4)

$$(ax+b)(cx+d)=acx^2+(ad+bc)x+bd$$

x의 계수의 곱　　상수항의 곱

예 $(2x+1)(3x+2)=(2\times 3)x^2+(2\times 2+1\times 3)x+1\times 2=6x^2+7x+2$

바/로/풀/기

빈칸을 채우시오.

Q1 $(x+1)(x+2)$
$=x^2+(1+\square)x+\square\times 2$
$=\boxed{}$

Q2 $(3x+2)(4x+3)$
$=(3\times\square)x^2$
$\quad +(3\times 3+2\times 4)x+\square\times 3$
$=\boxed{}$

📖 개념 확인　　　　　　　　　　　　　　● 정답 및 해설 26쪽

1 다음은 분배법칙을 이용하여 $(x+a)(x+b)$와 $(ax+b)(cx+d)$를 전개하는 과정이다. □ 안에 알맞은 것을 쓰시오.

(1) $(x+a)(x+b)=x^2+bx+\square x+\square$
$\qquad\qquad\qquad =x^2+(\boxed{})x+\square$

(2) $(ax+b)(cx+d)$
$\quad =\square x^2+adx+\square x+\square$
$\quad =\square x^2+(ad+\square)x+\square$

▶ 도형을 이용하여 $(x+a)(x+b)$, $(ax+b)(cx+d)$의 전개 이해하기

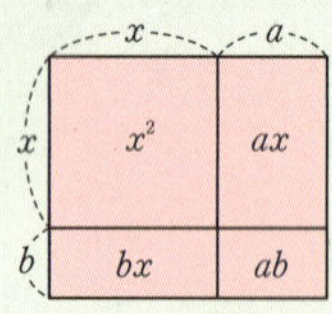

$(x+a)(x+b)$
$=x^2+(a+b)x+ab$

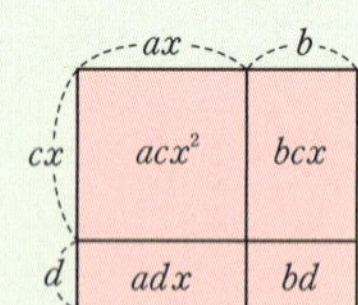

$(ax+b)(cx+d)$
$=acx^2+(ad+bc)x+bd$

2 다음 □ 안에 알맞은 것을 쓰고, 주어진 식을 전개하시오.

(1) $(x+3)(x+4)$
$\quad =x^2+(\square+\square)x+\square\times\square=\boxed{}$

(2) $(x-4)(x+2)$

(3) $(x+1)(x-6)$

(4) $(x-3)(x-5)$

(5) $(x+y)(x+5y)$

(6) $(a+2b)(a-3b)$

3 다음 □ 안에 알맞은 것을 쓰고, 주어진 식을 전개하시오.

(1) $(2x+3)(4x+6)$
$\quad =(2\times 4)x^2+(2\times\square+3\times\square)x+3\times 6$
$\quad =\boxed{}$

(2) $(3x+5)(2x-1)$

(3) $(4x-1)(5x+3)$

(4) $(5x-1)(3x-2)$

(5) $(2x+5y)(3x+4y)$

(6) $(3a-2b)(2a+3b)$

1

다음 식을 전개하시오.

(1) $\left(x+\dfrac{1}{2}\right)\left(x+\dfrac{1}{3}\right)$

(2) $(a-7)(-a+3)$

(3) $(-x+2y)(4x-y)$

(4) $\left(2a+\dfrac{1}{3}b\right)\left(3a+\dfrac{1}{2}b\right)$

2 多보기

다음 중 옳지 <u>않은</u> 것을 모두 고르면? (정답 3개)

① $(x+3)(x-5)=x^2-2x+15$

② $(a+7)(a-3)=a^2+4a-21$

③ $(3x+2)(x-2)=3x^2-4x-4$

④ $(x-y)(x-4y)=x^2-5xy+4y^2$

⑤ $(2a+b)(a-3b)=2a^2-ab-3b^2$

⑥ $(2a-5b)(3a-6b)=6a^2-27ab+30b^2$

⑦ $\left(x+\dfrac{1}{4}\right)\left(x+\dfrac{1}{3}\right)=x^2+x+\dfrac{1}{12}$

3

다음 중 □ 안에 알맞은 수가 나머지 넷과 <u>다른</u> 하나는?

① $(x+1)(x+4)=x^2+5x+\square$

② $(x+6)(x-2)=x^2+\square x-12$

③ $(2x+1)(3x-4)=6x^2-\square x-4$

④ $(-x+2y)(x-2y)=-x^2+\square xy-4y^2$

⑤ $(3x-2y)(7x+6y)=21x^2+\square xy-12y^2$

4

다음 물음에 답하시오. (단, a, b는 상수)

(1) $(x+a)(x+6)=x^2+bx+24$일 때, $a+b$의 값을 구하시오.

(2) $(5x+3)(2x+a)=10x^2+bx-12$일 때, $a-b$의 값을 구하시오.

5

$3x+a$에 $5x-1$을 곱해야 할 것을 잘못하여 $x-5$를 곱했더니 $3x^2-13x-10$이 되었다. 이때 상수 a의 값을 구하고, 바르게 계산한 식을 구하시오.

6 생각이 자라는 **문제 해결**

$(4x+a)(x-3)$의 전개식에서 x의 계수와 상수항이 같을 때, 상수 a의 값을 구하시오.

▶ 문제 속 개념 도출

• $(x+a)(x+b)=x^2+(\text{①}\underline{\qquad})x+ab$

• $(ax+b)(cx+d)=acx^2+(\text{②}\underline{\qquad})x+bd$

개념 22 곱셈 공식의 응용 (1) – 수의 계산

되짚어 보기　[중3] 곱셈 공식

(1) 곱셈 공식을 이용한 수의 제곱의 계산

$(a+b)^2=a^2+2ab+b^2$ 또는 $(a-b)^2=a^2-2ab+b^2$ 을 이용한다.

예 · $101^2=(100+1)^2=100^2+2\times100\times1+1^2=10000+200+1=10201$

　· $98^2=(100-2)^2=100^2-2\times100\times2+2^2=10000-400+4=9604$

(2) 곱셈 공식을 이용한 두 수의 곱의 계산

$(a+b)(a-b)=a^2-b^2$ 또는 $(x+a)(x+b)=x^2+(a+b)x+ab$ 를 이용한다.

예 · $101\times99=(100+1)(100-1)=100^2-1^2=10000-1=9999$

　· $101\times102=(100+1)(100+2)=100^2+(1+2)\times100+1\times2$

　　　　　　$=10000+300+2=10302$

바/로/풀/기

빈칸을 채우시오.

Q1 99^2

$=(100-1)^2$

$=\boxed{}^2-2\times\boxed{}\times1+\boxed{}^2$

$=10000-200+1=9801$

Q2 102×98

$=(100+\boxed{})(100-\boxed{})$

$=\boxed{}^2-\boxed{}^2$

$=10000-4=9996$

개념 확인 ● 정답 및 해설 28쪽

1　다음 수를 계산할 때 이용하면 가장 편리한 곱셈 공식을 찾아 선으로 연결하시오. (단, $b>0$)

(1) 198^2　·

(2) 102^2　·

(3) 103×97　·

(4) 201×204　·

　　·　ㄱ. $(a+b)(a-b)=a^2-b^2$

　　·　ㄴ. $(a+b)^2=a^2+2ab+b^2$

　　·　ㄷ. $(a-b)^2=a^2-2ab+b^2$

　　·　ㄹ. $(x+a)(x+b)=x^2+(a+b)x+ab$

2　곱셈 공식을 이용하여 다음을 계산하시오. (단, ①~④의 과정을 모두 쓰시오.)

(1) $103^2=(100+3)^2$　　　… ①

　　$=100^2+2\times100\times3+3^2$　… ②

　　$=10000+600+9$　　… ③

　　$=\underline{}$　… ④

(2) $199^2=\underline{}$

　　$=\underline{}$

　　$=\underline{}$

　　$=\underline{}$

(3) $82\times78=\underline{}$

　　$=\underline{}$

　　$=\underline{}$

　　$=\underline{}$

(4) $51\times53=\underline{}$

　　$=\underline{}$

　　$=\underline{}$

　　$=\underline{}$

교과서 문제로 개념 다지기

1

다음 수를 계산할 때 이용하면 가장 편리한 곱셈 공식을 |보기|에서 고르시오.

┌ 보기 ┐
ㄱ. $(a+b)^2=a^2+2ab+b^2$ (단, $b>0$)
ㄴ. $(a-b)^2=a^2-2ab+b^2$ (단, $b>0$)
ㄷ. $(a+b)(a-b)=a^2-b^2$
ㄹ. $(x+a)(x+b)=x^2+(a+b)x+ab$

(1) 203^2　　　　　(2) 398^2
(3) 302×304　　　　(4) 7.2×6.8

2

아래는 곱셈 공식을 이용하여 96^2, 102×103을 계산하는 과정이다. 다음 중 $A{\sim}E$의 값으로 옳지 <u>않은</u> 것은?

$$96^2=(100-A)^2=B$$
$$102\times103=(100+C)(D+3)=E$$

① $A=4$　　　② $B=9216$　　　③ $C=2$
④ $D=100$　　　⑤ $E=10006$

3

곱셈 공식을 이용하여 다음을 계산하시오.

(1) 87^2
(2) 302^2
(3) 5.1×4.9
(4) 201×203

4

다음 중 주어진 수를 계산할 때 이용하면 가장 편리한 곱셈 공식을 연결한 것으로 옳지 <u>않은</u> 것을 모두 고르면?

(정답 2개)

① $104^2 \Rightarrow (a-b)^2=a^2-2ab+b^2$ (단, $b>0$)
② $399^2 \Rightarrow (a-b)^2=a^2-2ab+b^2$ (단, $b>0$)
③ $201^2 \Rightarrow (a+b)^2=a^2+2ab+b^2$ (단, $b>0$)
④ $25.1\times24.9 \Rightarrow (a+b)(a-b)=a^2-b^2$
⑤ $997^2 \Rightarrow (x+a)(x+b)=x^2+(a+b)x+ab$

5

곱셈 공식을 이용하여 다음을 계산하시오.

$$\frac{1009\times1011+1}{1010}$$

6 ● 생각이 자라는 **문제 해결**

곱셈 공식을 이용하여 $91^2-92\times86$을 계산하시오.

▶ 문제 속 개념 도출

- 수의 ①＿＿의 계산에서는 주어진 수를 $(a+b)^2$ 또는 $(a-b)^2$의 꼴로 변형하여 곱셈 공식을 이용한다.
- 두 수의 ②＿＿의 계산에서는 주어진 수를 $(a+b)(a-b)$ 또는 $(x+a)(x+b)$의 꼴로 변형하여 곱셈 공식을 이용한다.

개념 23 곱셈 공식의 응용(2) - 식의 계산 ①

되짚어 보기　[중3] 근호를 포함한 식의 계산 / 곱셈 공식

---

(1) 곱셈 공식을 이용한 근호를 포함한 식의 계산

곱셈 공식을 이용하여 전개한 후 근호 안의 수가 같은 것끼리 덧셈과 뺄셈을 한다.

곱셈 공식 $(x+a)(x+b)=x^2+(a+b)x+ab$ 이용

(예) $(\sqrt{3}+1)(\sqrt{3}+2)=(\sqrt{3})^2+(1+2)\sqrt{3}+1\times2=3+3\sqrt{3}+2=5+3\sqrt{3}$

(2) 곱셈 공식을 이용한 분모의 유리화

분모가 두 수의 합 또는 차로 되어 있는 무리수일 때, 다음과 같이 곱셈 공식 $(a+b)(a-b)=a^2-b^2$을 이용하여 분모를 유리화한다.

곱셈 공식 $(a+b)(a-b)=a^2-b^2$ 이용

$$\frac{c}{\sqrt{a}+\sqrt{b}}=\frac{c\times(\sqrt{a}-\sqrt{b})}{(\sqrt{a}+\sqrt{b})\times(\sqrt{a}-\sqrt{b})}=\frac{c(\sqrt{a}-\sqrt{b})}{(\sqrt{a})^2-(\sqrt{b})^2}=\frac{c(\sqrt{a}-\sqrt{b})}{a-b}$$

부호 반대

(단, $a>0$, $b>0$, $a\neq b$)

(예) $\dfrac{1}{\sqrt{3}+\sqrt{2}}=\dfrac{1\times(\sqrt{3}-\sqrt{2})}{(\sqrt{3}+\sqrt{2})\times(\sqrt{3}-\sqrt{2})}=\dfrac{\sqrt{3}-\sqrt{2}}{(\sqrt{3})^2-(\sqrt{2})^2}=\dfrac{\sqrt{3}-\sqrt{2}}{3-2}=\sqrt{3}-\sqrt{2}$

바/로/풀/기

빈칸을 채우시오.

Q1 $(\sqrt{2}+1)(\sqrt{2}+3)$

$=(\boxed{})^2+(1+3)\times\boxed{}+1\times3$

$=2+\boxed{}+3$

$=\boxed{}$

Q2 분수 $\dfrac{3}{\sqrt{5}-\sqrt{2}}$의 분모를 유리화하려면 분모와 분자에 각각 $\boxed{}$를 곱하고, 분수 $\dfrac{1}{3+\sqrt{2}}$의 분모를 유리화하려면 분모와 분자에 각각 $\boxed{}$를 곱한다.

개념 확인　　　　　　　　　　　　　　● 정답 및 해설 29쪽

1 다음을 계산하시오.

(1) $(\sqrt{3}+\sqrt{2})^2$

(2) $(\sqrt{6}-\sqrt{5})^2$

(3) $(\sqrt{5}+\sqrt{3})(\sqrt{5}-\sqrt{3})$

(4) $(\sqrt{7}-1)(\sqrt{7}+1)$

(5) $(\sqrt{3}+2)(\sqrt{3}+4)$

(6) $(2\sqrt{2}+1)(\sqrt{2}+3)$

2 다음은 수의 분모를 유리화하는 과정이다. □ 안에 알맞은 수를 쓰시오.

(1) $\dfrac{1}{\sqrt{2}+1}=\dfrac{1\times(\boxed{})}{(\sqrt{2}+1)\times(\boxed{})}=\boxed{}$

(2) $\dfrac{4}{\sqrt{7}-\sqrt{3}}=\dfrac{4\times(\boxed{})}{(\sqrt{7}-\sqrt{3})\times(\boxed{})}=\boxed{}$

(3) $\dfrac{\sqrt{2}}{2+\sqrt{2}}=\dfrac{\sqrt{2}\times(\boxed{})}{(2+\sqrt{2})\times(\boxed{})}=\boxed{}$

(4) $\dfrac{\sqrt{3}}{\sqrt{3}-\sqrt{2}}=\dfrac{\sqrt{3}\times(\boxed{})}{(\sqrt{3}-\sqrt{2})\times(\boxed{})}=\boxed{}$

(5) $\dfrac{\sqrt{5}-2}{\sqrt{5}+2}=\dfrac{(\sqrt{5}-2)\times(\boxed{})}{(\sqrt{5}+2)\times(\boxed{})}=\boxed{}$

(6) $\dfrac{\sqrt{3}+\sqrt{2}}{\sqrt{3}-\sqrt{2}}=\dfrac{(\sqrt{3}+\sqrt{2})\times(\boxed{})}{(\sqrt{3}-\sqrt{2})\times(\boxed{})}=\boxed{}$

교과서 문제로 **개념 다지기**

1

$(\sqrt{6}+3)(\sqrt{6}-1)=a+b\sqrt{6}$일 때, 유리수 a, b에 대하여 $a+b$의 값을 구하시오.

2

$(\sqrt{2}+1)^2-(2-\sqrt{3})(2+\sqrt{3})$을 계산하면?

① $1-2\sqrt{2}$ 　　② $2-\sqrt{2}$
③ $2+\sqrt{2}$ 　　④ $2-2\sqrt{2}$
⑤ $2+2\sqrt{2}$

3

m, n이 유리수이고 $\sqrt{x}$가 무리수일 때, $m+n\sqrt{x}$가 유리수이면 $n=0$이다.

$(4+\sqrt{5})(a-2\sqrt{5})$를 계산한 결과가 유리수가 되도록 하는 유리수 a의 값을 구하시오.

4

다음 수의 분모를 유리화하시오.

(1) $\dfrac{3}{3-\sqrt{6}}$ 　　(2) $\dfrac{2}{\sqrt{5}+\sqrt{3}}$

(3) $\dfrac{\sqrt{5}}{\sqrt{5}-1}$ 　　(4) $\dfrac{\sqrt{7}-\sqrt{5}}{\sqrt{7}+\sqrt{5}}$

5

$\dfrac{3}{\sqrt{3}+\sqrt{2}}$의 분모를 유리화하면 $a\sqrt{3}+b\sqrt{2}$일 때, 유리수 a, b에 대하여 $2a+b$의 값을 구하시오.

6

$x=\sqrt{5}+2$일 때, $x+\dfrac{1}{x}$의 값은?

① $-2\sqrt{5}$ 　　② -4 　　③ 0
④ 4 　　⑤ $2\sqrt{5}$

7 · 생각이 자라는 **문제 해결**

$\dfrac{2}{3+\sqrt{7}}+\dfrac{2}{3-\sqrt{7}}$를 계산하시오.

▶ **문제 속 개념 도출**

• 분모가 두 수의 합 또는 차로 되어 있는 무리수일 때, 분모를 유리화하는 경우 분모의 형태에 따라 분모와 분자에 곱하는 수는 다음과 같다. (단, a, b는 양의 유리수)

분모	분모와 분자에 곱하는 수
$a+\sqrt{b}$	$a-\sqrt{b}$
$a-\sqrt{b}$	①
$\sqrt{a}+\sqrt{b}$	②
$\sqrt{a}-\sqrt{b}$	$\sqrt{a}+\sqrt{b}$

개념 24 곱셈 공식의 응용 (2) – 식의 계산 ②

되짚어 보기   [중1] 식의 값   [중3] 곱셈 공식

---

(1) 두 수의 합(또는 차)과 곱이 주어진 경우 식의 값 구하기

① $(a+b)^2=a^2+2ab+b^2$

➡ $a^2+b^2=(a+b)^2-2ab$,

$(a-b)^2=(a+b)^2-4ab$

② $(a-b)^2=a^2-2ab+b^2$

➡ $a^2+b^2=(a-b)^2+2ab$,

$(a+b)^2=(a-b)^2+4ab$

(2) $x=a\pm\sqrt{b}$ 의 꼴이 주어진 경우 식의 값 구하기

$x=a+\sqrt{b}$ 를 $x-a=\sqrt{b}$ 로 변형한 후 양변을 제곱하여 정리한다.

$$x=1+\sqrt{2} \implies x-1=\sqrt{2} \implies (x-1)^2=2$$

참고 x의 값을 직접 대입하여 식의 값을 구할 수도 있다.

📖 **개념 확인** ·· ● 정답 및 해설 31쪽

1 $a+b=6$, $ab=3$일 때, ☐ 안에 알맞은 수를 쓰시오.

(1) $a^2+b^2=(a+b)^2-\boxed{}ab=6^2-\boxed{}\times 3=\boxed{}$

(2) $(a-b)^2=(a+b)^2-\boxed{}ab=6^2-\boxed{}\times 3=\boxed{}$

2 $a-b=2$, $ab=1$일 때, ☐ 안에 알맞은 수를 쓰시오.

(1) $a^2+b^2=(a-b)^2+\boxed{}ab=2^2+\boxed{}\times 1=\boxed{}$

(2) $(a+b)^2=(a-b)^2+\boxed{}ab=2^2+\boxed{}\times 1=\boxed{}$

3 다음은 곱셈 공식을 이용하여 식의 값을 구하는 과정이다. ☐ 안에 알맞은 수를 쓰시오.

(1) $x=-1+\sqrt{3}$일 때, x^2+2x의 값

> $x=-1+\sqrt{3}$에서 $x+\boxed{}=\sqrt{3}$이므로
> 이 식의 양변을 제곱하면
> $(x+\boxed{})^2=(\sqrt{3})^2$
> $x^2+2x+\boxed{}=3$
> $\therefore x^2+2x=\boxed{}$

(2) $x=3+\sqrt{2}$일 때, $x^2-6x+11$의 값

> $x=3+\sqrt{2}$에서 $x-\boxed{}=\sqrt{2}$이므로
> 이 식의 양변을 제곱하면
> $(x-\boxed{})^2=(\sqrt{2})^2$
> $x^2-6x+\boxed{}=2$, $x^2-6x=\boxed{}$
> $\therefore x^2-6x+11=\boxed{}$

교과서 문제로 **개념**다지기

1

다음을 구하시오.

(1) $a+b=4$, $ab=3$일 때, a^2+b^2의 값

(2) $x-y=3$, $xy=-1$일 때, x^2+y^2의 값

(3) $x+y=8$, $xy=6$일 때, $(x-y)^2$의 값

(4) $x-y=3\sqrt{2}$, $xy=4$일 때, $(x+y)^2$의 값

2

$a+b=5$, $ab=-5$일 때, $\dfrac{a}{b}+\dfrac{b}{a}$의 값을 구하시오.

3

다음을 구하시오.

(1) $a+b=1$, $a^2+b^2=7$일 때, ab의 값

(2) $x-y=-3$, $x^2+y^2=5$일 때, xy의 값

4

다음을 구하시오.

(1) $x=\sqrt{2}-1$일 때, x^2+2x+7의 값

(2) $x=4+\sqrt{6}$일 때, x^2-8x+8의 값

5

$x=\dfrac{1}{2-\sqrt{3}}$일 때, 다음 물음에 답하시오.

(1) x의 분모를 유리화하시오.

(2) x^2-4x+5의 값을 구하시오.

6

(1) $a^2+b^2=(a+b)^2-2ab$에서 a 대신 x, b 대신 $\dfrac{1}{x}$ 을 대입해 봐.

$x+\dfrac{1}{x}=3$일 때, 다음 식의 값을 구하시오.

(1) $x^2+\dfrac{1}{x^2}$

(2) $\left(x-\dfrac{1}{x}\right)^2$

7 · 생각이 자라는 **창의·융합**

가로의 길이가 a, 세로의 길이가 b인 직사각형의 둘레의 길이가 30이고 넓이가 26일 때, 다음 물음에 답하시오.

(1) 직사각형의 둘레의 길이가 30임을 이용하여 $a+b$의 값을 구하시오.

(2) 직사각형의 넓이가 26임을 이용하여 ab의 값을 구하시오.

(3) (1), (2)를 이용하여 $(a-b)^2$의 값을 구하시오.

▶ 문제 속 개념 도출

- $(a+b)^2-a^2+2ab+b^2$
  ➡ $a^2+b^2=(a+b)^2-$①______ , $(a-b)^2=(a+b)^2-4ab$
- $(a-b)^2=a^2-2ab+b^2$
  ➡ $a^2+b^2=(a-b)^2+2ab$, $(a+b)^2=(a-b)^2+$②______

개념 25 곱셈 공식의 도형에의 활용

되짚어 보기　[초5~6] 평면도형의 넓이　[중1] 다항식의 덧셈과 뺄셈　[중3] 곱셈 공식

곱셈 공식을 이용하여 직사각형의 넓이를 구하는 문제는 다음과 같은 순서로 해결한다.

❶ 색칠한 직사각형의 가로, 세로의 길이를 문자를 사용하여 나타낸다.

❷ 직사각형의 넓이를 구하는 식을 세운 후 곱셈 공식을 이용하여 전개한다.

참고　• (직사각형의 넓이)=(가로의 길이)×(세로의 길이)
　　　• (정사각형의 넓이)=(한 변의 길이)^2

📖 **개념 확인**　　　　　　　　　　　　　　　　　　　● 정답 및 해설 32쪽

1　오른쪽 그림에서 색칠한 직사각형에 대하여 다음을 구하시오.

　(1) 가로의 길이

　(2) 세로의 길이

　(3) 넓이

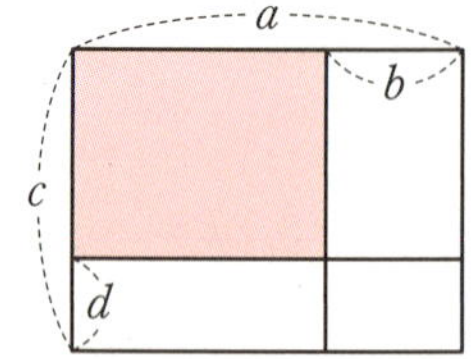

2　오른쪽 그림에서 색칠한 직사각형에 대하여 다음을 구하시오.

　(1) 가로의 길이

　(2) 세로의 길이

　(3) 넓이

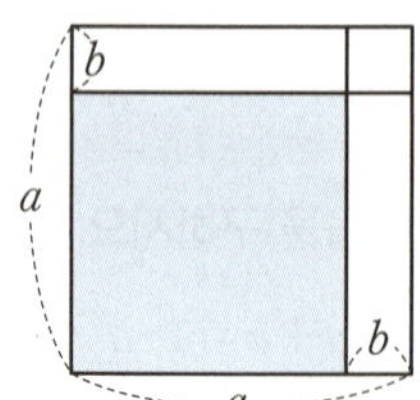

3　오른쪽 그림에서 색칠한 직사각형에 대하여 다음을 구하시오.

　(1) 가로의 길이

　(2) 세로의 길이

　(3) 넓이

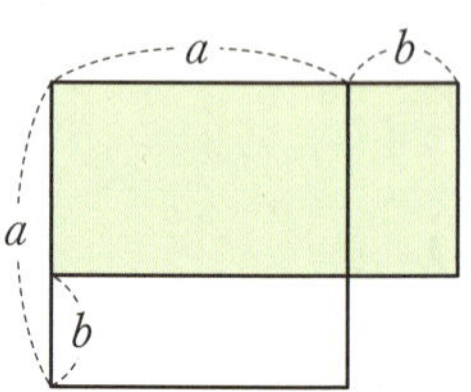

교과서 문제로 **개념**다지기

1

다음 그림과 같이 직사각형 4개를 겹치지 않게 빈틈없이 이어 붙여 새로운 직사각형을 만들었을 때, 새로 만든 직사각형의 넓이를 구하시오.

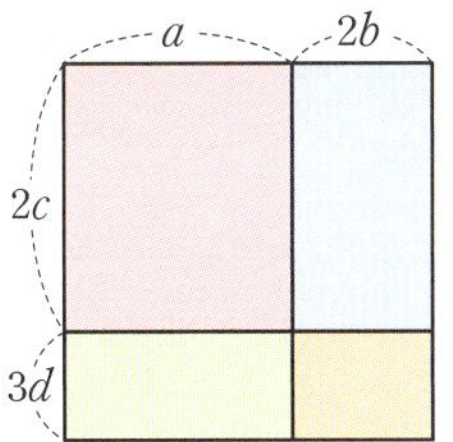

2

다음 그림과 같은 도형의 넓이를 구하시오.

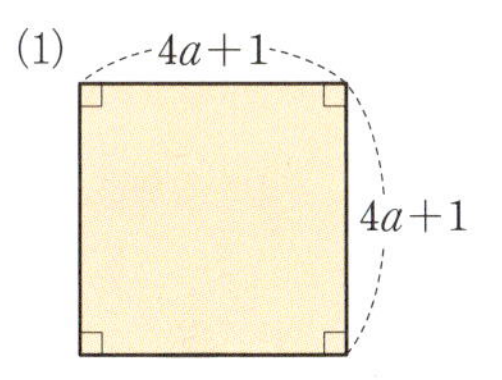

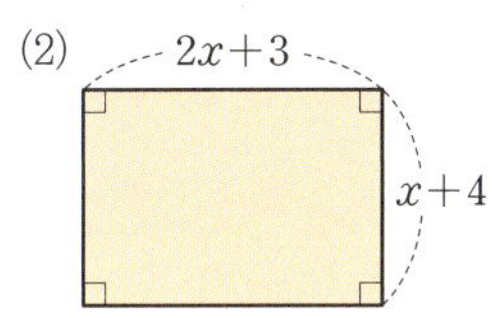

3

한 변의 길이가 x인 정사각형의 가로의 길이를 5만큼 늘이고, 세로의 길이를 2만큼 줄여서 만든 직사각형의 넓이를 구하시오.

4

다음 그림과 같이 한 변의 길이가 a인 정사각형을 대각선을 따라 자른 후 직각을 낀 한 변의 길이가 b인 직각이등변삼각형 2개를 잘라 내어 새로운 직사각형을 만들었다. 이때 새로 만든 직사각형의 넓이를 구하시오.

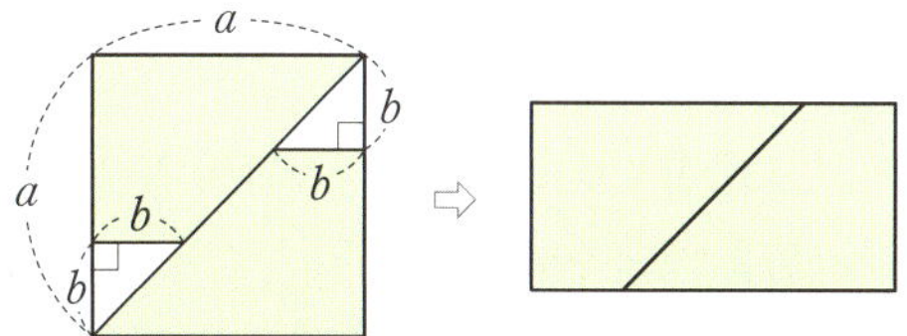

5

다음 그림과 같은 도형의 넓이를 구하시오.

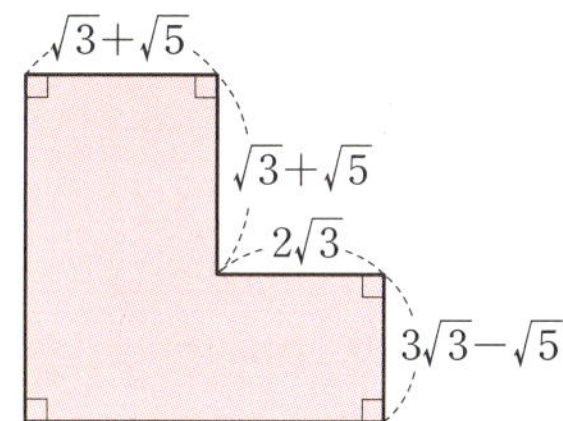

6 ◦ 생각이 자라는 **창의·융합**

오른쪽 그림과 같이 가로, 세로의 길이가 각각 $4x+2$, $3x+3$인 직사각형 모양의 잔디밭이 있다. 이 잔디밭에 폭이 1로 일정한 길을 만들었을 때, 길을 제외한 잔디밭의 넓이를 구하시오.

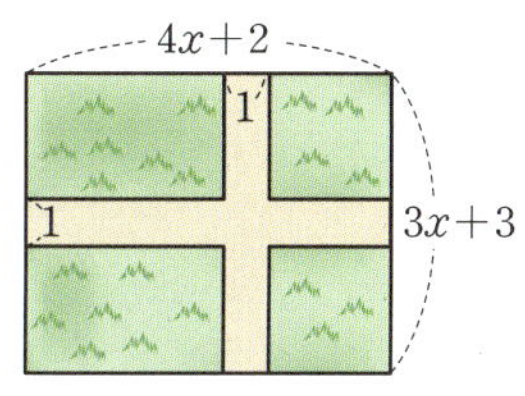

▶ 문제 속 개념 도출
- $(x+a)(x+b)=x^2+(a+b)x+ab$
- $(ax+b)(cx+d)=$① _______________

개념 26 인수분해

[중1] 소인수분해 / 분배법칙　　[중3] 곱셈 공식

1 인수와 인수분해

(1) 하나의 다항식을 두 개 이상의 다항식의 곱으로 나타낼 때, 각각의 식을 처음 식의 **인수**라 한다.

(2) 하나의 다항식을 두 개 이상의 인수의 곱으로 나타내는 것을 그 다항식을 **인수분해**한다고 한다.

$$x^2+3x+2 \quad \leftarrow \text{합의 모양}$$

인수분해 $\updownarrow$ 전개

$$(x+1)(x+2) \quad \leftarrow \text{곱의 모양}$$

인수

2 공통인 인수를 이용한 인수분해

다항식의 각 항에 공통인 인수가 있을 때는 분배법칙을 이용하여 공통인 인수를 묶어 내어 인수분해한다.

➡ $ma+mb=m(a+b)$

공통인 인수

참고 • 공통으로 들어 있는 인수를 이용하여 인수분해할 때, 수는 최대공약수로 묶어 낸다.

• 인수분해할 때는 각 항에 공통인 인수가 남지 않도록 모두 묶어 낸다.

바/로/풀/기

빈칸을 채우시오.

Q1 $x^2-2x-3=(x+1)(x-3)$ 이므로 $x+1$, ☐ 은 다항식 x^2-2x-3의 인수이고, x^2-2x-3을 인수분해하면 (☐)$(x-3)$이다.

Q2 $ax+bx$에서 ax와 bx의 공통인 인수는 ☐ 이므로 $ax+bx=$☐$(a+b)$

📖 **개념 확인** ·· ● 정답 및 해설 32쪽

1 다음 식은 어떤 다항식을 인수분해한 것인지 구하시오.

(1) $a(a+2)$ 　　　　　　　(2) $(x-3)^2$

(3) $(x+1)(x-1)$ 　　　　　(4) $(2x-y)(3x-2y)$

2 다음 다항식에서 각 항의 공통인 인수를 찾은 후, 인수분해하여 표를 완성하시오.

다항식	공통인 인수	인수분해한 식
a^2-a		
$ax+ay$		
x^2y+xy		
$ax-bx+cx$		

3 다음 식을 인수분해하시오.

(1) x^2+2xy 　　　　　　　(2) $3x^2y-5xy$

(3) $4a^2-8a$ 　　　　　　　(4) $2xz+6yz$

1

다음 식에 대한 설명으로 옳은 것은?

$$xy(x+3y) \xrightleftharpoons[\textcircled{\tiny L}]{\textcircled{\tiny ㄱ}} x^2y+3xy^2$$

① ㉠의 과정을 인수분해라 한다.
② ㉡의 과정을 전개라 한다.
③ ㉠의 과정에서 결합법칙이 이용된다.
④ x^2y, $3xy^2$의 공통인 인수는 $x+3y$이다.
⑤ y, xy, $x+3y$는 모두 x^2y+3xy^2의 인수이다.

2

다항식 $axy-6y^2$을 인수분해하면 $2y(2x-3y)$일 때, 상수 a의 값을 구하시오.

3

다음 |보기| 중 $x(x+1)(x-1)$의 인수인 것을 모두 고르시오.

| 보기 |

ㄱ. x^2 ㄴ. $x+1$
ㄷ. $x-1$ ㄹ. x^2+1
ㅁ. $x(x-1)$ ㅂ. $(x+1)^2$

4 해설 꼭 확인

다음 식을 인수분해하시오.

(1) $5xy-10y^2$
(2) $4x^2y-8xy^2+6xy$
(3) $a(x+y)+b(x+y)$
(4) $x(x-2)+5(x-2)$

5

다음 중 x^3+3x^2y의 인수가 <u>아닌</u> 것은?

① x ② x^2 ③ x^3+3y
④ $x(x+3y)$ ⑤ $x^2(x+3y)$

6

공통인 인수가 보이도록 식을 변형해야 해.

$(x-2)(x+4)+3(2-x)$가 x의 계수가 1인 두 일차식의 곱으로 인수분해될 때, 두 일차식의 합을 구하시오.

7 생각이 자라는 문제 해결

다음 두 다항식의 일차 이상의 공통인 인수를 구하시오.

$$3xz+6yz, \quad x^2y+2xy^2$$

▶ 문제 속 개념 도출

• 다항식을 인수분해했을 때 곱해진 각각의 다항식을 처음 식의 ①______ 라 한다.
• 다항식에서 각 항에 공통인 인수가 있을 때는 ②__________을 이용하여 공통인 인수를 묶어 내어 인수분해한다.
  ➡ $ma+mb=\underline{m}(a+b)$
  └→ ma와 mb의 공통인 인수
• 인수분해할 때는 각 항에 공통인 인수가 남지 않도록 모두 묶어 낸다.

27 인수분해 공식 (1)

되짚어 보기　[중3] 곱셈 공식 (1) / 인수분해

❶ $a^2+2ab+b^2$, $a^2-2ab+b^2$의 인수분해 ← 인수분해 공식 (1)

(1) $a^2+2ab+b^2=(a+b)^2$　예 $x^2+2x+1=x^2+2\times x\times1+1^2=(x+1)^2$

(2) $a^2-2ab+b^2=(a-b)^2$　예 $x^2-2x+1=x^2-2\times x\times1+1^2=(x-1)^2$

참고 모든 항에 공통으로 들어 있는 인수가 있으면 공통으로 들어 있는 인수로 먼저 묶어 낸 후 인수분해 공식을 이용한다.

예 $2a^2+4ab+2b^2=2(a^2+2ab+b^2)=2(a+b)^2$

❷ 완전제곱식

다항식의 제곱으로 이루어진 식 또는 그 식에 수를 곱한 식을 **완전제곱식**이라 한다.

예 $(a+b)^2,\ 2(a-b)^2,\ -2(5x-y)^2$

참고 x^2+ax+b가 완전제곱식이 되기 위한 조건 ➡ $b=\left(\dfrac{a}{2}\right)^2,\ a=\pm2\sqrt{b}$ (단, $b>0$)

🔍 바/로/풀/기

빈칸을 채우시오.

Q1 다음 식을 인수분해하면

(1) x^2+4x+4
$=x^2+2\times x\times\square+\square^2$
$=(x+\square)^2$

(2) x^2-4x+4
$=x^2-2\times x\times\square+\square^2$
$=(x-\square)^2$

Q2 $ax^2+6ax+9a$는 공통인 인수 a로 먼저 묶어 낸 후 괄호 안의 식을 인수분해할 수 있다. 즉,
$ax^2+6ax+9a=\square(x^2+6x+9)$
$=\square(x+\square)^2$

📖 개념 확인　　　　　　　　　　● 정답 및 해설 33쪽

1 다음 $\square$ 안에 알맞은 수를 쓰고, 주어진 식을 인수분해하시오.

(1) $x^2+8x+16$
$=x^2+2\times x\times\square+\square^2$
$=(x+\square)^2$

(2) $4x^2-12x+9$
$=(\square x)^2-2\times\square x\times\square+\square^2$
$=(\square x-\square)^2$

(3) $x^2-14x+49$

(4) $9x^2+30x+25$

(5) $2a^2+8a+8$

(6) $-3x^2+6x-3$

2 다음 $\square$ 안에 알맞은 수를 쓰고, 주어진 식이 완전제곱식이 되도록 하는 상수 A의 값을 모두 구하시오.

(1) $x^2+6x+A=x^2+2\times x\times3+A$
$\Rightarrow A=\square^2=\square$

(2) $x^2+Ax+36=x^2+Ax+(\pm6)^2$
$\Rightarrow A=2\times(\square)=\square$

(3) $x^2-10x+A$

(4) $x^2+Ax+49$

3 다음 $\square$ 안에 알맞은 수를 쓰고, 주어진 식이 완전제곱식이 되도록 하는 상수 A의 값을 모두 구하시오.

(1) $4x^2+20x+A=(2x)^2+2\times2x\times5+A$
$\Rightarrow A=\square^2=\square$

(2) $16x^2+Ax+9=(4x)^2+Ax+(\pm3)^2$
$\Rightarrow A=2\times\square\times(\pm3)=\square$

(3) $9x^2-6x+A$

(4) $25x^2+Ax+16$

교과서 문제로 **개념 다지기**

1

다음 식을 인수분해하시오.

(1) $ax^2 + 18ax + 81a$

(2) $9x^2 - 24xy + 16y^2$

(3) $a^2 + a + \dfrac{1}{4}$

2

다항식 $4x^2 - 20x + 25$를 $(ax+b)^2$의 꼴로 인수분해할 때, 상수 a, b에 대하여 ab의 값을 구하시오. (단, $a > 0$)

3

$3x^2 - 24xy + 48y^2$을 인수분해하면?

① $3(x-2)^2$
② $(3x-4y)^2$
③ $3(x-4)^2$
④ $3(x-2y)^2$
⑤ $3(x-4y)^2$

4

다음 |보기| 중 완전제곱식으로 인수분해되는 것을 모두 고르시오.

| 보기 |

ㄱ. $x^2 - 10x + 10$ ㄴ. $16a^2 + 8a + 1$

ㄷ. $\dfrac{1}{3}x^2 + \dfrac{4}{3}x + \dfrac{4}{3}$ ㄹ. $x^2 - \dfrac{2}{3}x + \dfrac{1}{9}$

5

다음 식이 모두 완전제곱식으로 인수분해될 때, □ 안에 알맞은 양수 중 가장 큰 것은?

① $x^2 - 10x + \square$
② $x^2 + \square x + 81$
③ $4x^2 + \square x + 25$
④ $9x^2 - 12x + \square$
⑤ $\square x^2 + 6x + 1$

6

다항식 $(x-2)(x+10) + k$가 완전제곱식이 되도록 하는 상수 k의 값을 구하시오.

7 · 생각이 자라는 **문제 해결**

$-1 < x < 1$일 때, $\sqrt{x^2 - 2x + 1} + \sqrt{x^2 + 2x + 1}$을 간단히 하시오.

▶ **문제 속 개념 도출**

· $a^2 \pm 2ab + b^2$의 인수분해

➡ $a^2 + 2ab + b^2 = (a+b)^2$, $a^2 - 2ab + b^2 = (①\quad)^2$

· 근호 안의 식이 완전제곱식으로 인수분해되면 다음을 이용하여 근호를 사용하지 않고 나타낼 수 있다.

➡ $\sqrt{A^2} = \begin{cases} A & (A \geq 0) \\ ② & (A < 0) \end{cases}$

개념 28 인수분해 공식 (2)

되짚어 보기   [중3] 곱셈 공식 (2) / 인수분해

---

a^2-b^2의 인수분해 ← 인수분해 공식 (2)

$$a^2-b^2=(a+b)(a-b)$$
제곱의 차   합   차

예
- $x^2-4=x^2-2^2=(x+2)(x-2)$
- $4x^2-9y^2=(2x)^2-(3y)^2=(2x+3y)(2x-3y)$

바/로/풀/기

빈칸을 채우시오.

Q1 다음을 인수분해하면
(1) $x^2-1=x^2-1^2$
  $=(x+\square)(\square-1)$
(2) $a^2-9=a^2-\square^2$
  $=(\square+3)(a-\square)$

개념 확인   ● 정답 및 해설 34쪽

1 다음 $\square$ 안에 알맞은 수를 쓰시오.

(1) $x^2-16=x^2-\square^2=(x+\square)(x-4)$

(2) $a^2-25=a^2-\square^2=(a+5)(a-\square)$

(3) $49-x^2=\square^2-x^2=(\square+x)(\square-x)$

(4) $4x^2-1=(\square x)^2-\square^2=(\square x+1)(2x-\square)$

(5) $x^2-36y^2=x^2-(\square y)^2=(x+\square y)(x-\square y)$

(6) $9x^2-16y^2=(\square x)^2-(\square y)^2=(3x+\square y)(\square x-4y)$

2 다음 식을 인수분해하시오.

(1) x^2-64 (2) $16x^2-1$

(3) $-a^2+4$ (4) $-9x^2+y^2$

(5) $x^2-\dfrac{1}{9}$ (6) $x^2-\dfrac{1}{x^2}$

(7) $2x^2-18$ (8) $3x^2-12y^2$

1

다음 중 옳은 것은?

① $a^2-4=(a-2)^2$

② $x^2-49=(x+7)(x-7)$

③ $25x^2-16=(5x+8)(5x-8)$

④ $-36x^2+y^2=(6x+y)(6x-y)$

⑤ $x^2-\dfrac{1}{4}=\left(x+\dfrac{1}{4}\right)\left(x-\dfrac{1}{4}\right)$

2

다음 네 학생 중 식을 잘못 인수분해한 학생을 모두 찾고, 그 학생의 식을 바르게 인수분해하시오.

> 동주: $-x^2+y^2=(x+y)(x-y)$
>
> 서희: $a^2-16b^2=(a+4b)(a-4b)$
>
> 은지: $\dfrac{9}{4}x^2-4y^2=\left(\dfrac{3}{2}x+2y\right)\left(\dfrac{3}{2}x-2y\right)$
>
> 찬우: $2x^2-50y^2=(2x+10y)(x-5y)$

3 해설 꼭 확인

$16x^2-9$가 x의 계수가 1이 아닌 자연수이고 상수항이 정수인 두 일차식의 곱으로 인수분해될 때, 두 일차식의 합을 구하시오.

4

$12x^2-27y^2=a(bx+cy)(bx-cy)$일 때, 자연수 a, b, c에 대하여 $a+b+c$의 값을 구하시오.

5

다음 중 x^3-xy^2의 인수가 <u>아닌</u> 것은?

① x　　② $x+y$　　③ $x(x+y)$

④ $x(x-y)$　　⑤ x^2+y^2

6

ax^2-49를 인수분해하면 $(bx+7)(2x-c)$일 때, 상수 a, b, c의 값을 각각 구하시오.

7 생각이 자라는 문제 해결

인수분해 공식을 이용하여 x^4-y^4을 인수분해하시오.

▶ 문제 속 개념 도출

· a^2-b^2의 인수분해

➡ $a^2-b^2=(①\underline{\quad\quad})(a-b)$

· 특별한 조건이 없으면 인수분해는 유리수의 범위에서 더 이상 인수분해할 수 없을 때까지 계속한다.

개념 29 인수분해 공식(3)

되짚어 보기 　[중3] 곱셈 공식 (3) / 인수분해

---

(1) $x^2+(a+b)x+ab$의 인수분해 ← 인수분해 공식 (3)

두 수의 곱

$$x^2+(a+b)x+ab=(x+a)(x+b)$$

두 수의 합

(2) $x^2+(a+b)x+ab$의 인수분해 방법

❶ 곱해서 상수항이 되는 두 정수를 모두 찾는다.

❷ ❶의 두 정수 중 합이 일차항의 계수가 되는 두 정수를 고른다.

❸ ❷의 두 정수를 각각 상수항으로 하는 두 일차식의 곱으로 나타낸다.

(예) 다항식 x^2+3x+2에서 곱이 2이면서 합이 3인 두 수는 1과 2이므로

두 수의 곱

$$x^2+3x+2=(x+1)(x+2)$$

두 수의 합

곱이 2인 두 정수	두 정수의 합
$-1, -2$	-3
$1, 2$	3

바/로/풀/기

빈칸을 채우시오.

Q1 다항식 x^2+4x+3에서 곱이 3이면서 합이 4인 두 정수는 1, □ 이므로

$x^2+4x+3=(x+1)(x+\square)$

또한, 다항식 x^2-4x+3에서 곱이 3이면서 합이 -4인 두 정수는 -1, □이므로

$x^2-4x+3=(x-1)(x-\square)$

📖 **개념 확인** ·· ● 정답 및 해설 35쪽

1 합과 곱이 각각 다음과 같은 두 정수를 구하시오.

(1) 합: 7, 곱: 10　　　　　　　　(2) 합: -8, 곱: 7

(3) 합: 2, 곱: -8　　　　　　　　(4) 합: -1, 곱: -12

2 다음 □ 안에 알맞은 수를 쓰고, 주어진 식을 인수분해하시오.

(1) x^2+5x+6

⇨ 곱이 6이고 합이 5인 두 정수는 □, □이다.

⇨ $x^2+5x+6=$ _______________

(2) $x^2-10x+9$

⇨ 곱이 9이고 합이 -10인 두 정수는 □, □이다.

⇨ $x^2-10x+9=$ _______________

(3) $x^2+5x-14$

⇨ 곱이 -14이고 합이 5인 두 정수는 □, □이다.

⇨ $x^2+5x-14=$ _______________

(4) $x^2-2x-15$

⇨ 곱이 -15이고 합이 -2인 두 정수는 □, □이다.

⇨ $x^2-2x-15=$ _______________

교과서 문제로 **개념**다지기

1 해설 꼭 확인

다음 식을 인수분해하시오.

(1) x^2+7x+6

(2) $a^2-11a+28$

(3) $x^2+2x-24$

(4) $x^2-3x-10$

(5) $x^2-5xy+6y^2$

(6) $a^2+2ab-3b^2$

2

다음 두 다항식의 일차 이상의 공통인 인수를 구하시오.

$$x^2-6x+8, \quad x^2-3x-4$$

3

$(x+6)(x-9)+26$이 x의 계수가 1인 두 일차식의 곱으로 인수분해될 때, 두 일차식의 합을 구하시오.

4

$x^2+ax+12=(x+3)(x+b)$일 때, 상수 a, b에 대하여 $a+b$의 값을 구하시오.

5

x^2의 계수가 1인 어떤 이차식을 인수분해하는데, 소현이는 x의 계수를 잘못 보아 $(x-1)(x-3)$으로 인수분해하였고 상혁이는 상수항을 잘못 보아 $(x+2)^2$으로 인수분해하였다. 다음 물음에 답하시오.

(1) 소현이가 상수항은 제대로 보았음을 이용하여 처음 이차식의 상수항을 구하시오.

(2) 상혁이가 x의 계수는 제대로 보았음을 이용하여 처음 이차식의 x의 계수를 구하시오.

(3) 처음 이차식을 바르게 인수분해하시오.

6

$x^2+ax+10=(x+b)(x+c)$일 때, 다음 중 상수 a의 값이 될 수 <u>없는</u> 것은? (단, b, c는 정수)

① -11 ② -7 ③ 3

④ 7   ⑤ 11

7 생각이 자라는 **창의·융합**

다음은 가로줄의 다항식과 세로줄의 다항식을 곱하여 서로 만나는 칸에 답을 적는 다항식 퍼즐이다. 이때 (가), (나)에 들어갈 다항식을 각각 구하시오.

×	$x+3$	
$x+2$	x^2+5x+6	x^2-x-6
(가)	x^2+2x-3	(나)

▶ 문제 속 개념 도출

· $x^2+(a+b)x+ab$의 인수분해

➡ $x^2+(a+b)x+ab=(x+a)(①\underline{\quad\quad})$

개념 30 인수분해 공식 (4)

되짚어 보기   [중3] 곱셈 공식 (4) / 인수분해

(1) $acx^2+(ad+bc)x+bd$의 인수분해 ← 인수분해 공식 (4)

$$acx^2+(ad+bc)x+bd=(ax+b)(cx+d)$$

(2) $acx^2+(ad+bc)x+bd$의 인수분해 방법

❶ 곱해서 이차항이 되는 두 식을 세로로 나열한다.

❷ 곱해서 상수항이 되는 두 정수를 세로로 나열한다.

❸ 대각선 방향으로 곱하여 더한 값이 일차항이 되는 것을 찾는다.

❹ 두 일차식의 곱으로 나타낸다.

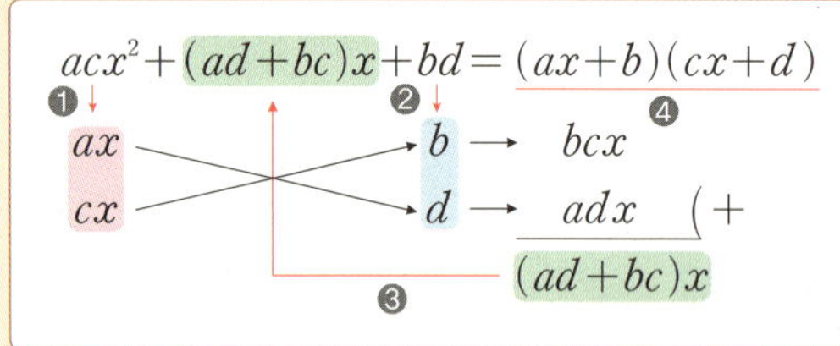

바/로/풀/기

빈칸을 채우시오.

Q1 $3x^2+2x-5$를 인수분해하면

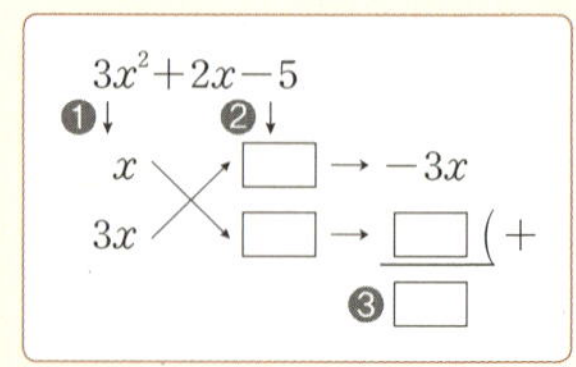

$\Rightarrow 3x^2+2x-5$
$\quad = (x-\square)(3x+\square)$

📖 **개념 확인**   ● 정답 및 해설 37쪽

1 다음 $\square$ 안에 알맞은 수를 쓰고, 주어진 식을 인수분해하시오.

(1) $2x+7x+3=(x+\square)(\square x+\square)$

(2) $3x^2+7x-6=$ ______________

(3) $6x^2-11x+5=$ ______________

(4) $2x^2-3x-9=$ ______________

(5) $4x^2-13xy+9y^2=$ ______________

(6) $3x^2+2xy-8y^2=$ ______________

2 다음 식을 인수분해하시오.

(1) $2x^2+5x+2$

(2) $3x^2+2x-1$

(3) $4x^2-8x+3$

(4) $6x^2-7x-3$

(5) $2x^2-9x-5$

(6) $6a^2+ab-2b^2$

교과서 문제로 **개념**다지기

1

다음 | 보기 | 중 옳지 <u>않은</u> 것을 모두 고르시오.

| 보기 |

ㄱ. $a^2b - ab^2 = ab(a-b)$

ㄴ. $x^2 + 8x + 16 = (x+8)^2$

ㄷ. $16x^2 - 9y^2 = (4x+3y)(4x-3y)$

ㄹ. $a^2 - 7a + 10 = (a+2)(a+5)$

ㅁ. $x^2 - 9x - 22 = (x+2)(x-11)$

ㅂ. $2x^2 + 3x - 5 = (2x+5)(x-1)$

ㅅ. $4x^2 - 4xy - 3y^2 = (2x+1)(2x-3)$

2

$4x^2 + 5xy - 6y^2 = (x+ay)(bx-cy)$일 때, 양수 a, b, c에 대하여 $a+b+c$의 값을 구하시오.

3

$3x^2 + 7x - 2$가 x의 계수가 자연수이고 상수항이 정수인 두 일차식의 곱으로 인수분해될 때, 두 일차식의 합을 구하시오.

4 ⟨ 먼저 공통인 인수로 묶어 낸 후 인수분해해야 해.

$2ax^2 + 9ax - 18a$를 인수분해하시오.

5

$8x^2 - ax - 3 = (2x+b)(cx-3)$일 때, 양수 a, b, c에 대하여 abc의 값을 구하시오.

6

다음 그림의 미로는 현재 위치의 다항식과 공통인 인수가 있는 다항식의 방향으로만 이동할 수 있다. 입구에서 출발 했을 때, 나오는 출구를 구하시오.

(단, 이동은 아래, 오른쪽 방향으로만 가능하다.)

입구		
$2x^2 - 5x + 3$	$3x^2 - 4x + 1$	$3x^2 - 2x - 5$
$2x^2 + 3x + 1$	$3x^2 + 5x - 2$	$6x^2 + x - 1$

| 출구 A | B | C |

7 ・ 생각이 자라는 **문제 해결**

$2x^2 - x + a$가 $x+2$를 인수로 가질 때, 상수 a의 값을 구하시오.

▶ 문제 속 개념 도출

• $acx^2 + (ad+bc)x + bd$의 인수분해

➡ $acx^2 + (ad+bc)x + bd = (ax+b)(①\underline{\hspace{2cm}})$

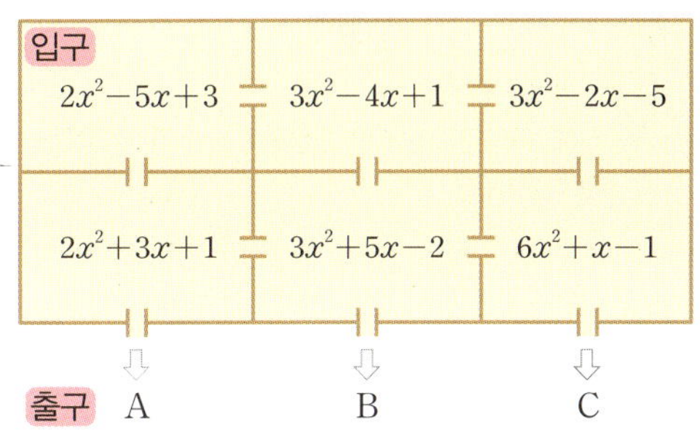

• 일차식 $mx+n$이 이차식 $ax^2 + bx + c$의 인수이면
$ax^2 + bx + c = (mx+n)(\bigcirc x + \triangle)$로 놓고 우변을 전개하여 계수를 비교한다. _{주어진 인수   나머지 인수}

개념 31 인수분해 공식의 응용

(1) 인수분해 공식을 이용한 수의 계산

인수분해 공식을 이용할 수 있도록 수의 모양을 바꾸어 계산한다.

① 공통인 인수로 묶기 ➡ $ma+mb=m(a+b)$

　예 $15\times35+15\times65=15(35+65)=15\times100=1500$

② 완전제곱식을 이용하기 ➡ $a^2+2ab+b^2=(a+b)^2$,
　　　　　　　　　　　　　　$a^2-2ab+b^2=(a-b)^2$

　예 $21^2+2\times21\times9+9^2=(21+9)^2=30^2=900$

③ 제곱의 차를 이용하기 ➡ $a^2-b^2=(a+b)(a-b)$

　예 $97^2-3^2=(97+3)(97-3)=100\times94=9400$

(2) 인수분해 공식을 이용한 식의 계산

주어진 식을 인수분해한 후 수나 식을 대입하여 계산한다.

　예 $x=99$일 때, x^2+2x+1의 값은 $x^2+2x+1=(x+1)^2=(99+1)^2=100^2=10000$

　참고 식에 주어진 값을 바로 대입하여 구할 수도 있지만, 식을 인수분해한 후 대입하면 계산이 더 편리하다.

바/로/풀/기

빈칸을 채우시오.

Q1 $25\times36-25\times32$
$=25(\boxed{}-32)$
$=25\times\boxed{}=\boxed{}$

Q2 $24^2-2\times24\times4+4^2$
$=(\boxed{}-4)^2$
$=\boxed{}^2=\boxed{}$

Q3 $x=51$일 때, x^2-2x+1의 값은
$x^2-2x+1=(x-1)^2$
$\quad\quad\quad=(\boxed{}-1)^2$
$\quad\quad\quad=\boxed{}^2=\boxed{}$

📖 **개념 확인** ●‥‥‥‥‥‥‥‥‥‥‥‥‥‥‥‥‥‥‥ ● 정답 및 해설 38쪽

1 다음 수를 계산할 때 이용하면 가장 편리한 인수분해 공식을 |보기|에서 골라 □ 안에 쓰고, 수를 계산하시오. (단, $b>0$)

| 보기 |
ㄱ. $a^2+2ab+b^2=(a+b)^2$　　　ㄴ. $a^2-2ab+b^2=(a-b)^2$
ㄷ. $ma-mb=m(a-b)$　　　　　ㄹ. $a^2-b^2=(a+b)(a-b)$

(1) $15\times96-15\times94$　　□ 이용 ➡　$\dfrac{15(96-94)}{}$ $=$ _______

(2) $11^2+2\times11\times9+81$　　□ 이용 ➡　_____________ $=$ _______

(3) $53^2-2\times53\times3+9$　　□ 이용 ➡　_____________ $=$ _______

(4) 37^2-27^2　　□ 이용 ➡　_____________ $=$ _______

2 다음은 인수분해 공식을 이용하여 식의 값을 구하는 과정이다. □ 안에 알맞은 것을 쓰시오.

(1) $x=18$일 때, x^2+2x의 값

$$x^2+2x=x(x+\boxed{})$$
$$=18(18+\boxed{})$$
$$=18\times\boxed{}=\boxed{}$$

(2) $x=1+\sqrt{2}$, $y=1-\sqrt{2}$일 때, $x^2+2xy+y^2$의 값

$$x^2+2xy+y^2=(\boxed{})^2$$
$$=\{(1+\sqrt{2})+(\boxed{})\}^2$$
$$=\boxed{}^2=\boxed{}$$

교과서 문제로 **개념** 다지기

1

인수분해 공식을 이용하여 다음을 계산하시오.

(1) $9 \times 57 + 9 \times 43$

(2) $18^2 + 2 \times 18 \times 12 + 12^2$

(3) $61^2 - 2 \times 61 + 1$

(4) $\sqrt{25^2 - 24^2}$

2

인수분해 공식을 이용하여 다음을 계산하시오.

$$17.3^2 + 2 \times 17.3 \times 2.7 + 2.7^2$$

3

$2930^2 - 70^2 = 3000 \times \boxed{}$ 일 때, $\square$ 안에 알맞은 수를 구하시오.

4

인수분해 공식을 이용하여 다음을 구하시오.

(1) $a = 28$일 때, $a^2 + 2a$의 값

(2) $x = 76$일 때, $x^2 + 8x + 16$의 값

(3) $x = -3 + 2\sqrt{2}$일 때, $x^2 + 6x + 9$의 값

(4) $x = -1 + \sqrt{5}$, $y = 1 + \sqrt{5}$일 때, $x^2 - y^2$의 값

5

$x = 2 + \sqrt{5}$일 때, $x^2 - x - 2$의 값을 구하시오.

6 ⟨ 먼저 a, b의 분모를 각각 유리화해 봐. ⟩

$a = \dfrac{1}{2 + \sqrt{3}}$, $b = \dfrac{1}{2 - \sqrt{3}}$일 때, $a^2 - b^2$의 값을 구하시오.

7 ◦ 생각이 자라는 **문제 해결**

인수분해 공식을 이용하여 다음을 계산하시오.

$$11^2 - 9^2 + 7^2 - 5^2$$

▶ 문제 속 개념 도출

• $a^2 - b^2$의 꼴을 포함한 수를 계산할 때

➡ 두 항씩 묶어서 인수분해 공식 $a^2 - b^2 = ①\underline{}$ 를 이용한다.

개념 32 인수분해 공식의 도형에의 활용

되짚어 보기 [초5~6] 평면도형의 넓이 [중3] 인수분해 / 인수분해 공식

도형의 넓이가 이차식인 경우 인수분해 공식과 도형의 길이 또는 넓이를 구하는 공식을 이용하여 문제를 해결한다.

참고
- (직사각형의 넓이)=(가로의 길이)×(세로의 길이)
- (삼각형의 넓이)=$\dfrac{1}{2}$×(밑변의 길이)×(높이)
- (사다리꼴의 넓이)=$\dfrac{1}{2}$×{(윗변의 길이)+(아랫변의 길이)}×(높이)
- (원의 넓이)=π×(반지름의 길이)^2

📖 개념 확인

● 정답 및 해설 39쪽

1 다음은 다항식의 인수분해를 넓이가 x^2, x, 1인 직사각형을 이용하여 설명하는 과정이다. □ 안에 알맞은 식을 쓰시오.

(1) 다항식 x^2+2x+1의 인수분해

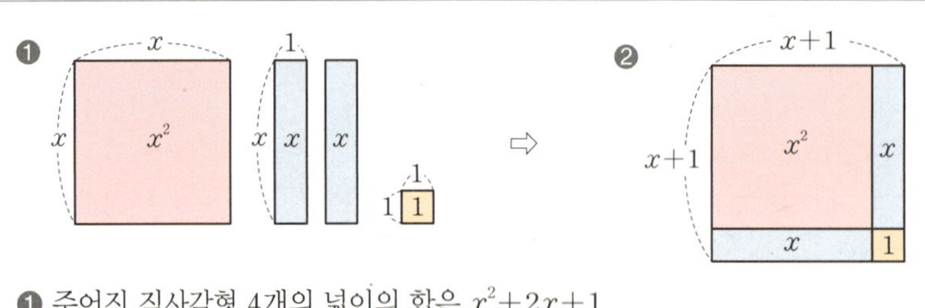

❶ 주어진 직사각형 4개의 넓이의 합은 x^2+2x+1

❷ ❶의 모든 직사각형을 빈틈없이 겹치지 않게 이어 붙이면 한 변의 길이가 $x+1$인 정사각형을 만들 수 있고, 그 넓이는 ☐이다.

이때 새로 만든 정사각형의 넓이는 주어진 직사각형 4개의 넓이의 합과 같으므로

$$x^2+2x+1=\boxed{}$$

(2) 다항식 x^2+4x+3의 인수분해

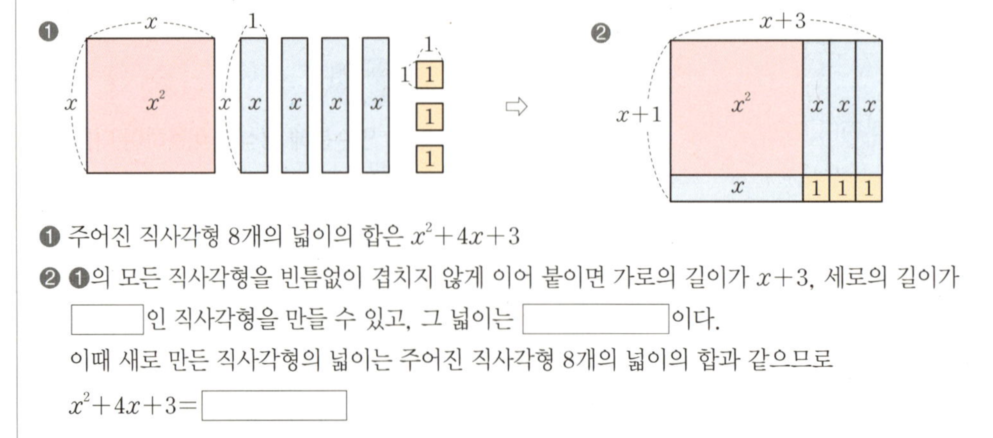

❶ 주어진 직사각형 8개의 넓이의 합은 x^2+4x+3

❷ ❶의 모든 직사각형을 빈틈없이 겹치지 않게 이어 붙이면 가로의 길이가 $x+3$, 세로의 길이가 ☐인 직사각형을 만들 수 있고, 그 넓이는 ☐이다.

이때 새로 만든 직사각형의 넓이는 주어진 직사각형 8개의 넓이의 합과 같으므로

$$x^2+4x+3=\boxed{}$$

교과서 문제로 **개념 다지기**

1

넓이가 $6a^2+11a-10$인 직사각형의 가로의 길이가 $3a-2$일 때, 직사각형의 세로의 길이를 구하시오.

2

오른쪽 그림과 같이 높이가 $3x-1$인 삼각형의 넓이가 $9x^2+9x-4$일 때, 삼각형의 밑변의 길이를 구하시오.

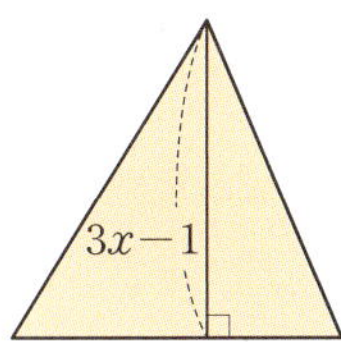

3

오른쪽 그림과 같은 사다리꼴의 넓이가 $2x^2+7x-4$일 때, 사다리꼴의 높이를 구하시오.

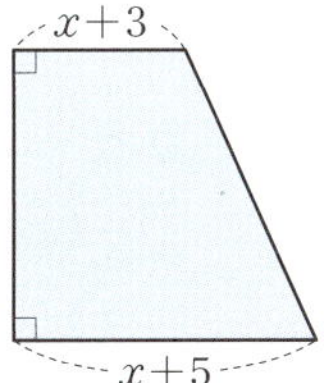

4

다음 그림의 10개의 직사각형을 모두 사용하여 빈틈없이 겹치지 않게 이어 붙여 하나의 큰 직사각형을 만들었다. 새로 만든 직사각형의 가로, 세로의 길이가 각각 계수가 1인 일차식일 때, 이 직사각형의 둘레의 길이를 구하시오.

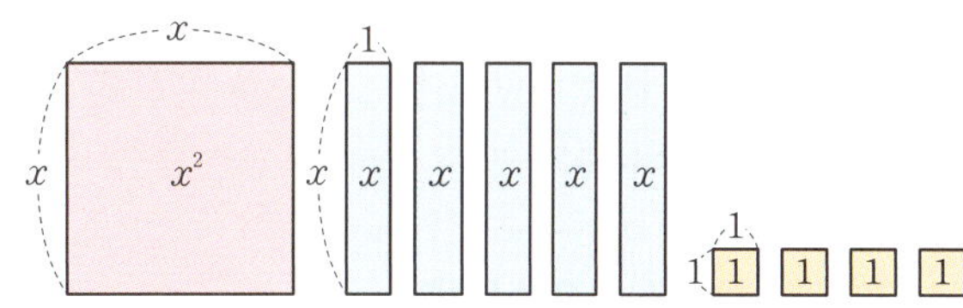

5

다음 그림과 같은 두 도형 A, B의 넓이가 서로 같을 때, 도형 B의 가로의 길이를 구하시오.

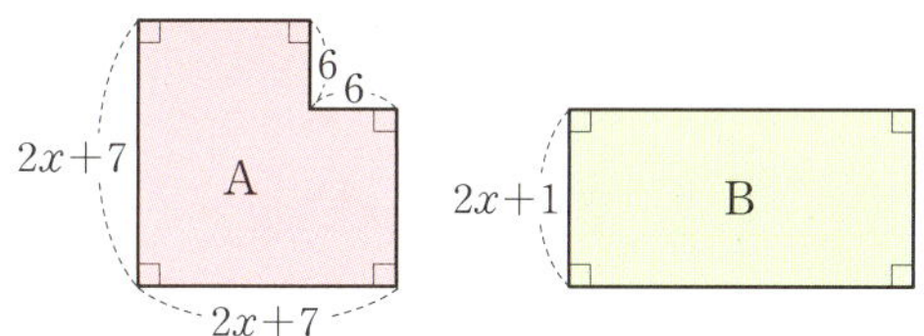

6 · 생각이 자라는 **창의·융합**

오른쪽 그림과 같이 중심이 같고 반지름의 길이가 각각 x, y인 두 원이 있다. 두 원의 반지름의 길이의 합은 8이고 차는 2일 때, 색칠한 부분의 넓이를 구하시오.

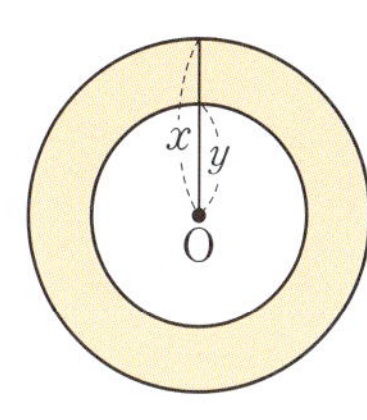

▶ 문제 속 개념 도출

- $a^2-b^2=$ ①＿＿＿＿＿
- $x^2+(a+b)x+ab=$ ②＿＿＿＿＿
- (원의 넓이)$=\pi\times$(반지름의 길이)^2

개념 33 복잡한 식의 인수분해

되짚어 보기　[중1] 다항식의 덧셈과 뺄셈　[중3] 인수분해 / 인수분해 공식

---

(1) 공통부분이 있는 식의 인수분해

공통부분을 한 문자로 놓고 인수분해 공식을 이용한다.

예 $(a+b)^2+2(a+b)-15=A^2+2A-15=(A+5)(A-3)=(a+b+5)(a+b-3)$

　　　　$a+b$를 A로 놓는다.　　　　　　　　　A에 $a+b$를 대입한다.

(2) 항이 4개인 식의 인수분해

① 공통인 인수가 생기도록 (2항)+(2항)으로 묶는다.

예 $ax+ay+bx+by=(ax+ay)+(bx+by)=a(x+y)+b(x+y)=(x+y)(a+b)$

　　　2항　　2항

② A^2-B^2의 꼴이 되도록 (3항)+(1항) 또는 (1항)+(3항)으로 묶는다.

예 $x^2-2x+1-y^2=(x^2-2x+1)-y^2=(x-1)^2-y^2=(x-1+y)(x-1-y)=(x+y-1)(x-y-1)$

　　3항　　1항

📖 **개념 확인**　　　　　　　　　　　　　　　● 정답 및 해설 40쪽

1 다음 □ 안에 알맞은 것을 쓰고, 주어진 식을 인수분해하시오.

> 공통부분을 한 문자로 놓고 인수분해한 후 문자에 원래의 식을 대입해 정리해야 해.

(1) $(x+1)^2-3(x+1)-10$

$=A^2-3A-10$　　⎤ $x+1$을 A로 놓는다.

$=(A+2)(A-\Box)$　⎤ A에 $x+1$을 대입한다.

$=(\boxed{}+2)(x+1-\Box)$

$=(x+\Box)(x-\Box)$

(2) $(x-3)^2-16$

$=A^2-4^2$　　⎤ $x-3$을 A로 놓는다.

$=(A+\Box)(A-4)$

$=(x-3+\Box)(\boxed{}-4)$　⎤ A에 $x-3$을 대입한다.

$=(x+\Box)(x-\Box)$

2 다음 □ 안에 알맞은 것을 쓰고, 주어진 식을 인수분해하시오.

> 공통인 인수가 생기도록 (2항)+(2항)으로 묶은 후 공통인 인수로 묶어 인수분해해야 해.

(1) $a^2-ab+ac-bc$

$=(a^2-ab)+(ac-bc)$

$=a(a-\Box)+c(a-\Box)$

$=(a-\Box)(a+\Box)$

(2) $xy-x-y+1$

$=(xy-x)-(y-1)$

$=x(\boxed{})-(\boxed{})$

$=(x-1)(\boxed{})$

> 공통인 인수가 생기지 않으면 항 4개 중 3개가 완전제곱식으로 인수분해되는지 확인하여 A^2-B^2의 꼴로 변형한 후 인수분해해야 해.

3 다음 □ 안에 알맞은 것을 쓰고, 주어진 식을 인수분해하시오.

(1) $x^2+2xy+y^2-4$

$=(x^2+2xy+y^2)-4$

$=(\boxed{})^2-2^2$

$=(\boxed{}+2)(\boxed{}-2)$

(2) $x^2-4xy-9+4y^2$

$=(x^2-4xy+4y^2)-9$

$=(x-2y)^2-\Box^2$

$=(x-2y+\Box)(x-2y-\Box)$

1

다음 식을 인수분해하시오.

(1) $(a+2)^2-6(a+2)+9$

(2) $(x+y)^2-25$

2

다음 중 $(x-2y)(x-2y+1)-12$의 인수인 것은?

① $x-2y-4$ ② $x-2y-3$

③ $x-2y$ ④ $x-2y+1$

⑤ $x-2y+2$

3

$(2x-1)^2-(x+3)^2=(ax+b)(x-4)$일 때, 상수 a, b의 값을 각각 구하시오.

4

다음 식을 인수분해하시오.

(1) a^2b-b+a^2-1

(2) $2xy+1-x^2-y^2$

5

$x^2+9y^2-25-6xy$가 x의 계수가 1인 두 일차식의 곱으로 인수분해될 때, 두 일차식의 합을 구하시오.

6

다음 두 다항식의 공통인 인수는?

$$a^2+ab-a-b, \quad a^2-ac-b^2-bc$$

① $a+1$ ② $a-1$ ③ $b+1$

④ $a+b$ ⑤ $a-b$

7 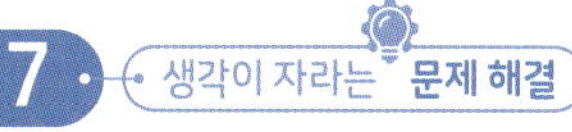

생각이 자라는 **문제 해결**

다음 식을 인수분해하시오.

$$(3x+1)^2+2(3x+1)(y-2)+(y-2)^2$$

▶ **문제 속 개념 도출**

- **공통부분이 있는 식**은 ①__________ 을 한 문자로 놓고 인수분해한 후 문자에 원래의 식을 대입한다.

  이때 공통부분이 2개 있으면 각각을 서로 다른 문자로 놓고 인수분해한다.

☍ 개념 19, 20, 21

1 다음 중 옳은 것을 모두 고르면? (정답 2개) [8점]

① $(a-6)^2=a^2-12a-36$　　　　② $(3x-4y)^2=9x^2-16y^2$

③ $(-x+7)(-x-7)=x^2-49$　　　　④ $(x+4)(x-2)=x^2-2x-8$

⑤ $(2a+3b)(3a-4b)=6a^2+ab-12b^2$

☍ 개념 21

2 $(3x+a)(bx-1)=12x^2+cx-5$일 때, 상수 a, b, c에 대하여 $a+b+c$의 값을 구하시오. [10점]

☍ 개념 22

3 다음 |보기|에서 계산할 때 이용하면 가장 편리한 곱셈 공식이 같은 것끼리 짝 지으시오. [10점]

보기
ㄱ. 997×1003　　　　ㄴ. 7.98×8.05
ㄷ. 101×104　　　　ㄹ. 6.01×5.99

☍ 개념 23

4 $\dfrac{2+\sqrt{3}}{2-\sqrt{3}}+\dfrac{2-\sqrt{3}}{2+\sqrt{3}}$ 을 계산하시오. [8점]

☍ 개념 23, 24

5 다음을 구하시오. [10점]

(1) $x-y=2$, $xy=3$일 때, $(x+y)^2$의 값

(2) $x=\dfrac{1}{1+\sqrt{2}}$ 일 때, x^2+2x+6의 값

6 $\mathcal{O}$ 개념 26, 27, 28, 29, 30

다음 | 보기 | 중 $x+2$를 인수로 갖는 것을 모두 고르시오. [10점]

| 보기 |

ㄱ. $2x^2-4x$ ㄴ. x^2-4 ㄷ. x^2+4x+4

ㄹ. $x^2-12x+20$ ㅁ. $2x^2-8x+8$ ㅂ. $3x^2+7x+2$

7 $\mathcal{O}$ 개념 27

두 다항식 x^2+ax+4, $4x^2+24x+b$가 모두 완전제곱식으로 인수분해될 때, 상수 a, b의 값을 각각 구하시오. (단, $a>0$) [10점]

8 $\mathcal{O}$ 개념 29

다항식 x^2+6x+k가 $(x+a)(x+b)$로 인수분해될 때, 상수 k가 될 수 있는 수 중에서 가장 큰 수를 구하시오. (단, a, b는 자연수) [12점]

9 $\mathcal{O}$ 개념 31

다음 두 수 A, B에 대하여 $A+B$의 값을 구하시오. [10점]

$$A=\sqrt{41^2-40^2}, \qquad B=\sqrt{38^2+4\times38+2^2}$$

10 $\mathcal{O}$ 개념 32

오른쪽 그림과 같은 직사각형과 정삼각형의 둘레의 길이는 서로 같다. 직사각형의 세로의 길이가 $x+3$이고 넓이가 $2x^2+9x+9$일 때, 정삼각형의 한 변의 길이를 구하시오. [12점]

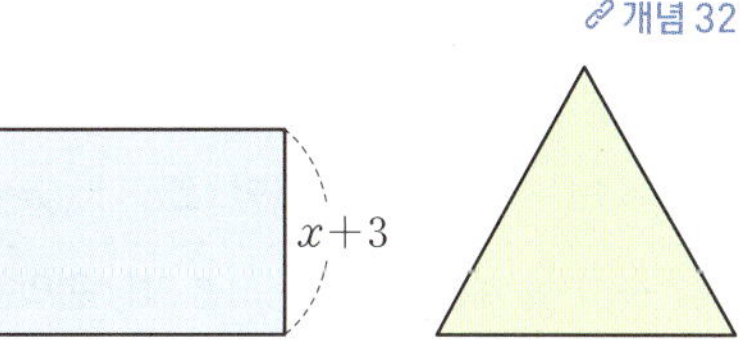

 배운 내용 돌아보기

⟳ 마인드맵으로 정리하기

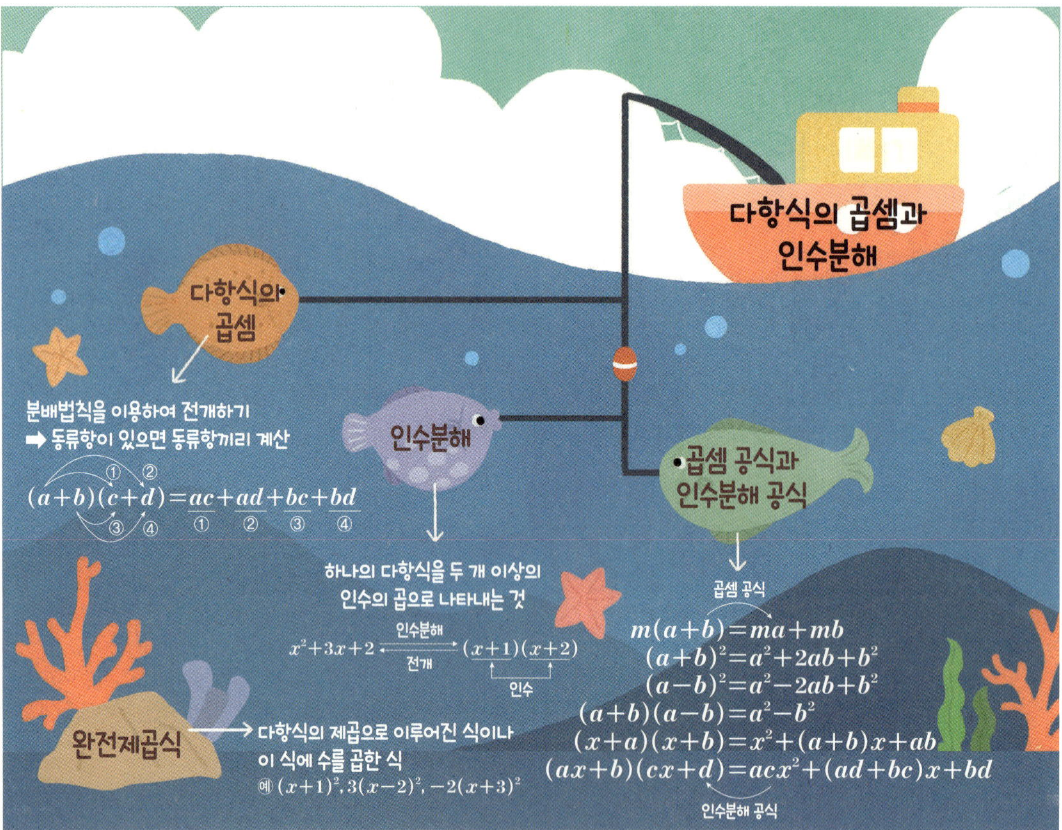

⟳ OX 문제로 확인하기

옳은 것은 ◯, 옳지 않은 것은 X를 택하시오.

● 정답 및 해설 42쪽

❶ $(a+1)^2$을 전개하면 a^2+2a+1이다. ◯ X

❷ $(x+5)(x-5)$를 전개하면 x^2-10이다. ◯ X

❸ $(x-3y)(x-y)$를 전개하면 $x^2-4xy+3y^2$이다. ◯ X

❹ $2ab^2$과 a^2b의 공통인 인수는 ab이다. ◯ X

❺ $x^2+6x+\square$가 완전제곱식으로 인수분해되려면 $\square=3$이어야 한다. ◯ X

❻ $x^2+3x-10$을 인수분해하면 $(x+2)(x-5)$이다. ◯ X

❼ $2a^2+7a-4$를 인수분해하면 $(2a-1)(a+4)$이다. ◯ X

❽ 67^2-57^2을 계산할 때 이용하면 가장 편리한 인수분해 공식은 $a^2-b^2=(a+b)(a-b)$이다. ◯ X

4 이차방정식

배운 내용 → **이 단원의 내용** → **배울 내용**

배운 내용
- **중학교 1학년**
  일차방정식
- **중학교 3학년**
  제곱근과 실수
  다항식의 곱셈과 인수분해

이 단원의 내용
- ◆ 이차방정식과 그 해
- ◆ 인수분해를 이용한 이차방정식의 풀이
- ◆ 제곱근 또는 완전제곱식을 이용한 이차방정식의 풀이
- ◆ 이차방정식의 근의 공식

배울 내용
- **고등학교 수학**
  복소수와 이차방정식
  이차방정식과 이차함수
  여러 가지 방정식과 부등식

학습 내용	학습 날짜	학습 확인	복습 날짜
개념 34 이차방정식과 그 해	/	☺ ☺ ☹	/
개념 35 이차방정식의 한 근이 주어진 경우	/	☺ ☺ ☹	/
개념 36 인수분해를 이용한 이차방정식의 풀이	/	☺ ☺ ☹	/
개념 37 이차방정식의 중근	/	☺ ☺ ☹	/
개념 38 제곱근 또는 완전제곱식을 이용한 이차방정식의 풀이	/	☺ ☺ ☹	/
개념 39 이차방정식의 근의 공식	/	☺ ☺ ☹	/
개념 40 복잡한 이차방정식의 풀이	/	☺ ☺ ☹	/
개념 41 이차방정식의 근의 개수	/	☺ ☺ ☹	/
개념 42 이차방정식 구하기	/	☺ ☺ ☹	/
개념 43 이차방정식의 활용(1) – 수, 나이	/	☺ ☺ ☹	/
개념 44 이차방정식의 활용(2) – 식이 주어진 경우	/	☺ ☺ ☹	/
개념 45 이차방정식의 활용(3) – 도형	/	☺ ☺ ☹	/
학교 시험 문제로 단원 마무리	/	☺ ☺ ☹	/

개념 34 이차방정식과 그 해

되짚어 보기   [중1] 등식과 방정식 / 이항 / 일차방정식

1 이차방정식

등식의 모든 항을 좌변으로 이항하여 정리한 식이

$(x$에 대한 이차식$)=0$

의 꼴로 나타나는 방정식을 x에 대한 **이차방정식**이라 한다.
일반적으로 x에 대한 이차방정식은 다음과 같이 나타낼 수 있다.

$$ax^2+bx+c=0\,(단,\ a,\ b,\ c는\ 상수,\ a\neq0)$$

예 · $x^2-2x+8=0,\ -x^2+5x=0,\ 2x^2-3=0 \Rightarrow$ 이차방정식

· $-2x+1=0,\ \dfrac{1}{x^2}=0,\ x^3-2=0 \Rightarrow$ 이차방정식이 아니다.

2 이차방정식의 해(근)

(1) **이차방정식의 해(근)**: x에 대한 이차방정식을 참이 되게 하는 미지수 x의 값

(2) **이차방정식을 푼다**: 이차방정식의 해를 모두 구하는 것

바/로/풀/기

빈칸을 채우시오.

Q1 $x^2+2x-3=0,\ x^2-1=0$은 $(x$에 대한 이차식$)=0$의 꼴이므로 이차방정식이고,
$2x^2+4x=1+2x^2$은 모든 항을 좌변으로 이항하여 정리하면 ⬚이므로 이차방정식이 아니다.

Q2 이차방정식 $x^2-2x+1=0$에 $x=1$을 대입하면
$1^2-2\times1+1=$⬚
즉, 등식이 성립하므로 $x=$⬚은 이차방정식 $x^2-2x+1=0$의 해이다.

개념 확인   ● 정답 및 해설 42쪽

1 다음 중 이차방정식인 것은 ○표, 이차방정식이 <u>아닌</u> 것은 ×표를 ( ) 안에 쓰시오.

(1) $2x+1=0$ (   )   (2) $x^2=0$ (   )

(3) x^2-3x+5 (   )   (4) $x(x^2+x)=x^3-4$ (   )

(5) $x^2+1=2x(x-3)$ (   )   (6) $x^2-x=(x-1)(x+1)$ (   )

2 다음 이차방정식을 $ax^2+bx+c=0\,(a>0)$의 꼴로 나타내시오. (단, $a,\ b,\ c$는 상수)

(1) $1+2x=-3x^2$ (2) $3x^2-1=2x^2+4x+4$ (3) $2x^2+4=(x+1)^2$

3 x의 값이 $-2,\ -1,\ 0,\ 1,\ 2$일 때, 이차방정식 $x^2-x-2=0$에 대하여 다음 표를 완성하고 해를 구하시오.

x의 값	좌변 x^2-x-2의 값	우변 0	참 / 거짓
-2	$(-2)^2-(-2)-2=4$	0	거짓
-1			
0			
1			
2			

⇨ 해: ____________

4

이차방정식

1

다음 |보기| 중 이차방정식인 것을 모두 고르시오.

| 보기 |

ㄱ. $x^2=x$ ㄴ. $2x^2+3x-5$

ㄷ. $x^2-3x=-2$ ㄹ. $x^2+x+4=x^2-3x$

ㅁ. $3x^2+5x=3(x^2-1)$ ㅂ. $x^2+4=(x+1)^2$

ㅅ. $(x+1)(x-3)=2x$ ㅇ. $x^2(x+1)=x^3-5$

2

이차방정식 $5x^2-2=(x-1)(3x+1)$을 $ax^2+2x+b=0$의 꼴로 나타낼 때, 상수 a, b의 값을 각각 구하시오.

3

방정식 $ax^2+bx+c=0$이 x에 대한 이차방정식이려면 $a\neq0$이어야 해.

다음 중 $kx^2+3x+1=2x^2-x$가 x에 대한 이차방정식이 되도록 하는 상수 k의 값이 될 수 없는 것은?

① 1 ② 2 ③ 3
④ 4 ⑤ 5

4

x의 값이 -1, 0, 1, 2, 3일 때, 다음 이차방정식의 해를 구하시오.

(1) $x^2-1=0$

(2) $x^2-2x-3=0$

5

다음 중 [ ] 안의 수가 주어진 이차방정식의 해가 <u>아닌</u> 것은?

① $x^2-16=0$ $[4]$

② $x^2+x+2=0$ $[-2]$

③ $x^2+3x=0$ $[-3]$

④ $x^2-2x-3=0$ $[3]$

⑤ $2x^2+5x+3=0$ $[-1]$

6 · 생각이 자라는 **창의·융합**

기원전 1800여 년경 고대 바빌로니아 시대에 만들어진 점토판에는 다음과 같은 수학 문제가 적혀 있다.

> <u>어떤 정사각형의 넓이와 그 정사각형의 한 변의 길이를 합하면 $\dfrac{3}{4}$이다.</u> 정사각형의 한 변의 길이를 구하시오.

정사각형의 한 변의 길이를 x라 할 때, 밑줄 친 문장을 (x에 대한 식)$=0$의 꼴로 나타내고, 그 식이 x에 대한 이차방정식인지 말하시오.

▶ 문제 속 개념 도출

• 등식의 모든 항을 좌변으로 이항하여 동류항끼리 정리했을 때, (x에 대한 이차식)$=0$의 꼴로 나타낼 수 있는 것을 x에 대한

 ① ________ 이라 한다.

 ➡ 일반적으로 x에 대한 이차방정식은

  $ax^2+bx+c=0$ (a, b, c는 상수, $a\neq0$)과 같이 나타낼 수 있다.

• (정사각형의 넓이)=(정사각형의 한 변의 길이)^2

개념  35 이차방정식의 한 근이 주어진 경우

되짚어 보기   [중1] 식의 값   [중3] 이차방정식과 그 해

---

(1) 한 근이 주어질 때, 상수의 값 구하기

이차방정식의 한 근이 주어지면 주어진 근을 이차방정식에 대입하여 상수의 값을 구한다.

예 이차방정식 $x^2+3x+a=0$의 한 근이 $x=1$일 때, 상수 a의 값은

$$1^2+3\times1+a=0,\ 4+a=0$$

($x=1$을 대입)

$$\therefore a=-4$$

(2) 한 근이 문자로 주어질 때, 식의 값 구하기

이차방정식 $x^2+px+q=0$ (p, q는 상수)의 한 근이 $x=\alpha$이면 $\alpha^2+p\alpha+q=0$이 성립한다.

① $\alpha^2+p\alpha+q=0$에서 상수항을 우변으로 이항하면

➡ $\alpha^2+p\alpha=-q$

② $\alpha^2+p\alpha+q=0$의 양변을 α ($\alpha\neq0$)로 나누면

➡ $\alpha+p+\dfrac{q}{\alpha}=0$에서 $\alpha+\dfrac{q}{\alpha}=-p$

📖 **개념 확인**　　　　　　　　　　　　　　　　　　● 정답 및 해설 43쪽

1　다음은 [　] 안의 수가 주어진 이차방정식의 한 근일 때, 상수 a의 값을 구하는 과정이다. □ 안에 알맞은 수를 쓰고, 상수 a의 값을 구하시오.

(1) $x^2+ax-8=0$　[2]

> $x^2+ax-8=0$에 $x=2$를 대입하면
> $\square^2+a\times\square-8=0$
> $\therefore a=\square$

(2) $ax^2-4x+5=0$　[−1]

> $ax^2-4x+5=0$에 $x=-1$을 대입하면
> $a\times(\square)^2-4\times(\square)+5=0$
> $\therefore a=\square$

(3) $x^2+ax+15=0$　[3]

(4) $2x^2+x-a=0$　[−2]

2　다음은 이차방정식의 한 근이 주어질 때, 식의 값을 구하는 과정이다. □ 안에 알맞은 수를 쓰고, 물음에 답하시오.

(1) 이차방정식 $x^2+3x+2=0$의 한 근이 $x=a$일 때, a^2+3a의 값을 구하시오.

> $x^2+3x+2=0$에 $x=a$를 대입하면
> $a^2+3a+2=\square$
> $\therefore a^2+3a=\square$

(2) 이차방정식 $x^2-x-6=0$의 한 근이 $x=a$일 때, a^2-a+2의 값을 구하시오.

> $x^2-x-6=0$에 $x=a$를 대입하면
> $a^2-a-6=\square$, $a^2-a=\square$
> $\therefore a^2-a+2=\square$

(3) 이차방정식 $x^2+2x-8=0$의 한 근이 $x=a$일 때, a^2+2a의 값을 구하시오.

(4) 이차방정식 $x^2-3x-4=0$의 한 근이 $x=a$일 때, a^2-3a+5의 값을 구하시오.

1

이차방정식 $2x^2+5x+k=0$의 한 근이 $x=-3$일 때, 상수 k의 값을 구하시오.

2

이차방정식 $x^2+ax-6a=0$의 한 근이 $x=2$일 때, 상수 a의 값을 구하시오.

3

다음 두 이차방정식이 모두 $x=4$를 한 근으로 가질 때, 상수 a, b에 대하여 $a+b$의 값을 구하시오.

$$x^2+ax-8=0, \quad x^2-3x-b=0$$

4

이차방정식 $x^2+3x-5=0$의 한 근이 $x=p$일 때, p^2+3p+4의 값을 구하시오.

5

이차방정식 $x^2-x-12=0$의 한 근이 $x=a$일 때, $2a^2-2a$의 값을 구하시오.

6

이차방정식 $x^2-4x+1=0$의 한 근이 $x=a$일 때, 다음 식의 값을 구하시오.

(1) $a^2-4a+10$

(2) $a+\dfrac{1}{a}$

7 ─ 생각이 자라는 문제 해결

이차방정식 $x^2+ax+4a=0$의 한 근이 $x=-2$이고, 이차방정식 $x^2+bx-15=0$의 한 근이 $x=3$일 때, 상수 a, b에 대하여 ab의 값을 구하시오.

▶ 문제 속 개념 도출

• 이차방정식 $ax^2+bx+c=0$의 한 근이 $x=k$이면
 ➡ $ak^2+bk+c=0$

• 이차방정식에 대입했을 때, 그 방정식을 참이 되게 하는 값을 이차방정식의 해 또는 ① ___ 이라 한다.

개념 36 인수분해를 이용한 이차방정식의 풀이

되짚어 보기 [중3] 인수분해 공식 / 이차방정식과 그 해

❶ $AB=0$의 성질

두 수 또는 두 식 A, B에 대하여

$A=0$ 또는 $B=0$이면 $AB=0$이다.

또한, $AB=0$이면 $A=0$ 또는 $B=0$이다.

참고 '$A=0$ 또는 $B=0$'은 다음 세 가지 중 하나가 성립
한다는 뜻이다.

(i) $A=0$, $B=0$　(ii) $A=0$, $B\neq0$　(iii) $A\neq0$, $B=0$

$$(\underset{A}{x-2})(\underset{B}{x-3})=0\text{이면}$$
$$\underset{A}{x-2=0} \text{ 또는 } \underset{B}{x-3=0}$$

❷ 인수분해를 이용한 이차방정식의 풀이

이차방정식 $ax^2+bx+c=0\,(a\neq0)$의 좌변을 두 일차식의 곱으로 인수분
해할 수 있는 경우에는 인수분해를 이용하여 이차방정식을 다음과 같은 순
서로 푼다.

❶ 이차방정식을 정리한다.　➡ $ax^2+bx+c=0$

❷ 좌변을 인수분해한다.　➡ $a(x-\alpha)(x-\beta)=0$

❸ $AB=0$의 성질을 이용한다. ➡ $x-\alpha=0$ 또는 $x-\beta=0$

❹ 해를 구한다.　➡ $x=\alpha$ 또는 $x=\beta$

바/로/풀/기

빈칸을 채우시오.

Q1 $AB=0$이면
'$A=0$ 또는 $B=0$'이므로
$x(x-1)=0$이면
'$x=0$ 또는 $x-1=0$'이고,
$(x+1)(x-2)=0$이면
'☐ 또는 ☐'이다.

Q2 이차방정식 $x^2+x-30=0$의
좌변을 인수분해하면
$(x+☐)(x-5)=0$
$x+☐=0$ 또는 $x-5=0$
∴ $x=☐$ 또는 $x=5$

📖 **개념 확인**　　　　　● 정답 및 해설 44쪽

1 다음 ☐ 안에 알맞은 수를 쓰고, 주어진 이차방정식을 푸시오.

(1) $x(x-4)=0$　⇨　$x=0$ 또는 $x-4=0$　∴ $x=☐$ 또는 $x=☐$

(2) $(x+3)(x-6)=0$　⇨　$x+3=0$ 또는 $x-6=0$　∴ ___________

(3) $(x-1)(x-5)=0$　⇨　___________　∴ ___________

(4) $(3x+1)(2x-5)=0$　⇨　___________　∴ ___________

2 다음 ☐ 안에 알맞은 것을 쓰고, 주어진 이차방정식을 인수분해를 이용하여 푸시오.

(1) $x^2+x-6=0$

> $x^2+x-6=0$의 좌변을 인수분해하면
> $(☐)(x-2)=0$
> ☐$=0$ 또는 ☐$=0$
> ∴ $x=☐$ 또는 $x=☐$

(2) $x^2-3x=0$

(3) $x^2+2x-3=0$

(4) $x^2-9=0$

(5) $2x^2+x-6=0$

(6) $3x^2+5x-2=0$

교과서 문제로 개념 다지기

1 해설 꼭 확인

이차방정식 $(x+5)(2x-3)=0$의 두 근의 곱은?

① -15 ② -8 ③ $-\dfrac{15}{2}$

④ $\dfrac{15}{2}$ ⑤ 18

2

다음 이차방정식 중 해가 $x=-2$ 또는 $x=3$인 것은?

① $3x(x+2)=0$
② $(x+3)(x-2)=0$
③ $3(x+2)(x-3)=0$
④ $(3x+2)(x-3)=0$
⑤ $(2x+3)(x+2)=0$

3

> 인수분해를 이용하여 이차방정식을 풀 때는 반드시 이차방정식의 우변을 0으로 만들고 풀어야 해.

다음 이차방정식을 인수분해를 이용하여 푸시오.

(1) $x^2+4=5x$
(2) $x^2+8x+4=x-2$
(3) $x^2+2x=3(x+4)$
(4) $(x-6)(x+2)=9$

4

이차방정식 $x^2-4x-2=1-3x^2$ 의 두 근을 a, b라 할 때, $a-b$의 값을 구하시오. (단, $a>b$)

5

두 이차방정식 $x^2-7x+10=0$, $2x^2-3x-2=0$을 동시에 만족시키는 x의 값을 구하시오.

6

이차방정식 $(x-1)(x+5)=6x+3$의 두 근 사이에 있는 정수의 개수를 구하시오.

7 생각이 자라는 문제 해결

이차방정식 $x^2-(a+2)x+2a=0$의 두 근의 비가 $1:2$일 때, 상수 a의 값을 구하시오. (단, $a>2$)

▶ 문제 속 개념 도출

· 인수분해를 이용하여 이차방정식을 푸는 순서는 다음과 같다.
  ❶ 모든 항을 좌변으로 이항하여
     (x에 대한 이차식)=① ___ 의 꼴로 정리한다.
  ❷ 좌변을 인수분해한다.
  ❸ $AB=0$이면 $A=0$ 또는 ② _______ 임을 이용한다.
  ❹ 해를 구한다.

개념 37 이차방정식의 중근

되짚어 보기 [중3] 인수분해 공식 / 인수분해를 이용한 이차방정식의 풀이

(1) 이차방정식의 **두 해가 중복**될 때, 이 해를 주어진 이차방정식의 **중근**이라 한다.

예 $x^2-4x+4=0$의 좌변을 인수분해하면 $(x-2)^2=0$ $\therefore x=2$ → 중근
$\quad\quad\quad\quad\quad\quad\quad\quad\quad\quad$ → $(x-2)(x-2)=0$ $\therefore x=2$ 또는 $x=2$

(2) **이차방정식이 중근을 가질 조건**

이차방정식이 **(완전제곱식)=0**의 꼴로 나타내어지면 이 이차방정식은 중근을 갖는다.

➡ 이차방정식 $x^2+ax+b=0$이 중근을 가지려면 좌변이 완전제곱식이 되어야 하므로 $b=\left(\dfrac{a}{2}\right)^2$이어야 한다. → $\left(x+\dfrac{a}{2}\right)^2=0$

예 이차방정식 $x^2+4x+\square=0$이 중근을 가지려면 $\square=\left(\dfrac{4}{2}\right)^2=4$

참고 이차방정식의 x^2의 계수가 1이 아닐 때는 x^2의 계수로 양변을 나누어 x^2의 계수를 1로 만든 후 중근을 가질 조건을 생각한다.

바/로/풀/기

빈칸을 채우시오.

Q1 이차방정식 $x^2-2x+1=0$의 좌변을 인수분해하면 $(x-1)^2=0$에서 $(x-1)(x-1)=0$이므로 해는 $x=\square$ 또는 $x=\square$
이때 x의 값이 중복되어 같으므로 이 이차방정식의 해는 $x=\square$이고, 이 해를 $\square$이라 한다.

Q2 이차방정식 $x^2+10x+k=0$이 중근을 가지려면 좌변이 완전제곱식이어야 하므로
$k=\left(\dfrac{\square}{2}\right)^2=\square$

📖 **개념 확인** ··· ● 정답 및 해설 46쪽

1 다음 이차방정식을 푸시오.

(1) $(x+5)^2=0$

(2) $(x-3)^2=0$

(3) $(2x+1)^2=0$

(4) $(3x-4)^2=0$

2 다음 $\square$ 안에 알맞은 것을 쓰고, 주어진 이차방정식을 푸시오.

(1) $x^2+4x+4=0$
$\Rightarrow (\boxed{})^2=0$ $\therefore x=\boxed{}$

(2) $x^2-8x+16=0$

(3) $9x^2+6x+1=0$

(4) $4x^2-20x+25=0$

3 다음 이차방정식이 중근을 가질 때, $\square$ 안에 알맞은 수를 쓰고, 상수 k의 값을 구하시오.

(1) $x^2+6x+k=0$
$\Rightarrow k=\left(\dfrac{\square}{2}\right)^2=\square$

(2) $x^2+kx+9=0$
$\Rightarrow 9=\left(\dfrac{k}{2}\right)^2$에서 $k^2=\square$ $\therefore k=\pm\square$

(3) $x^2-12x+k=0$

(4) $x^2+kx+16=0$

교과서 문제로 **개념 다지기**

1

(2) x^2의 계수가 1이 아닌 경우에는 양변을 x^2의 계수로 나눈 후 풀어 봐.

다음 이차방정식을 푸시오.

(1) $x^2+64=16x$

(2) $2x^2-20x+50=0$

(3) $3-x^2=6(x+2)$

2

다음 |보기|의 이차방정식 중 중근을 갖는 것을 모두 고르시오.

┌─ 보기 ├─────────────────────────────
ㄱ. $x^2+4x=0$　　　　ㄴ. $x^2+9=-6x$
ㄷ. $x^2=1$　　　　　　ㄹ. $(x+2)^2=1$
ㅁ. $4x^2-12x+9=0$　　ㅂ. $x^2-3x=-5x-1$
───────────────────────────────────

3

이차방정식 $x^2+ax+b=0$이 중근 $x=-5$를 가질 때, 상수 a, b의 값을 각각 구하시오.

4

오른쪽은 가영이가 이차방정식을 인수분해를 이용하여 푼 것이다. 풀이 과정의 일부에 얼룩이 생겨서 보이지 않을 때, (가), (나), (다)에 알맞은 수를 각각 구하시오.

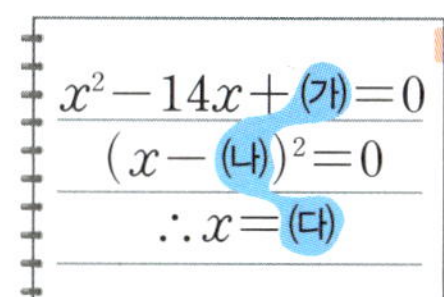

5

이차방정식 $x^2+2kx+4=0$이 중근을 갖도록 하는 상수 k의 값을 모두 구하시오.

6

이차방정식 $x^2-18x+8k+25=0$이 중근 $x=a$를 가질 때, $a+k$의 값을 구하시오. (단, k는 상수)

7 　생각이 자라는 **창의·융합**

한 개의 주사위를 두 번 던져서 첫 번째 나온 눈의 수를 a, 두 번째 나온 눈의 수를 b라 할 때, 이차방정식 $x^2+2ax+b=0$이 중근을 갖도록 하는 순서쌍 $(a,\ b)$의 개수를 구하시오.

▶ 문제 속 개념 도출

• 이차방정식의 두 해가 중복이 되어 서로 같을 때, 이 해를 이차방정식의 ① _____ 이라 한다.

• 이차방정식 $x^2+ax+b=0$이 중근을 가지려면 $($② _________$)=0$의 꼴이 되어야 한다.

➡ $b=\left(\dfrac{a}{2}\right)^2$

개념 38 제곱근 또는 완전제곱식을 이용한 이차방정식의 풀이

되짚어 보기 [중3] 제곱근 / 인수분해 공식

---

1 제곱근을 이용한 이차방정식의 풀이

(1) 이차방정식 $x^2=q\,(q\geq0)$의 해

$$x^2=q \implies x=\pm\sqrt{q}$$

예 $x^2=2 \implies x=\pm\sqrt{2}$

(2) 이차방정식 $(x-p)^2=q\,(q\geq0)$의 해

$$(x-p)^2=q \implies x-p=\pm\sqrt{q} \implies x=p\pm\sqrt{q}$$

예 $(x-2)^2=3 \implies x-2=\pm\sqrt{3} \implies x=2\pm\sqrt{3}$

2 완전제곱식을 이용한 이차방정식의 풀이

이차방정식 $ax^2+bx+c=0$의 좌변이 인수분해되지 않을 때는 다음과 같은 순서로 이차방정식을 $(x-p)^2=q$의 꼴로 고친 후 제곱근을 이용하여 푼다.

❶ x^2의 계수로 양변을 나누어 x^2의 계수를 1로 만든다.

❷ 상수항을 우변으로 이항한다.

❸ 양변에 $\left(\dfrac{x의\ 계수}{2}\right)^2$을 더한다.

❹ 좌변을 완전제곱식으로 고친다.

❺ 제곱근을 이용하여 해를 구한다.

예 $2x^2-12x-6=0$ ❶

$x^2-6x-3=0$ ❷

$x^2-6x=3$ ❸

$x^2-6x+\left(\dfrac{-6}{2}\right)^2=3+\left(\dfrac{-6}{2}\right)^2$ ❹

$(x-3)^2=12$ ❺

$\therefore x=3\pm2\sqrt{3}$

📖 **개념 확인** • 정답 및 해설 47쪽

1 다음은 제곱근을 이용하여 이차방정식의 해를 구하는 과정이다. □ 안에 알맞은 수를 쓰고, 주어진 이차방정식을 제곱근을 이용하여 푸시오.

(1) $x^2=5 \qquad \therefore x=\pm\boxed{}$

(2) $(x+4)^2=2$

$\Rightarrow x+4=\pm\boxed{} \qquad \therefore x=\boxed{}\pm\boxed{}$

(3) $x^2=12$

(4) $(x-2)^2=7$

(5) $2x^2=6$

(6) $3(x-5)^2=6$

(7) $4x^2=24$

(8) $2(x+3)^2=16$

2 다음은 완전제곱식을 이용하여 이차방정식의 해를 구하는 과정이다. □ 안에 알맞은 수를 쓰시오.

(1) $x^2-4x-3=0$

$x^2-4x=3$

$x^2-4x+\boxed{}=3+\boxed{}$ ⌐ 양변에 $\left(\dfrac{x의\ 계수}{2}\right)^2$을 더한다.

$(x-\boxed{})^2=\boxed{}$

$\therefore x=\boxed{}$

(2) $3x^2+24x+15=0$ ⌐ 양변을 x^2의 계수 3으로 나눈다.

$x^2+8x+5=0$

$x^2+8x=-5$

$x^2+8x+\boxed{}=-5+\boxed{}$ ⌐ 양변에 $\left(\dfrac{x의\ 계수}{2}\right)^2$을 더한다.

$(x+\boxed{})^2=\boxed{}$

$\therefore x=\boxed{}$

교과서 문제로 **개념 다지기**

1

다음 이차방정식을 제곱근을 이용하여 푸시오.

(1) $9x^2-25=0$

(2) $16-(x-1)^2=0$

(3) $2(x+3)^2-10=0$

2 해설 꼭 확인

다음 이차방정식을 완전제곱식을 이용하여 푸시오.

(1) $x^2-2x-9=0$

(2) $x^2-3x+1=0$

(3) $3x^2-18x+6=0$

3

이차방정식 $3(x+a)^2=15$의 해가 $x=2\pm\sqrt{b}$ 일 때, 유리수 a, b의 값을 각각 구하시오.

4

이차방정식 $(x-5)^2-2=0$의 두 근의 합을 구하시오.

5

이차방정식 $x^2+6x+3=0$을 $(x+p)^2=q$의 꼴로 나타낼 때, 상수 p, q에 대하여 $p+q$의 값을 구하시오.

6

이차방정식 $x^2+8x+a=0$을 $(x+b)^2=14$의 꼴로 나타낼 때, 상수 a, b에 대하여 ab의 값을 구하시오.

7 생각이 자라는 **창의·융합**

다음은 이차방정식 $x^2-10x+12=0$을 완전제곱식을 이용하여 푸는 과정을 다섯 장의 카드에 나누어 쓴 것이다. 카드를 풀이 순서에 맞게 나열하고, □ 안에 알맞은 수를 쓰시오.

(1) $x^2-10x+\boxed{}=-12+\boxed{}$

(2) $x=\boxed{}$

(3) $x^2-10x=-12$

(4) $(x-5)^2=\boxed{}$

(5) $x-5=\boxed{}$

▶ 문제 속 개념 도출

• 완전제곱식을 이용하여 이차방정식을 푸는 순서는 다음과 같다.

❶ x^2의 계수를 ① ＿ 로 만든다.

❷ 상수항을 우변으로 이항한다.

❸ 양변에 $\left(\dfrac{x\text{의 계수}}{2}\right)^2$을 더한다.

❹ 좌변을 ② ＿＿＿ 으로 고친다.

❺ 제곱근을 이용하여 해를 구한다.

개념 39 이차방정식의 근의 공식

되짚어 보기 [중3] 제곱근 또는 완전제곱식을 이용한 이차방정식의 풀이

이차방정식 $ax^2+bx+c=0\ (a\neq0)$의 해는

$$x=\frac{-b\pm\sqrt{b^2-4ac}}{2a}\ (\text{단},\ b^2-4ac\geq0)$$

이고, 이 식을 이차방정식의 **근의 공식**이라 한다.

예 $x^2-5x+2=0$에서 근의 공식에 $a=1,\ b=-5,\ c=2$를 대입하면

$$x=\frac{-(-5)\pm\sqrt{(-5)^2-4\times1\times2}}{2\times1}=\frac{5\pm\sqrt{17}}{2}$$

참고 이차방정식 $ax^2+bx+c=0\ (a\neq0)$에서 x의 계수가 짝수, 즉 $b=2b'$일 때

이차방정식 $ax^2+2b'x+c=0$의 해는 $x=\dfrac{-b'\pm\sqrt{b'^2-ac}}{a}$ (단, $b'^2-ac\geq0$)

<u>짝수 근의 공식</u>

바/로/풀/기

빈칸을 채우시오.

Q1 이차방정식 $x^2+3x-1=0$을 근의 공식을 이용하여 풀면

$a=\square,\ b=\square,\ c=-1$이므로

$$x=\frac{-\square\pm\sqrt{\square^2-4\times1\times(-1)}}{2\times1}$$

$$=\frac{\square\pm\sqrt{\square}}{2}$$

개념 확인 ● 정답 및 해설 49쪽

1 다음은 근의 공식을 이용하여 이차방정식의 해를 구하는 과정이다. □ 안에 알맞은 수를 쓰시오.

(1) $x^2-3x-2=0$

근의 공식에 $a=\square,\ b=\square,\ c=\square$를 대입하면

$$x=\frac{-(\square)\pm\sqrt{(\square)^2-4\times\square\times(\square)}}{2\times\square}=\boxed{}$$

(2) $3x^2-7x+1=0$

근의 공식에 $a=\square,\ b=\square,\ c=\square$을 대입하면

$$x=\frac{-(\square)\pm\sqrt{(\square)^2-4\times\square\times\square}}{2\times\square}=\boxed{}$$

(3) $x^2+4x-3=0$

짝수 근의 공식에 $a=\square,\ b'=\square,\ c=\square$을 대입하면

$$x=\frac{-\square\pm\sqrt{\square^2-\square\times(\square)}}{\square}=\boxed{}$$

(4) $2x^2-10x+5=0$

짝수 근의 공식에 $a=\square,\ b'=\square,\ c=\square$를 대입하면

$$x=\frac{-(\square)\pm\sqrt{(\square)^2-\square\times\square}}{\square}=\boxed{}$$

교과서 문제로 **개념**다지기

1 多보기

다음은 근의 공식을 이용하여 이차방정식 $x^2+7x+4=0$ 의 해를 구하는 과정이다. ①~⑥에 들어갈 수로 옳지 <u>않은</u> 것은?

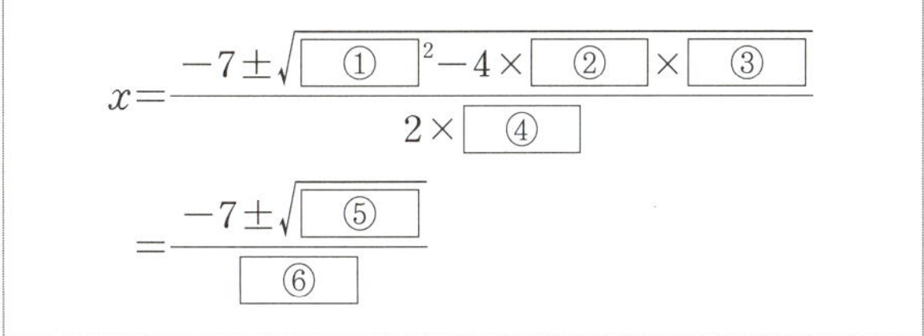

$$x=\frac{-7\pm\sqrt{\boxed{①}^2-4\times\boxed{②}\times\boxed{③}}}{2\times\boxed{④}}$$

$$=\frac{-7\pm\sqrt{\boxed{⑤}}}{\boxed{⑥}}$$

① 7   ② 0   ③ 4
④ 1   ⑤ 33   ⑥ 2

2 해설 꼭 확인

다음 이차방정식을 근의 공식을 이용하여 푸시오.

(1) $x^2-x-3=0$

(2) $2x^2+6x+3=0$

(3) $3x^2-4x=2$

3

다음은 수지가 이차방정식 $x^2-x-5=0$을 근의 공식을 이용하여 푼 것이다. 틀린 부분을 찾아 바르게 고치시오.

$x^2-x-5=0$을
근의 공식을 이용하여 풀면
$$x=\frac{-1\pm\sqrt{1^2-4\times1\times(-5)}}{2\times1}$$
$$=\frac{-1\pm\sqrt{21}}{2}$$

4

이차방정식 $2x^2-5x+k=0$의 해가 $x=\dfrac{5\pm\sqrt{17}}{4}$일 때, 상수 k의 값을 구하시오.

5

이차방정식 $4x^2-6x+p=0$의 해가 $x=\dfrac{q\pm\sqrt{13}}{4}$일 때, 유리수 p, q에 대하여 $p+q$의 값을 구하시오.

6 생각이 자라는 문제 해결

이차방정식 $3x^2+x-2=0$을 여러 가지 방법으로 풀어 보고, 그 결과를 비교하려고 한다. 물음에 답하시오.

(1) 인수분해를 이용하여 주어진 이차방정식을 푸시오.
(2) 완전제곱식을 이용하여 주어진 이차방정식을 푸시오.
(3) 근의 공식을 이용하여 주어진 이차방정식을 푸시오.
(4) (1)~(3)의 결과를 비교하시오.

▶ 문제 속 개념 도출

- 이차방정식 $ax^2+bx+c=0\ (a\neq0)$의 해는

$$x=①\underline{\qquad\qquad\qquad}\qquad (단, b^2-4ac\geq0)$$

  이고, 이 식을 이차방정식의 ②____________ 이라 한다.

- 완전제곱식을 이용하여 이차방정식을 풀 때는 x^2의 계수를 1로 바꾸어야 하지만 근의 공식은 x^2의 계수에 관계없이 이용할 수 있다.

- 모든 이차방정식은 근의 공식을 이용하여 해를 구할 수 있으나 주어진 이차방정식의 형태에 따라 인수분해, 완전제곱식을 이용하는 것이 편리한 경우가 있으므로 세 가지 방법 중 더 편리한 것을 선택하여 푼다.

개념 40 복잡한 이차방정식의 풀이

되짚어 보기 [중1] 복잡한 일차방정식의 풀이 [중3] 이차방정식의 풀이

(1) 괄호가 있는 이차방정식의 풀이

괄호가 있으면 전개하여 $ax^2+bx+c=0$의 꼴로 고친다.

예 $(x+1)(x-1)=2x$ ──괄호를 풀어 정리하면──▶ $x^2-2x-1=0$

(2) 계수가 분수나 소수인 이차방정식의 풀이

계수가 분수나 소수이면 양변에 적당한 수를 곱하여 계수를 정수로 고친다.

① 계수가 분수인 경우: 양변에 분모의 최소공배수를 곱한다.

예 $\frac{1}{2}x^2-x-\frac{5}{4}=0$ ──양변에 4를 곱하면──▶ $2x^2-4x-5=0$

② 계수가 소수인 경우: 양변에 10의 거듭제곱을 곱한다.

예 $0.2x^2+0.3x-1=0$ ──양변에 10을 곱하면──▶ $2x^2+3x-10=0$

(3) 공통부분이 있는 이차방정식의 풀이

공통부분이 있으면 (공통부분)$=A$로 놓고 $aA^2+bA+c=0$의 꼴로 고친다.

예 $(x+2)^2-3(x+2)+2=0$ ──$x+2=A$로 놓으면──▶ $A^2-3A+2=0$

주의 A의 값을 구한 후, 반드시 $A=$(공통부분)을 대입하여 x의 값을 구해야 한다.

개념 확인

● 정답 및 해설 50쪽

1 다음은 복잡한 이차방정식의 해를 구하는 과정이다. □ 안에 알맞은 수를 쓰시오.

(1) $(x-1)(x+2)=-x+6$

주어진 이차방정식의 좌변을 전개하여 정리하면
$x^2+\boxed{}x-\boxed{}=0$
$(x+\boxed{})(x-2)=0$
$\therefore x=\boxed{}$ 또는 $x=2$

(2) $\frac{1}{2}x^2+\frac{5}{6}x-\frac{1}{3}=0$

주어진 이차방정식의 양변에 분모의 최소 공배수인 $\boxed{}$을 곱하면
$\boxed{}x^2+5x-\boxed{}=0$
$(x+2)(\boxed{})=0$
$\therefore x=-2$ 또는 $x=\boxed{}$

(3) $0.2x^2-0.3x+0.1=0$

주어진 이차방정식의 양변에 $\boxed{}$을 곱하면
$2x^2-\boxed{}x+\boxed{}=0$
$(x-1)(\boxed{})=0$
$\therefore x=1$ 또는 $x=\boxed{}$

(4) $(x-2)^2-4(x-2)-5=0$

$x-2=A$로 놓으면 $A^2-\boxed{}A-\boxed{}=0$
$(A+1)(A-\boxed{})=0$
$\therefore A=-1$ 또는 $A=\boxed{}$
(i) $A=-1$일 때, $x=\boxed{}$
(ii) $A=\boxed{}$일 때, $x=\boxed{}$
따라서 (i), (ii)에서 $x=\boxed{}$ 또는 $x=\boxed{}$

교과서 문제로 **개념**다지기

1

다음 이차방정식을 푸시오.

(1) $2x^2-2=(x-1)^2$

(2) $\dfrac{1}{4}x^2+\dfrac{1}{3}x-\dfrac{1}{2}=0$

(3) $0.5x^2+0.3x-0.2=0$

2

이차방정식 $(x+2)(x-3)=-3x-4$의 해가 $x=A\pm\sqrt{B}$일 때, 유리수 A, B에 대하여 $A+B$의 값을 구하시오.

3

다음 이차방정식을 푸시오.

$$\dfrac{1}{5}x^2-0.3x-\dfrac{1}{2}=0$$

4

이차방정식 $\dfrac{(x+1)(x-2)}{3}=\dfrac{x(x-1)}{5}$ 을 푸시오.

5

다음 이차방정식을 푸시오.

(1) $(x-1)^2-2(x-1)-15=0$

(2) $3(x+2)^2-(x+2)-2=0$

6

다음은 이차방정식 $(x+4)^2-5(x+4)+6=0$을 푸는 과정이다. ㉠~㉣ 중 처음으로 틀린 곳을 찾고, 주어진 이차방정식을 바르게 푸시오.

$$(x+4)^2-5(x+4)+6=0 \text{에서}$$
$$x+4=A\text{로 놓으면}$$
$$A^2-5A+6=0 \qquad \cdots ㉠$$
$$(A-2)(A-3)=0 \qquad \cdots ㉡$$
$$\therefore A=2 \text{ 또는 } A=3 \qquad \cdots ㉢$$
$$\therefore x=2 \text{ 또는 } x=3 \qquad \cdots ㉣$$

7 ● 생각이 자라는 **창의·융합**

오른쪽 마방진은 1부터 9까지의 숫자를 한 번씩만 사용하여 가로, 세로, 대각선에 있는 세 숫자의 합이 같도록 하는 규칙으로 만든 것이다. 이때 x의 값을 구하시오.

		$1.5x$
9	$x+1$	
		$\dfrac{1}{2}x^2$

▶ 문제 속 개념 도출

• 계수에 분수가 있을 때는 양변에 분모의 ① ______ 를 곱히고, 계수에 소수가 있을 때는 양변에 ② ____ 의 거듭제곱을 곱하여 계수를 ③ ____ 로 고친 후 인수분해 또는 근의 공식을 이용하여 해를 구한다.

41 이차방정식의 근의 개수

이차방정식 $ax^2+bx+c=0\ (a\neq0)$의 근의 개수는

근의 공식 $x=\dfrac{-b\pm\sqrt{b^2-4ac}}{2a}$에서 b^2-4ac의 부호에 따라 결정된다.

(1) $b^2-4ac>0$이면 서로 다른 두 근을 갖는다. ➡ 2개 ⎤
(2) $b^2-4ac=0$이면 한 근(중근)을 갖는다. ➡ 1개 ⎦ $b^2-4ac\geq0$이면 근을 갖는다.
(3) $b^2-4ac<0$이면 근이 없다. ➡ 0개 → 음수의 제곱근이 없으므로 근이 없다.

참고 • b^2-4ac를 판별식이라 한다.
　　　• x의 계수가 짝수인 이차방정식 $ax^2+2b'x+c=0$에서는 b^2-4ac 대신 b'^2-ac를 이용할 수 있다.

바/로/풀/기

빈칸을 채우시오.

Q1 이차방정식의 근의 개수를 구해 보면
(1) 이차방정식 $x^2+5x-1=0$은
$5^2-4\times1\times(-1)=29>0$이므로 [　　　]을 갖는다.
(2) 이차방정식 $x^2-2x+1=0$은
$(-2)^2-4\times1\times1=0$이므로 [　　　]을 갖는다.
(3) 이차방정식 $x^2-x+1=0$은
$(-1)^2-4\times1\times1=-3<0$이므로 [　　　].

개념 확인　　　　　　　　　　　　　　　　　● 정답 및 해설 52쪽

1 다음은 $ax^2+bx+c=0$의 꼴의 이차방정식의 근의 개수를 구하는 과정이다. 표를 완성하시오.

	$ax^2+bx+c=0$	$a,\ b,\ c$의 값	b^2-4ac의 값	근의 개수
(1)	$3x^2+4x-1=0$	$a=3,\ b=4,\ c=-1$	$4^2-4\times3\times(-1)=28$	2개
(2)	$x^2-6x+9=0$			
(3)	$2x^2+x+3=0$			
(4)	$x^2+2x+2=0$			
(5)	$4x^2-4x+1=0$			
(6)	$2x^2+5x-2=0$			

2 이차방정식 $x^2+5x+k=0$의 근이 다음과 같을 때, 상수 k의 값 또는 범위를 구하시오.

(1) 서로 다른 두 근

(2) 중근

(3) 근이 없다.

교과서 문제로 개념 다지기

1

다음 |보기| 중 서로 다른 두 근을 갖는 이차방정식의 개수를 구하시오.

| 보기 |
ㄱ. $x^2-5x+8=0$ ㄴ. $2x^2+3x-1=0$
ㄷ. $x^2-10x+25=0$ ㄹ. $3x^2-7x-2=0$

2

다음 이차방정식 중 근의 개수가 나머지 넷과 다른 하나는?

① $x^2-8x+10=0$ ② $2x^2-2x-3=0$
③ $3x^2+2x-1=0$ ④ $4x^2+6x-1=0$
⑤ $5x^2-7x+3=0$

3

이차방정식 $x^2-4x+k-7=0$의 근이 다음과 같을 때, 상수 k의 값 또는 범위를 구하시오.

⑴ 서로 다른 두 근
⑵ 중근
⑶ 근이 없다.

4

이차방정식 $x^2+kx+3-k=0$이 중근을 가질 때, 상수 k의 값을 모두 구하시오.

5 이차방정식 $ax^2+bx+c=0$이 해를 가지려면 $b^2-4ac≥0$이어야 해.

이차방정식 $x^2-6x+k+2=0$이 해를 갖기 위한 상수 k의 값의 범위는?

① $k≤7$ ② $k>7$ ③ $k≥7$
④ $k≤9$ ⑤ $k>9$

6

이차방정식 $3x^2+5x-k=0$의 근이 존재하지 않도록 하는 상수 k의 값 중 가장 큰 정수를 구하시오.

7 생각이 자라는 **문제 해결**

다음은 이차방정식 $x^2+kx+4=0$의 근에 대한 세 학생의 대화이다. 옳게 말한 학생을 찾으시오.

정우: $k=3$이면 근의 개수가 2개야.
지안: $k=4$이면 중근을 가져.
세정: $k=5$이면 근이 없어.

▶ 문제 속 개념 도출

• 이차방정식 $ax^2+bx+c=0\ (a≠0)$의 근의 개수는
　① ________ 의 부호에 따라 결정된다.
　┌ $b^2-4ac>0$이면 서로 다른 두 근을 갖는다. ➡ 근이 2개
　├ ② ________ 이면 한 근(중근)을 갖는다. ➡ 근이 1개
　└ $b^2-4ac<0$이면 근이 없다. ➡ 근이 ③ ___ 개

개념 42 이차방정식 구하기

되짚어 보기 [중3] 곱셈 공식 / 이차방정식과 그 해 / 이차방정식의 중근

(1) 두 근이 α, β이고 x^2의 계수가 a인 이차방정식은
$$a(x-\alpha)(x-\beta)=0$$
예 두 근이 2, 3이고 x^2의 계수가 5인 이차방정식
➡ $5(x-2)(x-3)=0$, 즉 $5x^2-25x+30=0$

(2) 중근이 α이고 x^2의 계수가 a인 이차방정식은
$$a(x-\alpha)^2=0$$
예 중근이 2이고 x^2의 계수가 3인 이차방정식
➡ $3(x-2)^2=0$, 즉 $3x^2-12x+12=0$

바/로/풀/기

빈칸을 채우시오.

Q1 두 근이 -6, 3이고 x^2의 계수가 1인 이차방정식은
$(x+\square)(x-3)=0$이므로
$\boxed{}=0$

Q2 중근이 5이고 x^2의 계수가 1인 이차방정식은
$(x-\square)^2=0$이므로
$\boxed{}=0$

개념 확인 ● 정답 및 해설 53쪽

1 다음 조건을 만족시키는 x에 대한 이차방정식을 $ax^2+bx+c=0$의 꼴로 나타내시오.

(1) 두 근이 -2, -3이고 x^2의 계수가 1인 이차방정식

(2) 두 근이 -4, 1이고 x^2의 계수가 2인 이차방정식

(3) 두 근이 -2, 5이고 x^2의 계수가 -3인 이차방정식

(4) 두 근이 $\dfrac{1}{2}$, 3이고 x^2의 계수가 1인 이차방정식

2 다음 조건을 만족시키는 x에 대한 이차방정식을 $ax^2+bx+c=0$의 꼴로 나타내시오.

(1) 중근이 -8이고 x^2의 계수가 1인 이차방정식

(2) 중근이 -2이고 x^2의 계수가 3인 이차방정식

(3) 중근이 3이고 x^2의 계수가 -1인 이차방정식

(4) 중근이 $\dfrac{3}{4}$이고 x^2의 계수가 2인 이차방정식

1

두 근이 -1, 4이고, x^2의 계수가 3인 이차방정식을 $ax^2+bx+c=0$의 꼴로 나타내시오.

2

이차방정식 $2x^2+ax+b=0$의 두 근이 -1, -3일 때, 상수 a, b의 값을 각각 구하시오.

3

다음 중 $x=-2$ 또는 $x=-5$를 근으로 하고 x^2의 계수가 3인 이차방정식은?

① $3(x-2)(x-5)=0$
② $(3x+2)(x+5)=0$
③ $3x^2+21x+30=0$
④ $3x^2+6x-15=0$
⑤ $3x^2+2x-5=0$

4

중근이 3이고 x^2의 계수가 -2인 이차방정식이 $2x^2+ax+b=0$일 때, 상수 a, b에 대하여 $a+b$의 값을 구하시오.

5

이차방정식 $4x^2+ax+b=0$의 두 근이 -1, $\dfrac{1}{4}$일 때, 이차방정식 $ax^2-2x+b=0$의 해를 구하시오.

(단, a, b는 상수)

6

이차방정식 $3x^2-8x+k=0$의 한 근이 다른 근의 3배일 때, 상수 k의 값을 구하시오.

7 ⟶ 생각이 자라는 **문제 해결**

x^2의 계수가 1인 x에 대한 이차방정식을 푸는데, 서우는 상수항을 잘못 보고 풀어서 $x=-3$ 또는 $x=4$의 해를 얻었고, 소은이는 x의 계수를 잘못 보고 풀어서 $x=-1$ 또는 $x=6$의 해를 얻었다. 다음 물음에 답하시오.

⑴ 서우가 x의 계수는 제대로 보았음을 이용하여 처음 이차방정식의 x의 계수를 구하시오.

⑵ 소은이가 상수항은 제대로 보았음을 이용하여 처음 이차방정식의 상수항을 구하시오.

⑶ ⑴, ⑵를 이용하여 처음 이차방정식의 해를 구하시오.

▶ 문제 속 개념 도출
• 두 근이 α, β이고 x^2의 계수가 a인 이차방정식은
$a(x-\alpha)(\underline{① \qquad})=0$

개념 43 이차방정식의 활용 (1) – 수, 나이

되짚어 보기 [중1] 문자를 사용한 식 [중3] 이차방정식의 풀이

이차방정식을 활용한 문제는 다음과 같은 순서로 해결한다.

❶ 문제의 뜻을 이해하고, 구하려는 값을 미지수로 정한다.

❷ 문제의 뜻에 맞게 이차방정식을 세운다.

❸ 이차방정식을 푼다.

❹ 구한 해가 문제의 뜻에 맞는지 확인한다.

주의 이차방정식의 모든 해가 문제의 답이 되는 것은 아니므로 문제의 조건에 맞는지 확인하는 것이 중요하다.

참고 연속하는 수에 대한 문제는 다음과 같이 미지수를 정하고 이차방정식을 세운다.
- 연속하는 두 자연수 ➡ x, $x+1$ (단, x는 자연수) • 연속하는 세 자연수 ➡ $x-1$, x, $x+1$ (단, $x>1$인 자연수)
- 연속하는 두 짝수 ➡ x, $x+2$ (단, x는 짝수) • 연속하는 두 홀수 ➡ x, $x+2$ (단, x는 홀수)

미지수 정하기
↓
이차방정식 세우기
↓
이차방정식 풀기
↓
확인하기

📖 **개념 확인** ····································· ● 정답 및 해설 54쪽

1 다음은 연속하는 두 자연수의 곱이 110일 때, 두 수를 구하는 과정이다. ☐ 안에 알맞은 것을 쓰시오.

> ❶ 연속하는 두 자연수 중 작은 수를 x라 하면 두 자연수는 x, ☐ 이다.
>
> ❷ 연속하는 두 자연수의 곱이 110이므로 이차방정식을 세우면
>
> $x(\boxed{}) = 110$
>
> ❸ 이 이차방정식을 풀면
>
> $(x+\boxed{})(x-\boxed{}) = 0$ ∴ $x=\boxed{}$ 또는 $x=\boxed{}$
>
> 그런데 x는 자연수이므로 $x=\boxed{}$
>
> 따라서 구하는 두 자연수는 ☐, ☐ 이다.
>
> ❹ ☐ × ☐ = 110이므로 문제의 뜻에 맞는다.

2 다음은 언니가 동생보다 2세가 많고 언니의 나이의 10배가 동생의 나이의 제곱보다 4세만큼 적을 때, 동생의 나이를 구하는 과정이다. ☐ 안에 알맞은 것을 쓰시오.

> ❶ 동생의 나이를 x세라 하면 언니는 동생보다 2세가 많으므로 언니의 나이는 ($\boxed{}$)세이다.
>
> ❷ 언니의 나이의 10배가 동생의 나이의 제곱보다 4세만큼 적으므로 이차방정식을 세우면
>
> $10(\boxed{}) = x^2 - \boxed{}$
>
> ❸ 이 이차방정식을 풀면
>
> $(x+\boxed{})(x-\boxed{}) = 0$ ∴ $x=\boxed{}$ 또는 $x=\boxed{}$
>
> 그런데 $x>0$이므로 $x=\boxed{}$
>
> 따라서 구하는 동생의 나이는 ☐ 세이므로 언니의 나이는 ☐ 세이다.
>
> ❹ $10(\boxed{}+2) = \boxed{}^2 - 4 = 140$이므로 문제의 뜻에 맞는다.

1

어떤 자연수의 제곱은 이 자연수를 4배한 것보다 12만큼 클 때, 이 자연수를 구하시오.

2

연속하는 두 짝수의 곱이 168일 때, 두 짝수의 합을 구하시오.

3

연속하는 세 자연수의 제곱의 합이 194일 때, 세 자연수를 구하시오.

4

어머니와 딸의 나이 차이는 26세이고, 딸의 나이의 제곱은 어머니의 나이의 2배보다 4세만큼 적다. 이때 딸의 나이를 구하시오.

5

도현이네 가족은 1박 2일로 여행을 가기로 했다. 2일간의 날짜를 각각 제곱하여 더하면 61일 때, 도현이네 가족이 여행을 시작하는 날짜는?

① 5일　　　② 6일　　　③ 7일
④ 8일　　　⑤ 9일

6 해설 꼭 확인

귤 70개를 학생들에게 남김없이 똑같이 나누어 주려고 한다. 한 학생이 받는 귤의 개수가 학생 수보다 3만큼 적을 때, 학생 수를 구하시오.

7

다음은 인도의 수학자 바스카라가 쓴 수학책 『릴라바티』에 실려 있는 문제이다. 이 문제에서 숲속에 있는 전체 원숭이의 수가 될 수 있는 것을 모두 고르면? (정답 2개)

> 숲속에 원숭이 무리들이 신나게 놀고 있다네.
> 그 무리의 $\frac{1}{8}$의 제곱은 숲속을 돌아다닌다네.
> 산들바람이 불 때마다 꺄!꺄! 소리를 외친다네.
> 돌아다니지 않고 남아 있는 원숭이는 12마리.
> 숲속에 있는 원숭이는 모두 몇 마리인지……

① 16마리　　　② 24마리　　　③ 32마리
④ 48마리　　　⑤ 64마리

개념 44 이차방정식의 활용 (2) – 식이 주어진 경우

되짚어 보기 　[중1] 문자를 사용한 식 / 식의 값　　[중3] 이차방정식의 풀이

이차방정식을 활용한 식이 주어진 문제는 다음과 같은 순서로 해결한다.

❶ 주어진 식을 이용하여 이차방정식을 세운다.

❷ 이차방정식을 푼다.

❸ 구한 해가 문제의 뜻에 맞는지 확인한다.

참고 • 쏘아 올린 물체의 높이가 h m인 경우는 물체가 올라갈 때와 내려올 때 두 번 생긴다. (단, 최고 높이는 제외)

　　• 물체가 지면에 떨어질 때의 높이는 0 m이다.

📖 **개념 확인**　　　　　　　　　　　　　　　　　　　　　　● 정답 및 해설 55쪽

1 다음은 지면에서 지면에 수직인 방향으로 초속 20 m로 쏘아 올린 물체의 t초 후의 높이를 $(20t - 5t^2)$ m 라 할 때, 이 물체가 지면에 떨어지는 것은 쏘아 올린 지 몇 초 후인지 구하는 과정이다. □ 안에 알맞은 것을 쓰시오.

> ❶ 이 물체가 지면에 떨어질 때의 높이는 0 m이므로 주어진 식을 이용하여 이차방정식을 세우면
> $$20t - 5t^2 = \boxed{}$$
> ❷ 이 이차방정식을 풀면 $t = \boxed{}$ 또는 $t = \boxed{}$
> 　그런데 $t > 0$이므로 $t = \boxed{}$
> 　따라서 이 물체가 지면에 떨어지는 것은 쏘아 올린 지 $\boxed{}$초 후이다.
> ❸ $20 \times \boxed{} - 5 \times \boxed{}^2 = 0$이므로 문제의 뜻에 맞는다.

2 다음은 자연수 1부터 n까지의 합이 $\dfrac{n(n+1)}{2}$임을 이용하여 1부터 얼마까지의 자연수를 더해야 190이 되는지 구하는 과정이다. □ 안에 알맞은 것을 쓰시오.

> ❶ 주어진 식을 이용하여 이차방정식을 세우면
> $$\frac{n(n+1)}{2} = \boxed{}, \ \text{즉} \ n(n+1) = \boxed{}$$
> ❷ 이 이차방정식을 풀면 $n = \boxed{}$ 또는 $n = \boxed{}$
> 　그런데 n은 자연수이므로 $n = \boxed{}$
> 　따라서 1부터 $\boxed{}$까지의 자연수를 더해야 190이 된다.
> ❸ $\dfrac{\boxed{} \times (\boxed{} + 1)}{2} = 190$이므로 문제의 뜻에 맞는다.

1

지면에서 지면에 수직인 방향으로 초속 $25\,\mathrm{m}$로 쏘아 올린 물 로켓의 t초 후의 높이가 $(-5t^2+25t)\,\mathrm{m}$일 때, 다음 물음에 답하시오.

(1) 이 물 로켓의 높이가 $20\,\mathrm{m}$가 되는 것은 쏘아 올린 지 몇 초 후인지 구하시오.

(2) 이 물 로켓이 지면에 떨어지는 것은 쏘아 올린 지 몇 초 후인지 구하시오.

2

지면에서 지면에 수직인 방향으로 쏘아 올린 공의 t초 후의 높이가 $(-5t^2+10t)\,\mathrm{m}$일 때, 이 공이 지면에 떨어지는 것은 쏘아 올린 지 몇 초 후인지 구하시오.

3

지면으로부터 높이가 $40\,\mathrm{m}$인 건물의 옥상에서 초속 $30\,\mathrm{m}$로 지면에 수직인 방향으로 쏘아 올린 물체의 t초 후의 높이는 $(-5t^2+30t+40)\,\mathrm{m}$이다. 이 물체의 지면으로부터의 높이가 처음으로 $65\,\mathrm{m}$가 되는 것은 쏘아 올린 지 몇 초 후인지 구하시오.

4

n각형의 대각선의 개수는 $\dfrac{n(n-3)}{2}$개이다. 이때 대각선의 개수가 27개인 다각형을 구하시오.

5

n명의 사람들이 서로 한 번씩 악수를 하면 그 총횟수는 $\dfrac{n(n-1)}{2}$번이다. 어느 모임에 참가한 모든 회원들이 서로 한 번씩 악수한 총횟수가 55번일 때, 이 모임에 참가한 회원 수를 구하시오.

6

어느 공장에서 하루에 n개의 제품을 만드는 데 드는 비용은 $\left(16+2n-\dfrac{1}{10}n^2\right)$만 원이다. 하루에 23만 5천원의 비용으로 몇 개의 제품을 만들 수 있는지 구하시오.

(단, $0\le n\le 10$)

개념 **45**

이차방정식의 활용 (3) - 도형

되짚어 보기　　[초5~6] 평면도형의 넓이　　[중1] 문자를 사용한 식　　[중3] 이차방정식의 풀이

이차방정식을 활용한 도형 문제는 다음과 같은 순서로 해결한다.

❶ 문제의 뜻을 이해하고 구하려는 값을 미지수로 정한다.

❷ 문제의 뜻에 맞게 도형의 넓이, 둘레의 길이, 부피 등의 공식을 이용해 이차방정식을 세운다.

❸ 이차방정식을 푼다.

❹ 구한 해가 문제의 뜻에 맞는지 확인한다.

참고 ・ (직각삼각형의 넓이)$=\dfrac{1}{2}\times$(밑변의 길이)$\times$(높이)　　　　・ (직사각형의 넓이)$=$(가로의 길이)$\times$(세로의 길이)

　　　 ・ (직사각형의 둘레의 길이)$=2\times\{$(가로의 길이)$+$(세로의 길이)$\}$

개념 확인　　　　　　　　　　　　　　　　　　　　　　　　　　　● 정답 및 해설 56쪽

1　다음은 가로의 길이가 세로의 길이보다 $3\,\mathrm{cm}$만큼 짧은 직사각형의 넓이가 $108\,\mathrm{cm}^2$일 때, 직사각형의 가로의 길이를 구하는 과정이다. ☐ 안에 알맞은 것을 쓰시오.

> ❶ 직사각형의 가로의 길이를 $x\,\mathrm{cm}$라 하면 세로의 길이는 (☐) cm이다.
>
> ❷ 직사각형의 넓이가 $108\,\mathrm{cm}^2$이므로 이차방정식을 세우면
> $$x(\boxed{})=108$$
>
> ❸ 이 이차방정식을 풀면 $x=\boxed{}$ 또는 $x=\boxed{}$
> 그런데 $x>0$이므로 $x=\boxed{}$
> 따라서 직사각형의 가로의 길이는 $\boxed{}\,$cm이다.
>
> ❹ $\boxed{}\times(\boxed{}+3)=108$이므로 문제의 뜻에 맞는다.

2　다음은 오른쪽 그림과 같이 정사각형의 가로의 길이를 $2\,\mathrm{cm}$만큼 늘이고, 세로의 길이를 $4\,\mathrm{cm}$만큼 줄여서 만든 직사각형의 넓이가 $72\,\mathrm{cm}^2$일 때, 처음 정사각형의 한 변의 길이를 구하는 과정이다. ☐ 안에 알맞은 것을 쓰시오.

> ❶ 처음 정사각형의 한 변의 길이를 $x\,\mathrm{cm}$라 하면 $2\,\mathrm{cm}$만큼 늘인 가로의 길이는 (☐) cm,
> $4\,\mathrm{cm}$만큼 줄인 세로의 길이는 (☐) cm이다.
>
> ❷ 직사각형의 넓이가 $72\,\mathrm{cm}^2$이므로 이차방정식을 세우면
> $$(x+\boxed{})(x-\boxed{})=72$$
>
> ❸ 이 이차방정식을 풀면 $x=\boxed{}$ 또는 $x=\boxed{}$
> 그런데 $x>4$이므로 $x=\boxed{}$
> 따라서 처음 정사각형의 한 변의 길이는 $\boxed{}\,$cm이다.
>
> ❹ $(\boxed{}+2)\times(\boxed{}-4)=72$이므로 문제의 뜻에 맞는다.

1

다음 그림과 같은 4개의 직사각형을 겹치지 않도록 모두 붙여 넓이가 900인 정사각형을 만들었다. 이때 x의 값을 구하시오.

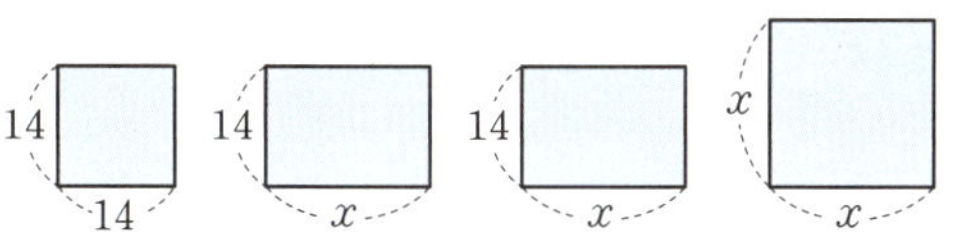

2

둘레의 길이가 $40\,\text{cm}$이고, 넓이가 $96\,\text{cm}^2$인 직사각형이 있다. 이 직사각형의 가로의 길이가 세로의 길이보다 더 길 때, 가로의 길이를 구하시오.

3

오른쪽 그림과 같은 삼각형이 직각삼각형이 되기 위한 x의 값을 구하시오.

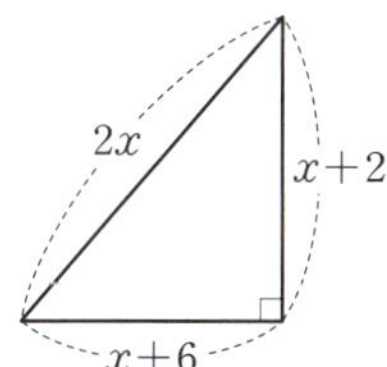

4

오른쪽 그림과 같이 가로의 길이가 $20\,\text{m}$, 세로의 길이가 $15\,\text{m}$인 직사각형 모양의 땅에 폭이 일정한 길을 만들고 남은 부분을 꽃밭으로 만들려고 한다. 길을 제외한 꽃밭의 넓이가 $234\,\text{m}^2$일 때, 길의 폭을 구하시오.

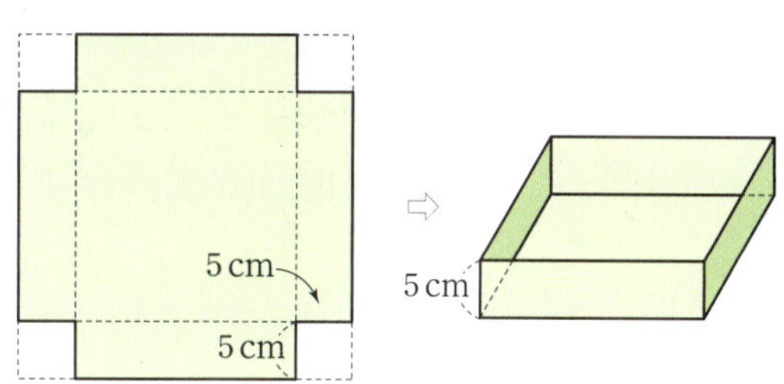

5

다음 그림과 같이 정사각형 모양의 종이의 네 귀퉁이를 한 변의 길이가 $5\,\text{cm}$인 정사각형 모양으로 잘라 내어 뚜껑이 없는 직육면체 모양의 포장 상자를 만들려고 한다. 포장 상자의 부피가 $2000\,\text{cm}^3$일 때, 처음 정사각형 모양의 종이의 한 변의 길이를 구하시오.

6

다음은 조선의 수학자 홍정하가 쓴 수학책 『구일집』에 실려 있는 문제의 조건을 재구성한 것이다. 이 조건을 만족시키는 작은 정사각형의 한 변의 길이를 구하시오.

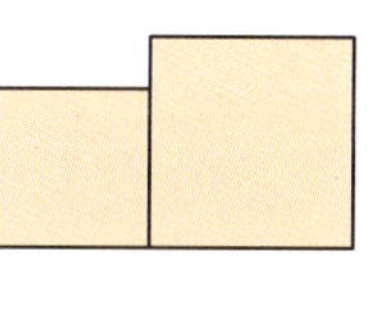

크고 작은 두 개의 정사각형이 있다. 두 정사각형의 넓이의 합은 468이고, 큰 정사각형의 한 변의 길이는 작은 정사각형의 한 변의 길이보다 6만큼 길다.

개념 34

1 다음 중 이차방정식이 <u>아닌</u> 것을 모두 고르면? (정답 2개) [10점]

① $\dfrac{1}{x^2}=0$　　　　② $(x-4)^2=3x$　　　　③ $9x^2=(1-3x)^2$

④ $(x-1)(x+2)=x$　　　⑤ $x^3-2x=-2+x^2+x^3$

개념 34

2 다음 중 [　] 안의 수가 주어진 이차방정식의 해인 것은? [10점]

① $x^2+1=0$　[-1]　　　　　　② $2x^2=-x-1$　[-1]

③ $25=9x^2$　$\left[\dfrac{3}{5}\right]$　　　　　　　④ $(x+2)^2=4$　[-4]

⑤ $x(x+3)=-3x$　[-3]

개념 35, 36

3 이차방정식 $x^2+7x+a=0$의 한 근이 $x=-2$일 때, 상수 a의 값과 다른 한 근을 각각 구하시오. [10점]

개념 36, 37

4 이차방정식 $x^2+6x+k=0$이 중근을 가질 때, 이차방정식 $x^2+(k-5)x-12=0$을 푸시오. (단, k는 상수) [10점]

개념 38

5 오른쪽은 완전제곱식을 이용하여 이차방정식 $x^2-5x+3=0$의 해를 구하는 과정이다.
①~⑤에 들어갈 수로 옳지 <u>않은</u> 것은? [10점]

① $\dfrac{25}{4}$　　　　　② $\dfrac{5}{2}$

③ $\dfrac{13}{4}$　　　　　④ $\dfrac{\sqrt{13}}{2}$

⑤ $\dfrac{5\pm\sqrt{13}}{2}$

$$x^2-5x+3=0 \text{에서}$$
$$x^2-5x=-3$$
$$x^2-5x+\boxed{①}=-3+\boxed{①}$$
$$(x-\boxed{②})^2=\boxed{③}$$
$$x-\boxed{②}=\boxed{④}$$
$$\therefore x=\boxed{⑤}$$

6   🔗 개념 39

이차방정식 $3x^2-Ax+1=0$의 해가 $x=\dfrac{5\pm\sqrt{B}}{6}$일 때, 유리수 A, B에 대하여 $A+B$의 값은? [10점]

① 16   ② 18   ③ 20
④ 22   ⑤ 24

7   🔗 개념 40

다음 이차방정식을 푸시오. [15점]

$$\frac{x(x+4)}{4}-0.5x=\frac{1}{8}$$

8   🔗 개념 42

이차방정식 $2x^2+ax+b=0$의 두 근이 -1, $\dfrac{3}{2}$일 때, 상수 a, b에 대하여 $a+b$의 값을 구하시오. [10점]

9   🔗 개념 43

오른쪽 그림과 같은 달력에서 1과 8을 각각 제곱하여 더하면 65이다. 이와 같은 방법으로 아래, 위로 이웃하는 두 날짜를 각각 제곱하여 더한 값이 169가 되도록 하는 두 날짜를 각각 구하시오. [15점]

 **배운 내용 돌아보기**

🔄 마인드맵으로 정리하기

🔄 OX 문제로 확인하기

옳은 것은 ○, 옳지 않은 것은 X를 택하시오. ●정답 및 해설 58쪽

❶ $2x^2-x=x(2x+3)$은 이차방정식이다. ○ | X

❷ $x=1$은 이차방정식 $x^2+5x-6=0$의 해이다. ○ | X

❸ 이차방정식 $(x+3)(x+9)=0$의 해는 $x=3$ 또는 $x=9$이다. ○ | X

❹ 이차방정식 $x^2+14x+49=0$의 해는 $x=-7$이다. ○ | X

❺ 이차방정식 $x^2-8x+3=0$의 해는 $x=4\pm\sqrt{13}$ 이다. ○ | X

❻ 이차방정식 $2x^2-0.6x=\dfrac{1}{5}$의 해는 $x=-\dfrac{1}{5}$ 또는 $x=\dfrac{1}{2}$이다. ○ | X

❼ 이차방정식 $3x^2+2x+1=0$의 근의 개수는 2개이다. ○ | X

❽ 어떤 자연수와 그 수의 제곱의 합이 56일 때, 어떤 자연수를 x라 하고 이차방정식을 세우면 $x^2+x+56=0$이다. ○ | X

5 이차함수와 그 그래프

| ◔ 배운 내용 | → | ◎ 이 단원의 내용 | → | 🔍 배울 내용 |

◔ 배운 내용

- **초등학교 5~6학년군**
  합동과 대칭
  규칙과 대응

- **중학교 1학년**
  순서쌍과 좌표
  그래프의 뜻과 표현
  정비례와 반비례

- **중학교 2학년**
  일차함수와 그래프
  일차함수와 일차방정식의 관계

◎ 이 단원의 내용

- 이차함수
- 이차함수 $y=x^2$의 그래프
- 이차함수 $y=ax^2$의 그래프
- 이차함수 $y=ax^2+q$의 그래프
- 이차함수 $y=a(x-p)^2$의 그래프
- 이차함수 $y=a(x-p)^2+q$의 그래프
- 이차함수 $y=a(x-p)^2+q$의 식 구하기

🔍 배울 내용

- **고등학교 수학**
  이차방정식과 이차함수
  함수
  유리함수와 무리함수
  도형의 이동

학습 내용	학습 날짜	학습 확인	복습 날짜
개념 46 이차함수	/	☺ 😐 ☹	/
개념 47 이차함수 $y=x^2$의 그래프	/	☺ 😐 ☹	/
개념 48 이차함수 $y=ax^2$의 그래프	/	☺ 😐 ☹	/
개념 49 이차함수 $y=ax^2+q$의 그래프	/	☺ 😐 ☹	/
개념 50 이차함수 $y=a(x-p)^2$의 그래프	/	☺ 😐 ☹	/
개념 51 이차함수 $y=a(x-p)^2+q$의 그래프	/	☺ 😐 ☹	/
개념 52 이차함수 $y=a(x-p)^2+q$의 그래프에서 a, p, q의 부호	/	☺ 😐 ☹	/
개념 53 이차함수 $y=a(x-p)^2+q$의 식 구하기	/	☺ 😐 ☹	/
학교 시험 문제로 단원 마무리	/	☺ 😐 ☹	/

개념 46 이차함수

되짚어 보기 [초5~6] 규칙과 대응 [중1] 정비례 관계 / 반비례 관계 [중2] 함수 / 함숫값 / 일차함수

1 이차함수

함수 $y=f(x)$에서 y가 x에 대한 이차식

$$y=ax^2+bx+c\,(a,\ b,\ c는\ 상수,\ a\neq0)$$

로 나타날 때, 이 함수를 x에 대한 **이차함수**라 한다.

예 · $y=x^2$, $y=-2x^2+1$, $y=3x^2+2x+1$은 이차함수이다.

· $y=x+1$, $y=\dfrac{1}{x^2}$ 은 이차함수가 아니다.

2 이차함수의 함숫값

이차함수 $f(x)=ax^2+bx+c\,(a,\ b,\ c는\ 상수,\ a\neq0)$에 대하여

함숫값 $f(k)$는 $f(x)=ax^2+bx+c$에 $x=k$를 대입하여 얻은 값이다.

➡ $f(k)=ak^2+bk+c$

예 이차함수 $f(x)=x^2+4x-3$에 대하여 $f(1)$은 $x=1$일 때의 함숫값이므로

$$f(1)=1^2+4\times1-3=1+4-3=2$$

바/로/풀/기

빈칸을 채우고, 옳은 것에 ○표 하시오.

Q1 세 함수 $y=-x^2$, $y=\dfrac{1}{3}x^2$,

$y=2x^2-4x+5$는 모두

$y=(x$에 대한 이차식)이므로

(이차함수이다, 이차함수가 아니다).

또한, 세 함수 $y=2x-5$, $y=x^3$,

$y=\dfrac{2}{x^2}+1$은 모두

$y=(x$에 대한 이차식)이 아니므로

(이차함수이다, 이차함수가 아니다).

Q2 이차함수 $f(x)=x^2-2x+1$

에 대하여 $x=\boxed{}$일 때의 함숫값은

$f(-1)=(\boxed{})^2-2\times(\boxed{})+1$

$=\boxed{}$

개념 확인

● 정답 및 해설 59쪽

1 다음 중 이차함수인 것은 ○표, 이차함수가 <u>아닌</u> 것은 ×표를 (   ) 안에 쓰시오.

(1) $y=x$ (   ) (2) $y=2x^2$ (   )

(3) $y=2x-4$ (   ) (4) $y=4+9x^2$ (   )

(5) $y=\dfrac{1}{5}x^2+1$ (   ) (6) $y=3x(x-2)$ (   )

2 다음을 y를 x에 대한 식으로 나타내고, y가 x에 대한 이차함수인 것을 모두 고르시오.

(1) 한 자루에 1000원인 볼펜 x자루의 가격 y원

(2) 자전거를 타고 시속 $10\,\mathrm{km}$로 x시간 동안 달린 거리 $y\,\mathrm{km}$

(3) 한 변의 길이가 $x\,\mathrm{cm}$인 정사각형의 넓이 $y\,\mathrm{cm}^2$

(4) 연속한 두 자연수 x, $x+1$의 곱 y

3 이차함수 $f(x)=x^2-3x+1$에 대하여 다음을 구하시오.

(1) $f(-1)$ (2) $f(0)$ (3) $f(2)$ (4) $f(1)+f(3)$

교과서 문제로 **개념**다지기

1 해설 꼭 확인

다음 |보기| 중 이차함수인 것의 개수를 구하시오.

| 보기 |

ㄱ. $y=2x$
ㄴ. $y=x(4-x)$
ㄷ. $y=(x+3)^2$
ㄹ. $y=5-x$
ㅁ. $y=\dfrac{2}{x^2}$
ㅂ. $y=x^2-x(x+1)$

2 多보기

다음 중 y가 x에 대한 이차함수가 <u>아닌</u> 것을 모두 고르면?

(정답 3개)

① 밑변의 길이가 $x\,\mathrm{cm}$, 높이가 $2x\,\mathrm{cm}$인 삼각형의 넓이 $y\,\mathrm{cm}^2$

② 한 변의 길이가 $x\,\mathrm{cm}$인 정사각형의 둘레의 길이 $y\,\mathrm{cm}$

③ 밑변의 길이와 높이가 각각 $x\,\mathrm{cm}$인 평행사변형의 넓이 $y\,\mathrm{cm}^2$

④ 반지름의 길이가 $x\,\mathrm{cm}$인 원의 둘레의 길이 $y\,\mathrm{cm}$

⑤ 가로의 길이가 $x\,\mathrm{cm}$, 세로의 길이가 $(x+2)\,\mathrm{cm}$인 직사각형의 넓이 $y\,\mathrm{cm}^2$

⑥ 한 모서리의 길이가 $x\,\mathrm{cm}$인 정육면체의 부피 $y\,\mathrm{cm}^3$

⑦ 밑면이 한 변의 길이가 $x\,\mathrm{cm}$인 정사각형이고, 높이가 $3\,\mathrm{cm}$인 사각기둥의 부피 $y\,\mathrm{cm}^3$

3 $y=ax^2+bx+c$가 이차함수가 되려면 $a\neq0$이어야 해.

$y=(2k+1)x^2+x-3$이 이차함수일 때, 다음 중 상수 k의 값이 될 수 <u>없는</u> 것은?

① -2
② -1
③ $-\dfrac{1}{2}$
④ 0
⑤ $\dfrac{1}{2}$

4

이차함수 $f(x)=x^2-6x+5$에 대하여 $f(-2)-2f(3)$의 값을 구하시오.

5

이차함수 $f(x)=ax^2+3x-6$에 대하여 $f(-2)=4$일 때, 상수 a의 값을 구하시오.

6

이차함수 $f(x)=x^2+ax+2a$에 대하여 $f(-1)=2$일 때, $f(1)$의 값을 구하시오. (단, a는 상수)

7 생각이 자라는 **문제 해결**

다음 그림과 같이 둘레의 길이가 $40\,\mathrm{m}$인 직사각형 모양의 텃밭을 만들려고 한다. 텃밭의 가로의 길이를 $x\,\mathrm{m}$, 넓이를 $y\,\mathrm{m}^2$라 할 때, 다음 물음에 답하시오.

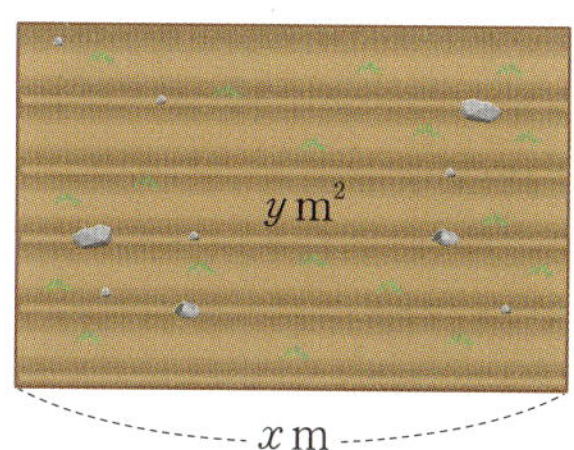

(1) 텃밭의 세로의 길이를 x에 대한 식으로 나타내시오.

(2) y를 x에 대한 식으로 나타내고, y가 x에 대한 이차함수 인지 말하시오.

▶ 문제 속 개념 도출

· y가 x에 대한 ① __________ 이면 $y=(x$에 대한 이차식)의 꼴로 나타낼 수 있나.

➡ $y=ax^2+bx+c\,(a,\,b,\,c$는 상수, $a\neq0)$

· (직사각형의 둘레의 길이)$=2\times\{($가로의 길이$)+($세로의 길이$)\}$
(직사각형의 넓이)$=($가로의 길이$)\times($세로의 길이$)$

개념 47 이차함수 $y=x^2$의 그래프

되짚어 보기　[초5~6] 대칭　[중1] 좌표평면 위의 점의 좌표 / 사분면　[중3] 이차함수

---

1 이차함수 $y=x^2$의 그래프

(1) 원점을 지나고, 아래로 볼록한 곡선이다.

(2) y축에 대칭이다.

(3) $x<0$일 때, x의 값이 증가하면 y의 값은 감소한다.

　$x>0$일 때, x의 값이 증가하면 y의 값도 증가한다.

(4) 원점을 제외한 모든 부분은 x축보다 위쪽에 있다.

(5) 이차함수 $y=-x^2$의 그래프와 x축에 서로 대칭이다.

　참고　앞으로 특별한 말이 없으면 이차함수에서 x의 값의 범위는 실수 전체로 생각한다.

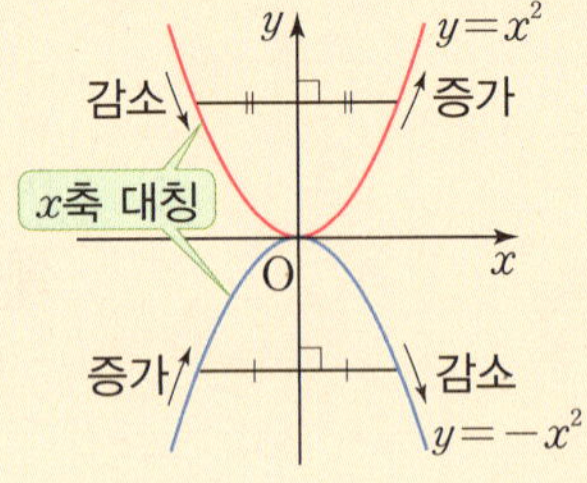

2 포물선

두 이차함수 $y=x^2$, $y=-x^2$의 그래프와 같은 모양의 곡선을 **포물선**이라 한다.

(1) 포물선은 선대칭도형이고, 그 대칭축을 포물선의 **축**이라 한다.

(2) 포물선과 축의 교점을 포물선의 **꼭짓점**이라 한다.

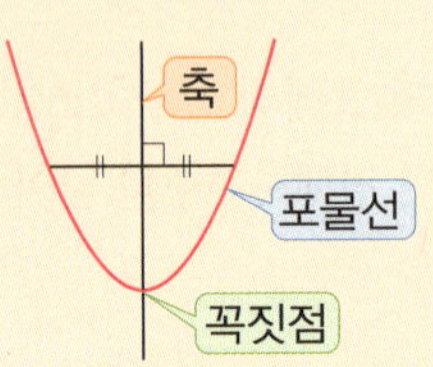

바/로/풀/기

빈칸을 채우시오.

Q1 이차함수 $y=x^2$의 그래프는 원점을 지나고 ☐로 볼록한 곡선이고, 이차함수 $y=-x^2$의 그래프는 원점을 지나고 ☐로 볼록한 곡선이다.

Q2 이차함수 $y=x^2$의 그래프는 $x>0$일 때 x의 값이 증가하면 y의 값도 ☐하고, 이차함수 $y=-x^2$의 그래프는 $x>0$일 때 x의 값이 증가하면 y의 값은 ☐한다.

Q3 두 이차함수 $y=x^2$, $y=-x^2$의 그래프는 모두 ☐축에 대칭이다.

📖 **개념 확인**　　　　　　　● 정답 및 해설 60쪽

1

이차함수 $y=x^2$에 대하여 아래 표를 완성하고, x의 값의 범위가 실수 전체일 때 이차함수 $y=x^2$의 그래프를 다음 좌표평면 위에 그리시오.

x	$\cdots$	-3	-2	-1	0	1	2	3	$\cdots$
$y=x^2$	$\cdots$	9							$\cdots$

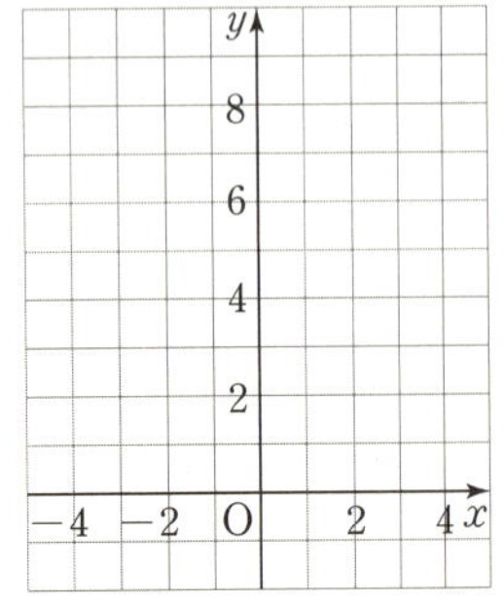

2

이차함수 $y=-x^2$에 대하여 아래 표를 완성하고, x의 값의 범위가 실수 전체일 때 이차함수 $y=-x^2$의 그래프를 다음 좌표평면 위에 그리시오.

x	$\cdots$	-3	-2	-1	0	1	2	3	$\cdots$
$y=-x^2$	$\cdots$	-9							$\cdots$

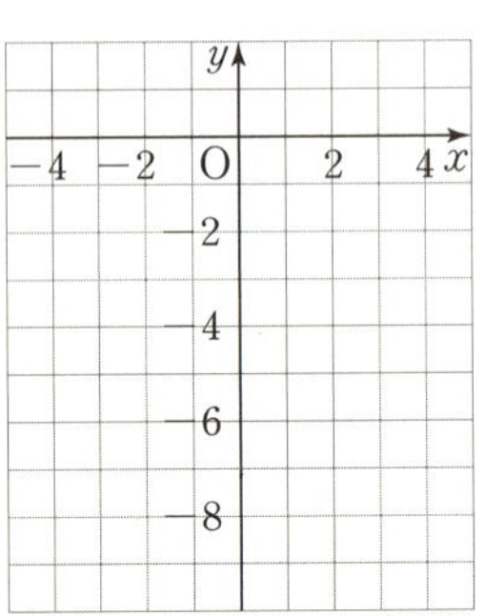

교과서 문제로 **개념**다지기

1 多보기

다음 중 두 이차함수 $y=x^2$, $y=-x^2$의 그래프에 대한 설명으로 옳은 것을 모두 고르면? (정답 3개)

① 두 이차함수의 그래프는 모두 원점을 지난다.

② 두 이차함수의 그래프는 x축에 서로 대칭이다.

③ 이차함수 $y=x^2$의 그래프는 위로 볼록한 포물선이다.

④ 이차함수 $y=x^2$의 그래프는 $x<0$일 때, x의 값이 증가하면 y의 값도 증가한다.

⑤ 이차함수 $y=-x^2$의 그래프는 y축에 대칭이다.

⑥ 이차함수 $y=-x^2$의 그래프는 제1, 2사분면을 지난다.

2 점 (a, b)가 함수 $y=f(x)$의 그래프 위의 점이면 $b=f(a)$이다.

다음 중 이차함수 $y=x^2$의 그래프 위의 점이 <u>아닌</u> 것은?

① $(-2, 4)$　　② $\left(-\dfrac{3}{2}, \dfrac{9}{4}\right)$　　③ $(1, -1)$

④ $\left(\dfrac{1}{2}, \dfrac{1}{4}\right)$　　⑤ $(3, 9)$

3

이차함수 $y=x^2$의 그래프가 두 점 $(2, a)$, $(b, 9)$를 지날 때, $a+b$의 값을 구하시오. (단, $b>0$)

4

이차함수 $y=-x^2$의 그래프 위의 점 중 y좌표가 -16인 점의 좌표를 모두 구하시오.

5

이차함수 $y=x^2$의 그래프와 x축에 서로 대칭인 그래프가 점 $(5, k)$를 지날 때, k의 값을 구하시오.

6 생각이 자라는 **문제 해결**

오른쪽 그림과 같이 x축과 평행한 직선이 이차함수 $y=x^2$의 그래프와 만나는 두 점을 각각 P, Q라 하고, y축과 만나는 점을 R라 하자. $\overline{PQ}=4$일 때, $\overline{OR}$의 길이를 구하시오. (단, O는 원점)

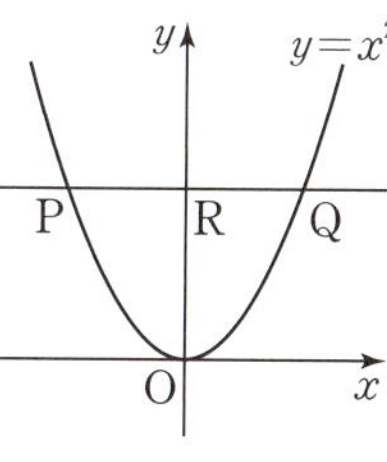

▶ 문제 속 개념 도출

• 이차함수 $y=x^2$의 그래프의 성질

(1) 원점을 지나고, ①______ 로 볼록한 곡선이다.

(2) ②____ 축에 대칭이다.

(3) $x>0$일 때 x의 값이 증가하면 y의 값도 증가하고, $x<0$일 때 x의 값이 증가하면 y의 값은 감소한다.

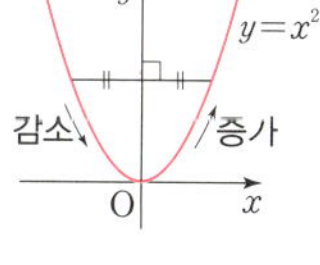

(4) $y=-x^2$의 그래프와 ③______ 에 서로 대칭이다.

개념 48 이차함수 $y=ax^2$의 그래프

이차함수 $y=ax^2$의 그래프의 성질은 다음과 같다.

(1) 원점을 꼭짓점으로 하는 포물선이다.

　➡ 꼭짓점의 좌표: $(0, 0)$

(2) y축에 대칭이다.

　➡ 축의 방정식: $x=0\ (y$축$)$

(3) $a>0$이면 아래로 볼록하고,
　$a<0$이면 위로 볼록하다.

(4) a의 절댓값이 클수록 폭이 좁아진다. ⟶ 폭이 좁아질수록 그래프는 y축에 가까워진다.

(5) 이차함수 $y=-ax^2$의 그래프와 x축에 서로 대칭이다.

참고 이차함수 $y=ax^2$에서 a의 부호는 그래프의 모양(볼록한 방향)을 결정하고, a의 절댓값은 그래프의 폭을 결정한다.

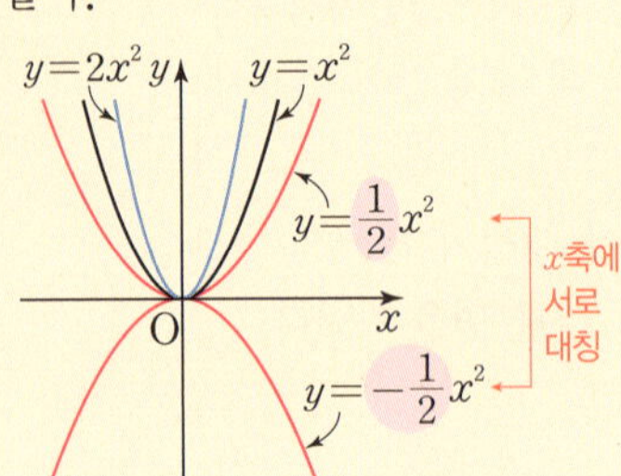

바/로/풀/기

빈칸을 채우고, 옳은 것에 ○표 하시오.

Q1 이차함수 $y=3x^2$의 그래프는 원점을 지나고 (위, 아래)로 볼록한 곡선이다.
또한, 이 그래프는 (x축, y축)에 대칭이고, ($x<0$, $x>0$)일 때 x의 값이 증가하면 y의 값도 증가한다.

Q2 두 이차함수 $y=2x^2$, $y=-2x^2$의 그래프는 □축에 서로 대칭이다.

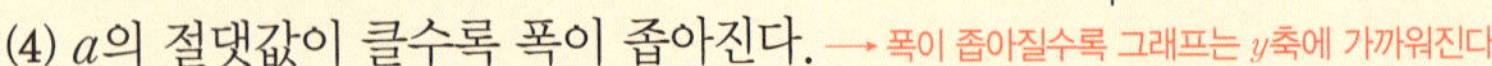

개념 확인

● 정답 및 해설 61쪽

1 세 이차함수 $y=x^2,\ y=2x^2,\ y=\dfrac{1}{2}x^2$에 대하여 다음 물음에 답하시오.

(1) 다음 표를 완성하고, x의 값의 범위가 실수 전체일 때 세 이차함수 $y=x^2$, $y=2x^2,\ y=\dfrac{1}{2}x^2$의 그래프를 오른쪽 좌표평면 위에 각각 그리시오.

x	$\cdots$	-2	-1	0	1	2	$\cdots$
$y=x^2$	$\cdots$	4					$\cdots$
$y=2x^2$	$\cdots$	8					$\cdots$
$y=\dfrac{1}{2}x^2$	$\cdots$	2					$\cdots$

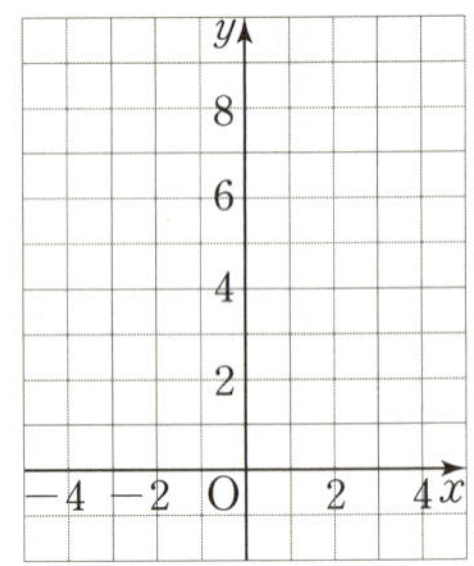

(2) 세 이차함수 $y=x^2,\ y=2x^2,\ y=\dfrac{1}{2}x^2$의 그래프의 꼭짓점의 좌표를 차례로 구하시오.

(3) 세 이차함수 $y=x^2,\ y=2x^2,\ y=\dfrac{1}{2}x^2$의 그래프의 축의 방정식을 차례로 구하시오.

(4) 세 이차함수 $y=x^2,\ y=2x^2,\ y=\dfrac{1}{2}x^2$에 대하여 그 그래프의 폭이 좁은 것부터 차례로 나열하시오.

(5) 세 이차함수 $y=x^2,\ y=2x^2,\ y=\dfrac{1}{2}x^2$의 그래프와 각각 x축에 서로 대칭인 그래프를 나타내는 이차함수의 식을 차례로 구하시오.

교과서 문제로 **개념**다지기

1

x의 값의 범위가 실수 전체일 때
이차함수 $y=-2x^2$의 그래프를
오른쪽 좌표평면 위에 그리고,
다음 물음에 답하시오.

(1) 꼭짓점의 좌표와 축의 방정식
을 차례로 구하시오.

(2) 그래프가 지나는 사분면을 모
두 말하시오.

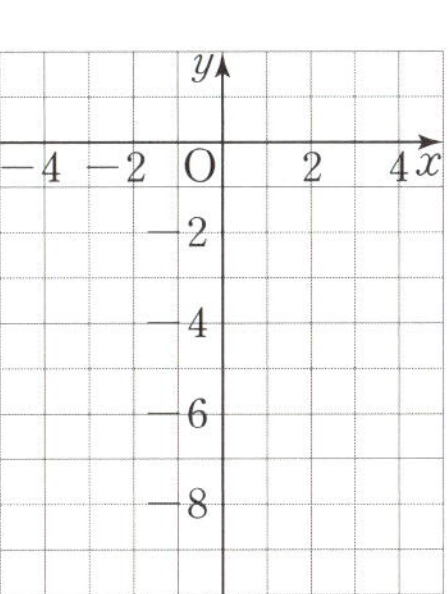

2

다음 중 이차함수 $y=\dfrac{1}{3}x^2$의 그래프에 대한 설명으로 옳지 않은 것은?

① 아래로 볼록한 포물선이다.

② 꼭짓점의 좌표는 $(0, 0)$이다.

③ 축의 방정식은 $y=0$이다.

④ 이차함수 $y=-\dfrac{1}{3}x^2$의 그래프와 x축에 서로 대칭이다.

⑤ $x<0$일 때, x의 값이 증가하면 y의 값은 감소한다.

3

다음 |보기|의 이차함수의 그래프에 대하여 물음에 답하시오.

┌ 보기 ┐

ㄱ. $y=5x^2$ ㄴ. $y=\dfrac{4}{3}x^2$

ㄷ. $y=-\dfrac{1}{4}x^2$ ㄹ. $y=-5x^2$

(1) 그래프가 위로 볼록한 것을 모두 고르시오.

(2) 그래프의 폭이 가장 넓은 것을 고르시오.

(3) 그래프가 x축에 서로 대칭인 것끼리 짝 지으시오.

4

오른쪽 그림과 같이 이차함수
$y=ax^2$의 그래프가 두 이차함
수 $y=2x^2$, $y=\dfrac{2}{3}x^2$의 그래프
사이에 있을 때, 다음 중 상수
a의 값이 될 수 <u>없는</u> 것은?

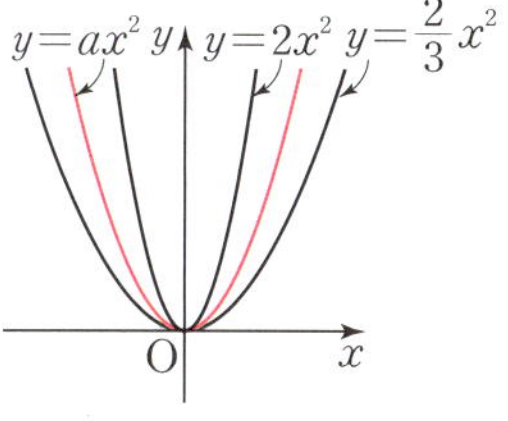

① $\dfrac{3}{4}$ ② 1 ③ $\dfrac{3}{2}$

④ $\dfrac{5}{3}$ ⑤ $\dfrac{5}{2}$

5

이차함수 $y=\dfrac{5}{4}x^2$의 그래프와 x축에 서로 대칭인 그래프
가 점 $(a, -20)$을 지날 때, 양수 a의 값을 구하시오.

6 · 생각이 자라는 **창의·융합**

오른쪽 그림과 같은 이차함
수의 그래프 (1)~(4)를 나
타내는 이차함수의 식으로
적당한 것을 다음 표에서 찾
아 그 식과 짝 지어진 글자
를 빈칸에 넣어 문장을 완성
하시오.

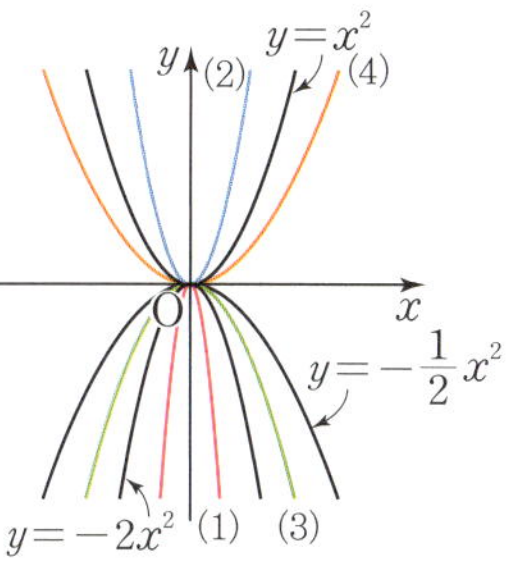

$y=\dfrac{1}{2}x^2$	$y=3x^2$	$y=-\dfrac{1}{3}x^2$	$y=-x^2$	$y=-4x^2$
질	학	과	본	수

□(1)□(2)의 □(3)□(4)은 그 자유로움에 있다.

▶ 문제 속 개념 도출

• 이차함수 $y=ax^2$에서 a의 값의 의미는 다음과 같다.

a의 부호		a의 ② ____
➡ 그래프의 모양 결정		➡ 그래프의 폭 결정
$a>0$	① ____	a의 절댓값이 클수록
아래로 볼록	위로 볼록	그래프의 폭이 좁아진다.

개념 49 이차함수 $y=ax^2+q$의 그래프

되짚어 보기 　[중2] 일차함수 그래프의 평행, 일치　　[중3] 이차함수 $y=ax^2$의 그래프

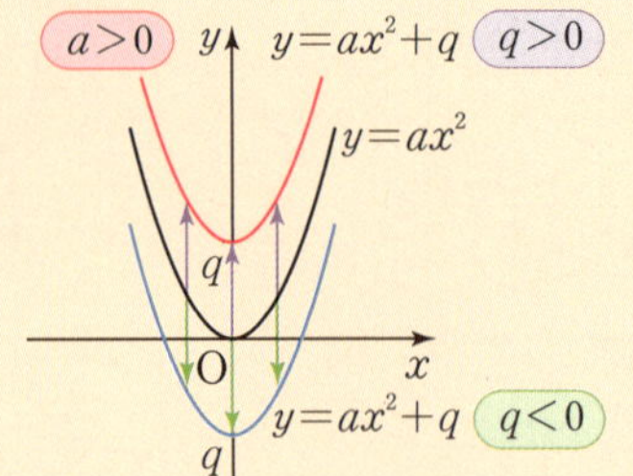

이차함수 $y=ax^2+q$의 그래프는 이차함수 $y=ax^2$의 그래프를 **y축의 방향으로 q만큼 평행이동**한 것이다.

$$y=ax^2 \xrightarrow[\text{q만큼 평행이동}]{\text{y축의 방향으로}} y=ax^2+q$$

(1) **축의 방정식**: $x=0$ (y축)

(2) **꼭짓점의 좌표**: $(0, q)$

참고　이차함수의 그래프를 평행이동하면 그래프의 모양과 폭은 변하지 않고 위치만 변한다. 따라서 그래프의 모양과 폭을 결정하는 x^2의 계수는 변하지 않는다.

바/로/풀/기

빈칸을 채우시오.

Q1 이차함수 $y=x^2+2$의 그래프는 이차함수 $y=x^2$의 그래프를 ☐축의 방향으로 2만큼 평행이동한 것이므로 그래프의 모양과 폭, 축은 변하지 않고, ☐☐☐의 위치만 옮겨진다.

Q2 이차함수 $y=x^2$의 그래프를 y축의 방향으로 2만큼 평행이동하면
(1) $y=x^2+$☐
(2) 축의 방정식: $x=$☐
(3) 꼭짓점의 좌표: (☐, ☐)

📖 개념 확인

● 정답 및 해설 62쪽

1 두 이차함수 $y=x^2$, $y=x^2+3$에 대하여 다음 물음에 답하시오.

(1) 다음 표를 완성하고, x의 값의 범위가 실수 전체일 때 두 이차함수 $y=x^2$, $y=x^2+3$의 그래프를 오른쪽 좌표평면 위에 각각 그리시오.

x	⋯	-2	-1	0	1	2	⋯
$y=x^2$	⋯	4					⋯
$y=x^2+3$	⋯	7					⋯

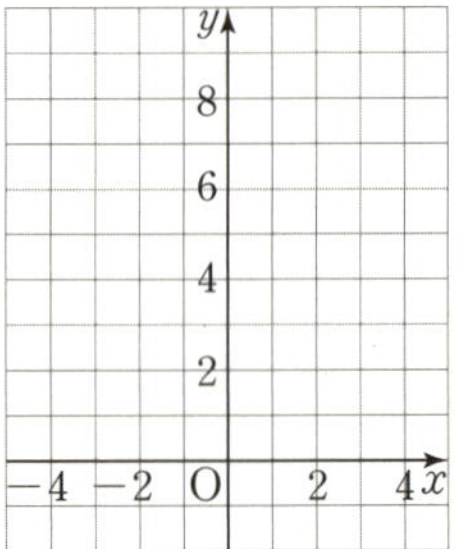

(2) '이차함수 $y=x^2+3$의 그래프는 이차함수 $y=x^2$의 그래프를 ☐축의 방향으로 ☐만큼 평행이동한 것이다.'에서 ☐ 안에 알맞은 것을 쓰시오.

(3) 두 이차함수 $y=x^2$, $y=x^2+3$의 그래프에 대하여 다음 표를 완성하시오.

이차함수	꼭짓점의 좌표	축의 방정식
$y=x^2$		
$y=x^2+3$		

2 다음 이차함수의 그래프를 y축의 방향으로 [　] 안의 수만큼 평행이동한 그래프를 나타내는 이차함수의 식을 구하고, 그 그래프의 축의 방정식과 꼭짓점의 좌표를 각각 구하시오.

(1) $y=2x^2$　$[-5]$

(2) $y=-x^2$　$[4]$

(3) $y=-3x^2$　$[2]$

(4) $y=\dfrac{2}{3}x^2$　$[-1]$

교과서 문제로 **개념**다지기

1

이차함수 $y=-\dfrac{1}{2}x^2$의 그래프를 이용하여 다음 이차함수의 그래프를 오른쪽 좌표평면 위에 그리시오.

(1) $y=-\dfrac{1}{2}x^2-4$

(2) $y=-\dfrac{1}{2}x^2+2$

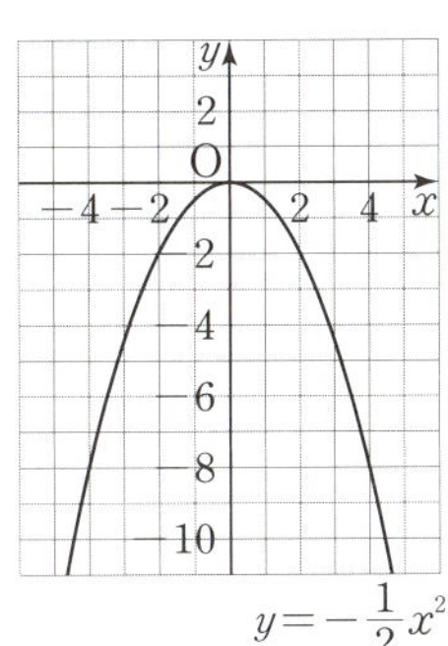

2

다음 중 이차함수 $y=2x^2-1$의 그래프로 적당한 것은?

① 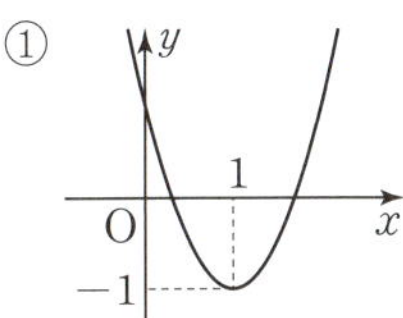

② 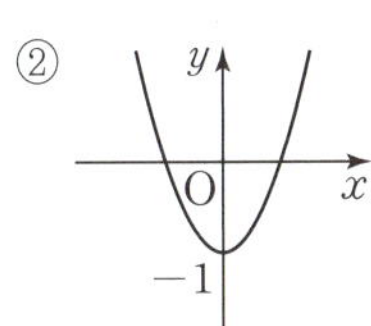

③ 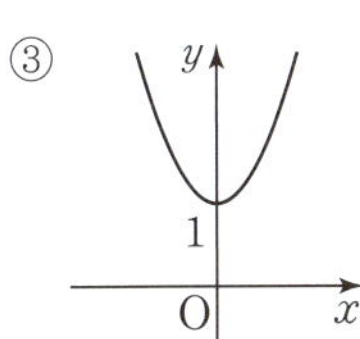

④ 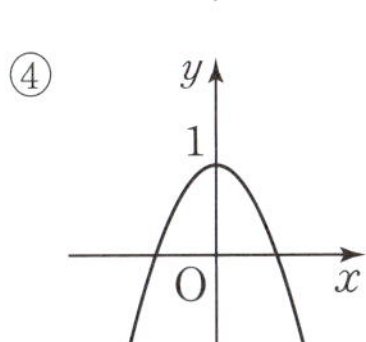

⑤ 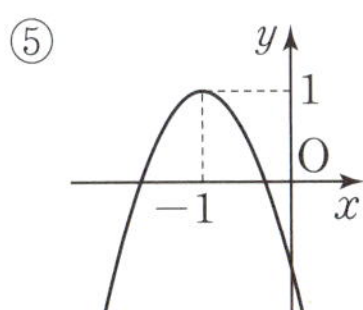

3

이차함수 $y=4x^2$의 그래프를 y축의 방향으로 -6만큼 평행이동한 그래프의 꼭짓점의 좌표는 (p, q), 축의 방정식은 $x=r$일 때, $p+q+r$의 값을 구하시오.

4 많보기

이차함수 $y=5x^2-1$의 그래프에 대한 설명으로 옳지 <u>않은</u> 것을 모두 고르면? (정답 3개)

① 점 $(1, -4)$를 지난다.

② 축의 방정식은 $x=0$이다.

③ 꼭짓점의 좌표는 $(0, -1)$이다.

④ 아래로 볼록하다.

⑤ 제1, 2사분면을 지나지 않는다.

⑥ 이차함수 $y=5x^2$의 그래프와 폭이 같다.

⑦ 이차함수 $y=5x^2$의 그래프를 y축의 방향으로 1만큼 평행이동한 것이다.

5

오른쪽 그림은 이차함수 $y=-\dfrac{2}{5}x^2$의 그래프를 평행이동한 것이다. 이 그래프가 점 $(10, k)$를 지날 때, k의 값을 구하시오.

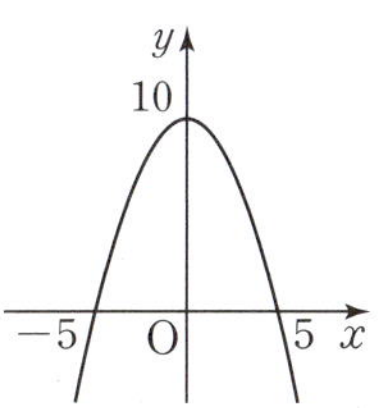

6 · 생각이 자라는 **문제 해결**

이차함수 $y=\dfrac{1}{3}x^2$의 그래프를 y축의 방향으로 a만큼 평행이동한 그래프는 점 $(3, 5)$를 지나고 꼭짓점의 좌표가 (b, c)일 때, $a+b+c$의 값을 구하시오.

▶ 문제 속 개념 도출

· 이차함수 $y=ax^2$의 그래프를 y축의 방향으로 q만큼 평행이동하면

  (1) 이차함수의 식: $y=$ ①________

  (2) 축의 방정식: $x=0$

  (3) 꼭짓점의 좌표: ②________

개념 50 이차함수 $y=a(x-p)^2$의 그래프

이차함수 $y=a(x-p)^2$의 그래프는 이차함수 $y=ax^2$의 그래프를 x축의 방향으로 p만큼 평행이동한 것이다.

$$y=ax^2 \xrightarrow[p만큼\ 평행이동]{x축의\ 방향으로} y=a(x-p)^2$$

(1) **축의 방정식**: $x=p$

(2) **꼭짓점의 좌표**: $(p,\ 0)$

참고 이차함수 $y=a(x-p)^2$의 그래프의 축의 방정식은 $x=p$이므로 이 그래프가 증가, 감소하는 범위는 축 $x=p$를 기준으로 생각한다.

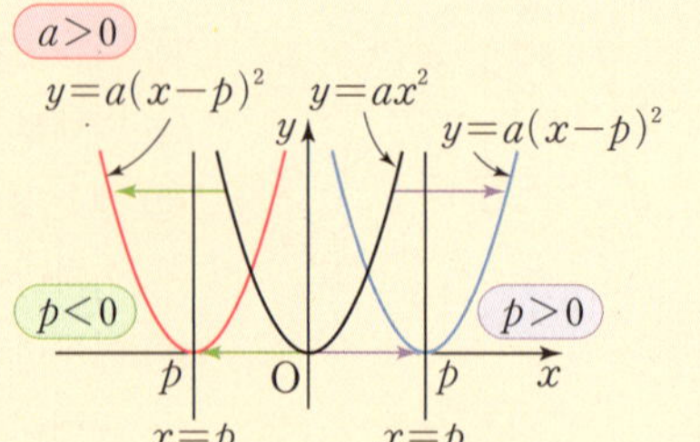

바/로/풀/기

빈칸을 채우시오.

Q1 이차함수 $y=(x-2)^2$의 그래프는 이차함수 $y=x^2$의 그래프를 $\square$축의 방향으로 2만큼 평행이동한 것이므로 그래프의 모양과 폭은 변하지 않고, $\square$과 $\boxed{}$의 위치만 옮겨진다.

Q2 이차함수 $y=x^2$의 그래프를 x축의 방향으로 2만큼 평행이동하면
(1) $y=(x-\square)^2$
(2) 축의 방정식: $x=\square$
(3) 꼭짓점의 좌표: $(\square,\ \square)$

📖 개념 확인

● 정답 및 해설 64쪽

1 두 이차함수 $y=x^2$, $y=(x-1)^2$에 대하여 다음 물음에 답하시오.

(1) 다음 표를 완성하고, x의 값의 범위가 실수 전체일 때 두 이차함수 $y=x^2$, $y=(x-1)^2$의 그래프를 오른쪽 좌표평면 위에 각각 그리시오.

x	$\cdots$	-2	-1	0	1	2	$\cdots$
$y=x^2$	$\cdots$	4					$\cdots$
$y=(x-1)^2$	$\cdots$	9					$\cdots$

(2) '이차함수 $y=(x-1)^2$의 그래프는 이차함수 $y=x^2$의 그래프를 $\square$축의 방향으로 $\square$만큼 평행이동한 것이다.'에서 $\square$ 안에 알맞은 것을 쓰시오.

(3) 두 이차함수 $y=x^2$, $y=(x-1)^2$의 그래프에 대하여 다음 표를 완성하시오.

이차함수	꼭짓점의 좌표	축의 방정식
$y=x^2$		
$y=(x-1)^2$		

2 다음 이차함수의 그래프를 x축의 방향으로 [　] 안의 수만큼 평행이동한 그래프를 나타내는 이차함수의 식을 구하고, 그 그래프의 축의 방정식과 꼭짓점의 좌표를 각각 구하시오.

(1) $y=3x^2$　$[-1]$

(2) $y=-x^2$　$[3]$

(3) $y=-5x^2$　$[2]$

(4) $y=-\dfrac{3}{2}x^2$　$[-2]$

1

이차함수 $y=\dfrac{1}{2}x^2$의 그래프를 이용하여 다음 이차함수의 그래프를 아래 좌표평면 위에 그리시오.

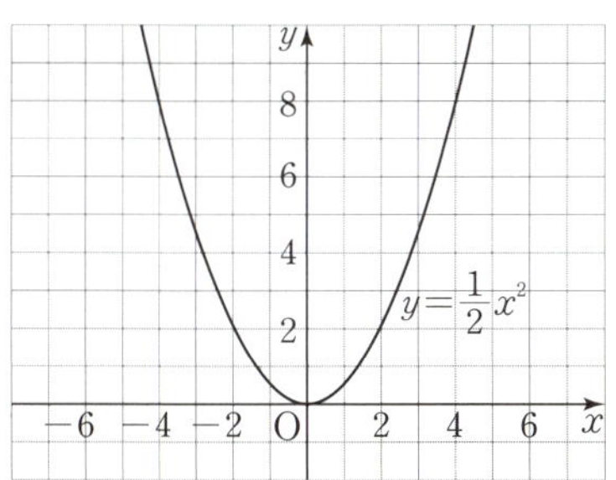

(1) $y=\dfrac{1}{2}(x+1)^2$　　　　(2) $y=\dfrac{1}{2}(x-3)^2$

2

이차함수 $y=-(x-3)^2$의 그래프는 이차함수 $y=-x^2$의 그래프를 x축의 방향으로 a만큼 평행이동한 것이고, 꼭짓점의 좌표는 (b, c)이다. 이때 $a+b+c$의 값을 구하시오.

3

다음 |보기| 중 이차함수 $y=\dfrac{1}{5}(x-2)^2$의 그래프에 대한 설명으로 옳은 것을 모두 고르시오.

> | 보기 |
>
> ㄱ. y축을 축으로 한다.
>
> ㄴ. 점 $(-2, 0)$을 꼭짓점으로 한다.
>
> ㄷ. 점 $(-3, 5)$를 지난다.
>
> ㄹ. 이차함수 $y=\dfrac{1}{5}x^2$의 그래프를 x축의 방향으로 2만큼 평행이동한 것이다.

4

이차함수 $y=2(x+1)^2$의 그래프에서 x의 값이 증가할 때, y의 값도 증가하는 x의 값의 범위는?

① $x>-1$　　　② $x<-1$　　　③ $x>0$

④ $x>1$　　　⑤ $x<1$

5

이차함수 $y=-3x^2$의 그래프를 x축의 방향으로 -2만큼 평행이동하면 점 $(k, -3)$을 지난다. 이때, k의 값을 모두 구하시오.

6 · 생각이 자라는 **문제 해결**

다음은 어떤 이차함수의 그래프에 대하여 세 학생이 나눈 대화이다. 대화를 읽고, 이차함수의 그래프의 식을 구하시오.

> 지예: 이 그래프는 이차함수 $y=2x^2$의 그래프와 폭이 같아.
>
> 서연: 이 그래프의 꼭짓점의 좌표는 $(3, 0)$이야.
>
> 선기: 이 그래프의 축은 직선 $x=3$이야.

▶ 문제 속 개념 도출

• 이차함수 $y=ax^2$의 그래프를 x축의 방향으로 p만큼 평행이동하면
  (1) 이차함수의 식: $y=a(x-p)^2$
  (2) 축의 방정식: ① ______
  (3) 꼭짓점의 좌표: ② ______

개념 51 이차함수 $y=a(x-p)^2+q$의 그래프

되짚어 보기 [중2] 일차함수 그래프의 평행, 일치 [중3] 이차함수 / 이차함수 $y=ax^2$의 그래프

이차함수 $y=a(x-p)^2+q$의 그래프는 이차함수 $y=ax^2$의 그래프를 **x축의 방향으로 p만큼, y축의 방향으로 q만큼 평행이동**한 것이다.

$$y=ax^2 \xrightarrow[\substack{y\text{축의 방향으로 }q\text{만큼} \\ \text{평행이동}}]{x\text{축의 방향으로 }p\text{만큼}} y=a(x-p)^2+q$$

(1) **축의 방정식**: $x=p$

(2) **꼭짓점의 좌표**: (p, q)

참고 $y=a(x-p)^2+q$의 꼴을 이차함수의 표준형이라 한다.

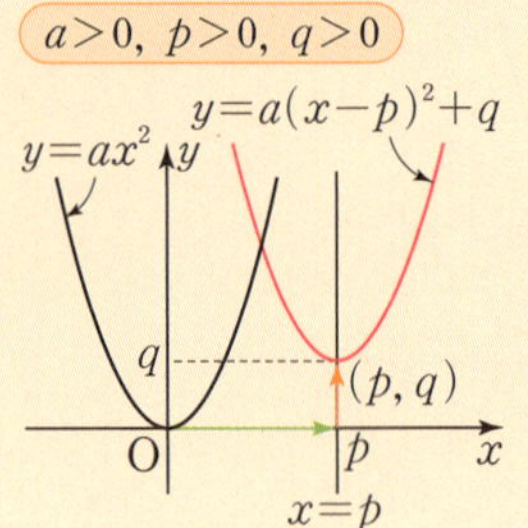

바/로/풀/기

빈칸을 채우시오.

Q1 이차함수 $y=(x-2)^2+3$의 그래프는 이차함수 $y=x^2$의 그래프를 x축의 방향으로 ☐만큼, y축의 방향으로 ☐만큼 평행이동한 것이므로 그래프의 모양과 폭은 변하지 않고, ☐과 ☐☐☐의 위치만 옮겨진다.

Q2 이차함수 $y=x^2$의 그래프를 x축의 방향으로 2만큼, y축의 방향으로 3만큼 평행이동하면

(1) $y=(x-☐)^2+☐$

(2) 축의 방정식: $x=☐$

(3) 꼭짓점의 좌표: $(☐, ☐)$

개념 확인 ● 정답 및 해설 65쪽

1 다음 ☐ 안에 알맞은 것을 쓰시오.

(1) 이차함수 $y=3(x-1)^2+4$의 그래프는 이차함수 $y=3x^2$의 그래프를 x축의 방향으로 ☐만큼, y축의 방향으로 ☐만큼 평행이동한 것이다.

(2) 이차함수 $y=-2(x+5)^2-3$의 그래프는 이차함수 $y=-2x^2$의 그래프를 x축의 방향으로 ☐만큼, y축의 방향으로 ☐만큼 평행이동한 것이다.

(3) 이차함수 $y=\dfrac{1}{5}(x-1)^2-\dfrac{2}{3}$의 그래프는 이차함수 $y=\dfrac{1}{5}x^2$의 그래프를 x축의 방향으로 ☐만큼, y축의 방향으로 ☐만큼 평행이동한 것이다.

2 다음 이차함수의 그래프의 축의 방정식과 꼭짓점의 좌표를 각각 구하시오.

(1) $y=4(x-2)^2+7$

(2) $y=2(x+1)^2+3$

(3) $y=3(x-5)^2-2$

(4) $y=-6\left(x+\dfrac{1}{2}\right)^2-4$

(5) $y=\dfrac{3}{2}(x-4)^2-\dfrac{5}{6}$

(6) $y=-\dfrac{1}{4}\left(x+\dfrac{1}{3}\right)^2+5$

교과서 문제로 **개념**다지기

1

이차함수 $y=-\dfrac{1}{2}x^2$의 그래프를 이용하여 다음 이차함수의 그래프를 아래 좌표평면 위에 그리시오.

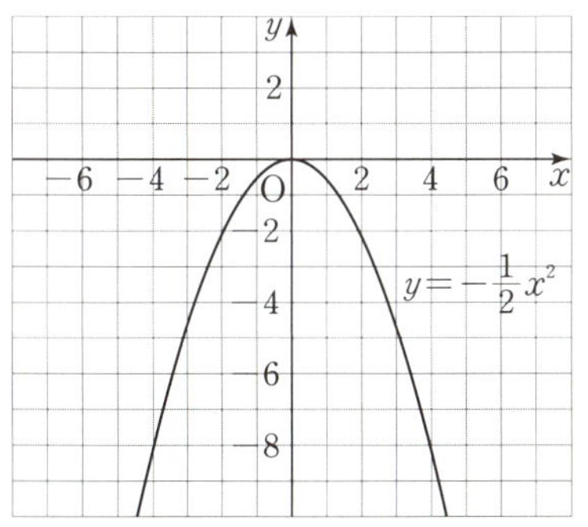

(1) $y=-\dfrac{1}{2}(x-1)^2+3$ (2) $y=-\dfrac{1}{2}(x+3)^2-1$

2

이차함수 $y=2x^2$의 그래프를 x축의 방향으로 p만큼, y축의 방향으로 q만큼 평행이동하였더니 $y=2(x+4)^2-5$의 그래프와 일치하였다. 이때 $p+q$의 값을 구하시오.

3

이차함수 $y=-5x^2$의 그래프를 x축의 방향으로 -1만큼, y축의 방향으로 3만큼 평행이동한 그래프의 꼭짓점의 좌표와 축의 방정식을 차례로 구하시오.

4 해설 꼭 확인

다음은 이차함수 $y=\dfrac{2}{3}(x+3)^2-1$의 그래프에 대한 네 학생의 설명이다. 잘못 설명한 학생을 찾으시오.

> 소윤: 축의 방정식은 $x=-3$이야.
>
> 지호: 꼭짓점의 좌표는 $(-3,\ -1)$이야.
>
> 서준: 이차함수 $y=\dfrac{2}{3}x^2$의 그래프와 폭이 같아.
>
> 은정: 제3사분면을 지나지 않아.

5

이차함수 $y=-\dfrac{1}{4}x^2$의 그래프를 x축의 방향으로 3만큼, y축의 방향으로 -2만큼 평행이동하면 점 $(5,\ k)$를 지날 때, k의 값을 구하시오.

6 생각이 자라는 **문제 해결**

이차함수 A의 그래프를 평행이동하여 이차함수 B의 그래프가 되는 것을 $\boxed{A} \rightarrow \boxed{B}$와 같이 나타낼 때, 다음 그림에서 ㉠~㉢이 나타내는 평행이동을 각각 말하시오.

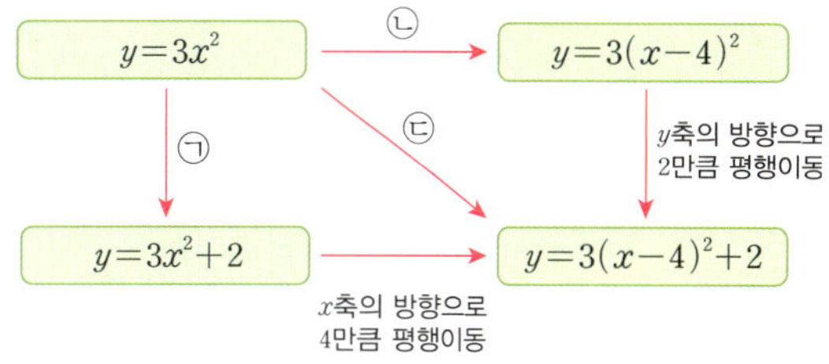

▶ 문제 속 개념 도출

- 이차함수 $y=ax^2$의 그래프를 x축의 방향으로 p만큼, y축의 방향으로 q민금 평행이동하면

  (1) 이차함수의 식: $y=a(x-p)^2+q$

  (2) 축의 방정식: ① ____________

  (3) 꼭짓점의 좌표: ② ____________

개념 52 이차함수 $y=a(x-p)^2+q$의 그래프에서 a, p, q의 부호

되짚어 보기 [중1] 좌표평면 위의 점의 좌표 / 사분면　　[중3] 이차함수의 그래프

이차함수 $y=a(x-p)^2+q$의 그래프에서

(1) **a의 부호**: 그래프의 모양에 따라 결정된다.

　① 아래로 볼록($\smile$) ➡ $a>0$　　　② 위로 볼록($\frown$) ➡ $a<0$

(2) **p, q의 부호**: 꼭짓점의 위치로 결정된다.

　① 꼭짓점이 제1사분면 위에 있으면 ➡ $p>0$, $q>0$

　② 꼭짓점이 제2사분면 위에 있으면 ➡ $p<0$, $q>0$

　③ 꼭짓점이 제3사분면 위에 있으면 ➡ $p<0$, $q<0$

　④ 꼭짓점이 제4사분면 위에 있으면 ➡ $p>0$, $q<0$

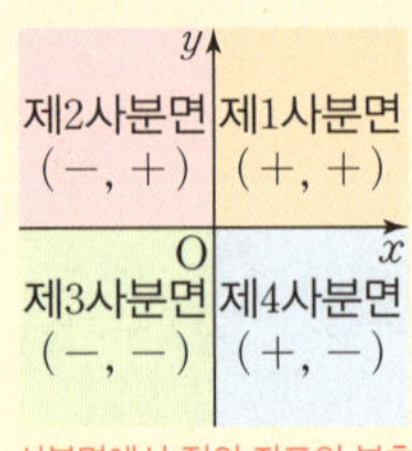

사분면에서 점의 좌표의 부호

예 이차함수 $y=a(x-p)^2+q$의 그래프가 오른쪽 그림과 같을 때 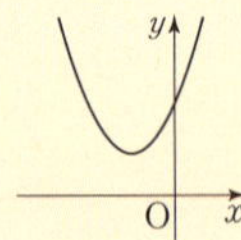

　(1) 아래로 볼록하므로 $a>0$ ← 그래프의 모양

　(2) 꼭짓점 (p, q)가 제2사분면 위에 있으므로 $p<0$, $q>0$ ← 꼭짓점의 위치

📖 **개념 확인**　　　　　　　　　　　　　　　　● 정답 및 해설 66쪽

1 이차함수 $y=a(x-p)^2+q$의 그래프가 다음 그림과 같을 때 ◯ 안에 $>$, $<$ 중 알맞은 것을 쓰고, 표를 완성하시오. (단, a, p, q는 상수)

	$y=a(x-p)^2+q$의 그래프	a의 부호	p, q의 부호
(1)	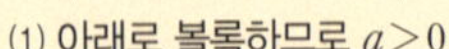	그래프가 아래로 볼록 $\Rightarrow a \bigcirc 0$	꼭짓점이 제4사분면 위에 있으면 $(+, -)$ $\Rightarrow p \bigcirc 0,\ q \bigcirc 0$
(2)			
(3)			
(4)			

1

이차함수 $y=a(x-p)^2+q$의 그래프가 다음 그림과 같을 때, 상수 a, p, q의 부호를 각각 정하시오.

(1) 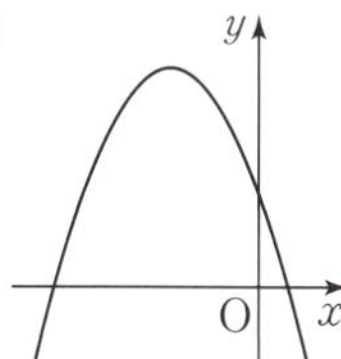　　(2) 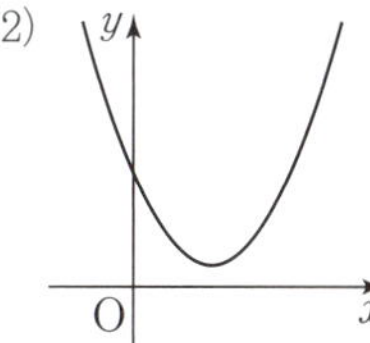

2

$a<0$, $p>0$, $q>0$일 때, 다음 중 이차함수 $y=a(x-p)^2+q$의 그래프로 적당한 것은?

① 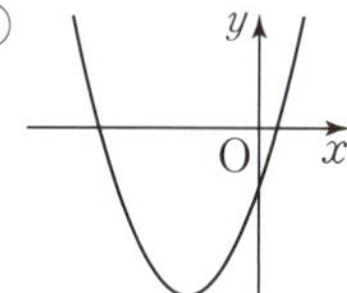　　② 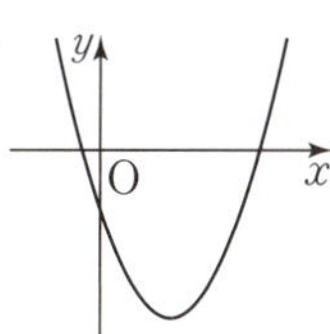

③ 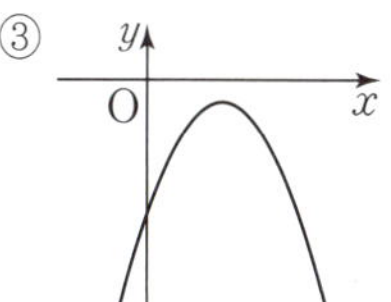　　④ 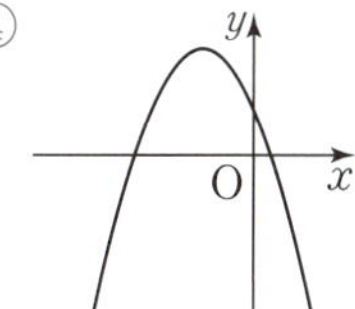

⑤ 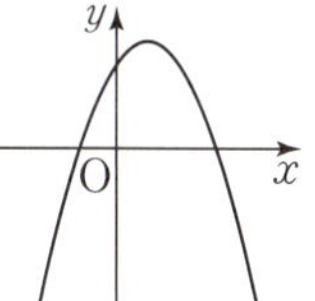

3

이차함수 $y=ax^2+q$의 그래프가 오른쪽 그림과 같을 때, 상수 a, q의 부호를 각각 정하시오.

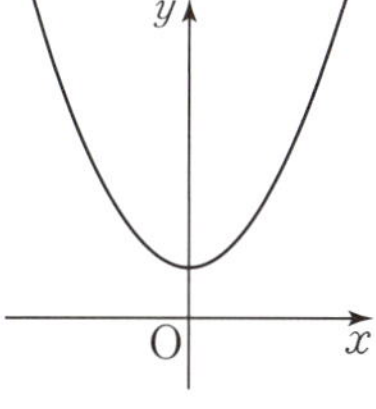

4

이차함수 $y=a(x-p)^2+q$의 그래프가 오른쪽 그림과 같을 때, 상수 a, p, q에 대하여 다음 중 옳지 <u>않은</u> 것은?

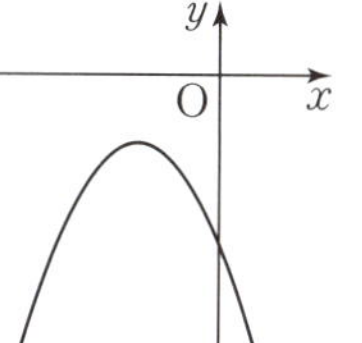

① $a<0$　　② $q<0$

③ $ap>0$　　④ $a+q>0$

⑤ $a+p+q<0$

5

이차함수 $y=a(x-p)^2+q$의 그래프가 제1, 2, 3사분면만 지날 때, 다음 |보기| 중 옳지 <u>않은</u> 것을 모두 고르시오.
(단, a, p, q는 상수)

| 보기 |

ㄱ. 그래프는 위로 볼록한 포물선이다.

ㄴ. 그래프는 x축과 두 점에서 만난다.

ㄷ. 그래프의 꼭짓점은 제2사분면 위에 있다.

ㄹ. $apq>0$이다.

6 · 생각이 자라는 **문제 해결**

이차함수 $y=a(x-p)^2+q$의 그래프가 오른쪽 그림과 같을 때, 이차함수 $y=q(x-a)^2+p$의 그래프가 지나는 사분면을 모두 말하시오. (단, a, p, q는 상수)

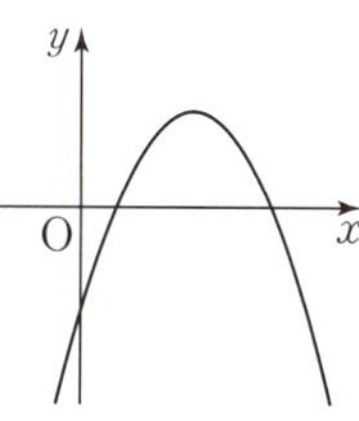

▶ 문제 속 개념 도출

· 이차함수 $y=a(x-p)^2+q$의 그래프에서

(1) 그래프의 모양 ➡ a의 부호 결정

　그래프가 아래로 볼록이면 ① ＿＿＿＿ 이고, 위로 볼록이면 $a<0$이다.

(2) 꼭짓점 (p, q)의 위치 ➡ p, q의 부호 결정

　┌ 제1사분면: $p>0$, $q>0$
　├ 제2사분면: ② ＿＿＿＿
　├ 제3사분면: $p<0$, $q<0$
　└ 제4사분면: ③ ＿＿＿＿

개념 53 이차함수 $y=a(x-p)^2+q$의 식 구하기

되짚어 보기   [중1] 식의 값   [중2] 연립방정식   [중3] 이차함수 / 이차함수의 그래프

---

(1) **꼭짓점의 좌표 (p, q)와 그래프가 지나는 다른 한 점의 좌표를 알 때, 이차함수의 식 구하기**
   ❶ 이차함수의 식을 $y=a(x-p)^2+q$로 놓는다.
   ❷ ❶의 식에 주어진 다른 한 점의 좌표를 대입하여 a의 값을 구한다.

(2) **축의 방정식 $x=p$와 그래프가 지나는 두 점의 좌표를 알 때, 이차함수의 식 구하기**
   ❶ 이차함수의 식을 $y=a(x-p)^2+q$로 놓는다.
   ❷ 주어진 두 점의 좌표를 ❶의 식에 각각 대입하여 a와 q의 값을 구한다.

📖 **개념 확인** ● 정답 및 해설 67쪽

1 다음은 꼭짓점의 좌표가 $(1, 3)$이고, 점 $(2, 5)$를 지나는 포물선을 그래프로 하는 이차함수의 식을 구하는 과정이다. ☐ 안에 알맞은 수를 쓰고, 이차함수의 식을 구하시오.

> ❶ 꼭짓점의 좌표가 $(1, 3)$이므로 이차함수의 식을 $y=a(x-\boxed{})^2+\boxed{}$으로 놓자.
> ❷ 이 이차함수의 그래프가 점 $(2, 5)$를 지나므로
>   ❶의 식에 $x=\boxed{}$, $y=\boxed{}$를 대입하여 a의 값을 구하면
> $a=\boxed{}$
> 따라서 구하는 이차함수의 식은 $y=\boxed{}$이다.

2 다음은 축의 방정식이 $x=2$이고, 두 점 $(1, 3)$, $(5, -5)$를 지나는 포물선을 그래프로 하는 이차함수의 식을 구하는 과정이다. ☐ 안에 알맞은 것을 쓰고, 이차함수의 식을 구하시오.

> ❶ 축의 방정식이 $x=2$이므로 이차함수의 식을 $y=a(x-\boxed{})^2+q$로 놓자.
> ❷ 이 이차함수의 그래프가 두 점 $(1, 3)$, $(5, -5)$를 지나므로
>   ❶의 식에 $x=1$, $y=3$을 대입하면 $3=\boxed{}$ … ㉠
>   ❶의 식에 $x=5$, $y=-5$를 대입하면 $-5=\boxed{}$ … ㉡
>   ㉠, ㉡을 연립하여 풀면
> $a=\boxed{}$, $q=\boxed{}$
> 따라서 구하는 이차함수의 식은 $y=\boxed{}$이다.

1

이차함수 $y=a(x-p)^2+q$의 그래프의 꼭짓점의 좌표가 $(3, -2)$이고, 점 $(4, 2)$를 지날 때, 상수 a, p, q의 값을 각각 구하시오.

2

해설 꼭 확인

꼭짓점의 좌표가 $(-2, 7)$이고, 점 $(1, -2)$를 지나는 포물선을 그래프로 하는 이차함수의 식을 구하시오.

3

오른쪽 그림과 같은 이차함수의 그래프가 점 $(-3, k)$를 지날 때, k의 값을 구하시오.

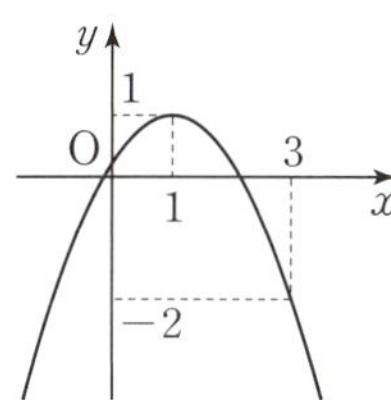

4

축의 방정식이 $x=1$이고, 두 점 $(-2, -4)$, $(3, 1)$을 지나는 포물선을 그래프로 하는 이차함수의 식을 $y=a(x-p)^2+q$라 할 때, 상수 a, p, q에 대하여 $a+p+q$의 값을 구하시오.

5

다음 중 축의 방정식이 $x=-2$이고, 두 점 $(4, -12)$, $(-4, 4)$를 지나는 이차함수의 그래프 위의 점이 <u>아닌</u> 것은?

① $\left(-1, \dfrac{11}{2}\right)$ ② $(0, 4)$

③ $\left(1, \dfrac{3}{2}\right)$ ④ $(2, -2)$

⑤ $(3, -6)$

6

이차함수 $y=a(x-p)^2+q$의 그래프가 오른쪽 그림과 같이 직선 $x=4$를 축으로 할 때, 상수 a, p, q에 대하여 apq의 값을 구하시오.

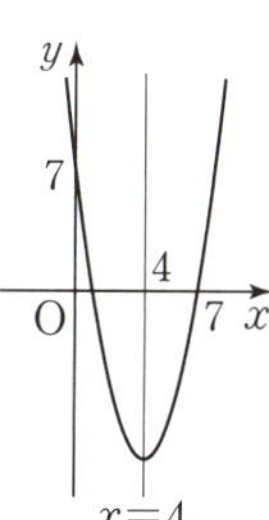

7

생각이 자라는 **창의·융합**

다음에서 설명하는 "나"는 포물선이다. "나"를 그래프로 하는 이차함수의 식을 구하시오.

> "나"는 누구일까요?
> • 나는 위로 볼록합니다.
> • 나는 직선 $x=3$에 대칭이고, 점 $(3, -1)$을 지납니다.
> • 나는 점 $(4, -6)$도 지납니다.

▶ 문제 속 개념 도출

• 이차함수의 꼭짓점의 좌표 (p, q)를 알 때는 이차함수의 식을 $y=a(x-p)^2+q$로 놓고 이차함수의 식을 구한다.

• 꼭짓점의 좌표에 따른 이차함수의 식은 다음과 같다.

꼭짓점	이차함수의 식
$(0, 0)$	$y=ax^2$
$(0, q)$	①
$(p, 0)$	②
(p, q)	$y=a(x-p)^2+q$

∂ 개념 46

1 다음 중 이차함수인 것은? [10점]

① $y=\dfrac{5}{x}$ 　　　② $y=3x-2$ 　　　③ $y=2(x-1)^2-2x^2$

④ $y=4x^3-(2x+1)^2$ 　　⑤ $y=x^2+(1-x)^2$

∂ 개념 48

2 이차함수 $y=ax^2$의 그래프가 두 점 $(-2,\,2)$, $(6,\,b)$를 지날 때, ab의 값을 구하시오.
(단, a는 상수) [10점]

∂ 개념 48

3 이차함수 $y=ax^2$의 그래프는 이차함수 $y=\dfrac{1}{3}x^2$의 그래프보다 폭이 좁고, 이차함수 $y=3x^2$의 그래프보다 폭이 넓다. 이때 양수 a의 값의 범위를 구하시오. [10점]

∂ 개념 47, 48

4 오른쪽 그림과 같이 직선 $y=9$가 이차함수 $y=ax^2$의 그래프와 만나는 점을 각각 A, E, 이차함수 $y=x^2$의 그래프와 만나는 점을 각각 B, D, y축과 만나는 점을 C라 하자. $\overline{AB}=\overline{BC}=\overline{CD}=\overline{DE}$일 때, 상수 a의 값을 구하시오.
[15점]

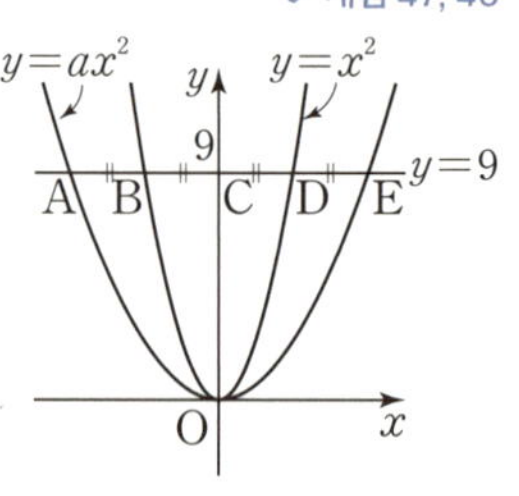

∂ 개념 51

5 이차함수 $y=\dfrac{1}{2}(x+5)^2+4$의 그래프는 이차함수 $y=\dfrac{1}{2}x^2$의 그래프를 x축의 방향으로 m만큼, y축의 방향으로 n만큼 평행이동한 그래프와 완전히 포개어진다. 이때 $m+n$의 값을 구하시오. [10점]

개념 49, 50, 51

6 다음 이차함수의 그래프 중 꼭짓점이 제2사분면 위에 있는 것은? [10점]

① $y=x^2+3$ ② $y=2(x-1)^2$ ③ $y=(x+2)^2-7$

④ $y=3(x-4)^2-2$ ⑤ $y=-2(x+1)^2+4$

개념 51

7 다음 |보기| 중 이차함수 $y=-4(x-2)^2+1$의 그래프에 대한 설명으로 옳지 <u>않은</u> 것을 모두 고르시오. [15점]

> | 보기 |
> ㄱ. 축의 방정식은 $x=2$이다.
> ㄴ. 꼭짓점의 좌표는 $(-2, 1)$이다.
> ㄷ. 점 $(1, -3)$을 지난다.
> ㄹ. $x<2$일 때, x의 값이 증가하면 y의 값은 감소한다.
> ㅁ. 이차함수 $y=x^2$의 그래프보다 폭이 좁다.
> ㅂ. 이차함수 $y=-4x^2$의 그래프를 x축의 방향으로 -2만큼, y축의 방향으로 1만큼 평행이동한 것이다.

개념 52

8 이차함수 $y=a(x-p)^2+q$의 그래프가 오른쪽 그림과 같을 때, 상수 a, p, q에 대하여 다음 중 옳은 것은? [10점]

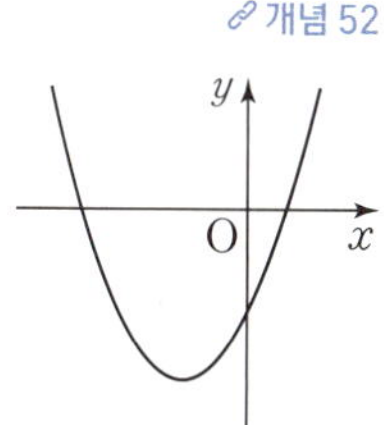

① $a>0$, $p>0$, $q>0$ ② $a>0$, $p<0$, $q<0$

③ $a>0$, $p<0$, $q>0$ ④ $a<0$, $p>0$, $q<0$

⑤ $a<0$, $p<0$, $q>0$

개념 53

9 오른쪽 그림과 같이 이차함수 $y=a(x-p)^2+q$의 그래프는 꼭짓점의 좌표가 $(3, 3)$이고 원점 O를 지날 때, 상수 a, p, q에 대하여 apq의 값을 구하시오. [10점]

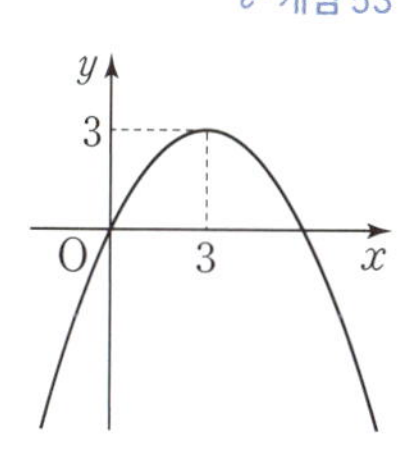

배운 내용 돌아보기

🔄 마인드맵으로 정리하기

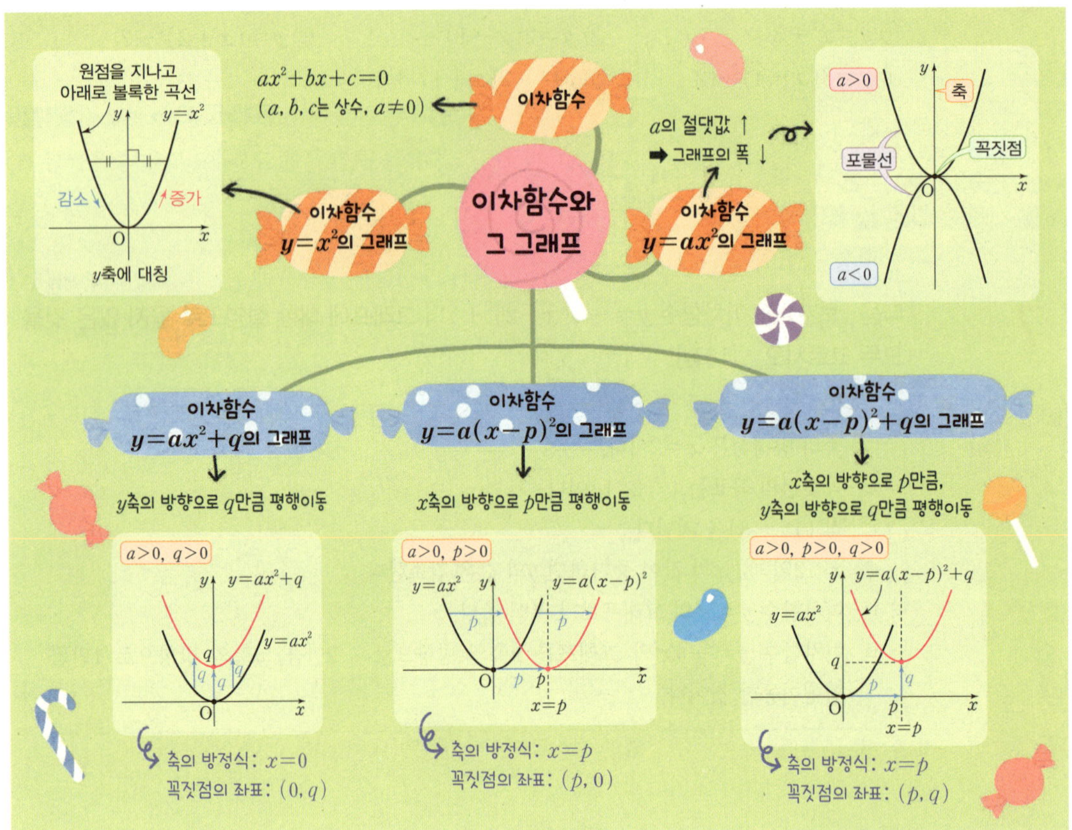

🔄 OX 문제로 확인하기

옳은 것은 ○, 옳지 않은 것은 X를 택하시오. ● 정답 및 해설 69쪽

❶ $y=x(x+1)-2x^2$은 이차함수이다. ○ | X

❷ 이차함수 $y=x^2$의 그래프는 위로 볼록한 포물선이다. ○ | X

❸ 두 이차함수 $y=2x^2$, $y=-2x^2$의 그래프는 x축에 서로 대칭이다. ○ | X

❹ 이차함수 $y=-\dfrac{1}{2}x^2$의 그래프보다 이차함수 $y=4x^2$의 그래프가 폭이 더 넓다. ○ | X

❺ 이차함수 $y=2x^2+3$의 그래프는 이차함수 $y=2x^2$의 그래프를 y축의 방향으로 3만큼 평행이동한 것이다. ○ | X

❻ 이차함수 $y=-5(x+1)^2$의 그래프의 꼭짓점은 x축 위에 있다. ○ | X

❼ 이차함수 $y=3(x-1)^2+2$의 그래프는 직선 $x=-1$을 축으로 한다. ○ | X

❽ 꼭짓점의 좌표가 $(2, 1)$이고 점 $(3, 5)$를 지나는 포물선을 그래프로 하는 이차함수의 식은 $y=4(x+2)^2+1$이다. ○ | X

 6 이차함수 $y=ax^2+bx+c$의 그래프

🕐 배운 내용	→	🎯 이 단원의 내용	→	🔍 배울 내용

배운 내용

- **중학교 1학년**
  순서쌍과 좌표
  좌표와 그래프
  정비례와 반비례

- **중학교 2학년**
  일차함수와 그래프
  일차함수와 일차방정식의 관계

이 단원의 내용

- ◆ 이차함수 $y=ax^2+bx+c$의 그래프
- ◆ 이차함수 $y=ax^2+bx+c$의 식  구하기

배울 내용

- **고등학교 수학**
  이차방정식과 이차함수
  함수
  유리함수와 무리함수
  도형의 이동

학습 내용	학습 날짜	학습 확인	복습 날짜
개념 54 이차함수 $y=ax^2+bx+c$의 그래프 (1)	/	☺ 😐 ☹	/
개념 55 이차함수 $y=ax^2+bx+c$의 그래프 (2)	/	☺ 😐 ☹	/
개념 56 이차함수 $y=ax^2+bx+c$의 그래프에서 a, b, c의 부호	/	☺ 😐 ☹	/
개념 57 이차함수 $y=ax^2+bx+c$의 식 구하기	/	☺ 😐 ☹	/
개념 58 이차함수의 그래프와 도형의 넓이	/	☺ 😐 ☹	/
학교 시험 문제로 단원 마무리	/	☺ 😐 ☹	/

 개념 54 이차함수 $y=ax^2+bx+c$의 그래프 (1)

되짚어 보기 [중3] 완전제곱식을 이용한 이차방정식의 풀이 / 이차함수 $y=a(x-p)^2+q$의 그래프

이차함수 $y=ax^2+bx+c$는 $y=a(x-p)^2+q$의 꼴로 나타내어 a의 부호와 그 그래프의 꼭짓점의 좌표, 축의 방정식을 구한다.

$$y=ax^2+bx+c \;\Rightarrow\; y=a\left(x+\frac{b}{2a}\right)^2-\frac{b^2-4ac}{4a}$$

(1) **축의 방정식**: $x=-\dfrac{b}{2a}$

(2) **꼭짓점의 좌표**: $\left(-\dfrac{b}{2a},\; -\dfrac{b^2-4ac}{4a}\right)$

참고 $y=ax^2+bx+c$의 꼴은 이차함수의 일반형이라 하고,
$y=a(x-p)^2+q$의 꼴은 이차함수의 표준형이라 한다.

바/로/풀/기

빈칸을 채우시오.

Q1 이차함수 $y=x^2-4x+2$를 $y=a(x-p)^2+q$의 꼴로 나타내면
$y=x^2-4x+2$
$\quad=(x^2-4x)+2$
$\quad=(x^2-4x+4-\square)+2$
$\quad=(x^2-4x+4)-\square+2$
$\quad=(x-\square)^2-\square$
$\Rightarrow$ (1) 축의 방정식: $x=\square$
$\quad$ (2) 꼭짓점의 좌표: $(\square,\ \square)$

개념 확인 $\bullet$ 정답 및 해설 69쪽

1 다음 $\square$ 안에 알맞은 수를 쓰고, 주어진 이차함수를 $y=a(x-p)^2+q$의 꼴로 나타내시오.

(1) $y=x^2-2x+8$
$\quad=(x^2-2x)+8$
$\quad=(x^2-2x+\square-\square)+8$
$\quad=(x^2-2x+\square)-\square+8$
$\quad=(x-\square)^2+\square$

(2) $y=x^2+6x+2$

(3) $y=x^2-8x-5$

(4) $y=x^2+4x-3$

2 다음 $\square$ 안에 알맞은 수를 쓰고, 주어진 이차함수를 $y=a(x-p)^2+q$의 꼴로 나타내시오.

(1) $y=2x^2+8x-3$
$\quad=2(x^2+4x)-3$
$\quad=2(x^2+4x+\square-\square)-3$
$\quad=2(x^2+4x+\square)-\square-3$
$\quad=2(x+\square)^2-\square$

(2) $y=3x^2-6x+1$

(3) $y=-x^2+4x-5$

(4) $y=\dfrac{1}{2}x^2+x-\dfrac{3}{2}$

교과서 문제로 **개념 다지기**

1 해설 꼭 확인

다음 이차함수를 $y=a(x-p)^2+q$의 꼴로 나타내고, 그 그래프의 축의 방정식과 꼭짓점의 좌표를 차례로 구하시오.

(1) $y=3x^2+12x+7$

(2) $y=-\dfrac{1}{4}x^2+x+3$

2

이차함수 $y=4x^2-16x+7$을 $y=4(x-p)^2+q$의 꼴로 나타낼 때, 상수 p, q에 대하여 $p-q$의 값을 구하시오.

3

다음 이차함수 중 그 그래프의 축의 방정식과 꼭짓점의 좌표로 옳지 <u>않은</u> 것은?

	축의 방정식	꼭짓점의 좌표
① $y=2x^2$	$x=0$	$(0,\,0)$
② $y=-x^2+3$	$x=0$	$(0,\,3)$
③ $y=x^2-4x-1$	$x=-2$	$(-2,\,-5)$
④ $y=-x^2-6x-5$	$x=-3$	$(-3,\,4)$
⑤ $y=-2x^2+4x+3$	$x=1$	$(1,\,5)$

4

이차함수 $y=\dfrac{1}{2}x^2-4x+3$을 $y=a(x-p)^2+q$의 꼴로 나타낼 때, 상수 a, p, q에 대하여 apq의 값을 구하시오.

5

이차함수 $y=-x^2+2px+1$의 그래프의 축의 방정식이 $x=-2$일 때, 상수 p의 값은?

① -2 ② -1 ③ $-\dfrac{1}{2}$

④ 1 ⑤ 2

6

이차함수 $y=x^2+ax+2$의 그래프가 점 $(2,\,-6)$을 지날 때, 이 그래프의 꼭짓점의 좌표를 구하시오. (단, a는 상수)

7 생각이 자라는 **문제 해결**

다음 그림은 소은이가 이차함수 $y=2x^2+8x+6$을 $y=a(x-p)^2+q$의 꼴로 나타내는 과정을 칠판에 적은 것이다. 물음에 답하시오.

(1) ㉠~㉤ 중 소은이가 처음으로 틀린 곳을 찾고, 바르게 고치시오.

(2) 이차함수 $y=2x^2+8x+6$의 그래프의 축의 방정식과 꼭짓점의 좌표를 각각 구하시오.

▶ 문제 속 개념 도출

• 이차함수 $y=ax^2+bx+c$는 다음과 같이 $y=a(x-p)^2+q$의 꼴로 나타낼 수 있다.

$$\Rightarrow y=a\left(x+\dfrac{b}{2a}\right)^2-\dfrac{b^2-4ac}{4a}$$

(1) 축의 방정식: $x=$①

(2) 꼭짓점의 좌표: $\left(-\dfrac{b}{2a},\,-\dfrac{b^2-4ac}{4a}\right)$

개념 55 이차함수 $y=ax^2+bx+c$의 그래프 (2)

되짚어 보기 [중3] 이차함수 $y=a(x-p)^2+q$의 그래프 / 이차함수 $y=ax^2+bx+c$의 그래프 (1)

---

❶ 이차함수 $y=ax^2+bx+c$의 그래프 그리기

이차함수 $y=ax^2+bx+c$의 그래프는 $y=a(x-p)^2+q$의 꼴로 고친 후 다음과 같은 순서로 그린다.

| ❶ $y=a(x-p)^2+q$의 꼴로 고치기 | ➡ | ❷ 꼭짓점, y축과 만나는 점의 좌표 구하기 | ➡ | ❸ a의 부호에 따라 그래프의 모양을 결정하여 그리기 |

예 이차함수 $y=x^2-2x+2$의 그래프를 그려 보자.

❶ $y=x^2-2x+2$
$\quad=(x-1)^2+1$
➡
❷ ・꼭짓점의 좌표: $(1, 1)$
・y축과 만나는 점의 좌표: $(0, 2)$
➡
❸

❷ 이차함수 $y=ax^2+bx+c$의 그래프가 x축, y축과 만나는 점

(1) **x축과 만나는 점**: $y=0$일 때, x의 값을 구한다. ➡ 점의 좌표는 $(\alpha, 0)$의 꼴

(2) **y축과 만나는 점**: $x=0$일 때, y의 값을 구한다. ➡ 점의 좌표는 $(0, c)$

참고 그래프가 증가 또는 감소하는 범위는 그래프를 그린 후, 그래프의 축을 기준으로 생각한다.

📖 개념 확인 ● 정답 및 해설 71쪽

1 다음 이차함수의 그래프의 꼭짓점의 좌표, y축과 만나는 점의 좌표, 그래프의 모양을 차례로 구하고, 그 그래프를 그리시오.

(1) $y=x^2-4x+3$

(2) $y=-3x^2-6x$

(3) $y=\dfrac{1}{3}x^2+2x+1$

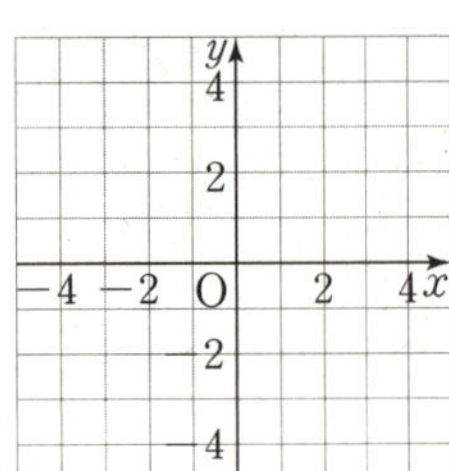

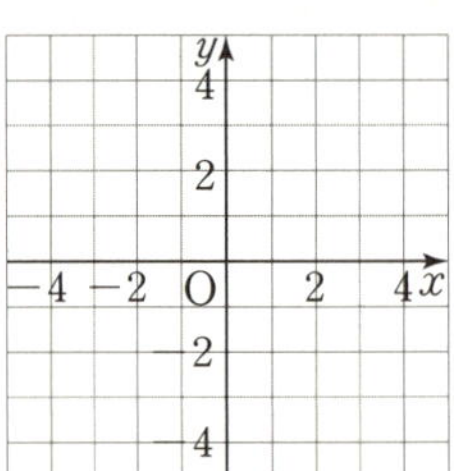

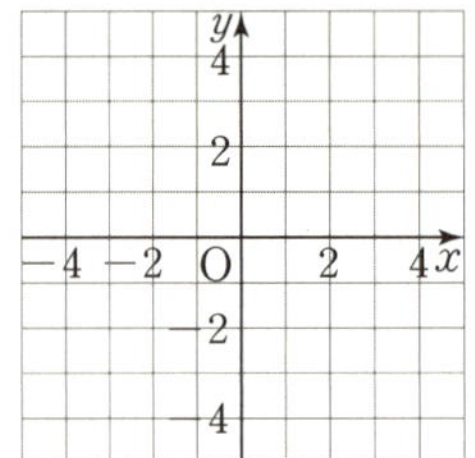

2 다음은 이차함수의 그래프가 x축과 만나는 점의 좌표를 구하는 과정이다. ☐ 안에 알맞은 수를 쓰시오.

(1) $y=x^2+7x+12$

$y=x^2+7x+12$에 $y=\boxed{}$을 대입하면
$\boxed{}=x^2+7x+12$
$(x+3)(x+\boxed{})=0$
$\therefore x=-3$ 또는 $x=\boxed{}$
$\Rightarrow (-3, \boxed{}), (\boxed{}, \boxed{})$

(2) $y=-x^2-x+20$

$y=-x^2-x+20$에 $y=\boxed{}$을 대입하면
$\boxed{}=-x^2-x+20$
$(x+5)(x-\boxed{})=0$
$\therefore x=-5$ 또는 $x=\boxed{}$
$\Rightarrow (-5, \boxed{}), (\boxed{}, \boxed{})$

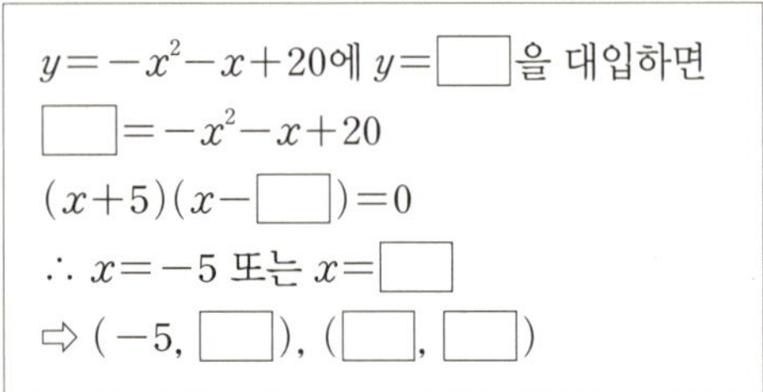

교과서 문제로 **개념**다지기

1

이차함수 $y=x^2+6x+4$의 그래프를 아래 좌표평면 위에 그리고, 그 그래프에 대하여 다음 □ 안에 알맞은 것을 쓰시오.

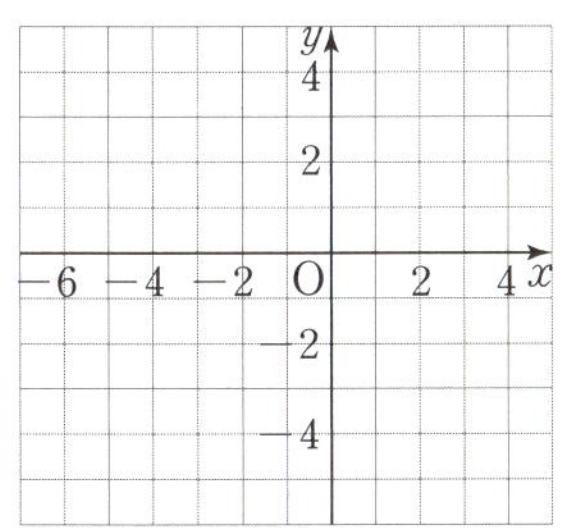

(1) 축의 방정식은 $x=$□이고, 꼭짓점의 좌표는 (□, □)이다.

(2) y축과 만나는 점의 좌표는 (□, □)이다.

(3) 제□사분면을 지나지 않는다.

(4) $x<-3$일 때, x의 값이 증가하면 y의 값은 □한다.

2 〔 이차함수의 그래프가 지나지 않는 사분면은 그래프를 직접 그려 판단해야 해. 〕

다음 중 이차함수 $y=-2x^2+8x-5$의 그래프가 지나지 <u>않는</u> 사분면은?

① 제1사분면 　　　　② 제2사분면
③ 제3사분면 　　　　④ 제4사분면
⑤ 제3, 4사분면

3

다음 중 이차함수 $y=4x^2-8x+2$의 그래프에 대한 설명으로 옳은 것은?

① 위로 볼록하다.
② 꼭짓점의 좌표는 (1, 2)이다.
③ 직선 $x=1$에 대하여 대칭이다.
④ 이차함수 $y=-4x^2$의 그래프를 평행이동한 그래프이다.
⑤ $x>1$일 때, x의 값이 증가하면 y의 값은 감소한다.

4

다음 이차함수의 그래프가 x축, y축과 만나는 점의 좌표를 각각 구하시오.

(1) $y=4x^2-25$

(2) $y=x^2+2x-15$

(3) $y=-2x^2+3x+2$

5

오른쪽 그림과 같이 이차함수 $y=-x^2+3x+4$의 그래프가 x축과 만나는 두 점의 x좌표를 각각 p, q라 하고 y축과 만나는 점의 y좌표를 r라 할 때, pqr의 값을 구하시오.

(단, $p<q$)

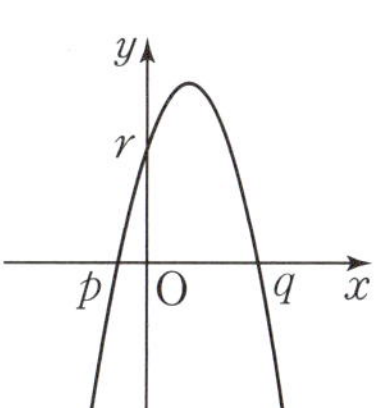

6 ⟨ 생각이 자라는 **문제 해결** ⟩

다음은 이차함수 $y=\dfrac{1}{2}x^2-4x+6$의 그래프에 대한 네 학생의 설명이다. 바르게 설명한 학생을 모두 찾으시오.

진주: 제3사분면을 지나.
동진: x축과 두 점 (2, 0), (6, 0)에서 만나.
은서: 축의 방정식은 $x=-4$야.
재욱: 이차함수 $y=x^2$의 그래프보다 폭이 넓어.

▶ 문제 속 개념 도출

• 이차함수 $y=ax^2+bx+c$의 그래프는 ① ________ 의 꼴로 고친 후 a의 부호, 꼭짓점의 좌표, y축과 만나는 점의 좌표를 구하여 그릴 수 있다.

• 이차함수 $y=ax^2+bx+c$의 그래프가 ② __ 축과 만나는 점의 x좌표를 구할 때는 $y=ax^2+bx+c$에 $y=0$을 대입하여 이차방정식 $ax^2+bx+c=0$의 해를 구한다.

개념 56 이차함수 $y=ax^2+bx+c$의 그래프에서 a, b, c의 부호

되짚어 보기 [중3] 이차함수 $y=ax^2+bx+c$의 그래프

이차함수 $y=ax^2+bx+c$의 그래프에서

(1) **a의 부호**: 그래프의 모양에 따라 결정된다.
  ① 아래로 볼록($\bigvee$) ➡ $a>0$
  ② 위로 볼록($\bigwedge$) ➡ $a<0$

(2) **b의 부호**: 축의 위치로 결정된다.
  ① 축이 y축의 왼쪽 ➡ a, b는 같은 부호 ($ab>0$)
  ② 축이 y축과 일치 ➡ $b=0$
  ③ 축이 y축의 오른쪽 ➡ a, b는 다른 부호 ($ab<0$)

(3) **c의 부호**: y축과 만나는 점의 위치로 결정된다.
  ① y축과 만나는 점이 x축보다 위쪽 ➡ $c>0$
  ② y축과 만나는 점이 원점과 일치 ➡ $c=0$
  ③ y축과 만나는 점이 x축보다 아래쪽 ➡ $c<0$

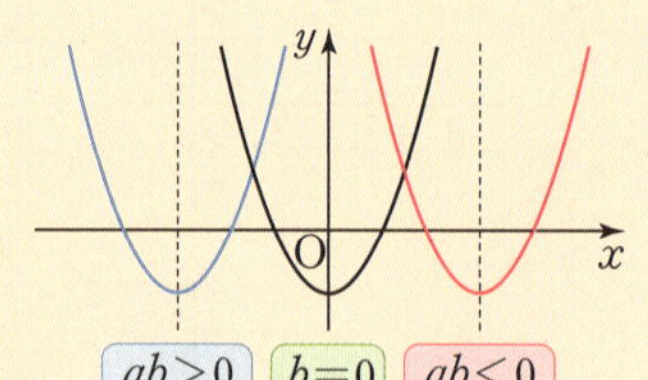

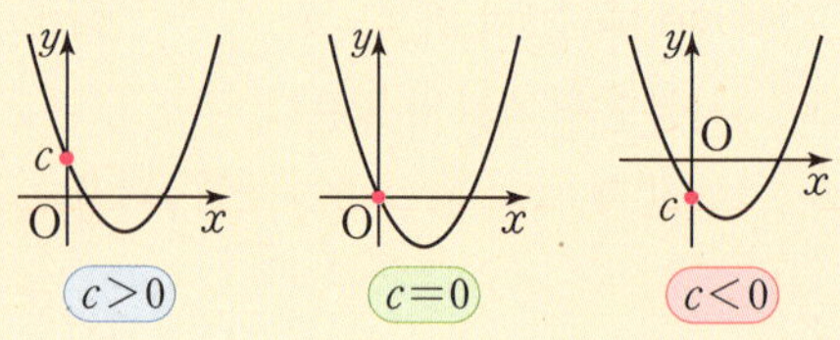

📖 개념 확인

● 정답 및 해설 73쪽

1 다음 이차함수 $y=ax^2+bx+c$의 그래프를 보고 ◯ 안에 부등호 $>$, $<$ 중 알맞은 것을 쓰고, 표를 완성하시오. (단, a, b, c는 상수)

$y=ax^2+bx+c$의 그래프	a의 부호	b의 부호	c의 부호
(1)	그래프가 아래로 볼록 $\Rightarrow a\bigcirc 0$	축이 y축의 오른쪽 $\Rightarrow ab\bigcirc 0$ $\Rightarrow b\bigcirc 0$	y축과 만나는 점이 x축보다 위쪽 $\Rightarrow c\bigcirc 0$
(2)			
(3)			
(4)			

교과서 문제로 **개념 다지기**

1

이차함수 $y=ax^2+bx+c$의 그래프가 오른쪽 그림과 같을 때, □ 안에는 알맞은 것을 쓰고, ○ 안에는 부등호 >, < 중 알맞은 것을 쓰시오.

(단, a, b, c는 상수)

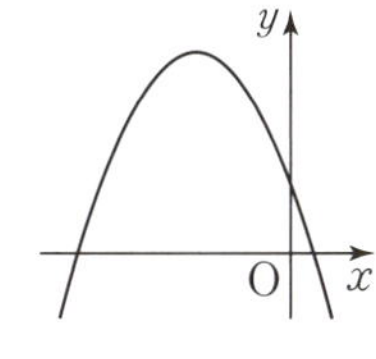

(1) 그래프가 □로 볼록하므로 a ○ 0이다.

(2) 축이 y축의 □쪽에 있으므로 ab ○ 0, 즉 b ○ 0이다.

(3) y축과 만나는 점이 x축보다 □쪽에 있으므로 c ○ 0이다.

2

이차함수 $y=ax^2+bx+c$의 그래프가 다음과 같을 때, 상수 a, b, c의 부호를 각각 정하시오.

(1)
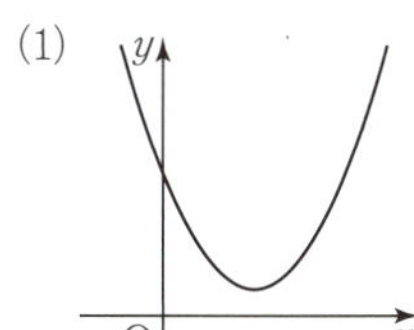

(2)
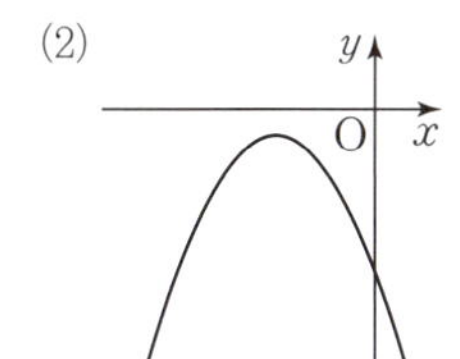

3

$a>0$, $b<0$, $c<0$일 때, 이차함수 $y=ax^2+bx+c$의 그래프의 꼭짓점은 제몇 사분면 위에 있는지 말하시오.

4

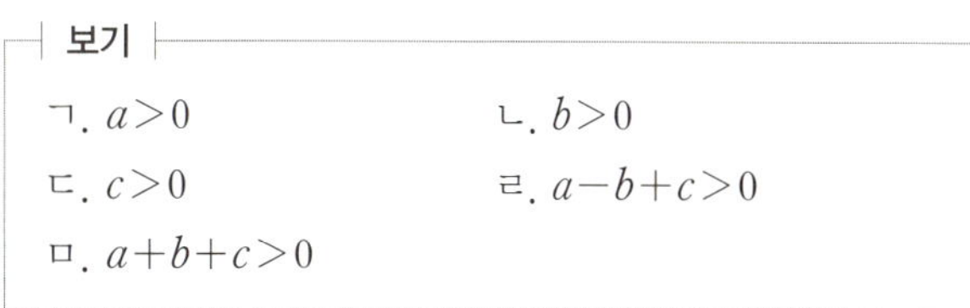

이차함수 $y=ax^2+bx+c$의 그래프가 오른쪽 그림과 같을 때, 다음 |보기| 중 옳은 것을 모두 고르시오.

(단, a, b, c는 상수)

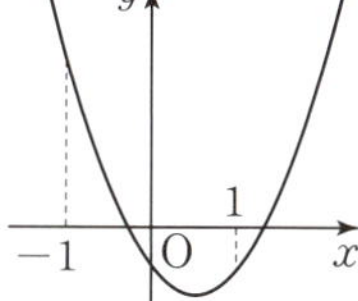

| 보기 |

ㄱ. $a>0$ 　　ㄴ. $b>0$

ㄷ. $c>0$ 　　ㄹ. $a-b+c>0$

ㅁ. $a+b+c>0$

5 · 생각이 자라는 **문제 해결**

이차함수 $y=x^2+ax+b$의 그래프가 오른쪽 그림과 같을 때, 일차함수 $y=ax+b$의 그래프에 대하여 다음 물음에 답하시오. (단, a, b는 상수)

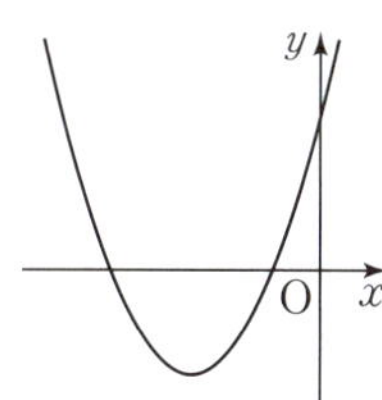

(1) 이차함수 $y=x^2+ax+b$의 그래프를 보고, 상수 a, b의 부호를 각각 정하시오.

(2) (1)을 이용하여 일차함수 $y=ax+b$의 그래프가 지나지 <u>않는</u> 사분면을 말하시오.

▶ 문제 속 개념 도출

• $y=ax^2+bx+c$의 그래프에서

　① ___ 의 부호는 그래프의 모양,

　b의 부호는 a의 부호와 ② ___ 의 위치,

　c의 부호는 ③ ___ 축과 만나는 점의 위치로 결정된다.

• 일차함수 $y=ax+b$의 그래프에서

　┌ $a>0$이면 오른쪽 위로 향하고, $a<0$이면 오른쪽 아래로 향한다.

　└ $b>0$이면 (y절편)>0이고, $b<0$이면 (y절편)<0이다.

개념 57 이차함수 $y=ax^2+bx+c$의 식 구하기

되짚어 보기 [중1] 식의 값 [중2] 연립방정식의 풀이 [중3] 이차함수 $y=ax^2+bx+c$의 그래프

---

(1) **그래프가 지나는 서로 다른 세 점의 좌표를 알 때, 이차함수의 식 구하기**

❶ 이차함수의 식을 $y=ax^2+bx+c$로 놓는다.

❷ 주어진 세 점의 좌표를 식에 각각 대입하여 a, b, c의 값을 구한다.

(2) **x축과 만나는 두 점 $(\alpha, 0)$, $(\beta, 0)$과 그래프가 지나는 다른 한 점의 좌표를 알 때, 이차함수의 식 구하기**

❶ 이차함수의 식을 $y=a(x-\alpha)(x-\beta)$로 놓는다.

❷ 주어진 한 점의 좌표를 식에 대입하여 a의 값을 구한다.

> **참고** x축과 만나는 두 점의 좌표와 다른 한 점의 좌표를 알 때, (1)과 같은 방법으로 이차함수의 식을 구할 수도 있다.

📖 **개념 확인** ● 정답 및 해설 74쪽

1 다음은 세 점 $(2, 3)$, $(0, 5)$, $(-1, 9)$를 지나는 포물선을 그래프로 하는 이차함수의 식을 구하는 과정이다. ☐ 안에 알맞은 것을 쓰시오. <세 점 중 x의 좌표가 0인 점의 좌표를 먼저 대입해 봐.>

> ❶ 구하는 이차함수의 식을 $y=ax^2+bx+c$로 놓자.
>
> ❷ 이 이차함수의 그래프가 점 $(0, 5)$를 지나므로 $c=$ ☐
>
> 즉, 이차함수 $y=ax^2+bx+$ ☐ 의 그래프가 두 점 $(2, 3)$, $(-1, 9)$를 지나므로
>
> $3=4a+2b+$ ☐ , $9=a-b+$ ☐
>
> 이 두 식을 연립하여 풀면
>
> $a=$ ☐ , $b=$ ☐
>
> 따라서 구하는 이차함수의 식은 $y=$ ☐ 이다.

2 다음은 x축과 두 점 $(1, 0)$, $(4, 0)$에서 만나고, 점 $(3, -4)$를 지나는 포물선을 그래프로 하는 이차함수의 식을 구하는 과정이다. ☐ 안에 알맞은 것을 쓰시오.

> ❶ x축과 두 점 $(1, 0)$, $(4, 0)$에서 만나므로
>
> 구하는 이차함수의 식을 $y=a(x-1)(x-$ ☐ $)$로 놓자.
>
> ❷ 이 이차함수의 그래프가 점 $(3, -4)$를 지나므로
>
> $-4=a(3-1)(3-$ ☐ $)$
>
> $\therefore a=$ ☐
>
> 따라서 구하는 이차함수의 식은
>
> $y=$ ☐ $(x-1)(x-$ ☐ $)=$ ☐

● 정답 및 해설 74쪽

1

다음 조건을 만족시키는 포물선을 그래프로 하는 이차함수의 식을 구하시오.

(1) 세 점 $(-1, 4)$, $(0, 2)$, $(1, 6)$을 지나는 포물선
(2) x축과 두 점 $(-2, 0)$, $(3, 0)$에서 만나고, 점 $(2, 8)$을 지나는 포물선

2

오른쪽 그림과 같은 포물선을 그래프로 하는 이차함수의 식을 구하시오.

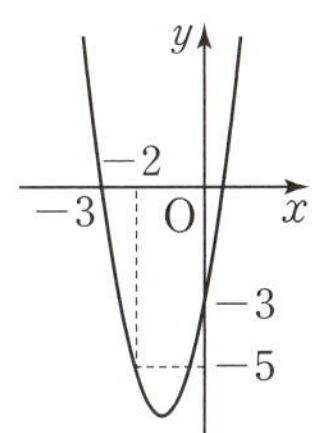

3

이차함수 $y=ax^2+bx+c$의 그래프가 세 점 $(0, -2)$, $(1, 4)$, $(-2, -8)$을 지날 때, 상수 a, b, c에 대하여 $a+b+c$의 값을 구하시오.

4 해설 꼭 확인

세 점 $(-4, 0)$, $(2, 0)$, $(1, 10)$을 지나는 이차함수의 그래프가 점 $(-1, k)$를 지날 때, k의 값을 구하시오.

5

오른쪽 그림과 같이 x축과 두 점 $(1, 0)$, $(5, 0)$에서 만나고, 점 $(4, 3)$을 지나는 이차함수의 그래프의 꼭짓점의 좌표를 구하시오.

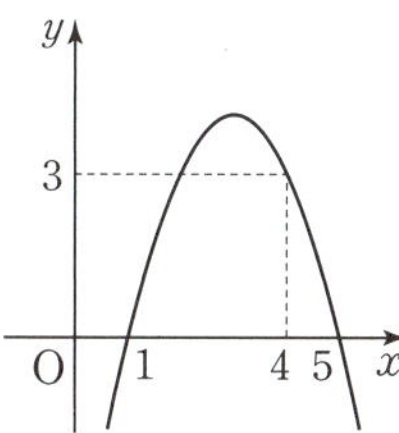

6

이차함수 $y=-x^2$의 그래프를 평행이동하면 완전히 포개어지고, x축과 두 점 $(-1, 0)$, $(3, 0)$에서 만나는 포물선을 그래프로 하는 이차함수의 식을 구하시오.

7 생각이 자라는 창의·융합

다음은 세 학생이 어떤 이차함수의 그래프에 대하여 설명한 것이다. 세 학생이 설명하는 그래프의 식을 구하시오.

> 가영: 위로 볼록한 포물선이야.
> 하영: x축과 두 점 $(6, 0)$, $(-2, 0)$에서 만나네.
> 나영: y축과 만나는 점의 y좌표는 6이야.

▶ 문제 속 개념 도출

- 이차함수의 그래프가 지나는 서로 다른 세 점의 좌표를 알 때는 이차함수의 식을 ①____________로 놓고 이치함수의 식을 구한다.
- 이차함수의 그래프가 x축과 만나는 두 점 $(\alpha, 0)$, $(\beta, 0)$과 그래프가 지나는 다른 한 점의 좌표를 알 때는 이차함수의 식을 ②____________로 놓고 이차함수의 식을 구한다.

개념 58 이차함수의 그래프와 도형의 넓이

되짚어 보기 [초5~6] 평면도형의 넓이　　[중3] 이차함수 $y=ax^2+bx+c$의 그래프

이차함수 $y=ax^2+bx+c$의 그래프 위의 점을 꼭짓점으로 하는 도형의 넓이에 대한 문제는 다음과 같이 필요한 점의 좌표를 구하여 해결한다.

(1) 꼭짓점 A의 좌표

➡ $y=a(x-p)^2+q$의 꼴로 바꾸면 $\mathrm{A}(p,\ q)$

(2) x축과 만나는 두 점 B, C의 좌표

➡ 이차방정식 $ax^2+bx+c=0$의 해가 $\alpha,\ \beta\,(\alpha<\beta)$이면
$\mathrm{B}(\alpha,\ 0),\ \mathrm{C}(\beta,\ 0)$

(3) y축과 만나는 점 D의 좌표

➡ $\mathrm{D}(0,\ c)$

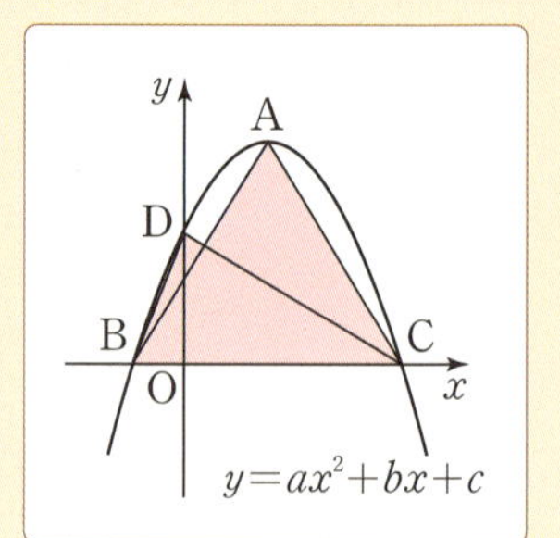

개념 확인　　　　　　　　　　　　　　　　● 정답 및 해설 75쪽

1 오른쪽 그림은 이차함수 $y=-x^2+4x+5$의 그래프이다. 이 그래프의 꼭짓점을 A라 하고, 그래프가 x축과 만나는 두 점을 각각 B, C라 할 때, 다음을 구하시오.

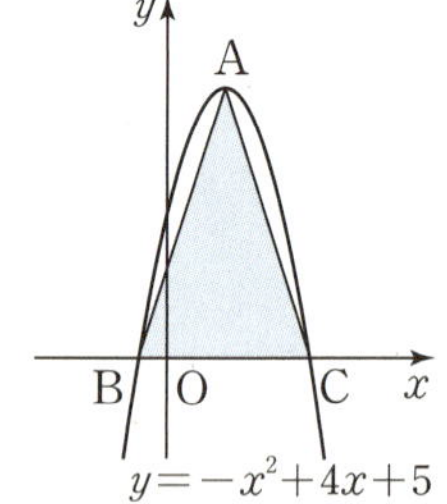

(1) 점 A의 좌표

(2) 두 점 B, C의 좌표

(3) △ABC의 넓이

2 오른쪽 그림은 이차함수 $y=-x^2-3x+4$의 그래프이다. 이 그래프가 x축과 만나는 두 점을 각각 A, B라 하고, y축과 만나는 점을 C라 할 때, 다음을 구하시오.

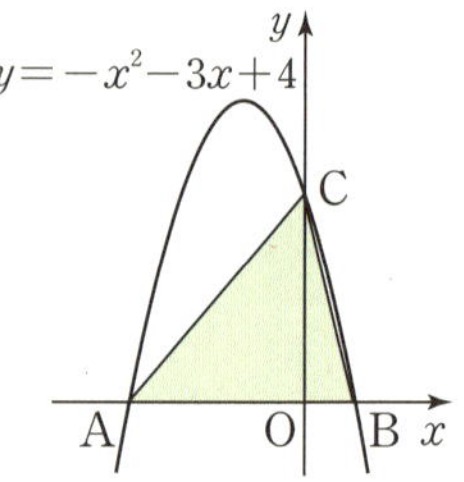

(1) 두 점 A, B의 좌표

(2) 점 C의 좌표

(3) △ABC의 넓이

● 정답 및 해설 76쪽

1

오른쪽 그림과 같이 이차함수 $y=x^2-6x+5$의 그래프와 x축과 만나는 두 점을 각각 A, B라 하고, 꼭짓점을 C라 할 때, $\triangle ABC$의 넓이를 구하시오.

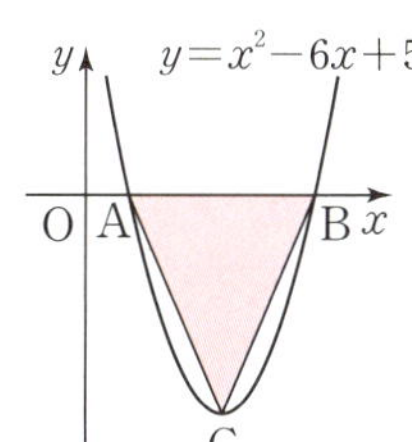

2

오른쪽 그림과 같이 이차함수 $y=\dfrac{1}{2}x^2+3x+4$의 그래프가 y축과 만나는 점을 A라 하고, x축과 만나는 점을 각각 B, C라 할 때, $\triangle ABC$의 넓이는?

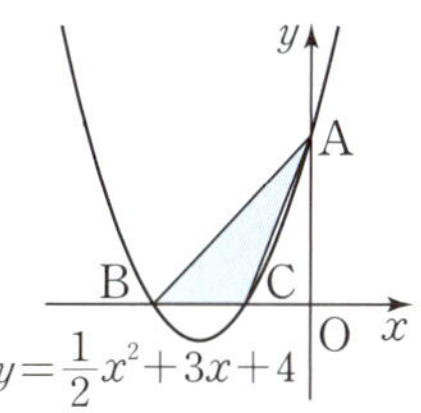

① 2   ② 4   ③ 6
④ 8   ⑤ 10

3

오른쪽 그림과 같이 이차함수 $y=-x^2-8x$의 그래프의 꼭짓점을 A라 하고, x축과 만나는 두 점 중 원점이 아닌 점을 B라 할 때, $\triangle OAB$의 넓이를 구하시오. (단, O는 원점)

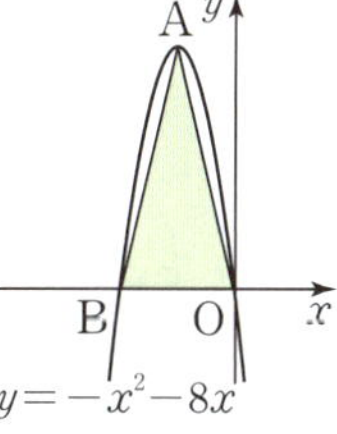

4

오른쪽 그림과 같이 이차함수 $y=-x^2-4x+6$의 그래프의 꼭짓점을 A라 하고, y축과 만나는 점을 B라 할 때, $\triangle AOB$의 넓이를 구하시오. (단, O는 원점)

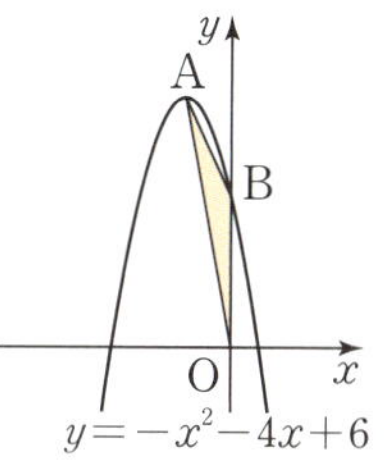

5 · 생각이 자라는 **문제 해결**

오른쪽 그림과 같이 이차함수 $y=x^2-2x-3$의 그래프가 y축과 만나는 점을 A라 하고, 꼭짓점을 B, x축의 양의 부분과 만나는 점을 C라 할 때, $\square OABC$의 넓이를 구하려고 한다. 다음 물음에 답하시오. (단, O는 원점)

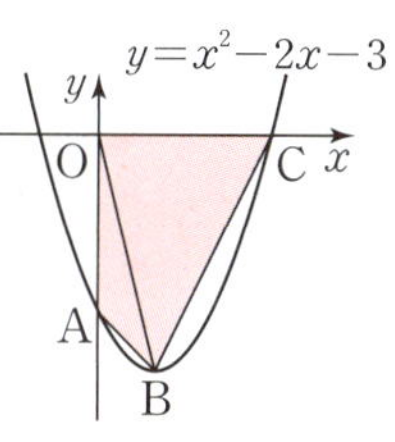

(1) $\triangle OAB$의 넓이를 구하시오.

(2) $\triangle OBC$의 넓이를 구하시오.

(3) $\square OABC=\triangle OAB+\triangle OBC$임을 이용하여 $\square OABC$의 넓이를 구하시오.

▶ **문제 속 개념 도출**

· 이차함수 $y=ax^2+bx+c$의 그래프의 꼭짓점의 좌표는 $y=a(x-p)^2+q$의 꼴로 바꾸어 구할 수 있다.

· 이차함수 $y=ax^2+bx+c$의 그래프가 x축과 만나는 두 점 $(\alpha, 0)$, $(\beta, 0)$에서 α, β의 값은 $y=\underline{①}$ 일 때 x의 값이고, y축과 만나는 점 $(0, c)$에서 c의 값은 $x=0$일 때 $\underline{②}$ 의 값이다.

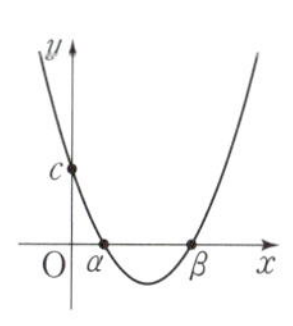

$\mathscr{O}$ 개념 54

1 다음 |보기| 중 이차함수의 식을 $y=a(x-p)^2+q$의 꼴로 바르게 나타낸 것을 모두 고르시오. [10점]

> | 보기 |
>
> ㄱ. $y=2x^2-4x \ \Rightarrow \ y=2(x-1)^2$
> ㄴ. $y=x^2+6x+7 \ \Rightarrow \ y=(x+3)^2-2$
> ㄷ. $y=3x^2-6x+4 \ \Rightarrow \ y=3(x-1)^2+1$
> ㄹ. $y=\dfrac{1}{4}x^2+x-2 \ \Rightarrow \ y=\dfrac{1}{4}(x+2)^2-1$

$\mathscr{O}$ 개념 54

2 이차함수 $y=-2x^2-8x+10$의 그래프의 축의 방정식은 $x=a$이고 꼭짓점의 좌표가 (p, q)일 때, $a+p+q$의 값을 구하시오. [10점]

$\mathscr{O}$ 개념 55

3 다음 중 이차함수 $y=3x^2+6x$의 그래프가 지나는 사분면을 모두 나열한 것은? [15점]

① 제1, 2사분면　　　② 제1, 3사분면　　　③ 제1, 2, 3사분면
④ 제2, 3, 4사분면　　　⑤ 모든 사분면을 지난다.

$\mathscr{O}$ 개념 55

4 다음 중 이차함수 $y=\dfrac{1}{2}x^2+4x+3$의 그래프에 대한 설명으로 옳지 <u>않은</u> 것은? [10점]

① 아래로 볼록한 포물선이다.
② 축의 방정식은 $x=-4$이다.
③ $x<-4$일 때, x의 값이 증가하면 y의 값은 감소한다.
④ y축과 만나는 점의 좌표는 $(0, 3)$이다.
⑤ 이차함수 $y=-\dfrac{1}{2}x^2$의 그래프를 x축의 방향으로 4만큼, y축의 방향으로 5만큼 평행
　이동하면 완전히 포개어진다.

5 오른쪽 그림과 같이 이차함수 $y=x^2+4x-5$의 그래프가 x축과 만나는 두 점을 각각 A, B라 하고 y축과 만나는 점을 C라 하자. 이때 $\overline{AB}$, $\overline{OC}$의 길이를 각각 구하시오. (단, O는 원점) [10점]

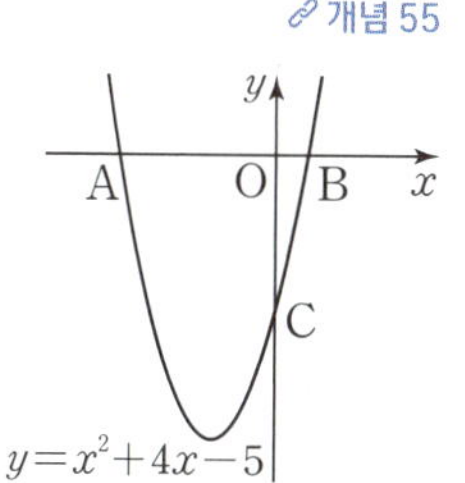

개념 55

6 일차함수 $y=ax+b$의 그래프가 오른쪽 그림과 같을 때, 다음 중 이차함수 $y=x^2+ax+b$의 그래프로 적당한 것은? (단, a, b는 상수) [15점]

개념 56

① 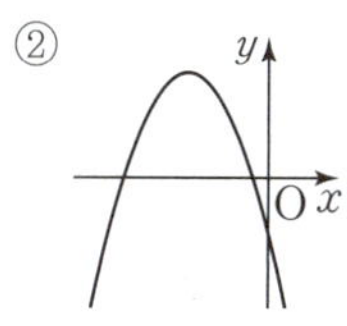

② 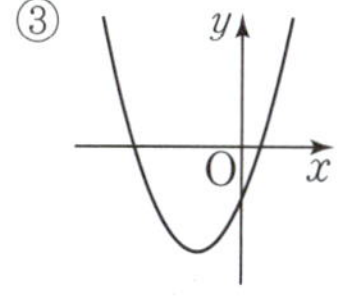

③

④ 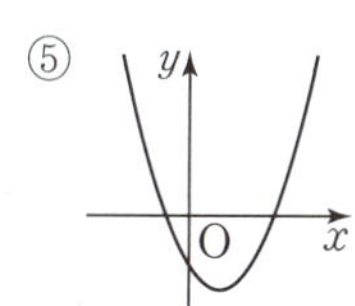

⑤

7 세 점 $(0, 3)$, $(-1, 9)$, $(2, 3)$을 지나는 이차함수의 그래프의 꼭짓점의 좌표를 구하시오. [10점]

개념 57

8 오른쪽 그림과 같이 이차함수 $y=-x^2+2x+8$의 그래프가 x축과 만나는 두 점을 각각 A, B라 하고, y축과 만나는 점을 C, 꼭짓점을 D라 하자. 이때 $\triangle ABC$의 넓이와 $\triangle ABD$의 넓이의 차를 구하시오. [20점]

개념 58

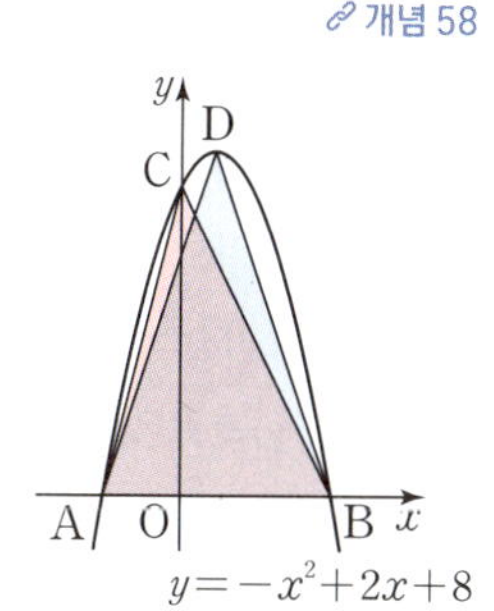

 ## 배운 내용 돌아보기

↻ 마인드맵으로 정리하기

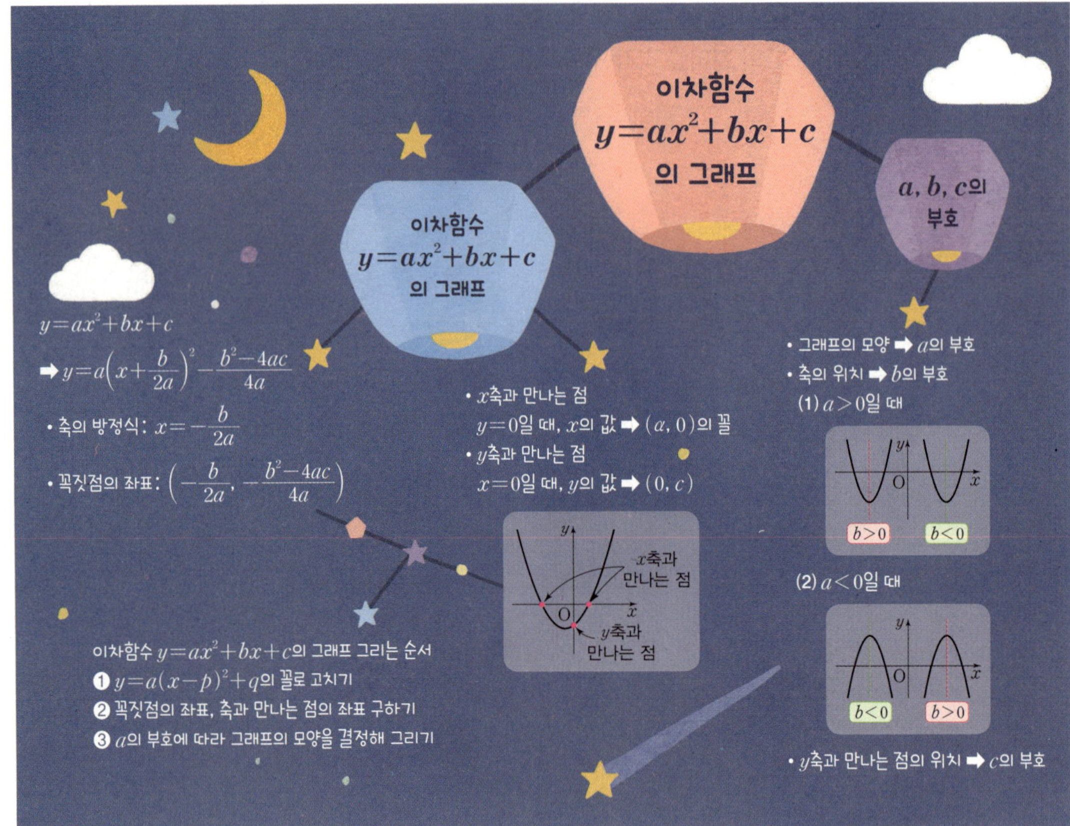

↻ OX 문제로 확인하기

옳은 것은 ○, 옳지 않은 것은 X를 택하시오. ⋯⋯⋯⋯⋯⋯⋯⋯⋯⋯⋯⋯⋯ ● 정답 및 해설 78쪽

❶ 이차함수 $y=2x^2-4x+1$을 $y=a(x-p)^2+q$의 꼴로 나타내면 $y=2(x-1)^2+3$이다.   O ┆ X

❷ 이차함수 $y=x^2+6x+7$의 그래프의 꼭짓점의 좌표는 $(-3, -2)$이다.   O ┆ X

❸ 이차함수 $y=x^2-2x+3$의 그래프의 축의 방정식은 $x=2$이다.   O ┆ X

❹ 이차함수 $y=3x^2-2x-5$의 그래프가 y축과 만나는 점의 좌표는 $(0, -5)$이다.   O ┆ X

❺ 이차함수 $y=x^2-7x+12$의 그래프가 x축과 만나는 두 점의 좌표는 $(3, 0)$, $(4, 0)$이다.   O ┆ X

❻ 세 점 $(0, 5)$, $(1, 1)$, $(-2, 7)$을 지나는 이차함수의 그래프의 식은 $y=-x^2-3x+5$이다.   O ┆ X

수	0	1	2	3	4	5	6	7	8	9
1.0	1.000	1.005	1.010	1.015	1.020	1.025	1.030	1.034	1.039	1.044
1.1	1.049	1.054	1.058	1.063	1.068	1.072	1.077	1.082	1.086	1.091
1.2	1.095	1.100	1.105	1.109	1.114	1.118	1.122	1.127	1.131	1.136
1.3	1.140	1.145	1.149	1.153	1.158	1.162	1.166	1.170	1.175	1.179
1.4	1.183	1.187	1.192	1.196	1.200	1.204	1.208	1.212	1.217	1.221
1.5	1.225	1.229	1.233	1.237	1.241	1.245	1.249	1.253	1.257	1.261
1.6	1.265	1.269	1.273	1.277	1.281	1.285	1.288	1.292	1.296	1.300
1.7	1.304	1.308	1.311	1.315	1.319	1.323	1.327	1.330	1.334	1.338
1.8	1.342	1.345	1.349	1.353	1.356	1.360	1.364	1.367	1.371	1.375
1.9	1.378	1.382	1.386	1.389	1.393	1.396	1.400	1.404	1.407	1.411
2.0	1.414	1.418	1.421	1.425	1.428	1.432	1.435	1.439	1.442	1.446
2.1	1.449	1.453	1.456	1.459	1.463	1.466	1.470	1.473	1.476	1.480
2.2	1.483	1.487	1.490	1.493	1.497	1.500	1.503	1.507	1.510	1.513
2.3	1.517	1.520	1.523	1.526	1.530	1.533	1.536	1.539	1.543	1.546
2.4	1.549	1.552	1.556	1.559	1.562	1.565	1.568	1.572	1.575	1.578
2.5	1.581	1.584	1.587	1.591	1.594	1.597	1.600	1.603	1.606	1.609
2.6	1.612	1.616	1.619	1.622	1.625	1.628	1.631	1.634	1.637	1.640
2.7	1.643	1.646	1.649	1.652	1.655	1.658	1.661	1.664	1.667	1.670
2.8	1.673	1.676	1.679	1.682	1.685	1.688	1.691	1.694	1.697	1.700
2.9	1.703	1.706	1.709	1.712	1.715	1.718	1.720	1.723	1.726	1.729
3.0	1.732	1.735	1.738	1.741	1.744	1.746	1.749	1.752	1.755	1.758
3.1	1.761	1.764	1.766	1.769	1.772	1.775	1.778	1.780	1.783	1.786
3.2	1.789	1.792	1.794	1.797	1.800	1.803	1.806	1.808	1.811	1.814
3.3	1.817	1.819	1.822	1.825	1.828	1.830	1.833	1.836	1.838	1.841
3.4	1.844	1.847	1.849	1.852	1.855	1.857	1.860	1.863	1.865	1.868
3.5	1.871	1.873	1.876	1.879	1.881	1.884	1.887	1.889	1.892	1.895
3.6	1.897	1.900	1.903	1.905	1.908	1.910	1.913	1.916	1.918	1.921
3.7	1.924	1.926	1.929	1.931	1.934	1.936	1.939	1.942	1.944	1.947
3.8	1.949	1.952	1.954	1.957	1.960	1.962	1.965	1.967	1.970	1.972
3.9	1.975	1.977	1.980	1.982	1.985	1.987	1.990	1.992	1.995	1.997
4.0	2.000	2.002	2.005	2.007	2.010	2.012	2.015	2.017	2.020	2.022
4.1	2.025	2.027	2.030	2.032	2.035	2.037	2.040	2.042	2.045	2.047
4.2	2.049	2.052	2.054	2.057	2.059	2.062	2.064	2.066	2.069	2.071
4.3	2.074	2.076	2.078	2.081	2.083	2.086	2.088	2.090	2.093	2.095
4.4	2.098	2.100	2.102	2.105	2.107	2.110	2.112	2.114	2.117	2.119
4.5	2.121	2.124	2.126	2.128	2.131	2.133	2.135	2.138	2.140	2.142
4.6	2.145	2.147	2.149	2.152	2.154	2.156	2.159	2.161	2.163	2.166
4.7	2.168	2.170	2.173	2.175	2.177	2.179	2.182	2.184	2.186	2.189
4.8	2.191	2.193	2.195	2.198	2.200	2.202	2.205	2.207	2.209	2.211
4.9	2.214	2.216	2.218	2.220	2.223	2.225	2.227	2.229	2.232	2.234
5.0	2.236	2.238	2.241	2.243	2.245	2.247	2.249	2.252	2.254	2.256
5.1	2.258	2.261	2.263	2.265	2.267	2.269	2.272	2.274	2.276	2.278
5.2	2.280	2.283	2.285	2.287	2.289	2.291	2.293	2.296	2.298	2.300
5.3	2.302	2.304	2.307	2.309	2.311	2.313	2.315	2.317	2.319	2.322
5.4	2.324	2.326	2.328	2.330	2.332	2.335	2.337	2.339	2.341	2.343

수	0	1	2	3	4	5	6	7	8	9
5.5	2.345	2.347	2.349	2.352	2.354	2.356	2.358	2.360	2.362	2.364
5.6	2.366	2.369	2.371	2.373	2.375	2.377	2.379	2.381	2.383	2.385
5.7	2.387	2.390	2.392	2.394	2.396	2.398	2.400	2.402	2.404	2.406
5.8	2.408	2.410	2.412	2.415	2.417	2.419	2.421	2.423	2.425	2.427
5.9	2.429	2.431	2.433	2.435	2.437	2.439	2.441	2.443	2.445	2.447
6.0	2.449	2.452	2.454	2.456	2.458	2.460	2.462	2.464	2.466	2.468
6.1	2.470	2.472	2.474	2.476	2.478	2.480	2.482	2.484	2.486	2.488
6.2	2.490	2.492	2.494	2.496	2.498	2.500	2.502	2.504	2.506	2.508
6.3	2.510	2.512	2.514	2.516	2.518	2.520	2.522	2.524	2.526	2.528
6.4	2.530	2.532	2.534	2.536	2.538	2.540	2.542	2.544	2.546	2.548
6.5	2.550	2.551	2.553	2.555	2.557	2.559	2.561	2.563	2.565	2.567
6.6	2.569	2.571	2.573	2.575	2.577	2.579	2.581	2.583	2.585	2.587
6.7	2.588	2.590	2.592	2.594	2.596	2.598	2.600	2.602	2.604	2.606
6.8	2.608	2.610	2.612	2.613	2.615	2.617	2.619	2.621	2.623	2.625
6.9	2.627	2.629	2.631	2.632	2.634	2.636	2.638	2.640	2.642	2.644
7.0	2.646	2.648	2.650	2.651	2.653	2.655	2.657	2.659	2.661	2.663
7.1	2.665	2.666	2.668	2.670	2.672	2.674	2.676	2.678	2.680	2.681
7.2	2.683	2.685	2.687	2.689	2.691	2.693	2.694	2.696	2.698	2.700
7.3	2.702	2.704	2.706	2.707	2.709	2.711	2.713	2.715	2.717	2.718
7.4	2.720	2.722	2.724	2.726	2.728	2.729	2.731	2.733	2.735	2.737
7.5	2.739	2.740	2.742	2.744	2.746	2.748	2.750	2.751	2.753	2.755
7.6	2.757	2.759	2.760	2.762	2.764	2.766	2.768	2.769	2.771	2.773
7.7	2.775	2.777	2.778	2.780	2.782	2.784	2.786	2.787	2.789	2.791
7.8	2.793	2.795	2.796	2.798	2.800	2.802	2.804	2.805	2.807	2.809
7.9	2.811	2.812	2.814	2.816	2.818	2.820	2.821	2.823	2.825	2.827
8.0	2.828	2.830	2.832	2.834	2.835	2.837	2.839	2.841	2.843	2.844
8.1	2.846	2.848	2.850	2.851	2.853	2.855	2.857	2.858	2.860	2.862
8.2	2.864	2.865	2.867	2.869	2.871	2.872	2.874	2.876	2.877	2.879
8.3	2.881	2.883	2.884	2.886	2.888	2.890	2.891	2.893	2.895	2.897
8.4	2.898	2.900	2.902	2.903	2.905	2.907	2.909	2.910	2.912	2.914
8.5	2.915	2.917	2.919	2.921	2.922	2.924	2.926	2.927	2.929	2.931
8.6	2.933	2.934	2.936	2.938	2.939	2.941	2.943	2.944	2.946	2.948
8.7	2.950	2.951	2.953	2.955	2.956	2.958	2.960	2.961	2.963	2.965
8.8	2.966	2.968	2.970	2.972	2.973	2.975	2.977	2.978	2.980	2.982
8.9	2.983	2.985	2.987	2.988	2.990	2.992	2.993	2.995	2.997	2.998
9.0	3.000	3.002	3.003	3.005	3.007	3.008	3.010	3.012	3.013	3.015
9.1	3.017	3.018	3.020	3.022	3.023	3.025	3.027	3.028	3.030	3.032
9.2	3.033	3.035	3.036	3.038	3.040	3.041	3.043	3.045	3.046	3.048
9.3	3.050	3.051	3.053	3.055	3.056	3.058	3.059	3.061	3.063	3.064
9.4	3.066	3.068	3.069	3.071	3.072	3.074	3.076	3.077	3.079	3.081
9.5	3.082	3.084	3.085	3.087	3.089	3.090	3.092	3.094	3.095	3.097
9.6	3.098	3.100	3.102	3.103	3.105	3.106	3.108	3.110	3.111	3.113
9.7	3.114	3.116	3.118	3.119	3.121	3.122	3.124	3.126	3.127	3.129
9.8	3.130	3.132	3.134	3.135	3.137	3.138	3.140	3.142	3.143	3.145
9.9	3.146	3.148	3.150	3.151	3.153	3.154	3.156	3.158	3.159	3.161

수	0	1	2	3	4	5	6	7	8	9
10	3.162	3.178	3.194	3.209	3.225	3.240	3.256	3.271	3.286	3.302
11	3.317	3.332	3.347	3.362	3.376	3.391	3.406	3.421	3.435	3.450
12	3.464	3.479	3.493	3.507	3.521	3.536	3.550	3.564	3.578	3.592
13	3.606	3.619	3.633	3.647	3.661	3.674	3.688	3.701	3.715	3.728
14	3.742	3.755	3.768	3.782	3.795	3.808	3.821	3.834	3.847	3.860
15	3.873	3.886	3.899	3.912	3.924	3.937	3.950	3.962	3.975	3.987
16	4.000	4.012	4.025	4.037	4.050	4.062	4.074	4.087	4.099	4.111
17	4.123	4.135	4.147	4.159	4.171	4.183	4.195	4.207	4.219	4.231
18	4.243	4.254	4.266	4.278	4.290	4.301	4.313	4.324	4.336	4.347
19	4.359	4.370	4.382	4.393	4.405	4.416	4.427	4.438	4.450	4.461
20	4.472	4.483	4.494	4.506	4.517	4.528	4.539	4.550	4.561	4.572
21	4.583	4.593	4.604	4.615	4.626	4.637	4.648	4.658	4.669	4.680
22	4.690	4.701	4.712	4.722	4.733	4.743	4.754	4.764	4.775	4.785
23	4.796	4.806	4.817	4.827	4.837	4.848	4.858	4.868	4.879	4.889
24	4.899	4.909	4.919	4.930	4.940	4.950	4.960	4.970	4.980	4.990
25	5.000	5.010	5.020	5.030	5.040	5.050	5.060	5.070	5.079	5.089
26	5.099	5.109	5.119	5.128	5.138	5.148	5.158	5.167	5.177	5.187
27	5.196	5.206	5.215	5.225	5.235	5.244	5.254	5.263	5.273	5.282
28	5.292	5.301	5.310	5.320	5.329	5.339	5.348	5.357	5.367	5.376
29	5.385	5.394	5.404	5.413	5.422	5.431	5.441	5.450	5.459	5.468
30	5.477	5.486	5.495	5.505	5.514	5.523	5.532	5.541	5.550	5.559
31	5.568	5.577	5.586	5.595	5.604	5.612	5.621	5.630	5.639	5.648
32	5.657	5.666	5.675	5.683	5.692	5.701	5.710	5.718	5.727	5.736
33	5.745	5.753	5.762	5.771	5.779	5.788	5.797	5.805	5.814	5.822
34	5.831	5.840	5.848	5.857	5.865	5.874	5.882	5.891	5.899	5.908
35	5.916	5.925	5.933	5.941	5.950	5.958	5.967	5.975	5.983	5.992
36	6.000	6.008	6.017	6.025	6.033	6.042	6.050	6.058	6.066	6.075
37	6.083	6.091	6.099	6.107	6.116	6.124	6.132	6.140	6.148	6.156
38	6.164	6.173	6.181	6.189	6.197	6.205	6.213	6.221	6.229	6.237
39	6.245	6.253	6.261	6.269	6.277	6.285	6.293	6.301	6.309	6.317
40	6.325	6.332	6.340	6.348	6.356	6.364	6.372	6.380	6.387	6.395
41	6.403	6.411	6.419	6.427	6.434	6.442	6.450	6.458	6.465	6.473
42	6.481	6.488	6.496	6.504	6.512	6.519	6.527	6.535	6.542	6.550
43	6.557	6.565	6.573	6.580	6.588	6.595	6.603	6.611	6.618	6.626
44	6.633	6.641	6.648	6.656	6.663	6.671	6.678	6.686	6.693	6.701
45	6.708	6.716	6.723	6.731	6.738	6.745	6.753	6.760	6.768	6.775
46	6.782	6.790	6.797	6.804	6.812	6.819	6.826	6.834	6.841	6.848
47	6.856	6.863	6.870	6.877	6.885	6.892	6.899	6.907	6.914	6.921
48	6.928	6.935	6.943	6.950	6.957	6.964	6.971	6.979	6.986	6.993
49	7.000	7.007	7.014	7.021	7.029	7.036	7.043	7.050	7.057	7.064
50	7.071	7.078	7.085	7.092	7.099	7.106	7.113	7.120	7.127	7.134
51	7.141	7.148	7.155	7.162	7.169	7.176	7.183	7.190	7.197	7.204
52	7.211	7.218	7.225	7.232	7.239	7.246	7.253	7.259	7.266	7.273
53	7.280	7.287	7.294	7.301	7.308	7.314	7.321	7.328	7.335	7.342
54	7.348	7.355	7.362	7.369	7.376	7.382	7.389	7.396	7.403	7.409

수	0	1	2	3	4	5	6	7	8	9
55	7.416	7.423	7.430	7.436	7.443	7.450	7.457	7.463	7.470	7.477
56	7.483	7.490	7.497	7.503	7.510	7.517	7.523	7.530	7.537	7.543
57	7.550	7.556	7.563	7.570	7.576	7.583	7.589	7.596	7.603	7.609
58	7.616	7.622	7.629	7.635	7.642	7.649	7.655	7.662	7.668	7.675
59	7.681	7.688	7.694	7.701	7.707	7.714	7.720	7.727	7.733	7.740
60	7.746	7.752	7.759	7.765	7.772	7.778	7.785	7.791	7.797	7.804
61	7.810	7.817	7.823	7.829	7.836	7.842	7.849	7.855	7.861	7.868
62	7.874	7.880	7.887	7.893	7.899	7.906	7.912	7.918	7.925	7.931
63	7.937	7.944	7.950	7.956	7.962	7.969	7.975	7.981	7.987	7.994
64	8.000	8.006	8.012	8.019	8.025	8.031	8.037	8.044	8.050	8.056
65	8.062	8.068	8.075	8.081	8.087	8.093	8.099	8.106	8.112	8.118
66	8.124	8.130	8.136	8.142	8.149	8.155	8.161	8.167	8.173	8.179
67	8.185	8.191	8.198	8.204	8.210	8.216	8.222	8.228	8.234	8.240
68	8.246	8.252	8.258	8.264	8.270	8.276	8.283	8.289	8.295	8.301
69	8.307	8.313	8.319	8.325	8.331	8.337	8.343	8.349	8.355	8.361
70	8.367	8.373	8.379	8.385	8.390	8.396	8.402	8.408	8.414	8.420
71	8.426	8.432	8.438	8.444	8.450	8.456	8.462	8.468	8.473	8.479
72	8.485	8.491	8.497	8.503	8.509	8.515	8.521	8.526	8.532	8.538
73	8.544	8.550	8.556	8.562	8.567	8.573	8.579	8.585	8.591	8.597
74	8.602	8.608	8.614	8.620	8.626	8.631	8.637	8.643	8.649	8.654
75	8.660	8.666	8.672	8.678	8.683	8.689	8.695	8.701	8.706	8.712
76	8.718	8.724	8.729	8.735	8.741	8.746	8.752	8.758	8.764	8.769
77	8.775	8.781	8.786	8.792	8.798	8.803	8.809	8.815	8.820	8.826
78	8.832	8.837	8.843	8.849	8.854	8.860	8.866	8.871	8.877	8.883
79	8.888	8.894	8.899	8.905	8.911	8.916	8.922	8.927	8.933	8.939
80	8.944	8.950	8.955	8.961	8.967	8.972	8.978	8.983	8.989	8.994
81	9.000	9.006	9.011	9.017	9.022	9.028	9.033	9.039	9.044	9.050
82	9.055	9.061	9.066	9.072	9.077	9.083	9.088	9.094	9.099	9.105
83	9.110	9.116	9.121	9.127	9.132	9.138	9.143	9.149	9.154	9.160
84	9.165	9.171	9.176	9.182	9.187	9.192	9.198	9.203	9.209	9.214
85	9.220	9.225	9.230	9.236	9.241	9.247	9.252	9.257	9.263	9.268
86	9.274	9.279	9.284	9.290	9.295	9.301	9.306	9.311	9.317	9.322
87	9.327	9.333	9.338	9.343	9.349	9.354	9.359	9.365	9.370	9.375
88	9.381	9.386	9.391	9.397	9.402	9.407	9.413	9.418	9.423	9.429
89	9.434	9.439	9.445	9.450	9.455	9.460	9.466	9.471	9.476	9.482
90	9.487	9.492	9.497	9.503	9.508	9.513	9.518	9.524	9.529	9.534
91	9.539	9.545	9.550	9.555	9.560	9.566	9.571	9.576	9.581	9.586
92	9.592	9.597	9.602	9.607	9.612	9.618	9.623	9.628	9.633	9.638
93	9.644	9.649	9.654	9.659	9.664	9.670	9.675	9.680	9.685	9.690
94	9.695	9.701	9.706	9.711	9.716	9.721	9.726	9.731	9.737	9.742
95	9.747	9.752	9.757	9.762	9.767	9.772	9.778	9.783	9.788	9.793
96	9.798	9.803	9.808	9.813	9.818	9.823	9.829	9.834	9.839	9.844
97	9.849	9.854	9.859	9.864	9.869	9.874	9.879	9.884	9.889	9.894
98	9.899	9.905	9.910	9.915	9.920	9.925	9.930	9.935	9.940	9.945
99	9.950	9.955	9.960	9.965	9.970	9.975	9.980	9.985	9.990	9.995

스스로 개념을 확인하는, 질문 리스트

각 개념에 대응하는 질문에 대한 답을 스스로 할 수 있는지 확인해 보세요.
만약 답을 하기 어렵다면,
본책의 해당 개념을 다시 학습해 보세요.

1 제곱근과 실수

개념01
(본책 10~11쪽)

제곱근
□ 제곱근의 뜻을 말할 수 있는가?
□ 9의 제곱근을 모두 구할 수 있는가?　　25의 제곱근을 모두 구할 수 있는가?
□ 0의 제곱근을 구할 수 있는가?
□ 음수의 제곱근을 구할 수 있는가?

개념02
(본책 12~13쪽)

제곱근의 표현
□ 7의 양의 제곱근과 음의 제곱근을 각각 근호를 사용하여 나타낼 수 있는가?
　 또한, 이것을 한꺼번에 나타낼 수 있는가?
□ 10의 제곱근과 제곱근 10은 같다고 할 수 있는가?
□ $\sqrt{9}$, $-\sqrt{25}$ 를 각각 근호를 사용하지 않고 나타낼 수 있는가?

개념03
(본책 14~15쪽)

제곱근의 성질
□ $(\sqrt{2})^2$의 값을 구할 수 있는가?
□ $(-\sqrt{2})^2$의 값을 구할 수 있는가?
□ $\sqrt{5^2}$의 값을 구할 수 있는가?
□ $\sqrt{(-5)^2}$의 값을 구할 수 있는가?

개념04
(본책 16~17쪽)

제곱근의 성질의 응용(1) – 식 간단히 하기
□ $A \geq 0$일 때, $\sqrt{A^2}$을 간단히 할 수 있는가?
□ $A < 0$일 때, $\sqrt{A^2}$을 간단히 할 수 있는가?
□ $a > 0$일 때, $\sqrt{(2a)^2}$, $\sqrt{(-2a)^2}$을 각각 간단히 할 수 있는가?
□ $a < 0$일 때, $\sqrt{(2a)^2}$, $\sqrt{(-2a)^2}$을 각각 간단히 할 수 있는가?

개념05
(본책 18~19쪽)

제곱근의 성질의 응용(2) – 제곱인 수 만들기
□ $\sqrt{18x}$가 자연수가 되도록 하는 가장 작은 자연수 x의 값을 구할 수 있는가?
□ $\sqrt{6+x}$가 자연수가 되도록 하는 가장 작은 자연수 x의 값을 구할 수 있는가?

개념06
(본책 20~21쪽)

제곱근의 대소 관계
□ 두 수 $\sqrt{5}$, $\sqrt{7}$의 대소를 비교할 수 있는가?
□ 두 수 $-\sqrt{5}$, $-\sqrt{7}$의 대소를 비교할 수 있는가?
□ 두 수 3, $\sqrt{8}$의 대소를 비교할 수 있는가?

개념07
(본책 22~23쪽)

무리수와 실수
□ 실수의 뜻을 말할 수 있는가?
□ 무리수의 뜻을 말할 수 있는가?
□ 소수의 분류를 설명할 수 있는가?
□ 유한소수는 모두 무리수라고 할 수 있는가?
□ 무한소수는 모두 유리수라고 할 수 있는가?

개념08 (본책 24~25쪽)	**실수와 수직선** □ 모든 실수는 각각 수직선 위의 한 점에 대응하는가? □ 서로 다른 두 실수 사이에는 무수히 많은 실수가 있는가? □ 수직선은 유리수와 무리수에 대응하는 점들로 완전히 메울 수 있는가?
개념09 (본책 26~27쪽)	**실수의 대소 관계** □ 두 수의 차를 이용하여 두 수 $\sqrt{3}+2$와 2의 대소를 비교할 수 있는가? □ 부등식의 성질을 이용하여 두 수 $\sqrt{5}+2$와 $\sqrt{7}+2$의 대소를 비교할 수 있는가?

② 근호를 포함한 식의 계산

개념10 (본책 32~33쪽)	**제곱근의 곱셈과 나눗셈** □ $\sqrt{2}\times\sqrt{3}$을 간단히 할 수 있는가? □ $3\sqrt{2}\times5\sqrt{3}$을 간단히 할 수 있는가? □ $\sqrt{2}\div\sqrt{3}$을 간단히 할 수 있는가? □ $3\sqrt{2}\div4\sqrt{3}$을 간단히 할 수 있는가?
개념11 (본책 34~35쪽)	**근호가 있는 식의 변형** □ $\sqrt{12}$를 $a\sqrt{b}$의 꼴로 나타낼 수 있는가? □ $\sqrt{\dfrac{3}{4}}$을 $a\sqrt{b}$의 꼴로 나타낼 수 있는가? □ $3\sqrt{2}$를 $\sqrt{a}$의 꼴로 나타낼 수 있는가? □ $\dfrac{\sqrt{2}}{3}$를 $\sqrt{a}$의 꼴로 나타낼 수 있는가?
개념12 (본책 36~37쪽)	**제곱근표** □ 제곱근표(본책 149~152쪽)를 이용하여 $\sqrt{1.15}$, $\sqrt{11.5}$의 값을 각각 구할 수 있는가? □ $\sqrt{5}=2.236$일 때, $\sqrt{500}$, $\sqrt{0.05}$의 값을 각각 구할 수 있는가?
개념13 (본책 38~39쪽)	**분모의 유리화** □ 분모의 유리화의 뜻을 말할 수 있는가? □ 세 분수 $\dfrac{1}{\sqrt{2}}$, $\dfrac{\sqrt{2}}{\sqrt{3}}$, $\dfrac{5}{3\sqrt{2}}$의 분모를 각각 유리화할 수 있는가?
개념14 (본책 40~41쪽)	**제곱근의 곱셈과 나눗셈의 도형에의 활용** □ 밑변의 길이가 $\sqrt{3}$, 높이가 $\sqrt{8}$인 삼각형의 넓이를 구할 수 있는가? □ 넓이가 $\sqrt{18}$, 가로의 길이가 $\sqrt{3}$인 직사각형의 세로의 길이를 구할 수 있는가? □ 밑면의 가로의 길이가 $\sqrt{5}$, 세로의 길이가 $\sqrt{6}$이고 높이가 $\sqrt{3}$인 직육면체의 부피를 구할 수 있는가?
개념15 (본책 42~43쪽)	**제곱근의 덧셈과 뺄셈** □ $5\sqrt{3}+2\sqrt{3}$을 계산할 수 있는가? □ $5\sqrt{3}-2\sqrt{3}$을 계산할 수 있는가? □ $5\sqrt{3}-4\sqrt{3}+2\sqrt{3}$을 계산할 수 있는가?
개념16 (본책 44~45쪽)	**근호를 포함한 식의 분배법칙 / 혼합 계산** □ $\sqrt{2}(\sqrt{3}+\sqrt{5})$을 계산할 수 있는가? □ $(\sqrt{3}-\sqrt{7})\sqrt{2}$를 계산할 수 있는가? □ $\dfrac{1+\sqrt{2}}{\sqrt{3}}$의 분모를 유리화할 수 있는가? □ $\sqrt{3}\times\sqrt{6}+2\sqrt{2}$를 계산할 수 있는가? □ $\sqrt{30}\div\sqrt{5}-4\sqrt{6}$을 계산할 수 있는가?

개념17 (본책 46~47쪽)	**제곱근의 덧셈과 뺄셈의 도형에의 활용** □ 가로의 길이가 $\sqrt{7}$, 세로의 길이가 $2\sqrt{7}$인 직사각형의 둘레의 길이를 구할 수 있는가? □ 밑변의 길이가 $\sqrt{3}+\sqrt{15}$, 높이가 $2\sqrt{3}$인 삼각형의 넓이를 구할 수 있는가? □ 윗변의 길이가 $\sqrt{6}$, 아랫변의 길이가 $\sqrt{18}$이고 높이가 $\sqrt{6}$인 사다리꼴의 넓이를 구할 수 있는가?
개념18 (본책 48~49쪽)	**실수의 대소 관계** □ 두 실수 A, B에 대하여 　① $A-B>0$일 때, A, B의 대소를 비교할 수 있는가? 　② $A-B=0$일 때, A, B의 대소를 비교할 수 있는가? 　③ $A-B<0$일 때, A, B의 대소를 비교할 수 있는가? □ 두 수 $2\sqrt{2}$, $2+\sqrt{2}$의 대소를 비교할 수 있는가?

③ 다항식의 곱셈과 인수분해

개념19 (본책 54~55쪽)	**곱셈 공식 (1)** □ $(a+b)(c+d)$를 전개할 수 있는가? □ $(a+b)^2$을 전개할 수 있는가?　　□ $(a-b)^2$을 전개할 수 있는가? □ $(x+2)^2$을 전개할 수 있는가?　　□ $(x-2)^2$을 전개할 수 있는가?
개념20 (본책 56~57쪽)	**곱셈 공식 (2)** □ $(a+b)(a-b)$를 전개할 수 있는가? □ $(x+2)(x-2)$를 전개할 수 있는가? □ $(2x+1)(2x-1)$을 전개할 수 있는가?
개념21 (본책 58~59쪽)	**곱셈 공식 (3), (4)** □ $(x+a)(x+b)$를 전개할 수 있는가?　　□ $(ax+b)(cx+d)$를 전개할 수 있는가? □ $(x+1)(x+2)$를 전개할 수 있는가?　　□ $(2x+1)(3x+2)$를 전개할 수 있는가? □ $(x-1)(x+2)$를 전개할 수 있는가?　　□ $(2x+1)(3x-2)$를 전개할 수 있는가?
개념22 (본책 60~61쪽)	**곱셈 공식의 응용 (1) – 수의 계산** □ 101^2을 계산할 때 　① 이용할 수 있는 가장 편리한 곱셈 공식을 말할 수 있는가? 　② ①의 곱셈 공식을 이용한 계산 결과를 구할 수 있는가? □ 103×97을 계산할 때 　① 이용할 수 있는 가장 편리한 곱셈 공식을 말할 수 있는가? 　② ①의 곱셈 공식을 이용한 계산 결과를 구할 수 있는가?
개념23 (본책 62~63쪽)	**곱셈 공식의 응용 (2) – 식의 계산 ①** □ 곱셈 공식을 이용하여 $(\sqrt{2}+1)(\sqrt{2}+3)$을 계산할 수 있는가? □ 곱셈 공식을 이용하여 $(\sqrt{3}+\sqrt{2})^2$을 계산할 수 있는가? □ 곱셈 공식을 이용하여 $\dfrac{3}{\sqrt{3}+\sqrt{2}}$의 분모를 유리화할 수 있는가?

<table>
<tr><td>

개념24

(본책 64~65쪽)

</td><td>

곱셈 공식의 응용 (2) – 식의 계산 ②

□ $a+b=6$, $ab=3$일 때

　① a^2+b^2의 값을 구할 수 있는가?　　　② $(a-b)^2$의 값을 구할 수 있는가?

□ $x=2+\sqrt{3}$일 때, x^2-4x+2의 값을 구할 수 있는가?

</td></tr>
<tr><td>

개념25

(본책 66~67쪽)

</td><td>

곱셈 공식의 도형에의 활용

□ 가로의 길이가 $a-b$, 세로의 길이가 $c-d$인 직사각형의 넓이를 구할 수 있는가?

□ 한 변의 길이가 $a-b$인 정사각형의 넓이를 구할 수 있는가?

□ 가로의 길이가 $a+b$, 세로의 길이가 $a-b$인 직사각형의 넓이를 구할 수 있는가?

</td></tr>
<tr><td>

개념26

(본책 68~69쪽)

</td><td>

인수분해

□ 인수의 뜻을 말할 수 있는가?　　　□ 인수분해의 뜻을 말할 수 있는가?

□ $ma+mb-mc$에서

　① 각 항의 공통인 인수를 구할 수 있는가?　② $ma+mb-mc$를 인수분해할 수 있는가?

□ $2x^2y-5xy$를 인수분해할 수 있는가?

</td></tr>
<tr><td>

개념27

(본책 70~71쪽)

</td><td>

인수분해 공식 (1)

□ $a^2+2ab+b^2$을 인수분해할 수 있는가?　□ $a^2-2ab+b^2$을 인수분해할 수 있는가?

□ 완전제곱식의 뜻을 말하고, 완전제곱식의 예를 3개 이상 말할 수 있는가?

□ x^2+8x+A가 완전제곱식이 되도록 하는 상수 A의 값을 구할 수 있는가?

</td></tr>
<tr><td>

개념28

(본책 72~73쪽)

</td><td>

인수분해 공식 (2)

□ a^2-b^2을 인수분해할 수 있는가?

□ x^2-25를 인수분해할 수 있는가?　　□ $4x^2-9y^2$을 인수분해할 수 있는가?

</td></tr>
<tr><td>

개념29

(본책 74~75쪽)

</td><td>

인수분해 공식 (3)

□ $x^2+(a+b)x+ab$를 인수분해할 수 있는가?

□ x^2+4x+3을 인수분해할 수 있는가?　□ $x^2-10x+24$를 인수분해할 수 있는가?

</td></tr>
<tr><td>

개념30

(본책 76~77쪽)

</td><td>

인수분해 공식 (4)

□ $acx^2+(ad+bc)x+bd$를 인수분해할 수 있는가?

□ $3x^2+2x-5$를 인수분해할 수 있는가?　□ $2x^2-3x-9$를 인수분해할 수 있는가?

</td></tr>
<tr><td>

개념31

(본책 78~79쪽)

</td><td>

인수분해 공식의 응용

□ $15\times35+15\times65$를 계산할 때

　① 이용할 수 있는 가장 편리한 인수분해 공식을 말할 수 있는가?

　② ①의 인수분해 공식을 이용한 계산 결과를 구할 수 있는가?

□ 97^2-3^2을 계산할 때

　① 이용할 수 있는 가장 편리한 인수분해 공식을 말할 수 있는가?

　② ①의 인수분해 공식을 이용한 계산 결과를 구할 수 있는가?

□ $x=99$일 때, x^2+2x+1의 값을 구할 수 있는가?

</td></tr>
<tr><td>

개념32

(본책 80~81쪽)

</td><td>

인수분해 공식의 도형에의 활용

□ 넓이가 x^2+4x+3, 세로의 길이가 $x+1$인 직사각형의 가로의 길이를 구할 수 있는가?

□ 넓이가 $3x^2+7x+4$, 가로의 길이가 $3x+4$인 직사각형의 세로의 길이를 구할 수 있는가?

</td></tr>
<tr><td>

개념33

(본책 82~83쪽)

</td><td>

복잡한 식의 인수분해

□ $(a+b)^2+2(a+b)-15$를 인수분해할 수 있는가?

□ $ax+ay+bx+by$를 공통인 인수가 생기도록 묶어 인수분해할 수 있는가?

□ x^2-y^2-2x+1을 A^2-B^2의 꼴이 되도록 묶어 인수분해할 수 있는가?

</td></tr>
</table>

개념34 (본책 88~89쪽)	**이차방정식과 그 해** □ 이차방정식의 뜻을 말할 수 있는가? □ $x^2-4x=1+x^2$은 이차방정식이라고 할 수 있는가? □ 이차방정식의 해(근)의 뜻을 말할 수 있는가? □ $x=1$은 이차방정식 $x^2-2x+1=0$의 해라고 할 수 있는가? □ $x=-1$은 이차방정식 $x^2-2x+1=0$의 해라고 할 수 있는가?
개념35 (본책 90~91쪽)	**이차방정식의 한 근이 주어진 경우** □ 이차방정식 $x^2+3x+a=0$의 한 근이 $x=1$일 때, 상수 a의 값을 구할 수 있는가? □ 이차방정식 $x^2+3x+2=0$의 한 근이 $x=a$일 때, a^2+3a의 값을 구할 수 있는가?
개념36 (본책 92~93쪽)	**인수분해를 이용한 이차방정식의 풀이** □ 이차방정식 $(x+2)(x-3)=0$의 해를 구할 수 있는가? □ 이차방정식 $(2x+3)(3x-1)=0$의 해를 구할 수 있는가? □ 인수분해를 이용하여 이차방정식 $x^2+x-20=0$의 해를 구할 수 있는가? □ 인수분해를 이용하여 이차방정식 $2x^2+x-6=0$의 해를 구할 수 있는가?
개념37 (본책 94~95쪽)	**이차방정식의 중근** □ 중근의 뜻을 말할 수 있는가? □ 이차방정식 $(x-2)^2=0$의 해를 구할 수 있는가? □ 이차방정식 $(2x+1)^2=0$의 해를 구할 수 있는가? □ 이차방정식 $x^2-2x+1=0$의 해를 구할 수 있는가? □ 이차방정식 $x^2+6x+k=0$이 중근을 가질 때, 상수 k의 값을 구할 수 있는가?
개념38 (본책 96~97쪽)	**제곱근 또는 완전제곱식을 이용한 이차방정식의 풀이** □ 제곱근을 이용하여 이차방정식 $x^2=2$의 해를 구할 수 있는가? □ 제곱근을 이용하여 이차방정식 $(x-2)^2=3$의 해를 구할 수 있는가? □ 완전제곱식을 이용하여 이차방정식 $x^2-4x-3=0$의 해를 구할 수 있는가? □ 완전제곱식을 이용하여 이차방정식 $3x^2-24x+15=0$의 해를 구할 수 있는가?
개념39 (본책 98~99쪽)	**이차방정식의 근의 공식** □ x에 대한 이차방정식 $ax^2+bx+c=0$의 근의 공식을 말할 수 있는가? □ 근의 공식을 이용하여 이차방정식 $x^2+3x-2=0$의 해를 구할 수 있는가? □ 근의 공식을 이용하여 이차방정식 $2x^2+5x+3=0$의 해를 구할 수 있는가?
개념40 (본책 100~101쪽)	**복잡한 이차방정식의 풀이** □ 이차방정식 $(x+1)(x-1)=2x$의 해를 구할 수 있는가? □ 이차방정식 $\dfrac{1}{2}x^2-x-\dfrac{5}{4}=0$의 해를 구할 수 있는가? □ 이차방정식 $0.2x^2-0.3x+0.1=0$의 해를 구할 수 있는가? □ 이차방정식 $(x-2)^2-4(x-2)-5=0$의 해를 구할 수 있는가?
개념41 (본책 102~103쪽)	**이차방정식의 근의 개수** □ 이차방정식 $x^2-5x-1=0$의 근의 개수를 구할 수 있는가? □ 이차방정식 $x^2-2x+1=0$의 근의 개수를 구할 수 있는가? □ 이차방정식 $x^2-x+1=0$의 근의 개수를 구할 수 있는가?

개념42 (본책 104~105쪽)	**이차방정식 구하기** □ 두 근이 2, 3이고 x^2의 계수가 5인 이차방정식을 구할 수 있는가? □ 중근이 2이고 x^2의 계수가 3인 이차방정식을 구할 수 있는가?
개념43 (본책 106~107쪽)	**이차방정식의 활용(1) – 수, 나이** □ 연속하는 두 자연수의 곱이 110이고 두 수 중 작은 수를 x라 할 때, x의 값을 구하려 한다. 　문제를 해결하기 위한 이차방정식을 세우고, x의 값을 구할 수 있는가? □ 언니가 동생보다 2세가 많고 언니의 나이의 10배가 동생의 나이의 제곱보다 4세만큼 적을 때, 동생 　의 나이를 구하려 한다. 문제를 해결하기 위한 이차방정식을 세우고, 답을 구할 수 있는가?
개념44 (본책 108~109쪽)	**이차방정식의 활용(2) – 식이 주어진 경우** □ 지면에서 지면에 수직인 방향으로 초속 20 m로 쏘아 올린 물체의 t초 후의 높이를 $(20t-5t^2)$ m라 　할 때, 이 물체가 땅에 떨어지는 데 걸리는 시간을 구하려 한다. 　문제를 해결하기 위한 이차방정식을 세우고, 답을 구할 수 있는가? □ 자연수 1부터 n까지의 합이 $\dfrac{n(n+1)}{2}$임을 이용하여 1부터 x까지의 자연수를 더해 190이 되는 　x의 값을 구하려 한다. 문제를 해결하기 위한 이차방정식을 세우고, x의 값을 구할 수 있는가?
개념45 (본책 110~111쪽)	**이차방정식의 활용(3) – 도형** □ 가로의 길이가 세로의 길이보다 3 cm만큼 짧은 직사각형의 넓이가 108 cm^{2}일 때, 직사각형의 가로 　의 길이를 구하려 한다. 문제를 해결하기 위한 이차방정식을 세우고, 답을 구할 수 있는가? □ 정사각형의 가로의 길이를 2 cm만큼 늘이고, 세로의 길이를 4 cm만큼 줄여서 만든 직사각형의 넓 　이가 72 cm^{2}일 때, 처음 정사각형의 한 변의 길이를 구하려 한다. 　문제를 해결하기 위한 이차방정식을 세우고, 답을 구할 수 있는가?

⑤ 이차함수와 그 그래프

개념46 (본책 116~117쪽)	**이차함수** □ 이차함수의 뜻을 말할 수 있는가? □ 함수 $y=x+1$, $y=\dfrac{1}{x^2}$은 각각 이차함수라고 할 수 있는가? □ 한 변의 길이가 x cm인 정사각형의 넓이가 y cm^{2}일 때, y는 x의 이차함수라고 할 수 있는가? □ 이차함수 $f(x)=x^2+4x-5$에 대하여 $f(1)$의 값을 구할 수 있는가?
개념47 (본책 118~119쪽)	**이차함수 $y=x^2$의 그래프** □ 이차함수 $y=x^2$의 그래프는 위로 볼록한가? 아래로 볼록한가? □ 이차함수 $y=x^2$의 그래프에서 　① $x>0$일 때, x의 값이 증가하면 y의 값이 증가하는가? 　② $x<0$일 때, x의 값이 증가하면 y의 값이 감소하는가? □ 두 이차함수 $y=x^2$와 $y=-x^2$의 그래프는 x축에 서로 대칭이라고 할 수 있는가? □ 포물선, 축, 꼭짓점의 뜻을 각각 말할 수 있는가?

개념48 (본책 120~121쪽)	**이차함수 $y=ax^2$의 그래프** □ 이차함수 $y=ax^2$의 그래프의 꼭짓점의 좌표를 구할 수 있는가? □ 이차함수 $y=ax^2$의 그래프의 축의 방정식을 구할 수 있는가? □ $|a|$의 값이 클수록 이차함수 $y=ax^2$의 그래프의 폭은 넓어지는가? 좁아지는가? □ 두 이차함수 $y=ax^2$와 $y=-ax^2$의 그래프는 x축에 서로 대칭이라고 할 수 있는가?
개념49 (본책 122~123쪽)	**이차함수 $y=ax^2+q$의 그래프** □ 이차함수 $y=ax^2+q$의 그래프는 이차함수 $y=ax^2$의 그래프를 어느 방향으로 얼마만큼 평행이동한 것인가? □ 이차함수 $y=2x^2$의 그래프를 y축의 방향으로 1만큼 평행이동한 그래프의 식을 말할 수 있는가? □ 이차함수 $y=2x^2$의 그래프를 y축의 방향으로 -3만큼 평행이동한 그래프의 식을 말할 수 있는가? □ 이차함수 $y=x^2$의 그래프를 y축의 방향으로 2만큼 평행이동할 때 　① 그 그래프의 식을 구할 수 있는가? 　② 그 그래프의 축의 방정식을 구할 수 있는가? 　③ 그 그래프의 꼭짓점의 좌표를 구할 수 있는가?
개념50 (본책 124~125쪽)	**이차함수 $y=a(x-p)^2$의 그래프** □ 이차함수 $y=a(x-p)^2$의 그래프는 이차함수 $y=ax^2$의 그래프를 어느 방향으로 얼마만큼 평행이동한 것인가? □ 이차함수 $y=2x^2$의 그래프를 x축의 방향으로 1만큼 평행이동한 그래프의 식을 말할 수 있는가? □ 이차함수 $y=2x^2$의 그래프를 x축의 방향으로 -3만큼 평행이동한 그래프의 식을 말할 수 있는가? □ 이차함수 $y=x^2$의 그래프를 x축의 방향으로 2만큼 평행이동할 때 　① 그 그래프의 식을 구할 수 있는가? 　② 그 그래프의 축의 방정식을 구할 수 있는가? 　③ 그 그래프의 꼭짓점의 좌표를 구할 수 있는가?
개념51 (본책 126~127쪽)	**이차함수 $y=a(x-p)^2+q$의 그래프** □ 이차함수 $y=a(x-p)^2+q$의 그래프는 이차함수 $y=ax^2$의 그래프를 어느 방향으로 얼마만큼 평행이동한 것인가? □ 이차함수 $y=2x^2$의 그래프를 x축의 방향으로 1만큼, y축의 방향으로 -3만큼 평행이동한 그래프의 식을 말할 수 있는가? □ 이차함수 $y=x^2$의 그래프를 x축의 방향으로 2만큼, y축의 방향으로 3만큼 평행이동할 때 　① 그 그래프의 식을 구할 수 있는가? 　② 그 그래프의 축의 방정식을 구할 수 있는가? 　③ 그 그래프의 꼭짓점의 좌표를 구할 수 있는가?
개념52 (본책 128~129쪽)	**이차함수 $y=a(x-p)^2+q$의 그래프에서 a, p, q의 부호** □ 이차함수 $y=a(x-p)^2+q$의 그래프의 모양을 $a>0$인 경우와 $a<0$인 경우로 나누어 비교하여 말할 수 있는가? □ 이차함수 $y=a(x-p)^2+q$의 그래프의 꼭짓점이 제1사분면, 제2사분면, 제3사분면, 제4사분면 위에 있는 경우 각각에 대하여 p, q의 부호를 말할 수 있는가?
개념53 (본책 130~131쪽)	**이차함수 $y=a(x-p)^2+q$의 식 구하기** □ 꼭짓점의 좌표가 $(1, 3)$이고, 점 $(2, 5)$를 지나는 포물선을 그래프로 하는 이차함수의 식을 구할 수 있는가? □ 축의 방정식이 $x=2$이고, 두 점 $(1, 3)$, $(5, -5)$를 지나는 포물선을 그래프로 하는 이차함수의 식을 구할 수 있는가?

개념54 (본책 136~137쪽)	**이차함수 $y=ax^2+bx+c$의 그래프 (1)** □ 이차함수 $y=x^2-4x+2$를 $y=a(x-p)^2+q$의 꼴로 고칠 수 있는가? □ 이차함수 $y=x^2-4x+2$의 그래프의 축의 방정식을 구할 수 있는가? □ 이차함수 $y=x^2-4x+2$의 그래프의 꼭짓점의 좌표를 구할 수 있는가? □ 이차함수 $y=2x^2+8x-3$의 그래프의 축의 방정식과 꼭짓점의 좌표를 각각 구할 수 있는가?
개념55 (본책 138~139쪽)	**이차함수 $y=ax^2+bx+c$의 그래프 (2)** □ 이차함수 $y=x^2-2x+3$에 대하여 ① $y=a(x-p)^2+q$의 꼴로 고칠 수 있는가? ② 그 그래프의 꼭짓점의 좌표, 축의 방정식을 각각 구할 수 있는가? ③ 그 그래프가 지나는 사분면을 모두 말할 수 있는가? □ 이차함수 $y=x^2+6x+4$의 그래프가 지나는 사분면을 모두 말할 수 있는가? □ 이차함수 $y=x^2+x-12$의 그래프가 x축, y축과 만나는 점의 좌표를 각각 구할 수 있는가? □ 이차함수 $y=-x^2-x+20$의 그래프가 x축, y축과 만나는 점의 좌표를 각각 구할 수 있는가?
개념56 (본책 140~141쪽)	**이차함수 $y=ax^2+bx+c$의 그래프에서 a, b, c의 부호** □ 이차함수 $y=ax^2+bx+c$의 그래프에 대하여 ① 아래로 볼록한 경우와 위로 볼록한 경우 각각에 대하여 a의 부호를 말할 수 있는가? ② 축이 y축의 왼쪽에 있는 경우와 y축의 오른쪽에 있는 경우 각각에 대하여 a와 b의 부호가 같은 지 다른지 말할 수 있는가? ③ y축과의 교점이 x축보다 위쪽에 있는 경우와 x축보다 아래쪽에 있는 경우 각각에 대하여 c의 부 호를 말할 수 있는가?
개념57 (본책 142~143쪽)	**이차함수 $y=ax^2+bx+c$의 식 구하기** □ 세 점 $(2, 3)$, $(0, 5)$, $(-1, 9)$를 지나는 포물선을 그래프로 하는 이차함수의 식을 구할 수 있는가? □ x축과 두 점 $(1, 0)$, $(4, 0)$에서 만나고, 점 $(3, -4)$를 지나는 포물선을 그래프로 하는 이차함수의 식을 구할 수 있는가?
개념58 (본책 144~145쪽)	**이차함수의 그래프와 도형의 넓이** □ 이차함수 $y=-x^2+4x+5$의 그래프의 꼭짓점을 A, x축과 만나는 두 점을 각각 B, C라 할 때 ① 꼭짓점 A의 좌표를 구할 수 있는가? ② x축과 만나는 두 점 B, C의 좌표를 각각 구할 수 있는가? ③ 삼각형 ABC의 넓이를 구할 수 있는가?

1일 1개념

메가스터디 중학수학

진짜 공부 챌린지
내!가/스/터/디

1일 1개념

3·1

정답 및 해설

메가스터디BOOKS

1 제곱근과 실수

• 본문 10~11쪽

개념 01 제곱근

바/로/풀/기

Q1 답 -3, -5, 5

개념 확인

1 답 (1) 1, -1　(2) 4, -4　(3) 8, -8　(4) 10, -10
　　(5) $\dfrac{1}{2}$, $-\dfrac{1}{2}$　(6) 0.3, -0.3

(1) $1^2=1$, $(-1)^2=1$이므로 제곱하여 1이 되는 수는
　1, -1이다.
(2) $4^2=16$, $(-4)^2=16$이므로 제곱하여 16이 되는 수는
　4, -4이다.
(3) $8^2=64$, $(-8)^2=64$이므로 제곱하여 64가 되는 수는
　8, -8이다.
(4) $10^2=100$, $(-10)^2=100$이므로 제곱하여 100이 되는 수는
　10, -10이다.
(5) $\left(\dfrac{1}{2}\right)^2=\dfrac{1}{4}$, $\left(-\dfrac{1}{2}\right)^2=\dfrac{1}{4}$이므로 제곱하여 $\dfrac{1}{4}$이 되는 수는
　$\dfrac{1}{2}$, $-\dfrac{1}{2}$이다.
(6) $0.3^2=0.09$, $(-0.3)^2=0.09$이므로 제곱하여 0.09가 되는
　수는 0.3, -0.3이다.

2 답 (1) 7, -7　(2) 9, -9　(3) 12, -12　(4) 0
　　(5) $\dfrac{2}{3}$, $-\dfrac{2}{3}$　(6) 0.4, -0.4

(1) $7^2=49$, $(-7)^2=49$이므로 $x^2=49$를 만족시키는 x의 값은
　7, -7이다.
(2) $9^2=81$, $(-9)^2=81$이므로 $x^2=81$을 만족시키는 x의 값은
　9, -9이다.
(3) $12^2=144$, $(-12)^2=144$이므로 $x^2=144$를 만족시키는 x의
　값은 12, -12이다.
(4) $0^2=0$이므로 $x^2=0$을 만족시키는 x의 값은 0이다.
(5) $\left(\dfrac{2}{3}\right)^2=\dfrac{4}{9}$, $\left(-\dfrac{2}{3}\right)^2=\dfrac{4}{9}$이므로 $x^2=\dfrac{4}{9}$를 만족시키는 x의
　값은 $\dfrac{2}{3}$, $-\dfrac{2}{3}$이다.
(6) $0.4^2=0.16$, $(-0.4)^2=0.16$이므로 $x^2=0.16$을 만족시키는
　x의 값은 0.4, -0.4이다.

3 답 풀이 참조

(1) 36의 제곱근
　⇨ 제곱하여 $\boxed{36}$이 되는 수
　⇨ $x^2=\boxed{36}$을 만족시키는 x의 값
　⇨ $\boxed{6}$, $\boxed{-6}$
(2) 121의 제곱근
　⇨ 제곱하여 $\boxed{121}$이 되는 수
　⇨ $x^2=\boxed{121}$을 만족시키는 x의 값
　⇨ $\boxed{11}$, $\boxed{-11}$

교과서 문제로 개념 다지기

1 답 (1) 2, -2　(2) 9, -9　(3) 0.6, -0.6　(4) $\dfrac{3}{7}$, $-\dfrac{3}{7}$

(1) $2^2=4$, $(-2)^2=4$이므로 $x^2=4$를 만족시키는 x의 값은
　$\boxed{2}$, $\boxed{-2}$이다.
(2) $9^2=81$, $(-9)^2=81$이므로 81의 제곱근은 $\boxed{9}$, $\boxed{-9}$이다.
(3) $(0.6)^2=0.36$, $(-0.6)^2=0.36$이므로 제곱하여 0.36이 되는
　수는 $\boxed{0.6}$, $\boxed{-0.6}$이다.
(4) $\left(\dfrac{3}{7}\right)^2=\dfrac{9}{49}$, $\left(-\dfrac{3}{7}\right)^2=\dfrac{9}{49}$이므로 $\dfrac{9}{49}$의 제곱근은
　$\boxed{\dfrac{3}{7}}$, $\boxed{-\dfrac{3}{7}}$이다.

2 답 ①

9의 제곱근은 제곱하여 9가 되는 수이므로
'x는 9의 제곱근이다.'를 식으로 바르게 나타낸 것은 ①이다.

3 답 (1) 8, -8　(2) $\dfrac{4}{5}$, $-\dfrac{4}{5}$　(3) 0.2, -0.2　(4) 5, -5

(1) $8^2=64$, $(-8)^2=64$이므로 64의 제곱근은 8, -8이다.
(2) $\left(\dfrac{4}{5}\right)^2=\dfrac{16}{25}$, $\left(-\dfrac{4}{5}\right)^2=\dfrac{16}{25}$이므로 $\dfrac{16}{25}$의 제곱근은 $\dfrac{4}{5}$, $-\dfrac{4}{5}$
　이다.
(3) $0.2^2=0.04$, $(-0.2)^2=0.04$이므로 0.04의 제곱근은 0.2, -0.2
　이다.
(4) $(-5)^2=25$이고, $5^2=25$, $(-5)^2=25$이므로
　$(-5)^2$의 제곱근은 5, -5이다.

4 답 (1) -8, -1　(2) 0　(3) $\dfrac{1}{9}$, 16

(1) 제곱하여 음수가 되는 수는 없으므로 음수의 제곱근은 0개이다.
　즉, 제곱근이 0개인 수는 -8과 -1이다.
(2) 0의 제곱근은 0뿐이므로 제곱근이 1개이다.
(3) 양수의 제곱근은 절댓값이 같고 부호가 다른 두 수로 2개이다.
　즉, 제곱근이 2개인 수는 $\dfrac{1}{9}$과 16이다.

5 답 ㄱ, ㄴ, ㄹ

ㄱ. $6^2=36$이므로 6은 36의 제곱근이다.

ㄴ. $7^2=49$, $(-7)^2=49$이므로

49의 제곱근은 7, -7의 2개이다.

ㄷ. 0의 제곱근은 0이다.

ㄹ. $(-8)^2=8^2=64$이므로

$(-8)^2$과 8^2의 제곱근은 같다.

ㅁ. $5^2=25$, $(-5)^2=25$이므로

25의 제곱근은 5, -5이다.

ㅂ. 제곱하여 음수가 되는 수는 없으므로 -9의 제곱근은 없다.

따라서 옳은 것은 ㄱ, ㄴ, ㄹ이다.

6 답 6 cm

가로의 길이가 4 cm, 세로의 길이가 9 cm인 직사각형의 넓이는

$4\times9=36(\text{cm}^2)$

정사각형의 한 변의 길이를 x cm라 하면

$x^2=36$

이때 x는 36의 제곱근이고, $x>0$이므로

$x=6$

따라서 정사각형의 한 변의 길이는 6 cm이다.

▶ 문제 속 개념 도출

답 ① 제곱근 ② a ③ 정사각형의 넓이

• 본문 12~13쪽

개념 02 제곱근의 표현

바/로/풀/기

Q1 답 $\sqrt{7}$, $-\sqrt{7}$, $\pm\sqrt{7}$

Q2 답 있다

개념 확인

1 답 풀이 참조

a	2	3	4	5	6
a의 양의 제곱근	$\sqrt{2}$	$\sqrt{3}$	$\sqrt{4}=2$	$\sqrt{5}$	$\sqrt{6}$
a의 음의 제곱근	$-\sqrt{2}$	$-\sqrt{3}$	$-\sqrt{4}=-2$	$-\sqrt{5}$	$-\sqrt{6}$
a의 제곱근	$\pm\sqrt{2}$	$\pm\sqrt{3}$	±2	$\pm\sqrt{5}$	$\pm\sqrt{6}$

2 답 (1) $\pm\sqrt{7}$ (2) $\pm\sqrt{11}$ (3) $\pm\sqrt{0.2}$ (4) $\pm\sqrt{\dfrac{2}{5}}$

3 답

a	a의 제곱근	제곱근 a
10	$\pm\sqrt{10}$	$\sqrt{10}$
23	$\pm\sqrt{23}$	$\sqrt{23}$
0.1	$\pm\sqrt{0.1}$	$\sqrt{0.1}$
$\dfrac{1}{2}$	$\pm\sqrt{\dfrac{1}{2}}$	$\sqrt{\dfrac{1}{2}}$

| 참고 | a의 제곱근과 제곱근 a를 비교하기 (단, $a>0$)

	a의 제곱근	제곱근 a
뜻	제곱하여 a가 되는 수	a의 제곱근 중 양의 제곱근
표현	$\pm\sqrt{a}$	$\sqrt{a}$

교과서 문제로 **개념 다지기**

1 답 (1) $\sqrt{11}$ (2) $-\sqrt{11}$ (3) $\pm\sqrt{11}$ (4) $\sqrt{11}$

(1) 11의 양의 제곱근은 $\sqrt{11}$이다.

(2) 11의 음의 제곱근은 $-\sqrt{11}$이다.

(3) 11의 제곱근은 $\pm\sqrt{11}$이다.

(4) 제곱근 11은 $\sqrt{11}$이다.

해설 꼭 확인

(3), (4) 11의 제곱근과 제곱근 11을 구별하기

$\xrightarrow{(\times)}$ 11의 제곱근: $\sqrt{11}$, 제곱근 11: $\pm\sqrt{11}$

$\xrightarrow{(\bigcirc)}$ 11의 제곱근: $\pm\sqrt{11}$, 제곱근 11: $\sqrt{11}$

➡ $a>0$일 때, a의 제곱근은 제곱하여 a가 되는 수이므로 $\pm\sqrt{a}$이고, 제곱근 a는 $\sqrt{a}$를 읽는 방법으로 a의 제곱근 중에서 양의 제곱근만을 뜻하므로 a의 제곱근과 제곱근 a를 혼동하지 않아야 해!

2 답 ⑤

① (13의 제곱근)=(제곱하여 13이 되는 수) (②)

$\qquad\qquad\qquad = (x^2=13$을 만족시키는 x의 값) (③)

$\qquad\qquad\qquad = (\pm\sqrt{13})$ (④)

⑤ (제곱근 13)$=\sqrt{13}$

따라서 나머지 넷과 다른 하나는 ⑤이다.

3 답 (1) $\sqrt{5}$ (2) $\sqrt{13}$

(1) 빗변의 길이를 x라 하면 피타고라스 정리에 의하여

$2^2+1^2=x^2$, $x^2=5$

이때 x는 5의 제곱근이고, $x>0$이므로 $x=\sqrt{5}$

따라서 빗변의 길이는 $\sqrt{5}$이다.

(2) 빗변이 길이를 x라 하면 피타고라스 정리에 의하여

$3^2+2^2=x^2$, $x^2=13$

이때 x는 13의 제곱근이고, $x>0$이므로 $x=\sqrt{13}$

따라서 빗변의 길이는 $\sqrt{13}$이다.

4 답 (1) 4 (2) -5 (3) $\dfrac{1}{3}$ (4) 0.2

(1) $\sqrt{16}$은 16의 양의 제곱근이므로 4이다.

(2) $-\sqrt{25}$는 25의 음의 제곱근이므로 -5이다.

(3) $\sqrt{\dfrac{1}{9}}$은 $\dfrac{1}{9}$의 양의 제곱근이므로 $\dfrac{1}{3}$이다.

(4) $\sqrt{0.04}$는 0.04의 양의 제곱근이므로 0.2이다.

5 답 ㄱ, ㄴ, ㄹ

ㄷ. 제곱근 16은 4이다.

따라서 옳은 것은 ㄱ, ㄴ, ㄹ이다.

6 답 7

$\sqrt{81}=9$이고 9의 양의 제곱근은 3이므로

$a=3$

$(-4)^2=16$이고 16의 음의 제곱근은 -4이므로

$b=-4$

$\therefore\ a-b=3-(-4)=7$

해설 꼭 확인

> **$\sqrt{81}$의 제곱근 구하기**
>
> (×) $\sqrt{81}$의 제곱근은 ±9이다.
>
> (○) $\sqrt{81}=9$이므로 $\sqrt{81}$의 제곱근은 9의 제곱근인 ±3이다.
>
> **$(-4)^2$의 제곱근 구하기**
>
> (×) $(-4)^2$의 제곱근은 -4이다.
>
> (○) $(-4)^2=16$이므로 $(-4)^2$의 제곱근은 16의 제곱근인 ±4이다.
>
> ➡ 근호를 사용하여 나타낸 수 또는 (어떤 수)^{2}의 꼴의 제곱근을 구할 때는 먼저 주어진 수를 간단히 해야 해!

7 답 $\sqrt{29}$

$\triangle$ACB는 $\angle$B$=90°$인 직각삼각형이므로

피타고라스 정리에 의하여

$4^2+3^2=\overline{\text{AC}}^2$

$\overline{\text{AC}}^2=25$

$\therefore\ \overline{\text{AC}}=5\ (\because\ \overline{\text{AC}}>0)$

또한, $\triangle$ADC는 $\angle$C$=90°$인 직각삼각형이므로

피타고라스 정리에 의하여

$5^2+2^2=\overline{\text{AD}}^2$

$\overline{\text{AD}}^2=29$

$\therefore\ \overline{\text{AD}}=\sqrt{29}\ (\because\ \overline{\text{AD}}>0)$

▶ 문제 속 개념 도출

답 ① $-\sqrt{a}$ ② 제곱 ③ c^2

개념 03 제곱근의 성질

바/로/풀/기

Q1 답 2, 2

Q2 답 5, 5

개념 확인

1 답 (1) 5 (2) 10 (3) 7 (4) -7 (5) $\dfrac{1}{3}$ (6) $\dfrac{3}{4}$ (7) 0.2

(8) 0.4

(4) $(-\sqrt{7})^2=7$이므로 $-(-\sqrt{7})^2=-7$

2 답 (1) 4 (2) 11 (3) 6 (4) -6 (5) $\dfrac{1}{2}$ (6) $\dfrac{2}{5}$ (7) 0.5

(8) 0.1

(4) $\sqrt{(-6)^2}=\sqrt{6^2}=6$이므로 $-\sqrt{(-6)^2}=-6$

3 답 (1) 2, 5, 7 (2) 7, 6, 1

(1) $\sqrt{2^2}=\boxed{2}$, $(-\sqrt{5})^2=\boxed{5}$이므로

$\sqrt{2^2}+(-\sqrt{5})^2=2+5=\boxed{7}$

(2) $\sqrt{(-7)^2}=\sqrt{7^2}=\boxed{7}$, $(\sqrt{6})^2=\boxed{6}$이므로

$\sqrt{(-7)^2}-(\sqrt{6})^2=7-6=\boxed{1}$

교과서 문제로 **개념 다지기**

1 답 민하

우주: $\sqrt{3^2}=3$

겨울: $\sqrt{(-3)^2}=\sqrt{3^2}=3$

정원: $(-\sqrt{3})^2=3$

민하: $-(\sqrt{3})^2=-3$

따라서 나머지 셋과 다른 값을 갖고 있는 학생은 민하이다.

해설 꼭 확인

> **$\sqrt{(-3)^2}$을 근호를 사용하지 않고 나타내기**
>
> (×) $\sqrt{(-3)^2}=-3$
>
> (○) $\sqrt{(-3)^2}=\sqrt{3^2}=3$
>
> ➡ $a>0$일 때, $\sqrt{(-a)^2}=-a$라 생각하지 않도록 주의해야 해!

2 답 ②

② $\sqrt{(-10)^2}=\sqrt{10^2}=10$

④ $\left(-\sqrt{\dfrac{3}{2}}\right)^2=\dfrac{3}{2}$

따라서 옳지 않은 것은 ②이다.

3 답 $-\sqrt{6^2}$, $(-\sqrt{2})^2$, $(-\sqrt{3})^2$, $\sqrt{(-5)^2}$

$-\sqrt{6^2}=-6$, $(-\sqrt{2})^2=2$, $\sqrt{(-5)^2}=\sqrt{5^2}=5$, $(-\sqrt{3})^2=3$

(음수)$<0<$(양수)이므로

주어진 수를 작은 것부터 차례로 나열하면

$-\sqrt{6^2}$, $(-\sqrt{2})^2$, $(-\sqrt{3})^2$, $\sqrt{(-5)^2}$

4 답 ㄱ, ㄹ

ㄱ. $(\sqrt{7})^2=7$이므로 7의 제곱근은 $\pm\sqrt{7}$이다.

ㄴ. $\sqrt{(-11)^2}=\sqrt{11^2}=11$이므로 11의 제곱근은 $\pm\sqrt{11}$이다.

ㄷ. $(-\sqrt{9})^2=9$이므로 9의 제곱근은 ±3이다.

ㄹ. $-\sqrt{(-4)^2}=-4$이므로 -4의 제곱근은 없다.

따라서 옳은 것은 ㄱ, ㄹ이다.

5 답 (1) 10 (2) 8 (3) 12 (4) 3

(1) $(\sqrt{3})^2+\sqrt{7^2}=3+7=10$

(2) $(-\sqrt{13})^2-\sqrt{5^2}=13-5=8$

(3) $(\sqrt{2})^2\times\sqrt{(-6)^2}=2\times6=12$

(4) $\sqrt{12^2}\div(-\sqrt{4})^2=12\div4=3$

6 답 $a=8$, $b=11$, $c=-5$

주어진 전개도로 정육면체를 만들었을 때,

a가 적힌 면과 마주 보는 면에 적힌 수는 $\sqrt{(-8)^2}$이고,

$\sqrt{(-8)^2}=\sqrt{8^2}=8$이므로 $a=8$

b가 적힌 면과 마주 보는 면에 적힌 수는 $(\sqrt{11})^2$이고,

$(\sqrt{11})^2=11$이므로 $b=11$

c가 적힌 면과 마주 보는 면에 적힌 수는 $-\sqrt{5^2}$이고,

$-\sqrt{5^2}=-5$이므로 $c=-5$

▶ 문제 속 개념 도출

답 ① 제곱 ② 근호

• 본문 16~17쪽

개념 **04** **제곱근의 성질의 응용 (1) - 식 간단히 하기**

📂 **바/로/풀/기**

Q1 답 3, -3

📖 **개념 확인**

1 답 (1) a, $-a$ (2) a, $-a$

(2) $a\geq0$일 때, $-a\leq0$이므로

$\sqrt{(-a)^2}=-(-a)=\boxed{a}$

$a<0$일 때, $-a>0$이므로 $\sqrt{(-a)^2}=\boxed{-a}$

2 답 풀이 참조

(1) $a>0$일 때, $\sqrt{(2a)^2}=\boxed{2a}$

$2a\enclose{circle}{>}0$

(2) $a<0$일 때, $\sqrt{(2a)^2}=\boxed{-2a}$

$2a\enclose{circle}{<}0$

(3) $a>0$일 때, $\sqrt{(-2a)^2}=-(\boxed{-2a})=\boxed{2a}$

$-2a\enclose{circle}{<}0$

(4) $a<0$일 때, $\sqrt{(-2a)^2}=\boxed{-2a}$

$-2a\enclose{circle}{>}0$

3 답 풀이 참조

(1) $x>1$일 때, $\sqrt{(x-1)^2}=\boxed{x-1}$

$x-1\enclose{circle}{>}0$

(2) $x<1$일 때, $\sqrt{(x-1)^2}=-(\boxed{x-1})=\boxed{-x+1}$

$x-1\enclose{circle}{<}0$

교과서 문제로 **개념 다지기**

1 답 (1) $3x$ (2) $-3x$ (3) $3x$ (4) $-3x$

(1) $x>0$일 때, $3x>0$이므로 $\sqrt{(3x)^2}=3x$

(2) $x<0$일 때, $3x<0$이므로 $\sqrt{(3x)^2}=-3x$

(3) $x>0$일 때, $-3x<0$이므로

$\sqrt{(-3x)^2}=-(-3x)=3x$

(4) $x<0$일 때, $-3x>0$이므로

$\sqrt{(-3x)^2}=-3x$

2 답 (1) $7a$ (2) $5a$ (3) $12a$

(1) $a>0$일 때, $7a>0$이므로 $\sqrt{(7a)^2}=7a$

(2) $a>0$일 때, $-5a<0$이므로

$\sqrt{(-5a)^2}=-(-5a)=5a$

(3) $a>0$일 때, $\sqrt{(7a)^2}=7a$, $\sqrt{(-5a)^2}=5a$이므로

$\sqrt{(7a)^2}+\sqrt{(-5a)^2}=7a+5a=12a$

3 답 (1) $-4a$ (2) $-6a$ (3) $2a$

(1) $a<0$일 때, $4a<0$이므로 $\sqrt{(4a)^2}=-4a$

(2) $a<0$일 때, $-6a>0$이므로 $\sqrt{(-6a)^2}=-6a$

(3) $a<0$일 때, $\sqrt{(4a)^2}=-4a$, $\sqrt{(-6a)^2}=-6a$이므로

$\sqrt{(4a)^2}-\sqrt{(-6a)^2}=-4a-(-6a)=2a$

4 답 $9a$

$a>0$일 때, $5a>0$, $-4a<0$이므로

$\sqrt{(5a)^2}=5a$

$\sqrt{(-4a)^2}=-(-4a)=4a$

$\therefore \sqrt{(5a)^2}+\sqrt{(-4a)^2}=5a+4a=9a$

5 답 (1) $x+1$　(2) $-x-1$　(3) $x-4$　(4) $-4+x$

(1) $x>-1$일 때, $x+1>0$이므로

$\sqrt{(x+1)^2}=x+1$

(2) $x<-1$일 때, $x+1<0$이므로

$\sqrt{(x+1)^2}=-(x+1)=-x-1$

(3) $x>4$일 때, $x-4>0$이므로

$\sqrt{(x-4)^2}=x-4$

(4) $x>4$일 때, $4-x<0$이므로

$\sqrt{(4-x)^2}=-(4-x)=-4+x$

6 답 $-x+2$, $x+3$, 5

$-3<x<2$일 때, $x-2<0$이므로

$\sqrt{(x-2)^2}=-(x-2)=\boxed{-x+2}$

$x+3>0$이므로 $\sqrt{(x+3)^2}=\boxed{x+3}$

$\therefore \sqrt{(x-2)^2}+\sqrt{(x+3)^2}=(-x+2)+(x+3)$

$\qquad\qquad\qquad\qquad\qquad =-x+2+x+3$

$\qquad\qquad\qquad\qquad\qquad =\boxed{5}$

7 답 $2a-2b$

$a>0$이므로 $\sqrt{a^2}=a$

$b<0$이므로 $\sqrt{b^2}=-b$　$\rightarrow$ (양수)$-$(음수)$=$(양수)

$a>0$, $b<0$일 때, $\underline{a-b>0}$이므로 $\sqrt{(a-b)^2}=a-b$

$\therefore \sqrt{a^2}+\sqrt{b^2}+\sqrt{(a-b)^2}=a+(-b)+(a-b)$

$\qquad\qquad\qquad\qquad\qquad\quad =a-b+a-b$

$\qquad\qquad\qquad\qquad\qquad\quad =2a-2b$

▶ 문제 속 개념 도출

답 ① 양수　② 음수　③ $a-b$

• 본문 18~19쪽

제곱근의 성질의 응용 (2) – 제곱인 수 만들기

🔍 바/로/풀/기

Q1 답 3, 4

---

1 답

$\sqrt{(\text{제곱인 수})}$	$\sqrt{(\text{자연수})^2}$	자연수
$\sqrt{25}$	$\sqrt{5^2}$	5
$\sqrt{64}$	$\sqrt{8^2}$	8
$\sqrt{100}$	$\sqrt{10^2}$	10
$\sqrt{225}$	$\sqrt{15^2}$	15
$\sqrt{400}$	$\sqrt{20^2}$	20

2 답 풀이 참조

(1) 18을 소인수분해 하면

$18=\boxed{2}\times\boxed{3}^2$

18의 소인수 중에서 지수가 홀수인 소인수는 $\boxed{2}$이다.

$\sqrt{18x}=\sqrt{2\times3^2\times x}$가 자연수가 되려면 자연수 x는

$x=\boxed{2}\times(\text{자연수})^2$의 꼴이어야 하므로 가장 작은 자연수 x의

값은 $\boxed{2}$이다.

(2) x가 자연수이므로 $\sqrt{6+x}$가 자연수가 되려면 $6+x$가 6보다

큰 제곱인 수이어야 한다.

6보다 큰 제곱인 수는 $\boxed{9}$, $\boxed{16}$, $\boxed{25}$, $\cdots$이므로

$6+x=\boxed{9}$, $\boxed{16}$, $\boxed{25}$, $\cdots$

$\therefore x=\boxed{3}$, $\boxed{10}$, $\boxed{19}$, $\cdots$

$\sqrt{6+x}$가 자연수가 되도록 하는 가장 작은 자연수 x의 값은

$\boxed{3}$이다.

---

1 답 5

$\sqrt{45x}=\sqrt{3^2\times5\times x}$가 자연수가 되려면 각 소인수의 지수가 모두

짝수이어야 하므로 5의 지수가 짝수이어야 한다.

따라서 구하는 가장 작은 자연수 x의 값은 5이다.

2 답 (1) $2^2\times7$　(2) 7　(3) 7

(1) 28을 소인수분해하면 $28=2^2\times7$

(2) (1)에서 지수가 홀수인 소인수는 7이다.

(3) $\sqrt{\dfrac{28}{x}}=\sqrt{\dfrac{2^2\times7}{x}}$이 자연수가 되려면 각 소인수의 지수가 모

두 짝수이어야 하므로 구하는 가장 작은 자연수 x의 값은 7이다.

| 참고 | 어떤 수로 나누어 제곱인 수가 되도록 할 때, 지수가 1인

소인수는 그 소인수로 나눈다.

3 답 2

$\sqrt{\dfrac{72}{x}}=\sqrt{\dfrac{2^3\times3^2}{x}}$이 자연수가 되려면 각 소인수의 지수가 모두

짝수이어야 하므로 구하는 가장 작은 자연수 x의 값은 2이다.

4 답 3

$\sqrt{13+x}$가 자연수가 되려면 $13+x$가 13보다 큰 제곱인 수이어야 한다.

이때 13보다 큰 제곱인 수는 16, 25, 36, $\cdots$이다.

즉, $13+x=16,\ 25,\ 36,\ \cdots$

$\therefore x=3,\ 12,\ 23,\ \cdots$

따라서 구하는 가장 작은 자연수 x의 값은 3이다.

5 답 (1) 1, 4, 9, 16　(2) 4, 11, 16, 19

(1) 20보다 작은 제곱인 수는 1, 4, 9, 16이다.

(2) $20-x$가 제곱인 수 1, 4, 9, 16이 되도록 하는 자연수 x의 값은

$20-x=1$일 때, $x=19$

$20-x=4$일 때, $x=16$

$20-x=9$일 때, $x=11$

$20-x=16$일 때, $x=4$

따라서 구하는 자연수 x의 값은 4, 11, 16, 19이다.

6 답 15

넓이가 $\dfrac{60}{x}$인 정사각형의 한 변의 길이는 $\sqrt{\dfrac{60}{x}}$

이때 $\sqrt{\dfrac{60}{x}}=\sqrt{\dfrac{2^2\times3\times5}{x}}$가 자연수가 되려면 각 소인수의 지수가 모두 짝수이어야 하므로 구하는 가장 작은 자연수 x의 값은 $3\times5=15$

▶ 문제 속 개념 도출

답 ① 제곱　② 짝수　③ 소인수분해

• 본문 20~21쪽

개념 06 제곱근의 대소 관계

🔍 바/로/풀/기

Q1 답 <

Q2 답 2, <

📖 개념 확인

1 답 (1) 2, 8　(2) $\sqrt{2}$, $\sqrt{8}$　(3) $\sqrt{2}$, $\sqrt{8}$

2 답 (1) <, <　(2) <　(3) >　(4) <, <, >　(5) >　(6) <

(2) $10<13$이므로 $\sqrt{10}\ \boxed{<}\ \sqrt{13}$

(3) $\dfrac{1}{3}>\dfrac{1}{6}$이므로 $\sqrt{\dfrac{1}{3}}\ \boxed{>}\ \sqrt{\dfrac{1}{6}}$

(5) $11<14$이므로 $\sqrt{11}<\sqrt{14}$　$\therefore -\sqrt{11}\ \boxed{>}\ -\sqrt{14}$

(6) $0.9>0.4$이므로 $\sqrt{0.9}>\sqrt{0.4}$　$\therefore -\sqrt{0.9}\ \boxed{<}\ -\sqrt{0.4}$

3 답 (1) 풀이 참조　(2) <　(3) <　(4) 풀이 참조　(5) >　(6) <

(1) $3=\sqrt{\boxed{9}}$이고 $\sqrt{\boxed{9}}\ \boxed{>}\ \sqrt{8}$이므로 $3\ \boxed{>}\ \sqrt{8}$

(2) $5=\sqrt{25}$이고 $\sqrt{20}<\sqrt{25}$이므로 $\sqrt{20}\ \boxed{<}\ 5$

(3) $\dfrac{1}{2}=\sqrt{\dfrac{1}{4}}$이고 $\sqrt{\dfrac{1}{4}}<\sqrt{\dfrac{3}{4}}$이므로 $\dfrac{1}{2}\ \boxed{<}\ \sqrt{\dfrac{3}{4}}$

(4) $4=\sqrt{\boxed{16}}$이고 $\sqrt{\boxed{16}}\ \boxed{>}\ \sqrt{10}$이므로

$\quad 4\ \boxed{>}\ \sqrt{16}$　$\therefore -4\ \boxed{<}\ -\sqrt{10}$

(5) $6=\sqrt{36}$이고 $\sqrt{33}<\sqrt{36}$이므로

$\quad \sqrt{33}<6$　$\therefore -\sqrt{33}\ \boxed{>}\ -6$

(6) $0.3=\sqrt{0.09}$이고 $\sqrt{0.09}>\sqrt{0.07}$이므로

$\quad 0.3>\sqrt{0.07}$　$\therefore -0.3\ \boxed{<}\ -\sqrt{0.07}$

교과서 문제로 **개념 다지기**

1 답 ②

① $3=\sqrt{9}$이고 $\sqrt{6}<\sqrt{9}$이므로 $\sqrt{6}<3$

② $13<14$이므로 $\sqrt{13}<\sqrt{14}$

③ $15<17$이므로 $\sqrt{15}<\sqrt{17}$　$\therefore -\sqrt{15}>-\sqrt{17}$

④ $\dfrac{1}{2}=\sqrt{\dfrac{1}{4}}$이고 $\sqrt{\dfrac{1}{3}}>\sqrt{\dfrac{1}{4}}$이므로 $\sqrt{\dfrac{1}{3}}>\dfrac{1}{2}$

⑤ $0.7<0.8$이므로 $\sqrt{0.7}<\sqrt{0.8}$

따라서 옳은 것은 ②이다.

2 답 $-\sqrt{6}$, -2, $\sqrt{5}$, 3

음수끼리 대소를 비교하면 $2=\sqrt{4}$이고 $\sqrt{4}<\sqrt{6}$이므로

$2<\sqrt{6}$　$\therefore -2>-\sqrt{6}$

양수끼리 대소를 비교하면 $3=\sqrt{9}$이고 $\sqrt{5}<\sqrt{9}$이므로

$\sqrt{5}<3$

(음수)$<0<$(양수)이므로

$-\sqrt{6}<-2<\sqrt{5}<3$

따라서 주어진 수를 크기가 작은 것부터 차례로 나열하면

$-\sqrt{6}$, -2, $\sqrt{5}$, 3이다.

3 답 ①

① $\dfrac{5}{2}=\sqrt{\dfrac{25}{4}}$　　③ $\sqrt{(-6)^2}=6=\sqrt{36}$

④ $(-\sqrt{7})^2=7=\sqrt{49}$　　⑤ $4=\sqrt{16}$

따라서 $\sqrt{\dfrac{25}{4}}<\sqrt{10}<\sqrt{16}<\sqrt{36}<\sqrt{49}$

즉, $\dfrac{5}{2}<\sqrt{10}<4<\sqrt{(-6)^2}<(-\sqrt{7})^2$이므로 가장 작은 수인 것은 ①이다.

4 답 풀이 참조

$2=\sqrt{4}$, $3=\sqrt{9}$이므로

$2<\sqrt{x}<3$에서 2와 3을 각각 근호를 사용하여 나타내면

$\sqrt{\boxed{4}}<\sqrt{x}<\sqrt{9}$ $\quad\therefore\boxed{4}<x<9$

따라서 주어진 부등식을 만족시키는 자연수 x의 값은

$\boxed{5}$, $\boxed{6}$, $\boxed{7}$, $\boxed{8}$이다.

5 답 (1) 7개 (2) 4개

(1) $\sqrt{8}<\sqrt{x}<4$에서 $\sqrt{8}<\sqrt{x}<\sqrt{16}$이므로

   $8<x<16$

   따라서 구하는 자연수 x는 9, 10, 11, 12, 13, 14, 15의 7개
   이다.

(2) $1<\sqrt{2x}<3$에서 $\sqrt{1}<\sqrt{2x}<\sqrt{9}$이므로

   $1<2x<9$ $\quad\therefore 0.5<x<4.5$

   따라서 구하는 자연수 x는 1, 2, 3, 4의 4개이다.

6 답 $\sqrt{15}$

첫 번째 줄의 왼쪽에 위치한 기계 A에 넣은 $\sqrt{12}$와 4의 대소를
비교하면

$4=\sqrt{16}$이고 $\sqrt{12}<\sqrt{16}$이므로 $\sqrt{12}<4$

즉, 첫 번째 줄의 왼쪽에 위치한 기계 A에서 나오는 수는 4이다.

첫 번째 줄의 오른쪽에 위치한 기계 A에 넣은 $\dfrac{7}{2}$과 $\sqrt{15}$의 대소

를 비교하면

$\dfrac{7}{2}=\sqrt{\dfrac{49}{4}}$이고 $\sqrt{\dfrac{49}{4}}<\sqrt{15}$이므로 $\dfrac{7}{2}<\sqrt{15}$

즉, 첫 번째 줄의 오른쪽에 위치한 기계 A에서 나오는 수는 $\sqrt{15}$
이다.

이때 두 번째 줄의 기계 B에 들어가는 수는 4와 $\sqrt{15}$이고, 4와
$\sqrt{15}$의 대소를 비교하면

$4=\sqrt{16}$이고 $\sqrt{16}>\sqrt{15}$이므로 $4>\sqrt{15}$

즉, 두 번째 줄의 기계 B에서 나오는 수는 $\sqrt{15}$이다.

따라서 마지막에 나오는 수는 $\sqrt{15}$이다.

▶ **문제 속 개념 도출**

답 ① $\sqrt{a}>\sqrt{b}$ ② $a<\sqrt{b}$

• 본문 22~23쪽

07 무리수와 실수

📖 **개념 확인**

1 답 (1) 유 (2) 유 (3) 무 (4) 유 (5) 무 (6) 무

(2) $\sqrt{4}=\sqrt{2^2}=2$이므로 $\sqrt{4}$는 유리수이다.

---

2 답 (1) ○ (2) ✕ (3) ○ (4) ○ (5) ✕

(2) 무한소수 중 순환소수는 유리수이다.

(5) 무리수는 무한소수로 나타낼 수 있다.

교과서 문제로 **개념 다지기**

1 답 ㄴ, ㅂ

ㄹ. $0.\dot{2}=\dfrac{2}{9}$ ⇨ 유리수

ㅁ. $\sqrt{\dfrac{1}{4}}=\dfrac{1}{2}$ ⇨ 유리수

ㅂ. (3의 제곱근) $=\pm\sqrt{3}$ ⇨ 무리수

ㅇ. $\sqrt{16}=4$ ⇨ 유리수

따라서 무리수인 것은 ㄴ, ㅂ이다.

해설 꼭 확인

ㅇ. $\sqrt{16}$이 유리수인지 무리수인지 판단하기

(✕) $\sqrt{16}$은 근호가 있으므로 무리수이다.

(○) $\sqrt{16}=\sqrt{4^2}=4$이므로 $\sqrt{16}$은 유리수이다.

➡ 근호를 사용하여 나타낸 수가 유리수인지 무리수인지 판단할
때는 그 수가 근호를 사용하지 않고 나타낼 수 있는지, 즉 근
호 안의 수가 어떤 유리수의 제곱으로 나타낼 수 있는지를
확인해야 해!

2 답 2개

소수로 나타내었을 때 순환소수가 아닌 무한소수로 나타내어지는
수는 무리수이다.

이때 $\sqrt{25}=5$, $0.3\dot{4}=\dfrac{31}{90}$ 은 유리수이다.

따라서 소수로 나타내었을 때 순환소수가 아닌 무한소수, 즉 무
리수는 $-\sqrt{11}$, $\sqrt{2.8}$의 2개이다.

3 답 ②

① 순환소수도 유리수이다.

③ 순환소수가 아닌 무한소수는 모두 무리수이다.

④ 근호를 사용하여 나타낸 수 중 근호를 사용하지 않고 나타낼
   수 있는 수는 유리수이다.

⑤ $\dfrac{(정수)}{(0이\ 아닌\ 정수)}$의 꼴로 나타낼 수 있는 수는 유리수이다.

따라서 옳은 것은 ②이다.

4 답 (1) 1, $-\sqrt{9}$ (2) 1, $0.1\dot{7}$, $-\sqrt{9}$, $\dfrac{3}{2}$ (3) $\sqrt{5}$, π

   (4) 1, $\sqrt{5}$, π, $0.1\dot{7}$, $-\sqrt{9}$, $\dfrac{3}{2}$

$0.1\dot{7}=\dfrac{17}{99}$ 은 유리수이고, $-\sqrt{9}=-3$은 정수이다.

5 답 ③

㈎에 해당하는 것은 무리수이다.

① $2.\dot{1}=\dfrac{19}{9}$ ⇨ 유리수

② $\sqrt{4}+1=3$ ⇨ 유리수

③ $-\sqrt{8}$ ⇨ 무리수

④ 5.24 ⇨ 유리수

⑤ $\dfrac{3}{5}$ ⇨ 유리수

따라서 ㈎에 해당하는 수, 즉 무리수인 것은 ③이다.

6 답 T

$0.\dot{7}=\dfrac{7}{9}$, $\sqrt{9}=3$, $\sqrt{\dfrac{4}{9}}=\dfrac{2}{3}$, 0은 유리수이므로 무리수는

$\sqrt{2}+1$, $\sqrt{\dfrac{1}{6}}$, π, $\sqrt{0.\dot{1}}$, $-\sqrt{5}$이다.

따라서 무리수가 있는 칸을 모두 색칠하면 다음 그림과 같으므로 나타나는 알파벳은 'T'이다.

$\sqrt{2}+1$	$\sqrt{\dfrac{1}{6}}$	π
$0.\dot{7}$	$\sqrt{0.\dot{1}}$	$\sqrt{9}$
$\sqrt{\dfrac{4}{9}}$	$-\sqrt{5}$	0

▶ **문제 속 개념 도출**

답 ① 무리수   ② 유리수   ③ 실수

• 본문 24~25쪽

개념 **08** 실수와 수직선

📖 **개념 확인**

1 답 (1) ✕ (2) ✕ (3) ◯ (4) ◯ (5) ◯ (6) ◯

(1) 모든 무리수는 수직선 위에 나타낼 수 있다.

(2) 서로 다른 두 유리수 사이에는 무수히 많은 무리수가 있다.

2 답 풀이 참조

❶ 오른쪽 그림과 같이 한 칸의 가로와 세로의 길이가 각각 1인 모눈종이 위에 수직선과 직각을 낀 두 변의 길이가 각각 1인 직각삼각형 AOB를 그린다.

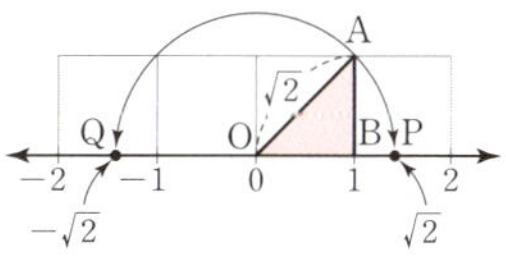

❷ 직각삼각형 AOB의 빗변의 길이를 구한다.

⇨ $\overline{OA}=\sqrt{\boxed{1}^{2}+\boxed{1}^{2}}=\boxed{2}$

❸ 원점 O를 중심으로 하고 $\overline{OA}$를 반지름으로 하는 원을 그려 원이 수직선과 만나는 두 점을 각각 P, Q라 하면 두 점 P, Q에 대응하는 수는 각각 $\boxed{\sqrt{2}}$, $\boxed{-\sqrt{2}}$이다.

1 답 ㄴ, ㄷ

ㄱ. 수직선은 유리수에 대응하는 점들로 완전히 메울 수 없다.

따라서 옳은 것은 ㄴ, ㄷ이다.

2 답 ①, ⑤, ⑥

① 두 무리수 $\sqrt{2}$와 $\sqrt{3}$ 사이에는 무수히 많은 무리수가 있다.

⑤ 수직선 위의 모든 점은 실수에 대응한다.

⑥ 수직선은 실수에 대응하는 점들로 완전히 메울 수 있다.

3 답 (1) $\sqrt{13}$ (2) $\sqrt{13}$ (3) $-\sqrt{13}$

(1) $\overline{OA}=\sqrt{2^{2}+3^{2}}=\sqrt{13}$

(2) 점 P는 원점에서 오른쪽으로 $\overline{OP}=\overline{OA}=\sqrt{13}$만큼 떨어진 점이므로 점 P에 대응하는 수는 $\sqrt{13}$이다.

(3) 점 Q는 원점에서 왼쪽으로 $\overline{OQ}=\overline{OA}=\sqrt{13}$만큼 떨어진 점이므로 점 Q에 대응하는 수는 $-\sqrt{13}$이다.

4 답 P: $2+\sqrt{2}$, Q: $2-\sqrt{2}$

$\overline{AB}=\sqrt{1^{2}+1^{2}}=\sqrt{2}$

$\overline{AC}=\sqrt{1^{2}+1^{2}}=\sqrt{2}$

점 P는 2에 대응하는 점에서 오른쪽으로 $\overline{AP}=\overline{AB}=\sqrt{2}$만큼 떨어진 점이므로 점 P에 대응하는 수는 $2+\sqrt{2}$이고, 점 Q는 2에 대응하는 점에서 왼쪽으로 $\overline{AQ}=\overline{AC}=\sqrt{2}$만큼 떨어진 점이므로 점 Q에 대응하는 수는 $2-\sqrt{2}$이다.

5 답 (1) $\overline{AB}$의 길이: $\sqrt{2}$, $\overline{CD}$의 길이: $\sqrt{5}$
　　　 (2) P: $-2-\sqrt{2}$, Q: $-1+\sqrt{5}$

(1) $\overline{AB}=\sqrt{1^{2}+1^{2}}=\sqrt{2}$

$\overline{CD}=\sqrt{1^{2}+2^{2}}=\sqrt{5}$

(2) 점 P는 -2에 대응하는 점에서 왼쪽으로 $\overline{AP}=\overline{AB}=\sqrt{2}$만큼 떨어진 점이므로 점 P에 대응하는 수는 $-2-\sqrt{2}$이고, 점 Q는 -1에 대응하는 점에서 오른쪽으로 $\overline{CQ}=\overline{CD}=\sqrt{5}$만큼 떨어진 점이므로 점 Q에 대응하는 수는 $-1+\sqrt{5}$이다.

6 답 P: $3+\sqrt{11}$, Q: $3-\sqrt{11}$

넓이가 11인 정사각형의 한 변의 길이는 $\sqrt{11}$이므로

$\overline{AB}=\overline{AD}=\sqrt{11}$

따라서 점 P는 3에 대응하는 점에서 오른쪽으로
$\overline{AP}=\overline{AB}=\sqrt{11}$만큼 떨어진 점이므로 점 P에 대응하는 수는
$3+\sqrt{11}$이고, 점 Q는 3에 대응하는 점에서 왼쪽으로
$\overline{AQ}=\overline{AD}=\sqrt{11}$만큼 떨어진 점이므로 점 Q에 대응하는 수는
$3-\sqrt{11}$이다.

▶ 문제 속 개념 도출

답 ① $x-\sqrt{a}$　② 무리수　③ 수직선

• 본문 26~27쪽

개념 09　실수의 대소 관계

바/로/풀/기

Q1 답 오른쪽, 크다, 왼쪽, 작다

Q2 답 >, >

개념 확인

1 답 풀이 참조

(1) 방법1 $(\sqrt{6}+1)-3=\sqrt{6}+1-3$
$$=\sqrt{6}-2$$

이때 $\sqrt{6}\;\text{>}\;2$에서 $\sqrt{6}-2\;\text{>}\;0$이므로
$(\sqrt{6}+1)-3\;\text{>}\;0$　∴ $\sqrt{6}+1\;\text{>}\;3$

방법2 $\sqrt{6}\;\text{>}\;2(=\sqrt{4})$이므로 양변에 1을 더하면
$\sqrt{6}+1\;\text{>}\;3$

(2) 방법1 $(\sqrt{5}+2)-(\sqrt{7}+2)=\sqrt{5}+2-\sqrt{7}-2$
$$=\sqrt{5}-\sqrt{7}$$

이때 $\sqrt{5}\;\text{<}\;\sqrt{7}$에서 $\sqrt{5}-\sqrt{7}\;\text{<}\;0$이므로
$(\sqrt{5}+2)-(\sqrt{7}+2)\;\text{<}\;0$
∴ $\sqrt{5}+2\;\text{<}\;\sqrt{7}+2$

방법2 $\sqrt{5}\;\text{<}\;\sqrt{7}$이므로 양변에 2를 더하면
$\sqrt{5}+2\;\text{<}\;\sqrt{7}+2$

교과서 문제로 개념다지기

1 답 (1) >　(2) <　(3) <　(4) <　(5) <　(6) >

(1) $4-(\sqrt{5}+1)=4-\sqrt{5}-1=3-\sqrt{5}$
이때 $3>\sqrt{5}$에서 $3-\sqrt{5}>0$이므로
$4-(\sqrt{5}+1)>0$　∴ $4>\sqrt{5}+1$

(2) $2-(1+\sqrt{2})=2-1-\sqrt{2}=1-\sqrt{2}$
이때 $1<\sqrt{2}$에서 $1-\sqrt{2}<0$이므로
$2-(1+\sqrt{2})<0$　∴ $2<1+\sqrt{2}$

(3) $(5-\sqrt{3})-4=5-\sqrt{3}-4=1-\sqrt{3}$
이때 $1<\sqrt{3}$에서 $1-\sqrt{3}<0$이므로
$(5-\sqrt{3})-4<0$　∴ $5-\sqrt{3}<4$

(4) $(\sqrt{5}-1)-2=\sqrt{5}-1-2=\sqrt{5}-3$
이때 $\sqrt{5}<3$에서 $\sqrt{5}-3<0$이므로
$(\sqrt{5}-1)-2<0$　∴ $\sqrt{5}-1<2$

(5) $\sqrt{7}<\sqrt{8}$이므로 양변에 2를 더하면
$\sqrt{7}+2<\sqrt{8}+2$

(6) $\sqrt{5}>2$이므로 양변에서 $\sqrt{3}$을 빼면
$\sqrt{5}-\sqrt{3}>2-\sqrt{3}$

2 답 (1) $3+\sqrt{2}>4$　(2) $5-\sqrt{7}>2$　(3) $\sqrt{11}-1<3$
　　(4) $-2>1-\sqrt{10}$

(1) $(3+\sqrt{2})-4=3+\sqrt{2}-4=\sqrt{2}-1$
이때 $\sqrt{2}>1$에서 $\sqrt{2}-1>0$이므로
$(3+\sqrt{2})-4>0$　∴ $3+\sqrt{2}>4$

(2) $(5-\sqrt{7})-2=5-\sqrt{7}-2=3-\sqrt{7}$
이때 $3>\sqrt{7}$에서 $3-\sqrt{7}>0$이므로
$(5-\sqrt{7})-2>0$　∴ $5-\sqrt{7}>2$

(3) $(\sqrt{11}-1)-3=\sqrt{11}-1-3=\sqrt{11}-4$
이때 $\sqrt{11}<4$에서 $\sqrt{11}-4<0$이므로
$(\sqrt{11}-1)-3<0$　∴ $\sqrt{11}-1<3$

(4) $-2-(1-\sqrt{10})=-2-1+\sqrt{10}=\sqrt{10}-3$
이때 $\sqrt{10}>3$에서 $\sqrt{10}-3>0$이므로
$-2-(1-\sqrt{10})>0$　∴ $-2>1-\sqrt{10}$

3 답 ④

① $3-(\sqrt{3}+1)=3-\sqrt{3}-1=2-\sqrt{3}$
이때 $2>\sqrt{3}$에서 $2-\sqrt{3}>0$이므로
$3-(\sqrt{3}+1)>0$　∴ $3>\sqrt{3}+1$

② $(4+\sqrt{2})-5=4+\sqrt{2}-5=\sqrt{2}-1$
이때 $\sqrt{2}>1$에서 $\sqrt{2}-1>0$이므로
$(4+\sqrt{2})-5>0$　∴ $4+\sqrt{2}>5$

③ $(\sqrt{15}+1)-4=\sqrt{15}+1-4=\sqrt{15}-3$
이때 $\sqrt{15}>3$에서 $\sqrt{15}-3>0$이므로
$(\sqrt{15}+1)-4>0$　∴ $\sqrt{15}+1>4$

④ $4<\sqrt{17}$이므로 양변에서 $\sqrt{7}$을 빼면
$4-\sqrt{7}<\sqrt{17}-\sqrt{7}$

⑤ $\sqrt{2}>1$이므로 양변에 $\sqrt{6}$을 더하면
$\sqrt{2}+\sqrt{6}>1+\sqrt{6}$

따라서 부등호의 방향이 나머지 넷과 다른 하나는 ④이다.

4 답 풀이 참조

(i) 두 수 $2+\sqrt{3}$과 4의 대소를 비교하면
$(2+\sqrt{3})-4=2+\sqrt{3}-4=\boxed{\sqrt{3}-2}$

이때 $\sqrt{3}<2$에서 $\sqrt{3}-2 \text{\textcircled{<}} 0$이므로

$(2+\sqrt{3})-4 \text{\textcircled{<}} 0 \quad \therefore 2+\sqrt{3} \text{\textcircled{<}} 4$

(ii) 두 수 4와 $\sqrt{7}+2$의 대소를 비교하면

$4-(\sqrt{7}+2)=4-\sqrt{7}-2=\boxed{2-\sqrt{7}}$

이때 $2<\sqrt{7}$에서 $2-\sqrt{7} \text{\textcircled{<}} 0$이므로

$4-(\sqrt{7}+2) \text{\textcircled{<}} 0 \quad \therefore 4 \text{\textcircled{<}} \sqrt{7}+2$

따라서 (i), (ii)에서 $2+\sqrt{3}<4$이고 $4<\sqrt{7}+2$이므로

$2+\sqrt{3} \text{\textcircled{<}} 4 \text{\textcircled{<}} \sqrt{7}+2$

5 답 $c<b<a$

(i) 두 수 a와 b의 대소를 비교하면

$a-b=(1+\sqrt{2})-2$

$\qquad =1+\sqrt{2}-2=\sqrt{2}-1$

이때 $\sqrt{2}>1$에서 $\sqrt{2}-1>0$이므로

$(1+\sqrt{2})-2>0 \quad \therefore 1+\sqrt{2}>2$

$\therefore a>b$

(ii) 두 수 b와 c의 대소를 비교하면

$b-c=2-(\sqrt{5}-1)$

$\qquad =2-\sqrt{5}+1=3-\sqrt{5}$

이때 $3>\sqrt{5}$에서 $3-\sqrt{5}>0$이므로

$2-(\sqrt{5}-1)>0 \quad \therefore 2>\sqrt{5}-1$

$\therefore b>c$

따라서 (i), (ii)에서 $b<a$이고 $c<b$이므로

$c<b<a$

6 답 $4-\sqrt{3}$

$1<\sqrt{3}<2$이므로 $3<2+\sqrt{3}<4$

따라서 $2+\sqrt{3}$의 정수 부분은 3이고

소수 부분은

$(2+\sqrt{3})-3=2+\sqrt{3}-3=-1+\sqrt{3}$

이므로 $a=3$, $b=-1+\sqrt{3}$

$\therefore a-b=3-(-1+\sqrt{3})=3+1-\sqrt{3}=4-\sqrt{3}$

▶ **문제 속 개념 도출**

답 ① 차 ② 방향

1 답 ㄱ, ㄴ, ㄹ

ㄱ. 0의 제곱근은 0의 1개이다.

ㄷ. -4는 음수이므로 -4의 제곱근은 없다.

ㄹ. $\sqrt{(-3)^2}=3$이므로 3의 제곱근은 $\pm\sqrt{3}$이다.

따라서 옳은 것은 ㄱ, ㄴ, ㄹ이다.

2 답 38

$\sqrt{(-2)^2}+\sqrt{36} \div \left(-\sqrt{\dfrac{1}{6}}\right)^2 = 2+6 \div \dfrac{1}{6} = 2+6 \times 6 = 38$

3 답 $-2a+b$

$a<0$이므로 $\sqrt{a^2}=-a$

$ab<0$에서 a, b는 서로 다른 부호이고

$a<0$이므로 $b>0$

즉, $a<0$, $b>0$일 때 $a-b<0$이므로

$\sqrt{(a-b)^2}=-(a-b)=-a+b$

$\therefore \sqrt{a^2}+\sqrt{(a-b)^2}=-a+(-a+b)$

$\qquad\qquad\qquad\quad =-a-a+b=-2a+b$

4 답 ③

$\sqrt{3^2 \times 5^5 \times x}$가 자연수가 되려면 각 소인수의 지수가 모두 짝수

이어야 한다.

즉, 자연수 x는 $x=5 \times (\text{자연수})^2$의 꼴이어야 하므로 주어진 수

를 소인수분해하면 다음과 같다.

① 5   ② $20=2^2 \times 5$ ③ $25=5^2$

④ $45=3^2 \times 5$ ⑤ $125=5^3$

따라서 자연수 x가 될 수 없는 것은 ③이다.

5 답 6개

$3<\sqrt{x-1}<4$에서 $\sqrt{9}<\sqrt{x-1}<\sqrt{16}$이므로

$9<x-1<16 \quad \therefore 10<x<17$

따라서 구하는 자연수 x는 11, 12, 13, 14, 15, 16의 6개이다.

6 답 $-\sqrt{4}$, 0, $-\dfrac{5}{3}$, $2.\dot{6}$

□ 안의 수에 해당하는 것은 무리수이다.

$-\sqrt{4}=-2$, 0, $-\dfrac{5}{3}$, $2.\dot{6}=\dfrac{8}{3}$은 유리수이고, $\sqrt{0.2}$, $\sqrt{11}$, $\pi+1$

은 무리수이다.

따라서 □ 안의 수에 해당하지 않는 것은 $-\sqrt{4}$, 0, $-\dfrac{5}{3}$, $2.\dot{6}$이다.

7 답 ②

② $2=\sqrt{4}$와 같이 근호를 사용하여 나타낼 수 있는 유리수도 있다.

8 답 점 B

모눈 한 칸의 대각선의 길이는

$\sqrt{1^2+1^2}=\sqrt{2}$

이므로 수직선 위의 각 점에 대응하는 수를 구하면

점 A: $-1-\sqrt{2}$ 점 B: $1-\sqrt{2}$

점 C: $-1+\sqrt{2}$ 점 D: $\sqrt{2}$

점 E: $1+\sqrt{2}$

따라서 $1-\sqrt{2}$에 대응하는 점은 점 B이다.

9 답 ⑤

① $3=\sqrt{9}$이고 $\sqrt{7}<\sqrt{9}$이므로 $\sqrt{7}<3$
② $4=\sqrt{16}$이고 $\sqrt{16}<\sqrt{20}$이므로
  $4<\sqrt{20}$ $\therefore -4>-\sqrt{20}$
③ $(3+\sqrt{3})-5=3+\sqrt{3}-5=\sqrt{3}-2$
  이때 $\sqrt{3}<2$에서 $\sqrt{3}-2<0$이므로
  $(3+\sqrt{3})-5<0$ $\therefore 3+\sqrt{3}<5$
④ $2<\sqrt{6}$이므로 양변에서 $\sqrt{5}$를 빼면
  $2-\sqrt{5}<\sqrt{6}-\sqrt{5}$
⑤ $\sqrt{3}>\sqrt{2}$이므로 $-\sqrt{3}<-\sqrt{2}$이고 양변에 3을 더하면
  $-\sqrt{3}+3<-\sqrt{2}+3$
따라서 옳은 것은 ⑤이다.

⟳ OX 문제로 확인하기 ···································· • 본문 30쪽

답 ❶ ○ ❷ ○ ❸ ✕ ❹ ○ ❺ ✕ ❻ ✕ ❼ ○ ❽ ✕

2 근호를 포함한 식의 계산

• 본문 32~33쪽

개념 10 제곱근의 곱셈과 나눗셈

🔍 **바/로/풀/기**

Q1 답 $\sqrt{10}$, 2, 5, $8\sqrt{15}$

Q2 답 $\dfrac{6}{5}$, $\dfrac{5}{6}$

📖 **개념 확인**

1 답 (1) $\sqrt{15}$ (2) $\sqrt{42}$ (3) $-\sqrt{14}$ (4) $12\sqrt{10}$ (5) $\sqrt{21}$
   (6) 2, 3, 5, 30

(1) $\sqrt{3}\times\sqrt{5}=\sqrt{3}\sqrt{5}=\sqrt{3\times5}=\sqrt{15}$

(2) $\sqrt{7}\sqrt{6}=\sqrt{7\times6}=\sqrt{42}$

(3) $-\sqrt{2}\times\sqrt{7}=-\sqrt{2}\sqrt{7}=-\sqrt{2\times7}=-\sqrt{14}$

(4) $3\sqrt{5}\times4\sqrt{2}=(3\times4)\times\sqrt{5\times2}=12\sqrt{10}$

(5) $\sqrt{\dfrac{7}{2}}\times\sqrt{6}=\sqrt{\dfrac{7}{2}}\sqrt{6}=\sqrt{\dfrac{7}{2}\times6}=\sqrt{21}$

(6) $\sqrt{2}\sqrt{3}\sqrt{5}=\sqrt{\boxed{2}\times\boxed{3}\times\boxed{5}}=\sqrt{\boxed{30}}$

2 답 (1) $\sqrt{3}$ (2) $\sqrt{6}$ (3) $-\sqrt{7}$ (4) $2\sqrt{3}$ (5) $\dfrac{14}{3}$, $\dfrac{14}{3}$, 10

(1) $\sqrt{21}\div\sqrt{7}=\dfrac{\sqrt{21}}{\sqrt{7}}=\sqrt{\dfrac{21}{7}}=\sqrt{3}$

(2) $\dfrac{\sqrt{18}}{\sqrt{3}}=\sqrt{\dfrac{18}{3}}=\sqrt{6}$

(3) $-\sqrt{42}\div\sqrt{6}=-\dfrac{\sqrt{42}}{\sqrt{6}}=-\sqrt{\dfrac{42}{6}}=-\sqrt{7}$

(4) $4\sqrt{6}\div2\sqrt{2}=\dfrac{4\sqrt{6}}{2\sqrt{2}}=\dfrac{4}{2}\sqrt{\dfrac{6}{2}}=2\sqrt{3}$

(5) $\sqrt{\dfrac{15}{7}}\div\sqrt{\dfrac{3}{14}}=\sqrt{\dfrac{15}{7}}\times\sqrt{\boxed{\dfrac{14}{3}}}=\sqrt{\dfrac{15}{7}\times\boxed{\dfrac{14}{3}}}=\sqrt{\boxed{10}}$

교과서 문제로 개념 다지기

1 답 (1) $\sqrt{\dfrac{4}{5}}$ (2) $\sqrt{\dfrac{1}{7}}$ (3) 10 (4) -4

(1) $\sqrt{\dfrac{2}{3}}\times\sqrt{\dfrac{6}{5}}=\sqrt{\dfrac{2}{3}\times\dfrac{6}{5}}=\sqrt{\dfrac{4}{5}}$

(2) $\sqrt{5}\div\sqrt{35}=\dfrac{\sqrt{5}}{\sqrt{35}}=\sqrt{\dfrac{5}{35}}=\sqrt{\dfrac{1}{7}}$

(3) $\sqrt{5}\sqrt{20}=\sqrt{5\times20}=\sqrt{100}$
    $=\sqrt{10^2}=10$

(4) $-\dfrac{\sqrt{32}}{\sqrt{2}}=-\sqrt{\dfrac{32}{2}}=-\sqrt{16}$
    $=-\sqrt{4^2}=-4$

2 탑 ③

② $\sqrt{2} \times (-\sqrt{18}) = -\sqrt{2 \times 18} = -\sqrt{36}$
$\qquad\qquad\qquad = -\sqrt{6^2} = -6$

③ $\sqrt{12} \div (-\sqrt{3}) = -\dfrac{\sqrt{12}}{\sqrt{3}} = -\sqrt{\dfrac{12}{3}}$
$\qquad\qquad\qquad = -\sqrt{4} = -\sqrt{2^2} = -2$

따라서 옳지 않은 것은 ③이다.

3 탑 10배

$2x = 2\sqrt{5}, \ \dfrac{1}{x} = \dfrac{1}{\sqrt{5}}$ 이므로

$2\sqrt{5} \div \dfrac{1}{\sqrt{5}} = 2\sqrt{5} \times \sqrt{5} = 10$

따라서 $2x$는 $\dfrac{1}{x}$의 10배이다.

4 탑 (1) $\sqrt{7}$ (2) $\sqrt{6}$

(1) $\sqrt{5} \times \sqrt{\dfrac{7}{2}} \times \sqrt{\dfrac{2}{5}} = \sqrt{5 \times \dfrac{7}{2} \times \dfrac{2}{5}} = \sqrt{7}$

(2) $\sqrt{35} \div \sqrt{5} \div \sqrt{\dfrac{7}{6}} = \sqrt{35} \times \dfrac{1}{\sqrt{5}} \times \sqrt{\dfrac{6}{7}}$
$\qquad\qquad\qquad = \dfrac{\sqrt{35}}{\sqrt{5}} \times \sqrt{\dfrac{6}{7}} = \sqrt{\dfrac{35}{5}} \times \sqrt{\dfrac{6}{7}}$
$\qquad\qquad\qquad = \sqrt{7 \times \dfrac{6}{7}} = \sqrt{6}$

5 탑 $\sqrt{15}$

$\sqrt{12} \times \sqrt{\dfrac{3}{2}} = \sqrt{12 \times \dfrac{3}{2}} = \sqrt{18}$ 이므로

$\sqrt{18} \div \sqrt{\dfrac{6}{5}} = \sqrt{18} \times \sqrt{\dfrac{5}{6}} = \sqrt{18 \times \dfrac{5}{6}} = \sqrt{15}$

따라서 (개에 알맞은 수는 $\sqrt{15}$이다.

다른 풀이

$\sqrt{12} \times \sqrt{\dfrac{3}{2}} \div \sqrt{\dfrac{6}{5}} = \sqrt{12} \times \sqrt{\dfrac{3}{2}} \times \sqrt{\dfrac{5}{6}}$
$\qquad\qquad\qquad\qquad = \sqrt{12 \times \dfrac{3}{2} \times \dfrac{5}{6}} = \sqrt{15}$

6 탑 (1) $\sqrt{35}$ (2) 8

(1) $\sqrt{30} \div \sqrt{6} \times \sqrt{7} = \sqrt{30} \times \dfrac{1}{\sqrt{6}} \times \sqrt{7}$
$\qquad\qquad\qquad = \dfrac{\sqrt{30}}{\sqrt{6}} \times \sqrt{7} = \sqrt{\dfrac{30}{6}} \times \sqrt{7}$
$\qquad\qquad\qquad = \sqrt{5 \times 7} = \sqrt{35}$

(2) $\sqrt{6} \times \sqrt{8} \div \sqrt{\dfrac{3}{4}} = \sqrt{6} \times \sqrt{8} \times \sqrt{\dfrac{4}{3}}$
$\qquad\qquad\qquad = \sqrt{6 \times 8 \times \dfrac{4}{3}}$
$\qquad\qquad\qquad = \sqrt{64} = \sqrt{8^2} = 8$

7 탑 $a = \sqrt{10}, \ b = \sqrt{14}, \ c = \sqrt{7}$

$a = \sqrt{5} \times \sqrt{2} = \sqrt{5 \times 2} = \sqrt{10}$

$a \times b = \sqrt{140}$ 에서 $\sqrt{10} \times b = \sqrt{140}$ 이므로

$b = \sqrt{140} \div \sqrt{10} = \dfrac{\sqrt{140}}{\sqrt{10}}$
$\quad = \sqrt{\dfrac{140}{10}} = \sqrt{14}$

$\sqrt{2} \times c = b$ 에서 $\sqrt{2} \times c = \sqrt{14}$ 이므로

$c = \sqrt{14} \div \sqrt{2} = \dfrac{\sqrt{14}}{\sqrt{2}}$
$\quad = \sqrt{\dfrac{14}{2}} = \sqrt{7}$

$\therefore \ a = \sqrt{10}, \ b = \sqrt{14}, \ c = \sqrt{7}$

▶ **문제 속 개념 도출**

탑 ① $\sqrt{ab}$ ② $\sqrt{\dfrac{a}{b}}$ ③ 곱셈

• 본문 34~35쪽

개념 11 근호가 있는 식의 변형

바/로/풀/기

Q1 탑 2

Q2 탑 4

개념 확인

1 탑 2^2, 2^2, 2, $2\sqrt{10}$

2 탑 (1) 2, 2 (2) 4, 4 (3) 3, 3 (4) 3, 3 (5) 4, 4
$\quad$ (6) 100, 10, 10

3 탑 (1) 3, 45 (2) 4, 48 (3) 6, 72 (4) 5, 50 (5) 3, $\dfrac{10}{9}$
$\quad$ (6) 4, $\dfrac{3}{16}$

교과서 문제로 개념 다지기

1 탑 (1) $2\sqrt{2}$ (2) $-3\sqrt{5}$ (3) $\dfrac{\sqrt{2}}{3}$ (4) $\dfrac{\sqrt{13}}{10}$

(1) $\sqrt{8} = \sqrt{2^2 \times 2} = 2\sqrt{2}$

(2) $-\sqrt{45} = -\sqrt{3^2 \times 5} = -3\sqrt{5}$

(3) $\sqrt{\dfrac{2}{9}} = \sqrt{\dfrac{2}{3^2}} = \dfrac{\sqrt{2}}{3}$

(4) $\sqrt{0.13} = \sqrt{\dfrac{13}{100}} = \sqrt{\dfrac{13}{10^2}} = \dfrac{\sqrt{13}}{10}$

2 답 (1) $\sqrt{20}$ (2) $-\sqrt{27}$ (3) $\sqrt{\dfrac{3}{25}}$ (4) $\sqrt{\dfrac{28}{9}}$

(1) $2\sqrt{5}=\sqrt{2^2\times5}=\sqrt{20}$

(2) $-3\sqrt{3}=-\sqrt{3^2\times3}=-\sqrt{27}$

(3) $\dfrac{\sqrt{3}}{5}=\sqrt{\dfrac{3}{5^2}}=\sqrt{\dfrac{3}{25}}$

(4) $\dfrac{2\sqrt{7}}{3}=\sqrt{\dfrac{2^2\times7}{3^2}}=\sqrt{\dfrac{28}{9}}$

3 답 6

$\sqrt{90}=\sqrt{3^2\times10}=3\sqrt{10}$이므로

$3\sqrt{10}=a\sqrt{10}$에서 $a=3$

$\sqrt{75}=\sqrt{5^2\times3}=5\sqrt{3}$이므로

$5\sqrt{3}=5\sqrt{b}$에서 $b=3$

$\therefore a+b=3+3=6$

4 답 21

$4\sqrt{2}=\sqrt{4^2\times2}=\sqrt{32}$이므로

$\sqrt{11+k}=\sqrt{32}$에서

$11+k=32$ $\therefore k=21$

5 답 ㄴ, ㄹ, ㅂ

ㄱ. $2\sqrt{10}=\sqrt{2^2\times10}=\sqrt{40}$

ㄴ. $-\sqrt{48}=-\sqrt{4^2\times3}=-4\sqrt{3}$

ㄷ. $-2\sqrt{6}=-\sqrt{2^2\times6}=-\sqrt{24}$

ㄹ. $\sqrt{0.12}=\sqrt{\dfrac{12}{100}}=\sqrt{\dfrac{2^2\times3}{10^2}}=\dfrac{2\sqrt{3}}{10}=\dfrac{\sqrt{3}}{5}$

ㅁ. $\sqrt{\dfrac{5}{9}}=\sqrt{\dfrac{5}{3^2}}=\dfrac{\sqrt{5}}{3}$

ㅂ. $-\dfrac{\sqrt{7}}{4}=-\sqrt{\dfrac{7}{4^2}}=-\sqrt{\dfrac{7}{16}}$

따라서 옳은 것은 ㄴ, ㄹ, ㅂ이다.

해설 꼭 확인

ㄴ. $-\sqrt{48}$을 $-a\sqrt{b}$의 꼴로 나타내기

$\xrightarrow{(\times)}$ $-\sqrt{48}=-\sqrt{2^2\times12}=-2\sqrt{12}$

$\xrightarrow{(\bigcirc)}$ $-\sqrt{48}=-\sqrt{4^2\times3}=-4\sqrt{3}$

ㄷ. $-2\sqrt{6}$을 $-\sqrt{a}$의 꼴로 나타내기

$\xrightarrow{(\times)}$ $-2\sqrt{6}=\sqrt{(-2)^2\times6}=\sqrt{4\times6}=\sqrt{24}$

$\xrightarrow{(\bigcirc)}$ $-2\sqrt{6}=-\sqrt{2^2\times6}=-\sqrt{4\times6}=-\sqrt{24}$

➡ 근호 안의 수를 근호 밖으로 꺼낼 때는 근호 안의 수를 가장 작은 자연수로 나타내야 하고, 근호 밖의 수를 근호 안에 넣을 때는 양수만 제곱하여 넣어야 해. 근호 밖의 음수는 근호 안으로 들어갈 수 없어!

---

6 답 (1) ab^2 (2) a^3b (3) ab^3 (4) a^3b^2

(1) $\sqrt{18}=\sqrt{2\times3^2}=\sqrt{2}\times(\sqrt{3})^2=ab^2$

(2) $\sqrt{24}=\sqrt{2^3\times3}=(\sqrt{2})^3\times\sqrt{3}=a^3b$

(3) $\sqrt{54}=\sqrt{2\times3^3}=\sqrt{2}\times(\sqrt{3})^3=ab^3$

(4) $\sqrt{72}=\sqrt{2^3\times3^2}=(\sqrt{2})^3\times(\sqrt{3})^2=a^3b^2$

7 답 풀이 참조

$-3\sqrt{7}=\sqrt{(-3)^2\times7}$ 부분이 틀렸다. 바르게 고치면

$-3\sqrt{7}=-\sqrt{3^2\times7}=-\sqrt{63}$

근호 밖의 수가 음수인 경우 부호까지 근호 안으로 넣어 제곱하지 않고, 부호는 그대로 둔 채 양수만 제곱하여 근호 안으로 넣어야 한다.

▶ 문제 속 개념 도출

답 ① 양수

• 본문 36~37쪽

개념 확인

1 답 (1) 1.072 (2) 1.03 (3) 4 (4) 8.012

2 답 (1) 100, 10, 10, 22.36
  (2) 100, 10, 10, 70.71
  (3) 100, 10, 10, 0.2236
  (4) 10000, 100, 100, 0.07071

교과서 문제로 **개념 다지기**

1 답 (1) 1.456 (2) 1.520 (3) 4.733 (4) 4.796

2 답 (1) 2.13 (2) 2.24 (3) 21.2 (4) 23.1

(1) $\sqrt{2.13}=1.459$이므로 $a=2.13$

(2) $\sqrt{2.24}=1.497$이므로 $a=2.24$

(3) $\sqrt{21.2}=4.604$이므로 $a=21.2$

(4) $\sqrt{23.1}=4.806$이므로 $a=23.1$

3 답 8.222

$\sqrt{5.58}=2.362$이므로 $a=2.362$

$\sqrt{5.86}=2.421$이므로 $b=5.86$

$\therefore a+b=2.362+5.86=8.222$

4 답 (1) 14.14 (2) 44.72 (3) 0.4472 (4) 0.1414

(1) $\sqrt{200}=\sqrt{2\times100}=10\sqrt{2}=10\times1.414=14.14$

(2) $\sqrt{2000}=\sqrt{20\times100}=10\sqrt{20}$
$\qquad\qquad=10\times4.472=44.72$

(3) $\sqrt{0.2}=\sqrt{\dfrac{20}{100}}=\dfrac{\sqrt{20}}{10}=\dfrac{4.472}{10}=0.4472$

(4) $\sqrt{0.02}=\sqrt{\dfrac{2}{100}}=\dfrac{\sqrt{2}}{10}=\dfrac{1.414}{10}=0.1414$

5 답 ㄴ, ㄹ

ㄱ. $\sqrt{0.07}=\sqrt{\dfrac{7}{100}}=\dfrac{\sqrt{7}}{10}=\dfrac{2.646}{10}=0.2646$

ㄴ. $\sqrt{0.7}=\sqrt{\dfrac{70}{100}}=\dfrac{\sqrt{70}}{10}$

ㄷ. $\sqrt{700}=\sqrt{7\times100}=10\sqrt{7}=10\times2.646=26.46$

ㄹ. $\sqrt{7000}=\sqrt{70\times100}=10\sqrt{70}$

따라서 값을 구할 수 없는 것은 ㄴ, ㄹ이다.

6 답 37.42 cm

정사각형의 한 변의 길이를 x cm라 하면 정사각형의 넓이는
$x\times x=x^2(\mathrm{cm}^2)$
이때 정사각형의 넓이는 1400 cm²이므로 $x^2=1400$
$x>0$이므로 $x=\sqrt{1400}$
$\therefore x=\sqrt{1400}=\sqrt{14\times100}=10\sqrt{14}$
$\qquad=10\times3.742=37.42$
따라서 정사각형의 한 변의 길이는 37.42 cm이다.

▶ **문제 속 개념 도출**

답 ① 제곱근표

• 본문 38~39쪽

개념 13 분모의 유리화

🔍 **바/로/풀/기**

Q1 답 $\sqrt{3}$, $2\sqrt{3}$

Q2 답 $\sqrt{5}$, $\sqrt{15}$

Q3 답 $\sqrt{3}$, $\dfrac{5\sqrt{3}}{6}$

📖 **개념 확인**

1 답 (1) $\sqrt{3}$, $\sqrt{3}$, $\dfrac{\sqrt{3}}{3}$ (2) $\sqrt{5}$, $\sqrt{5}$, $\dfrac{2\sqrt{5}}{5}$ (3) $\sqrt{7}$, $\sqrt{7}$, $\dfrac{\sqrt{21}}{7}$

$\qquad$ (4) $\sqrt{2}$, $\sqrt{2}$, $\dfrac{\sqrt{10}}{2}$ (5) $\sqrt{2}$, $\sqrt{2}$, $\dfrac{5\sqrt{2}}{4}$ (6) $\sqrt{6}$, $\sqrt{6}$, $\dfrac{\sqrt{42}}{12}$

2 답 (1) $\dfrac{\sqrt{6}}{6}$ (2) $-\dfrac{7\sqrt{2}}{2}$ (3) $\dfrac{\sqrt{55}}{5}$ (4) $\dfrac{4\sqrt{3}}{15}$ (5) $\dfrac{3\sqrt{5}}{10}$

$\qquad$ (6) $\dfrac{2\sqrt{7}}{7}$

(1) $\dfrac{1}{\sqrt{6}}=\dfrac{1\times\sqrt{6}}{\sqrt{6}\times\sqrt{6}}=\dfrac{\sqrt{6}}{6}$

(2) $-\dfrac{7}{\sqrt{2}}=-\dfrac{7\times\sqrt{2}}{\sqrt{2}\times\sqrt{2}}=-\dfrac{7\sqrt{2}}{2}$

(3) $\dfrac{\sqrt{11}}{\sqrt{5}}=\dfrac{\sqrt{11}\times\sqrt{5}}{\sqrt{5}\times\sqrt{5}}=\dfrac{\sqrt{55}}{5}$

(4) $\dfrac{4}{5\sqrt{3}}=\dfrac{4\times\sqrt{3}}{5\sqrt{3}\times\sqrt{3}}=\dfrac{4\sqrt{3}}{15}$

(5) $\dfrac{3}{\sqrt{20}}=\dfrac{3}{2\sqrt{5}}=\dfrac{3\times\sqrt{5}}{2\sqrt{5}\times\sqrt{5}}=\dfrac{3\sqrt{5}}{10}$

(6) $\dfrac{2\sqrt{2}}{\sqrt{14}}=\dfrac{2}{\sqrt{7}}=\dfrac{2\times\sqrt{7}}{\sqrt{7}\times\sqrt{7}}=\dfrac{2\sqrt{7}}{7}$

1 답 ④

$\dfrac{14}{\sqrt{7}}=\dfrac{14\times\sqrt{7}}{\sqrt{7}\times\sqrt{7}}=\dfrac{14\sqrt{7}}{7}=2\sqrt{7}$

2 답 ③

$\dfrac{\sqrt{6}}{\sqrt{5}}=\dfrac{\sqrt{6}\times\sqrt{5}}{\sqrt{5}\times\sqrt{5}}=\dfrac{\sqrt{30}}{5}$이므로
$a=\sqrt{5}$, $b=\sqrt{30}$

$\therefore b\div a=\sqrt{30}\div\sqrt{5}=\dfrac{\sqrt{30}}{\sqrt{5}}=\sqrt{6}$

3 답 ④

② $-\dfrac{6}{\sqrt{3}}=-\dfrac{6\times\sqrt{3}}{\sqrt{3}\times\sqrt{3}}=-\dfrac{6\sqrt{3}}{3}=-2\sqrt{3}$

④ $\dfrac{\sqrt{3}}{3\sqrt{6}}=\dfrac{1}{3\sqrt{2}}=\dfrac{1\times\sqrt{2}}{3\sqrt{2}\times\sqrt{2}}=\dfrac{\sqrt{2}}{6}$

⑤ $\dfrac{2}{\sqrt{12}}=\dfrac{2}{2\sqrt{3}}=\dfrac{1}{\sqrt{3}}=\dfrac{1\times\sqrt{3}}{\sqrt{3}\times\sqrt{3}}=\dfrac{\sqrt{3}}{3}$

따라서 옳지 않은 것은 ④이다.

4 답 6

$\dfrac{6}{\sqrt{2}}=\dfrac{6\times\sqrt{2}}{\sqrt{2}\times\sqrt{2}}=\dfrac{6\sqrt{2}}{2}=3\sqrt{2}$이므로
$3\sqrt{2}=a\sqrt{2}$에서
$a=3$

$$\dfrac{10\sqrt{3}}{\sqrt{5}}=\dfrac{10\sqrt{3}\times\sqrt{5}}{\sqrt{5}\times\sqrt{5}}=\dfrac{10\sqrt{15}}{5}=2\sqrt{15}$$ 이므로

$2\sqrt{15}=b\sqrt{15}$ 에서 $b=2$

$\therefore ab=3\times2=6$

$\dfrac{10\sqrt{3}}{\sqrt{5}}$ 의 분모를 유리화하기

$\xrightarrow{(\times)}\ \dfrac{10\sqrt{3}}{\sqrt{5}}=\dfrac{10\sqrt{3}}{\sqrt{5}\times\sqrt{5}}=\dfrac{10\sqrt{3}}{5}=2\sqrt{3}$

$\xrightarrow{(\times)}\ \dfrac{10\sqrt{3}}{\sqrt{5}}=\dfrac{10\sqrt{3}\times\sqrt{3}}{\sqrt{5}\times\sqrt{5}}=\dfrac{30}{5}=6$

$\xrightarrow{(\times)}\ \dfrac{10\sqrt{3}}{\sqrt{5}}=\dfrac{10\sqrt{3}\times\sqrt{5}}{\sqrt{5}\times\sqrt{5}}=\dfrac{10\sqrt{15}}{5}$

$\xrightarrow{(\bigcirc)}\ \dfrac{10\sqrt{3}}{\sqrt{5}}=\dfrac{10\sqrt{3}\times\sqrt{5}}{\sqrt{5}\times\sqrt{5}}=\dfrac{10\sqrt{15}}{5}=2\sqrt{15}$

➡ 분모를 유리화할 때는 반드시 분모와 분자에 모두 같은 수를 곱해야 해. 또한, 분모를 유리화한 후 약분이 되는 것은 약분하여 간단한 꼴로 나타내야 해!

5 답 ①

$\dfrac{3\sqrt{7}}{a\sqrt{6}}=\dfrac{3\sqrt{7}\times\sqrt{6}}{a\sqrt{6}\times\sqrt{6}}=\dfrac{3\sqrt{42}}{6a}=\dfrac{\sqrt{42}}{2a}$

즉, $\dfrac{\sqrt{42}}{2a}=\dfrac{\sqrt{42}}{4}$ 이므로 $2a=4$ $\therefore a=2$

6 답 (1) $\sqrt{ab}$ (2) 6

(1) $\dfrac{a\sqrt{b}}{\sqrt{a}}=\dfrac{a\sqrt{b}\times\sqrt{a}}{\sqrt{a}\times\sqrt{a}}=\dfrac{a\sqrt{ab}}{a}=\sqrt{ab}$

(2) $ab=36$ 이므로 $\sqrt{ab}=\sqrt{36}=6$

▶ **문제 속 개념 도출**

답 ① 유리화 ② $\sqrt{a}$ ③ $\sqrt{b}$

• 본문 40~41쪽

개념 14 제곱근의 곱셈과 나눗셈의 도형에의 활용

📗 **개념 확인**

1 답 (1) $\sqrt{6}$ (2) $2\sqrt{2}$ (3) $5\sqrt{2}$ (4) $\sqrt{6}$ (5) 2π (6) $\sqrt{30}$, $3\sqrt{10}$

(1) (넓이)$=\dfrac{1}{2}\times2\sqrt{2}\times\sqrt{3}=\sqrt{6}$

(2) (넓이)$=\dfrac{1}{2}\times$(밑변의 길이)$\times$(높이)이므로

$\quad$(밑변의 길이)$=2\sqrt{3}\times2\div\sqrt{6}=4\sqrt{3}\div\sqrt{6}$

$\qquad\qquad\qquad=\dfrac{4\sqrt{3}}{\sqrt{6}}=\dfrac{4\sqrt{18}}{6}=\dfrac{12\sqrt{2}}{6}=2\sqrt{2}$

(3) (넓이)$=\sqrt{5}\times\sqrt{10}=\sqrt{50}=5\sqrt{2}$

(4) (넓이)$=$(가로의 길이)$\times$(세로의 길이)이므로

$\quad$(가로의 길이)$=3\sqrt{2}\div\sqrt{3}=\dfrac{3\sqrt{2}}{\sqrt{3}}$

$\qquad\qquad\qquad\quad=\dfrac{3\sqrt{6}}{3}=\sqrt{6}$

(5) (넓이)$=\pi\times(\sqrt{2})^2=2\pi$

(6) (밑넓이)$=\sqrt{5}\times\sqrt{6}=\sqrt{30}$ 이므로

$\quad$(부피)$=\sqrt{30}\times\sqrt{3}=\sqrt{90}=3\sqrt{10}$

1 답 ①

(넓이)$=\dfrac{1}{2}\times\sqrt{12}\times\sqrt{5}=\dfrac{1}{2}\times2\sqrt{3}\times\sqrt{5}=\sqrt{15}$

2 답 ④

직사각형의 넓이는

$6\sqrt{3}\times2\sqrt{3}=36(\text{cm}^2)$

이때 정사각형의 한 변의 길이를 x cm라 하면 정사각형의 넓이는

$x\times x=x^2(\text{cm}^2)$

$x^2=36$ 이고 $x>0$ 이므로 $x=6$

따라서 정사각형의 한 변의 길이는 6 cm이다.

3 답 $\dfrac{6\sqrt{5}}{5}$

삼각형의 넓이는

$\dfrac{1}{2}\times\sqrt{24}\times\sqrt{18}=\dfrac{1}{2}\times2\sqrt{6}\times3\sqrt{2}$

$\qquad\qquad\qquad=3\sqrt{12}=6\sqrt{3}$

직사각형의 세로의 길이를 x라 하면 직사각형의 넓이는

$\sqrt{15}\times x=\sqrt{15}x$

이때 두 도형의 넓이가 서로 같으므로

$6\sqrt{3}=\sqrt{15}x$

$\therefore x=6\sqrt{3}\div\sqrt{15}=\dfrac{6\sqrt{3}}{\sqrt{15}}=\dfrac{6}{\sqrt{5}}=\dfrac{6\sqrt{5}}{5}$

따라서 직사각형의 세로의 길이는 $\dfrac{6\sqrt{5}}{5}$ 이다.

4 답 $\sqrt{5}$ cm

직육면체의 높이를 x cm라 하면 직육면체의 부피는

$\sqrt{6}\times2\sqrt{2}\times x=2\sqrt{12}x=4\sqrt{3}x(\text{cm}^3)$

이때 직육면체의 부피는 $4\sqrt{15}$ cm³이므로

$4\sqrt{3}x=4\sqrt{15}$

$\therefore x=4\sqrt{15}\div4\sqrt{3}=\dfrac{4\sqrt{15}}{4\sqrt{3}}=\sqrt{5}$

따라서 직육면체의 높이는 $\sqrt{5}$ cm이다.

5 답 $24\sqrt{5}\pi$

원기둥의 밑면의 넓이는
$$\pi \times (2\sqrt{2})^2 = 8\pi$$
따라서 원기둥의 부피는
$$8\pi \times 3\sqrt{5} = 24\sqrt{5}\pi$$

6 답 $3\sqrt{2}\,\mathrm{cm}^2$

넓이가 $6\,\mathrm{cm}^2$인 빨간색 정사각형의 한 변의 길이는
$\sqrt{6}\,\mathrm{cm}$

넓이가 $3\,\mathrm{cm}^2$인 노란색 정사각형의 한 변의 길이는
$\sqrt{3}\,\mathrm{cm}$

따라서 파란색 직사각형의 가로의 길이는 $\sqrt{6}\,\mathrm{cm}$, 세로의 길이는
$\sqrt{3}\,\mathrm{cm}$이므로 파란색 직사각형의 넓이는
$$\sqrt{6} \times \sqrt{3} = \sqrt{18} = 3\sqrt{2}\,(\mathrm{cm}^2)$$

▶ **문제 속 개념 도출**

답 ① $\sqrt{ab}$ ② 제곱근

• 본문 42~43쪽

개념 15 제곱근의 덧셈과 뺄셈

바/로/풀/기

Q1 답 4, 2, 6, 2

Q2 답 2, 2, 2, 2

Q3 답 4, 2, 3, 2

개념 확인

1 답 2, 3, 5

2 답 (1) $5\sqrt{5}$ (2) $3\sqrt{3}$ (3) $4\sqrt{7}$ (4) $-4\sqrt{6}$ (5) $-\sqrt{2}$
  (6) $-\sqrt{5}$ (7) $6\sqrt{2}+2\sqrt{3}$ (8) $-4\sqrt{3}+5\sqrt{7}$

(1) $3\sqrt{5}+2\sqrt{5}=(3+2)\sqrt{5}=5\sqrt{5}$

(2) $7\sqrt{3}-4\sqrt{3}=(7-4)\sqrt{3}=3\sqrt{3}$

(3) $\sqrt{7}+3\sqrt{7}=(1+3)\sqrt{7}=4\sqrt{7}$

(4) $\sqrt{6}-5\sqrt{6}=(1-5)\sqrt{6}=-4\sqrt{6}$

(5) $4\sqrt{2}-6\sqrt{2}+\sqrt{2}=(4-6+1)\sqrt{2}=-\sqrt{2}$

(6) $4\sqrt{5}+3\sqrt{5}-8\sqrt{5}=(4+3-8)\sqrt{5}=-\sqrt{5}$

(7) $5\sqrt{2}+6\sqrt{3}+\sqrt{2}-4\sqrt{3}=5\sqrt{2}+\sqrt{2}+6\sqrt{3}-4\sqrt{3}$
$\qquad\qquad =(5+1)\sqrt{2}+(6-4)\sqrt{3}$
$\qquad\qquad =6\sqrt{2}+2\sqrt{3}$

(8) $\sqrt{3}+2\sqrt{7}-5\sqrt{3}+3\sqrt{7}=\sqrt{3}-5\sqrt{3}+2\sqrt{7}+3\sqrt{7}$
$\qquad\qquad =(1-5)\sqrt{3}+(2+3)\sqrt{7}$
$\qquad\qquad =-4\sqrt{3}+5\sqrt{7}$

3 답 (1) $3\sqrt{3}$ (2) $\sqrt{7}$ (3) $4\sqrt{2}$ (4) $-\sqrt{6}$ (5) $5\sqrt{7}$ (6) $\sqrt{3}$

(1) $\sqrt{3}+\sqrt{12}=\sqrt{3}+2\sqrt{3}=(1+2)\sqrt{3}=3\sqrt{3}$

(2) $\sqrt{28}-\sqrt{7}=2\sqrt{7}-\sqrt{7}=(2-1)\sqrt{7}=\sqrt{7}$

(3) $\sqrt{18}+\sqrt{2}=3\sqrt{2}+\sqrt{2}=(3+1)\sqrt{2}=4\sqrt{2}$

(4) $\sqrt{6}-\sqrt{24}=\sqrt{6}-2\sqrt{6}=(1-2)\sqrt{6}=-\sqrt{6}$

(5) $3\sqrt{7}+\dfrac{14}{\sqrt{7}}=3\sqrt{7}+2\sqrt{7}=(3+2)\sqrt{7}=5\sqrt{7}$

(6) $3\sqrt{3}-\dfrac{6}{\sqrt{3}}=3\sqrt{3}-2\sqrt{3}=(3-2)\sqrt{3}=\sqrt{3}$

교과서 문제로 개념 다지기

1 답 ②

① $\sqrt{2}+\sqrt{5}$는 더 이상 계산할 수 없다.

③ $3\sqrt{3}+2\sqrt{3}=(3+2)\sqrt{3}=5\sqrt{3}$

④ $\sqrt{18}+\sqrt{2}=3\sqrt{2}+\sqrt{2}=(3+1)\sqrt{2}=4\sqrt{2}$

⑤ $\sqrt{32}-\sqrt{8}=4\sqrt{2}-2\sqrt{2}=(4-2)\sqrt{2}=2\sqrt{2}$

따라서 옳은 것은 ②이다.

2 답 (1) $-\sqrt{7}$ (2) $2\sqrt{3}-\sqrt{6}$

(1) $2\sqrt{7}+\sqrt{63}-6\sqrt{7}=2\sqrt{7}+3\sqrt{7}-6\sqrt{7}$
$\qquad\qquad =(2+3-6)\sqrt{7}$
$\qquad\qquad =-\sqrt{7}$

(2) $4\sqrt{3}-\sqrt{12}+\sqrt{6}-\sqrt{24}=4\sqrt{3}-2\sqrt{3}+\sqrt{6}-2\sqrt{6}$
$\qquad\qquad =(4-2)\sqrt{3}+(1-2)\sqrt{6}$
$\qquad\qquad =2\sqrt{3}-\sqrt{6}$

3 답 $a=-2$, $b=1$

$\sqrt{27}-\sqrt{50}-2\sqrt{3}+3\sqrt{2}=3\sqrt{3}-5\sqrt{2}-2\sqrt{3}+3\sqrt{2}$
$\qquad\qquad =-5\sqrt{2}+3\sqrt{2}+3\sqrt{3}-2\sqrt{3}$
$\qquad\qquad =(-5+3)\sqrt{2}+(3-2)\sqrt{3}$
$\qquad\qquad =-2\sqrt{2}+\sqrt{3}$

$-2\sqrt{2}+\sqrt{3}=a\sqrt{2}+b\sqrt{3}$이므로
$a\sqrt{2}=-2\sqrt{2}$ $\therefore a=-2$
$b\sqrt{3}=\sqrt{3}$ $\therefore b=1$

4 답 1

$\sqrt{48}+\dfrac{3}{\sqrt{3}}-2\sqrt{12}=4\sqrt{3}+\sqrt{3}-2\times 2\sqrt{3}$
$\qquad\qquad =4\sqrt{3}+\sqrt{3}-4\sqrt{3}$
$\qquad\qquad =\sqrt{3}$

$\sqrt{3}=a\sqrt{3}$이므로
$a=1$

5 답 ⑤

$$y=\frac{1}{x}=\frac{1}{2\sqrt{2}}=\frac{\sqrt{2}}{4}$$

$$\therefore x+y=2\sqrt{2}+\frac{\sqrt{2}}{4}=\left(2+\frac{1}{4}\right)\sqrt{2}=\frac{9\sqrt{2}}{4}$$

6 답 ③

$$\frac{10}{\sqrt{5}}-\frac{15}{\sqrt{45}}=\frac{10}{\sqrt{5}}-\frac{15}{3\sqrt{5}}=2\sqrt{5}-\sqrt{5}$$
$$=(2-1)\sqrt{5}=\sqrt{5}$$

7 답 $4\sqrt{7}$

$\sqrt{63}+\sqrt{28}-\boxed{}=\sqrt{7}$에서

$3\sqrt{7}+2\sqrt{7}-\boxed{}=\sqrt{7}$

$$\therefore \boxed{}=3\sqrt{7}+2\sqrt{7}-\sqrt{7}=4\sqrt{7}$$

▶ 문제 속 개념 도출

답 ① $(m+n)\sqrt{a}$ ② $(m-n)\sqrt{a}$

• 본문 44~45쪽

개념 16 근호를 포함한 식의 분배법칙 / 혼합 계산

🔍 바/로/풀/기

Q_1 답 (1) 5, 15   (2) 3, 6
Q_2 답 $\sqrt{2}$, $\sqrt{2}$, $\sqrt{2}+2$
Q_3 답 $\sqrt{6}$, $3\sqrt{6}$

📖 개념 확인

1 답 (1) $\sqrt{15}+\sqrt{35}$ (2) $\sqrt{6}-\sqrt{10}$ (3) $6+\sqrt{15}$ (4) $3+4\sqrt{3}$

(1) $\sqrt{5}(\sqrt{3}+\sqrt{7})=\sqrt{5}\sqrt{3}+\sqrt{5}\sqrt{7}=\sqrt{15}+\sqrt{35}$

(2) $\sqrt{2}(\sqrt{3}-\sqrt{5})=\sqrt{2}\sqrt{3}-\sqrt{2}\sqrt{5}=\sqrt{6}-\sqrt{10}$

(3) $\sqrt{3}(2\sqrt{3}+\sqrt{5})=\sqrt{3}\times2\sqrt{3}+\sqrt{3}\sqrt{5}=6+\sqrt{15}$

(4) $(3\sqrt{2}+4\sqrt{6})\div\sqrt{2}=(3\sqrt{2}+4\sqrt{6})\times\frac{1}{\sqrt{2}}$
$$=\frac{3\sqrt{2}}{\sqrt{2}}+\frac{4\sqrt{6}}{\sqrt{2}}=3+4\sqrt{3}$$

2 답 (1) $\sqrt{2}$, $\sqrt{2}$, $\frac{\sqrt{2}-\sqrt{6}}{2}$ (2) $\sqrt{5}$, $\sqrt{5}$, $\frac{\sqrt{15}+\sqrt{10}}{5}$

3 답 (1) $6\sqrt{2}$ (2) $-3\sqrt{6}$ (3) $-\sqrt{3}$ (4) $7\sqrt{2}$ (5) $3\sqrt{5}$
(6) $-\sqrt{7}$

(1) $\sqrt{3}\times\sqrt{6}+3\sqrt{2}=\sqrt{18}+3\sqrt{2}=3\sqrt{2}+3\sqrt{2}=6\sqrt{2}$

(2) $\sqrt{30}\div\sqrt{5}-4\sqrt{6}=\frac{\sqrt{30}}{\sqrt{5}}-4\sqrt{6}=\sqrt{6}-4\sqrt{6}=-3\sqrt{6}$

(3) $\frac{\sqrt{27}}{3}-\sqrt{2}\times\sqrt{6}=\frac{3\sqrt{3}}{3}-\sqrt{12}=\sqrt{3}-2\sqrt{3}=-\sqrt{3}$

(4) $\sqrt{8}+\sqrt{10}\div\frac{1}{\sqrt{5}}=2\sqrt{2}+\sqrt{10}\times\sqrt{5}=2\sqrt{2}+\sqrt{50}$
$$=2\sqrt{2}+5\sqrt{2}=7\sqrt{2}$$

(5) $\sqrt{10}\times\sqrt{2}+\sqrt{15}\div\sqrt{3}=\sqrt{20}+\frac{\sqrt{15}}{\sqrt{3}}$
$$=2\sqrt{5}+\sqrt{5}=3\sqrt{5}$$

(6) $\sqrt{21}\div\sqrt{3}-\sqrt{14}\times\sqrt{2}=\frac{\sqrt{21}}{\sqrt{3}}-\sqrt{28}$
$$=\sqrt{7}-2\sqrt{7}=-\sqrt{7}$$

교과서 문제로 개념다지기

1 답 (1) $3-\sqrt{2}$ (2) $5\sqrt{2}-4$ (3) $\sqrt{3}-2\sqrt{7}$ (4) $\sqrt{3}+3\sqrt{5}$

(1) $\sqrt{3}(\sqrt{3}+\sqrt{6})-4\sqrt{2}=\sqrt{3}\sqrt{3}+\sqrt{3}\sqrt{6}-4\sqrt{2}$
$$=\sqrt{9}+\sqrt{18}-4\sqrt{2}$$
$$=3+3\sqrt{2}-4\sqrt{2}$$
$$=3-\sqrt{2}$$

(2) $(2-\sqrt{8})\sqrt{2}+3\sqrt{2}=2\sqrt{2}-\sqrt{8}\sqrt{2}+3\sqrt{2}$
$$=2\sqrt{2}-\sqrt{16}+3\sqrt{2}$$
$$=2\sqrt{2}-4+3\sqrt{2}$$
$$=5\sqrt{2}-4$$

(3) $\sqrt{27}-\sqrt{2}(\sqrt{14}+\sqrt{6})=3\sqrt{3}-\sqrt{2}\sqrt{14}-\sqrt{2}\sqrt{6}$
$$=3\sqrt{3}-\sqrt{28}-\sqrt{12}$$
$$=3\sqrt{3}-2\sqrt{7}-2\sqrt{3}$$
$$=\sqrt{3}-2\sqrt{7}$$

(4) $5\sqrt{5}+(3-2\sqrt{15})\div\sqrt{3}=5\sqrt{5}+(3-2\sqrt{15})\times\frac{1}{\sqrt{3}}$
$$=5\sqrt{5}+\frac{3}{\sqrt{3}}-\frac{2\sqrt{15}}{\sqrt{3}}$$
$$=5\sqrt{5}+\sqrt{3}-2\sqrt{5}$$
$$=\sqrt{3}+3\sqrt{5}$$

2 답 8

$\sqrt{5}A-\sqrt{3}B=\sqrt{5}(\sqrt{5}+\sqrt{3})-\sqrt{3}(\sqrt{5}-\sqrt{3})$
$$=5+\sqrt{15}-\sqrt{15}+3=8$$

3 답 ②

$\sqrt{2}\left(\frac{1}{\sqrt{2}}+\frac{1}{\sqrt{7}}\right)-\sqrt{7}\left(\frac{1}{\sqrt{7}}-\frac{2\sqrt{2}}{7}\right)=\frac{\sqrt{2}}{\sqrt{2}}+\frac{\sqrt{2}}{\sqrt{7}}-\frac{\sqrt{7}}{\sqrt{7}}+\frac{2\sqrt{14}}{7}$
$$=1+\frac{\sqrt{14}}{7}-1+\frac{2\sqrt{14}}{7}$$
$$=\frac{3\sqrt{14}}{7}$$

4 답 (1) $\dfrac{3-2\sqrt{3}}{3}$ (2) $\dfrac{\sqrt{6}+2\sqrt{3}}{2}$ (3) $\sqrt{10}-1$

(1) $\dfrac{\sqrt{3}-2}{\sqrt{3}}=\dfrac{(\sqrt{3}-2)\times\sqrt{3}}{\sqrt{3}\times\sqrt{3}}=\dfrac{3-2\sqrt{3}}{3}$

(2) $\dfrac{\sqrt{3}+\sqrt{6}}{\sqrt{2}}=\dfrac{(\sqrt{3}+\sqrt{6})\times\sqrt{2}}{\sqrt{2}\times\sqrt{2}}=\dfrac{\sqrt{6}+\sqrt{12}}{2}=\dfrac{\sqrt{6}+2\sqrt{3}}{2}$

(3) $\dfrac{5\sqrt{2}-\sqrt{5}}{\sqrt{5}}=\dfrac{(5\sqrt{2}-\sqrt{5})\times\sqrt{5}}{\sqrt{5}\times\sqrt{5}}=\dfrac{5\sqrt{10}-5}{5}=\sqrt{10}-1$

해설 꼭 확인

(1) $\dfrac{\sqrt{3}-2}{\sqrt{3}}$ 의 분모를 유리화하기

(×) $\dfrac{\sqrt{3}-2}{\sqrt{3}}=\dfrac{(\sqrt{3}-2)\times\sqrt{3}}{\sqrt{3}\times\sqrt{3}}=\dfrac{3-2\sqrt{3}}{3}=1-2\sqrt{3}$

(○) $\dfrac{\sqrt{3}-2}{\sqrt{3}}=\dfrac{(\sqrt{3}-2)\times\sqrt{3}}{\sqrt{3}\times\sqrt{3}}=\dfrac{3-2\sqrt{3}}{3}$

(2) $\dfrac{\sqrt{3}+\sqrt{6}}{\sqrt{2}}$ 의 분모를 유리화하기

(×) $\dfrac{\sqrt{3}+\sqrt{6}}{\sqrt{2}}=\dfrac{(\sqrt{3}+\sqrt{6})\times\sqrt{2}}{\sqrt{2}\times\sqrt{2}}=\dfrac{\sqrt{6}+2\sqrt{3}}{2}=\sqrt{6}+\sqrt{3}$

(○) $\dfrac{\sqrt{3}+\sqrt{6}}{\sqrt{2}}=\dfrac{(\sqrt{3}+\sqrt{6})\times\sqrt{2}}{\sqrt{2}\times\sqrt{2}}=\dfrac{\sqrt{6}+2\sqrt{3}}{2}$

➡ 분모에 무리수가 있는 식을 유리화했을 때, 분자의 모든 수가 분모로 빠짐없이 나누어지는 경우에만 분자와 분모를 약분하여 나타낼 수 있음을 주의해야 해!

5 답 (1) $6\sqrt{2}$ (2) $-\sqrt{2}$

(1) $\sqrt{18}-\dfrac{4}{\sqrt{2}}+\sqrt{10}\times\sqrt{5}=3\sqrt{2}-2\sqrt{2}+\sqrt{50}$

$\qquad\qquad\qquad\qquad\qquad =3\sqrt{2}-2\sqrt{2}+5\sqrt{2}$

$\qquad\qquad\qquad\qquad\qquad =6\sqrt{2}$

(2) $\dfrac{\sqrt{6}+3\sqrt{2}}{\sqrt{3}}-\sqrt{2}(2+\sqrt{3})=\dfrac{(\sqrt{6}+3\sqrt{2})\times\sqrt{3}}{\sqrt{3}\times\sqrt{3}}-2\sqrt{2}-\sqrt{6}$

$\qquad\qquad\qquad\qquad\qquad\quad =\dfrac{3\sqrt{2}+3\sqrt{6}}{3}-2\sqrt{2}-\sqrt{6}$

$\qquad\qquad\qquad\qquad\qquad\quad =\sqrt{2}+\sqrt{6}-2\sqrt{2}-\sqrt{6}$

$\qquad\qquad\qquad\qquad\qquad\quad =-\sqrt{2}$

6 답 (1) $a=2+\sqrt{5}$, $b=2-\sqrt{5}$ (2) $-2+5\sqrt{5}$

(1) $\overline{AB}=\sqrt{1^2+2^2}=\sqrt{5}$

$\overline{AC}=\sqrt{2^2+1^2}=\sqrt{5}$

점 P는 2에 대응하는 점에서 오른쪽으로 $\overline{AP}=\overline{AB}=\sqrt{5}$ 만큼 떨어진 점이므로 점 P에 대응하는 수는 $2+\sqrt{5}$ 이고, 점 Q는 2에 대응하는 점에서 왼쪽으로 $\overline{AQ}=\overline{AC}=\sqrt{5}$ 만큼 떨어진 점이므로 점 Q에 대응하는 수는 $2-\sqrt{5}$ 이다.

$\therefore a=2+\sqrt{5}$, $b=2-\sqrt{5}$

(2) $2a-3b=2(2+\sqrt{5})-3(2-\sqrt{5})$

$\qquad\qquad =4+2\sqrt{5}-6+3\sqrt{5}$

$\qquad\qquad =-2+5\sqrt{5}$

▶ **문제 속 개념 도출**

답 ① 분배법칙

• 본문 46~47쪽

개념 17 제곱근의 덧셈과 뺄셈의 도형에의 활용

개념 확인

1 답 (1) $3\sqrt{3}+3\sqrt{5}$ (2) $12\sqrt{2}$ (3) $6\sqrt{7}$ (4) $10\sqrt{6}$

(1) (둘레의 길이)$=2\sqrt{5}+(\sqrt{3}+\sqrt{5})+2\sqrt{3}$

$\qquad\qquad\qquad =2\sqrt{5}+\sqrt{3}+\sqrt{5}+2\sqrt{3}$

$\qquad\qquad\qquad =3\sqrt{3}+3\sqrt{5}$

(2) (둘레의 길이)$=\sqrt{18}+\sqrt{50}+\sqrt{32}$

$\qquad\qquad\qquad =3\sqrt{2}+5\sqrt{2}+4\sqrt{2}$

$\qquad\qquad\qquad =12\sqrt{2}$

(3) (둘레의 길이)$=2\times(2\sqrt{7}+\sqrt{7})=2\times3\sqrt{7}=6\sqrt{7}$

(4) (둘레의 길이)$=2\times(\sqrt{24}+\sqrt{54})$

$\qquad\qquad\qquad =2\times(2\sqrt{6}+3\sqrt{6})$

$\qquad\qquad\qquad =2\times5\sqrt{6}=10\sqrt{6}$

2 답 (1) $3+3\sqrt{5}$ (2) $5+5\sqrt{2}$ (3) $3+3\sqrt{3}$

(1) (넓이)$=\dfrac{1}{2}\times(\sqrt{3}+\sqrt{15})\times2\sqrt{3}$

$\qquad\quad =\sqrt{3}(\sqrt{3}+\sqrt{15})$

$\qquad\quad =3+\sqrt{45}=3+3\sqrt{5}$

(2) (넓이)$=(\sqrt{5}+\sqrt{10})\times\sqrt{5}$

$\qquad\quad =5+\sqrt{50}=5+5\sqrt{2}$

(3) (넓이)$=\dfrac{1}{2}\times(\sqrt{6}+3\sqrt{2})\times\sqrt{6}$

$\qquad\quad =\dfrac{1}{2}\times(6+3\sqrt{12})$

$\qquad\quad =\dfrac{1}{2}\times(6+6\sqrt{3})=3+3\sqrt{3}$

교과서 문제로 개념 다지기

1 답 ④

(넓이)$=\dfrac{1}{2}\times(\sqrt{24}+\sqrt{6})\times\sqrt{48}=\dfrac{1}{2}\times(2\sqrt{6}+\sqrt{6})\times4\sqrt{3}$

$\qquad\qquad\qquad\qquad\qquad\qquad =\dfrac{1}{2}\times3\sqrt{6}\times4\sqrt{3}$

$\qquad\qquad\qquad\qquad\qquad\qquad =6\sqrt{18}=18\sqrt{2}$

2 답 $9\sqrt{14}\,\text{cm}^2$

$$(\text{넓이})=\frac{1}{2}\times\{\sqrt{28}+(\sqrt{63}+\sqrt{7})\}\times\sqrt{18}$$
$$=\frac{1}{2}\times(2\sqrt{7}+3\sqrt{7}+\sqrt{7})\times3\sqrt{2}$$
$$=\frac{1}{2}\times6\sqrt{7}\times3\sqrt{2}=9\sqrt{14}\,(\text{cm}^2)$$

3 답 $18+\sqrt{6}$

두 직사각형의 넓이의 합은
$$(3\sqrt{2}+\sqrt{3})\times2\sqrt{2}+(2\sqrt{3}-\sqrt{2})\times\sqrt{3}$$
$$=(12+2\sqrt{6})+(6-\sqrt{6})$$
$$=12+2\sqrt{6}+6-\sqrt{6}$$
$$=18+\sqrt{6}$$

4 답 (1) $4+4\sqrt{2}$　(2) $4\sqrt{2}$

한 칸의 가로와 세로의 길이가 각각 1인 모눈 한 칸의 대각선의 길이는
$$\sqrt{1^2+1^2}=\sqrt{2}$$

따라서 구하는 조각의 둘레의 길이는 다음과 같다.
(1) 파란색 조각의 둘레의 길이는
$$1\times4+\sqrt{2}\times2+\sqrt{2}\times2=4+2\sqrt{2}+2\sqrt{2}$$
$$=4+4\sqrt{2}$$
(2) 빨간색 조각의 둘레의 길이는
$$\sqrt{2}+\sqrt{2}+\sqrt{2}+\sqrt{2}=4\sqrt{2}$$

5 답 $(14+6\sqrt{10})\text{cm}^2$

직육면체의 겉넓이는
$$\{(\sqrt{2}+\sqrt{5})\times\sqrt{2}\}\times2+2\times\{(\sqrt{2}+\sqrt{5})+\sqrt{2}\}\times\sqrt{5}$$
$$=(2+\sqrt{10})\times2+2\times(2\sqrt{2}+\sqrt{5})\times\sqrt{5}$$
$$=4+2\sqrt{10}+4\sqrt{10}+10$$
$$=14+6\sqrt{10}\,(\text{cm}^2)$$

6 답 $6\sqrt{2}\,\text{cm}$

넓이가 $2\,\text{cm}^2$인 정사각형의 한 변의 길이는
$$\sqrt{2}\,\text{cm}\qquad\therefore\ \overline{\text{AB}}=\sqrt{2}\,\text{cm}$$
넓이가 $8\,\text{cm}^2$인 정사각형의 한 변의 길이는
$$\sqrt{8}=2\sqrt{2}\,(\text{cm})\qquad\therefore\ \overline{\text{BC}}=2\sqrt{2}\,\text{cm}$$
넓이가 $18\,\text{cm}^2$인 정사각형의 한 변의 길이는
$$\sqrt{18}=3\sqrt{2}\,(\text{cm})\qquad\therefore\ \overline{\text{CD}}=3\sqrt{2}\,\text{cm}$$
$$\therefore\ \overline{\text{AD}}=\overline{\text{AB}}+\overline{\text{BC}}+\overline{\text{CD}}$$
$$=\sqrt{2}+2\sqrt{2}+3\sqrt{2}$$
$$=(1+2+3)\sqrt{2}=6\sqrt{2}\,(\text{cm})$$

▶ 문제 속 개념 도출

답 ① 근호

개념 18　실수의 대소 관계

바/로/풀/기

Q1 답 $\sqrt{2}$, $\sqrt{2}$, $<$, $<$, $<$

개념 확인

1 답 풀이 참조

(1) $(5-\sqrt{3})-(1+2\sqrt{3})=\boxed{5}-\sqrt{3}-1-\boxed{2\sqrt{3}}$
$$=\boxed{4}-3\sqrt{3}$$
$$=\sqrt{\boxed{16}}-\sqrt{27}\ \boxed{<}\ 0$$
$$\therefore\ 5-\sqrt{3}\ \boxed{<}\ 1+2\sqrt{3}$$

(2) $(2\sqrt{2}-\sqrt{3})-(\sqrt{3}-\sqrt{2})=\boxed{2\sqrt{2}}-\sqrt{3}-\boxed{\sqrt{3}}+\sqrt{2}$
$$=\boxed{3\sqrt{2}}-2\sqrt{3}$$
$$=\sqrt{\boxed{18}}-\sqrt{12}\ \boxed{>}\ 0$$
$$\therefore\ 2\sqrt{2}-\sqrt{3}\ \boxed{>}\ \sqrt{3}-\sqrt{2}$$

2 답 (1) $>$　(2) $<$　(3) $>$　(4) $<$

(1) $4\sqrt{2}-(\sqrt{5}+2\sqrt{2})=4\sqrt{2}-\sqrt{5}-2\sqrt{2}$
$$=2\sqrt{2}-\sqrt{5}$$
$$=\sqrt{8}-\sqrt{5}>0$$
$$\therefore\ 4\sqrt{2}\ \boxed{>}\ \sqrt{5}+2\sqrt{2}$$

(2) $(3+\sqrt{5})-(1+2\sqrt{5})=3+\sqrt{5}-1-2\sqrt{5}$
$$=2-\sqrt{5}$$
$$=\sqrt{4}-\sqrt{5}<0$$
$$\therefore\ 3+\sqrt{5}\ \boxed{<}\ 1+2\sqrt{5}$$

(3) $(3-\sqrt{3})-(-1+\sqrt{3})=3-\sqrt{3}+1-\sqrt{3}$
$$=4-2\sqrt{3}$$
$$=\sqrt{16}-\sqrt{12}>0$$
$$\therefore\ 3-\sqrt{3}\ \boxed{>}\ -1+\sqrt{3}$$

(4) $(3\sqrt{2}-\sqrt{3})-(\sqrt{3}+\sqrt{2})=3\sqrt{2}-\sqrt{3}-\sqrt{3}-\sqrt{2}$
$$=2\sqrt{2}-2\sqrt{3}$$
$$=\sqrt{8}-\sqrt{12}<0$$
$$\therefore\ 3\sqrt{2}-\sqrt{3}\ \boxed{<}\ \sqrt{3}+\sqrt{2}$$

교과서 문제로 개념 다지기

1 답 (1) $\sqrt{6}-1<2\sqrt{6}-3$　(2) $2+2\sqrt{3}>3+\sqrt{3}$
(3) $7-\sqrt{5}<2\sqrt{5}+1$

(1) $(\sqrt{6}-1)-(2\sqrt{6}-3)=\sqrt{6}-1-2\sqrt{6}+3$
$$=-\sqrt{6}+2$$
$$=-\sqrt{6}+\sqrt{4}<0$$
$$\therefore\ \sqrt{6}-1<2\sqrt{6}-3$$

(2) $(2+2\sqrt{3})-(3+\sqrt{3})=2+2\sqrt{3}-3-\sqrt{3}$
$=-1+\sqrt{3}$
$=-\sqrt{1}+\sqrt{3}>0$
$\therefore 2+2\sqrt{3}>3+\sqrt{3}$

(3) $(7-\sqrt{5})-(2\sqrt{5}+1)=7-\sqrt{5}-2\sqrt{5}-1$
$=6-3\sqrt{5}$
$=\sqrt{36}-\sqrt{45}<0$
$\therefore 7-\sqrt{5}<2\sqrt{5}+1$

2 답 ④

① $(1+\sqrt{2})-2=1+\sqrt{2}-2$
$=\sqrt{2}-1$
$=\sqrt{2}-\sqrt{1}>0$
$\therefore 1+\sqrt{2}>2$

② $(\sqrt{11}+3)-7=\sqrt{11}+3-7$
$=\sqrt{11}-4$
$=\sqrt{11}-\sqrt{16}<0$
$\therefore \sqrt{11}+3<7$

③ $(\sqrt{5}+\sqrt{2})-3\sqrt{2}=\sqrt{5}+\sqrt{2}-3\sqrt{2}$
$=\sqrt{5}-2\sqrt{2}$
$=\sqrt{5}-\sqrt{8}<0$
$\therefore \sqrt{5}+\sqrt{2}<3\sqrt{2}$

④ $(2-\sqrt{3})-(\sqrt{3}-1)=2-\sqrt{3}-\sqrt{3}+1$
$=3-2\sqrt{3}$
$=\sqrt{9}-\sqrt{12}<0$
$\therefore 2-\sqrt{3}<\sqrt{3}-1$

⑤ $(\sqrt{7}+\sqrt{2})-(2\sqrt{7}-\sqrt{2})=\sqrt{7}+\sqrt{2}-2\sqrt{7}+\sqrt{2}$
$=-\sqrt{7}+2\sqrt{2}$
$=-\sqrt{7}+\sqrt{8}>0$
$\therefore \sqrt{7}+\sqrt{2}>2\sqrt{7}-\sqrt{2}$

따라서 옳은 것은 ④이다.

3 답 ④

ㄱ. $(3+\sqrt{3})-(\sqrt{12}+1)=3+\sqrt{3}-\sqrt{12}-1$
$=3+\sqrt{3}-2\sqrt{3}-1$
$=2-\sqrt{3}$
$=\sqrt{4}-\sqrt{3}>0$
$\therefore 3+\sqrt{3}>\sqrt{12}+1$

ㄴ. $(3\sqrt{2}-5)-(\sqrt{8}-3)=3\sqrt{2}-5-\sqrt{8}+3$
$=3\sqrt{2}-5-2\sqrt{2}+3$
$=\sqrt{2}-2$
$=\sqrt{2}-\sqrt{4}<0$
$\therefore 3\sqrt{2}-5<\sqrt{8}-3$

ㄷ. $\sqrt{54}-(2\sqrt{6}+2)=\sqrt{54}-2\sqrt{6}-2$
$=3\sqrt{6}-2\sqrt{6}-2$
$=\sqrt{6}-2$
$=\sqrt{6}-\sqrt{4}>0$
$\therefore \sqrt{54}>2\sqrt{6}+2$

따라서 옳은 것은 ㄱ, ㄴ이다.

4 답 B

첫 번째 갈림길에 있는 빨간색 깃발에 적힌 두 수 $\sqrt{7}-1$과 $4-\sqrt{7}$의 대소를 비교하면
$(\sqrt{7}-1)-(4-\sqrt{7})=\sqrt{7}-1-4+\sqrt{7}$
$=2\sqrt{7}-5$
$=\sqrt{28}-\sqrt{25}>0$
$\therefore \sqrt{7}-1>4-\sqrt{7}$

즉, 첫 번째 갈림길에서 지연이는 $\sqrt{7}-1$이 적힌 깃발이 있는 방향으로 이동한다.

두 번째 갈림길에 있는 노란색 깃발에 적힌 두 수 $2\sqrt{5}+2$와 $\sqrt{45}$의 대소를 비교하면
$(2\sqrt{5}+2)-\sqrt{45}=2\sqrt{5}+2-\sqrt{45}$
$=2\sqrt{5}+2-3\sqrt{5}$
$=2-\sqrt{5}$
$=\sqrt{4}-\sqrt{5}<0$
$\therefore 2\sqrt{5}+2<\sqrt{45}$

즉, 두 번째 갈림길에서 지연이는 $\sqrt{45}$가 적힌 깃발이 있는 방향으로 이동한다.

따라서 지연이가 도착한 지점은 B이다.

5 답 $2\sqrt{2}-\sqrt{3}$, $2\sqrt{3}-\sqrt{2}$, $\sqrt{2}+\sqrt{3}$

(i) 두 수 $\sqrt{2}+\sqrt{3}$과 $2\sqrt{3}-\sqrt{2}$의 대소를 비교하면
$(\sqrt{2}+\sqrt{3})-(2\sqrt{3}-\sqrt{2})=\sqrt{2}+\sqrt{3}-2\sqrt{3}+\sqrt{2}$
$=2\sqrt{2}-\sqrt{3}$
$=\sqrt{8}-\sqrt{3}>0$
$\therefore \sqrt{2}+\sqrt{3}>2\sqrt{3}-\sqrt{2}$

(ii) 두 수 $2\sqrt{3}-\sqrt{2}$와 $2\sqrt{2}-\sqrt{3}$의 대소를 비교하면
$(2\sqrt{3}-\sqrt{2})-(2\sqrt{2}-\sqrt{3})=2\sqrt{3}-\sqrt{2}-2\sqrt{2}+\sqrt{3}$
$=3\sqrt{3}-3\sqrt{2}$
$=\sqrt{27}-\sqrt{18}>0$
$\therefore 2\sqrt{3}-\sqrt{2}>2\sqrt{2}-\sqrt{3}$

(i), (ii)에서 $2\sqrt{3}-\sqrt{2}<\sqrt{2}+\sqrt{3}$이고 $2\sqrt{2}-\sqrt{3}<2\sqrt{3}-\sqrt{2}$이므로
$2\sqrt{2}-\sqrt{3}<2\sqrt{3}-\sqrt{2}<\sqrt{2}+\sqrt{3}$

따라서 주어진 수를 작은 것부터 차례로 나열하면
$2\sqrt{2}-\sqrt{3}$, $2\sqrt{3}-\sqrt{2}$, $\sqrt{2}+\sqrt{3}$

6 답 $5\sqrt{2}$

(i) 두 수 $2+\sqrt{2}$와 $\sqrt{8}+1$의 대소를 비교하면
$$
\begin{aligned}
(2+\sqrt{2})-(\sqrt{8}+1)&=2+\sqrt{2}-\sqrt{8}-1\\
&=2+\sqrt{2}-2\sqrt{2}-1\\
&=1-\sqrt{2}\\
&=\sqrt{1}-\sqrt{2}<0
\end{aligned}
$$
$$\therefore 2+\sqrt{2}<\sqrt{8}+1$$

(ii) 두 수 $2+\sqrt{2}$와 $\sqrt{18}-1$의 대소를 비교하면
$$
\begin{aligned}
(2+\sqrt{2})-(\sqrt{18}-1)&=2+\sqrt{2}-\sqrt{18}+1\\
&=2+\sqrt{2}-3\sqrt{2}+1\\
&=3-2\sqrt{2}\\
&=\sqrt{9}-\sqrt{8}>0
\end{aligned}
$$
$$\therefore 2+\sqrt{2}>\sqrt{18}-1$$

(i), (ii)에서 $2+\sqrt{2}<\sqrt{8}+1$이고 $\sqrt{18}-1<2+\sqrt{2}$이므로
$$\sqrt{18}-1<2+\sqrt{2}<\sqrt{8}+1$$
$$\therefore a=\sqrt{8}+1,\ b=\sqrt{18}-1$$
$$
\begin{aligned}
\therefore a+b&=(\sqrt{8}+1)+(\sqrt{18}-1)\\
&=\sqrt{8}+1+\sqrt{18}-1\\
&=2\sqrt{2}+1+3\sqrt{2}-1\\
&=5\sqrt{2}
\end{aligned}
$$

▶ **문제 속 개념 도출**

답 ① $A-B=0$ ② $A<B$

1 답 $-6\sqrt{21}$
$$
\begin{aligned}
3\sqrt{5}\div\sqrt{\dfrac{5}{7}}\times(-2\sqrt{3})&=3\sqrt{5}\times\sqrt{\dfrac{7}{5}}\times(-2\sqrt{3})\\
&=3\sqrt{5\times\dfrac{7}{5}}\times(-2\sqrt{3})\\
&=3\sqrt{7}\times(-2\sqrt{3})\\
&=-6\sqrt{21}
\end{aligned}
$$

2 답 $\dfrac{1}{4}$
$$
\begin{aligned}
\sqrt{0.025}\div\sqrt{10}&=\sqrt{\dfrac{25}{1000}}\times\dfrac{1}{\sqrt{10}}\\
&=\sqrt{\dfrac{25}{1000}}\times\sqrt{\dfrac{1}{10}}\\
&=\sqrt{\dfrac{25}{10000}}\\
&=\dfrac{5}{100}=\dfrac{1}{20}
\end{aligned}
$$

즉, $\sqrt{0.025}$는 $\sqrt{10}$의 $\dfrac{1}{20}$배이다.
$$\therefore a=\dfrac{1}{20}$$
$$\sqrt{150}\div\sqrt{6}=5\sqrt{6}\times\dfrac{1}{\sqrt{6}}=5$$
즉, $\sqrt{150}$은 $\sqrt{6}$의 5배이다.
$$\therefore b=5$$
$$\therefore ab=\dfrac{1}{20}\times5=\dfrac{1}{4}$$

3 답 ③

① $\sqrt{2.40}=1.549$

② $\sqrt{263}=\sqrt{2.63\times100}=10\sqrt{2.63}$
$$=10\times1.622=16.22$$

③ $\sqrt{2710}=\sqrt{27.1\times100}=10\sqrt{27.1}$

④ $\sqrt{0.0254}=\sqrt{\dfrac{2.54}{100}}=\dfrac{\sqrt{2.54}}{10}$
$$=\dfrac{1.594}{10}=0.1594$$

⑤ $\sqrt{2.75}=1.658$

따라서 주어진 제곱근표를 이용하여 값을 구할 수 없는 것은 ③이다.

4 답 $\dfrac{\sqrt{2}}{\sqrt{5}}$

주어진 분수 중 분모가 근호를 포함한 무리수인 것의 분모를 유리화하면 다음과 같다.
$$\dfrac{\sqrt{2}}{\sqrt{5}}=\dfrac{\sqrt{10}}{5},\ \dfrac{2}{\sqrt{5}}=\dfrac{2\sqrt{5}}{5}=\dfrac{\sqrt{20}}{5}$$

즉, $\dfrac{\sqrt{10}}{5},\ \dfrac{\sqrt{20}}{5},\ \dfrac{\sqrt{2}}{5},\ \dfrac{2}{5}=\dfrac{\sqrt{4}}{5}$에서
$$\sqrt{2}<\sqrt{4}<\sqrt{10}<\sqrt{20}$$이므로
$$\dfrac{\sqrt{2}}{5}<\dfrac{\sqrt{4}}{5}<\dfrac{\sqrt{10}}{5}<\dfrac{\sqrt{20}}{5}$$
$$\therefore \dfrac{\sqrt{2}}{5}<\dfrac{2}{5}<\dfrac{\sqrt{2}}{\sqrt{5}}<\dfrac{2}{\sqrt{5}}$$

따라서 세 번째에 오는 수는 $\dfrac{\sqrt{2}}{\sqrt{5}}$이다.

5 답 $18\sqrt{6}$
$$
\begin{aligned}
A&=\sqrt{8}+4\sqrt{2}-\sqrt{18}\\
&=2\sqrt{2}+4\sqrt{2}-3\sqrt{2}\\
&=3\sqrt{2}\\
B&=4\sqrt{3}-\sqrt{27}+5\sqrt{3}\\
&=4\sqrt{3}-3\sqrt{3}+5\sqrt{3}\\
&=6\sqrt{3}
\end{aligned}
$$
$$\therefore AB=3\sqrt{2}\times6\sqrt{3}=18\sqrt{6}$$

6 답 $-1+2\sqrt{2}$

$\overline{BD}=\sqrt{1^2+1^2}=\sqrt{2}$

$\overline{AC}=\sqrt{1^2+1^2}=\sqrt{2}$

점 P는 2에 대응하는 점에서 왼쪽으로 $\overline{BP}=\overline{BD}=\sqrt{2}$만큼 떨어진 점이므로 점 P에 대응하는 수는 $2-\sqrt{2}$이고, 점 Q는 1에 대응하는 점에서 오른쪽으로 $\overline{AQ}=\overline{AC}=\sqrt{2}$만큼 떨어진 점이므로 점 Q에 대응하는 수는 $1+\sqrt{2}$이다.

따라서 $a=2-\sqrt{2}$, $b=1+\sqrt{2}$이므로

$$\begin{aligned} b-a&=(1+\sqrt{2})-(2-\sqrt{2})\\ &=1+\sqrt{2}-2+\sqrt{2}\\ &=-1+2\sqrt{2} \end{aligned}$$

7 답 ③

$$\begin{aligned} \sqrt{2}(\sqrt{2}+4\sqrt{3})-\sqrt{2}(a\sqrt{3}-\sqrt{2})&=2+4\sqrt{6}-a\sqrt{6}+2\\ &=4+(4-a)\sqrt{6} \end{aligned}$$

이 식이 유리수가 되려면 $4-a=0$이어야 하므로

$a=4$

| **참고** | a, b가 유리수이고, $\sqrt{m}$이 무리수일 때, $a+b\sqrt{m}$이 유리수가 되려면 $b=0$이어야 한다.

8 답 넓이: 18, 둘레의 길이: $10\sqrt{3}$

□AEFB는 넓이가 12인 정사각형이므로 한 변의 길이는

$\sqrt{12}=2\sqrt{3}$

$\therefore \overline{AB}=2\sqrt{3}$

□ADGH는 넓이가 27인 정사각형이므로 한 변의 길이는

$\sqrt{27}=3\sqrt{3}$

$\therefore \overline{AD}=3\sqrt{3}$

따라서 직사각형 ABCD의 넓이와 둘레의 길이를 각각 구하면

(넓이)$=2\sqrt{3}\times3\sqrt{3}=18$

$$\begin{aligned} (둘레의\ 길이)&=2\times(2\sqrt{3}+3\sqrt{3})\\ &=2\times5\sqrt{3}=10\sqrt{3} \end{aligned}$$

9 답 ⑤

① $$\begin{aligned} -2\sqrt{5}-(-4)&=-2\sqrt{5}+4\\ &=-\sqrt{20}+\sqrt{16}<0 \end{aligned}$$

$\therefore -2\sqrt{5}<-4$

② $$\begin{aligned} (4+\sqrt{2})-6&=4+\sqrt{2}-6\\ &=\sqrt{2}-2\\ &=\sqrt{2}-\sqrt{4}<0 \end{aligned}$$

$\therefore 4+\sqrt{2}<6$

③ $$\begin{aligned} (\sqrt{5}+\sqrt{2})-(\sqrt{5}+1)&=\sqrt{5}+\sqrt{2}-\sqrt{5}-1\\ &=\sqrt{2}-1\\ &=\sqrt{2}-\sqrt{1}>0 \end{aligned}$$

$\therefore \sqrt{5}+\sqrt{2}>\sqrt{5}+1$

④ $$\begin{aligned} (\sqrt{3}+3\sqrt{5})-(\sqrt{3}+2\sqrt{11})&=\sqrt{3}+3\sqrt{5}-\sqrt{3}-2\sqrt{11}\\ &=3\sqrt{5}-2\sqrt{11}\\ &=\sqrt{45}-\sqrt{44}>0 \end{aligned}$$

$\therefore \sqrt{3}+3\sqrt{5}>\sqrt{3}+2\sqrt{11}$

⑤ $$\begin{aligned} (4\sqrt{2}-3\sqrt{3})-(\sqrt{8}-\sqrt{12})&=4\sqrt{2}-3\sqrt{3}-2\sqrt{2}+2\sqrt{3}\\ &=2\sqrt{2}-\sqrt{3}\\ &=\sqrt{8}-\sqrt{3}>0 \end{aligned}$$

$\therefore 4\sqrt{2}-3\sqrt{3}>\sqrt{8}-\sqrt{12}$

따라서 옳은 것은 ⑤이다.

↻ **OX 문제로 확인하기** ⋯⋯⋯⋯⋯⋯⋯⋯⋯⋯ • 본문 52쪽

답 ❶ ○ ❷ × ❸ ○ ❹ × ❺ × ❻ ○ ❼ ○ ❽ ○

3 다항식의 곱셈과 인수분해

• 본문 54~55쪽

 **개념 19 곱셈 공식(1)**

바/로/풀/기

Q1 답 (1) $2a$, 6　(2) $3y$

Q2 답 (1) 2, 2, 4, 4　(2) x, 2, 6

개념 확인

1 답 풀이 참조

(1) $(a+b)(c+d)=\boxed{ac}+\boxed{ad}+\boxed{bc}+\boxed{bd}$

(2) $(a+b)(c+d)=(a+b)A$

$\qquad\qquad\quad=\boxed{a}A+\boxed{b}A$

$\qquad\qquad\quad=\boxed{a}(c+d)+\boxed{b}(c+d)$

$\qquad\qquad\quad=ac+\boxed{a}d+\boxed{b}c+\boxed{b}d$

2 답 풀이 참조

(1) $(a+b)^2=(a+b)(a+b)$

$\qquad\qquad=\boxed{a}^2+ab+\boxed{ab}+b^2$

$\qquad\qquad=\boxed{a}^2+\boxed{2}ab+b^2$

(2) $(a-b)^2=(a-b)(a-b)$

$\qquad\qquad=\boxed{a}^2-ab-\boxed{ab}+b^2$

$\qquad\qquad=\boxed{a}^2-\boxed{2}ab+b^2$

교과서 문제로 개념 다지기

1 답 (1) $xy+3x+2y+6$　(2) $2ab-6a-b+3$

$\quad$ (3) $ac-ad+bc-bd$　(4) $2ac+8ad-3bc-12bd$

$\quad$ (5) $3a^2-5a-2$　(6) $4x^2-11xy+6y^2$

(1) $(x+2)(y+3)=xy+3x+2y+6$

(2) $(2a-1)(b-3)=2ab-6a-b+3$

(3) $(a+b)(c-d)=ac-ad+bc-bd$

(4) $(2a-3b)(c+4d)=2ac+8ad-3bc-12bd$

(5) $(3a+1)(a-2)=3a^2-6a+a-2=3a^2-5a-2$

(6) $(x-2y)(4x-3y)=4x^2-3xy-8xy+6y^2$

$\qquad\qquad\qquad\qquad=4x^2-11xy+6y^2$

2 답 (1) $x^2+8x+16$　(2) $x^2-12x+36$

$\quad$ (3) $4a^2+4a+1$　(4) $9x^2-12x+4$

$\quad$ (5) x^2-4x+4　(6) $25x^2-30xy+9y^2$

(1) $(x+4)^2=x^2+2\times x\times4+4^2$

$\qquad\qquad=x^2+8x+16$

(2) $(x-6)^2=x^2-2\times x\times6+6^2$

$\qquad\qquad=x^2-12x+36$

(3) $(2a+1)^2=(2a)^2+2\times2a\times1+1^2$

$\qquad\qquad=4a^2+4a+1$

(4) $(3x-2)^2=(3x)^2-2\times3x\times2+2^2$

$\qquad\qquad=9x^2-12x+4$

(5) $(-x+2)^2=(-x)^2+2\times(-x)\times2+2^2$

$\qquad\qquad=x^2-4x+4$

(6) $(5x-3y)^2=(5x)^2-2\times5x\times3y+(3y)^2$

$\qquad\qquad=25x^2-30xy+9y^2$

해설 꼭 확인

(1) $(x+4)^2$을 전개하기

$\xrightarrow{(\times)}$ $(x+4)^2=x^2+4^2=x^2+16$

$\xrightarrow{(\bigcirc)}$ $(x+4)^2=x^2+2\times x\times4+4^2$

$\qquad\qquad\qquad=x^2+8x+16$

(5) $(-x+2)^2$을 전개하기

$\xrightarrow{(\times)}$ $(-x+2)^2=x^2+4x+4$

$\xrightarrow{(\bigcirc)}$ $(-x+2)^2=(-x)^2+2\times(-x)\times2+2^2$

$\qquad\qquad\qquad=x^2-4x+4$

➡ $(a+b)^2$의 꼴의 식을 전개할 때는 $(a+b)^2$과 a^2+b^2을 혼동하지 않아야 해.
또한, $(-x+2)^2$과 같은 경우 $-x$에서 음의 부호 '$-$'를 빠뜨리지 않도록 주의해야 해!

3 답 ③

③ $(2x-3)^2=(2x)^2-2\times2x\times3+3^2$

$\qquad\qquad=4x^2-12x+9$

④ $\left(\dfrac{1}{2}x+1\right)^2=\left(\dfrac{1}{2}x\right)^2+2\times\dfrac{1}{2}x\times1+1^2$

$\qquad\qquad\qquad=\dfrac{1}{4}x^2+x+1$

따라서 옳지 않은 것은 ③이다.

4 답 -1

분배법칙을 이용하여 주어진 식을 전개하면

$(x-2y)(x+y-3)=x^2+xy-3x-2xy-2y^2+6y$

$\qquad\qquad\qquad\qquad=x^2-xy-3x-2y^2+6y$

따라서 xy의 계수는 -1이다.

다른 풀이

xy항이 나오는 부분만 전개하면 $(x-2y)(x+y-3)$에서

$xy-2xy=-xy$이므로 xy의 계수는 -1이다.

| 참고 | 어느 특정한 항의 계수를 구할 때, 식을 모두 전개하여 구하는 것이 기본이지만 계수를 구해야 하는 항이 나오는 부분만 전개하여 구할 수도 있다.

5 답 ㄴ, ㄹ

$(x-y)^2=x^2-2xy+y^2$

ㄱ. $(x+y)^2=x^2+2\times x\times y+y^2$
$\qquad\qquad =x^2+2xy+y^2$

ㄴ. $(-x+y)^2=(-x)^2+2\times(-x)\times y+y^2$
$\qquad\qquad =x^2-2xy+y^2$

ㄷ. $(-x-y)^2=(-x)^2-2\times(-x)\times y+y^2$
$\qquad\qquad =x^2+2xy+y^2$

ㄹ. $(y-x)^2=y^2-2\times y\times x+x^2$
$\qquad\qquad =x^2-2xy+y^2$

따라서 $(x-y)^2$과 전개식이 같은 것은 ㄴ, ㄹ이다.

6 답 (1) 10, 25　(2) 4, 16

(1) $(x-5)^2=x^2-2\times x\times 5+5^2$
$\qquad\qquad =x^2-\boxed{10}\,x+\boxed{25}$

(2) $(x+\boxed{A})^2=x^2+2Ax+A^2$
$\qquad\qquad =x^2+8x+\boxed{B}$

$\quad 2A=8$에서 $A=4$

$\quad A^2=B$에서 $B=4^2=16$

7 답 풀이 참조

규리: $(x-3)^2$을 전개할 때는 곱셈 공식 $(a-b)^2=a^2-2ab+b^2$
　　 에서 a를 x로, b를 3으로 바꾸어 전개하면 되므로 ㉠에서
　　 처음으로 틀렸다.
　　 따라서 바르게 전개하면 다음과 같다.
$\qquad (x-3)^2=x^2-2\times x\times 3+3^2$
$\qquad\qquad\quad =x^2-6x+9$

관호: $(x+2y)^2$을 전개할 때는 곱셈 공식 $(a+b)^2=a^2+2ab+b^2$
　　 에서 a를 x로, b를 $2y$로 바꾸어 전개하면 되므로 ㉢에서
　　 처음으로 틀렸다.
　　 따라서 바르게 전개하면 다음과 같다.
$\qquad (x+2y)^2=x^2+2\times x\times 2y+(2y)^2$
$\qquad\qquad\quad\ =x^2+4xy+4y^2$

▶ 문제 속 개념 도출

답 ① 분배법칙　② $a^2-2ab+b^2$

• 본문 56~57쪽

개념 **20** 곱셈 공식 (2)

🔍 바/로/풀/기

Q1 답 2, a^2-4

Q2 답 x, x^2-4

1 답 풀이 참조

$(a+b)(a-b)=\boxed{a}^2-\boxed{ab}+ab-\boxed{b}^2$
$\qquad\qquad\quad\ =\boxed{a}^2-\boxed{b}^2$

2 답 (1) x^2-16　(2) a^2-9　(3) $4x^2-1$　(4) $9x^2-16$
$\qquad$ (5) $25-a^2$　(6) $x^2-\dfrac{1}{4}$

(1) $(x+4)(x-4)=x^2-4^2=x^2-16$

(2) $(a+3)(a-3)=a^2-3^2=a^2-9$

(3) $(2x+1)(2x-1)=(2x)^2-1^2=4x^2-1$

(4) $(3x+4)(3x-4)=(3x)^2-4^2=9x^2-16$

(5) $(5+a)(5-a)=5^2-a^2=25-a^2$

(6) $\left(x+\dfrac{1}{2}\right)\left(x-\dfrac{1}{2}\right)=x^2-\left(\dfrac{1}{2}\right)^2=x^2-\dfrac{1}{4}$

3 답 (1) $16-a^2$　(2) $9-x^2$　(3) $4-25x^2$　(4) x^2-36
$\qquad$ (5) $9x^2-4y^2$　(6) $16a^2-b^2$

(1) $(a+4)(4-a)=(4+a)(4-a)$
$\qquad\qquad\qquad =4^2-a^2=16-a^2$

(2) $(x+3)(-x+3)=(3+x)(3-x)$
$\qquad\qquad\qquad =3^2-x^2=9-x^2$

(3) $(5x+2)(2-5x)=(2+5x)(2-5x)$
$\qquad\qquad\qquad =2^2-(5x)^2=4-25x^2$

(4) $(-x+6)(-x-6)=(-x)^2-6^2=x^2-36$

(5) $(3x+2y)(3x-2y)=(3x)^2-(2y)^2=9x^2-4y^2$

(6) $(-4a+b)(-4a-b)=(-4a)^2-b^2=16a^2-b^2$

1 답 ④

④ $(-3+x)(-3-x)=(-3)^2-x^2=9-x^2$

2 답 7

$(4x+a)(4x-a)=(4x)^2-a^2=16x^2-a^2$
이므로 $16x^2-a^2=16x^2-49$에서
$a^2=49$　∴ $a=7(∵ a>0)$

3 답 ④

$(a+b)(a-b)=a^2-b^2$

① $(a+b)(b-a)=(b+a)(b-a)=b^2-a^2$

② $(a+b)(-a-b)=-(a+b)(a+b)$
$\qquad\qquad\qquad =-(a^2+2ab+b^2)$
$\qquad\qquad\qquad =-a^2-2ab-b^2$

③ $(-a+b)(a+b)=(b-a)(b+a)=b^2-a^2$

④ $(-a+b)(-a-b)=(-a)^2-b^2=a^2-b^2$

⑤ $(a-b)(-a-b)=(-b+a)(-b-a)$
$\qquad\qquad\qquad =(-b)^2-a^2=b^2-a^2$

따라서 $(a+b)(a-b)$와 전개식이 같은 것은 ④이다.

4 답 $7x^2+31$

$(3x-1)(3x+1)-2(x+4)(x-4)$
$=\{(3x)^2-1^2\}-2(x^2-4^2)$
$=(9x^2-1)-2(x^2-16)$
$=9x^2-1-2x^2+32$
$=7x^2+31$

5 답 -10

$\left(\dfrac{1}{5}a+\dfrac{2}{3}b\right)\left(\dfrac{1}{5}a-\dfrac{2}{3}b\right)=\left(\dfrac{1}{5}a\right)^2-\left(\dfrac{2}{3}b\right)^2$
$\qquad\qquad =\dfrac{1}{25}a^2-\dfrac{4}{9}b^2$
$\qquad\qquad =\dfrac{1}{25}\times 50-\dfrac{4}{9}\times 27$
$\qquad\qquad =2-12=-10$

해설 꼭 확인

$\left(\dfrac{1}{5}a+\dfrac{2}{3}b\right)\left(\dfrac{1}{5}a-\dfrac{2}{3}b\right)$를 전개하기

$\xrightarrow{(\times)}$ $\left(\dfrac{1}{5}a+\dfrac{2}{3}b\right)\left(\dfrac{1}{5}a-\dfrac{2}{3}b\right)=\dfrac{1}{5}a^2-\dfrac{2}{3}b^2$

$\xrightarrow{(\bigcirc)}$ $\left(\dfrac{1}{5}a+\dfrac{2}{3}b\right)\left(\dfrac{1}{5}a-\dfrac{2}{3}b\right)=\left(\dfrac{1}{5}a\right)^2-\left(\dfrac{2}{3}b\right)^2$
$\qquad\qquad\qquad\qquad =\dfrac{1}{25}a^2-\dfrac{4}{9}b^2$

➡ 문자에 수가 곱해진 항이 있는 식을 곱셈 공식을 이용하여 전개할 때는 괄호를 사용해 계산하면 실수를 줄일 수 있어!

6 답 a^4-1

$(a-1)(a+1)(a^2+1)=(a^2-1^2)(a^2+1)$
$\qquad\qquad\qquad =(a^2-1)(a^2+1)$
$\qquad\qquad\qquad =(a^2)^2-1^2=a^4-1$

▶ 문제 속 개념 도출

답 ① a^2-b^2

• 본문 58~59쪽

개념 **21** 곱셈 공식(3), (4)

바/로/풀/기

Q1 답 $2,\ 1,\ x^2+3x+2$

Q2 답 $4,\ 2,\ 12x^2+17x+6$

개념 확인

1 답 풀이 참조

(1) $(x+a)(x+b)=x^2+bx+\boxed{a}x+\boxed{ab}$
$\qquad\qquad\qquad =x^2+(\boxed{a+b})x+\boxed{ab}$

(2) $(ax+b)(cx+d)=\boxed{ac}x^2+adx+\boxed{bc}x+\boxed{bd}$
$\qquad\qquad\qquad =\boxed{ac}x^2+(ad+\boxed{bc})x+\boxed{bd}$

2 답 (1) 풀이 참조   (2) x^2-2x-8
$\qquad$ (3) x^2-5x-6 (4) $x^2-8x+15$
$\qquad$ (5) $x^2+6xy+5y^2$ (6) $a^2-ab-6b^2$

(1) $(x+3)(x+4)=x^2+(\boxed{3}+\boxed{4})x+\boxed{3}\times\boxed{4}$
$\qquad\qquad\qquad =\boxed{x^2+7x+12}$

(2) $(x-4)(x+2)=x^2+(-4+2)x+(-4)\times 2$
$\qquad\qquad\qquad =x^2-2x-8$

(3) $(x+1)(x-6)=x^2+\{1+(-6)\}x+1\times(-6)$
$\qquad\qquad\qquad =x^2-5x-6$

(4) $(x-3)(x-5)$
$\quad =x^2+\{-3+(-5)\}x+(-3)\times(-5)$
$\quad =x^2-8x+15$

(5) $(x+y)(x+5y)=x^2+(y+5y)x+y\times 5y$
$\qquad\qquad\qquad =x^2+6xy+5y^2$

(6) $(a+2b)(a-3b)$
$\quad =a^2+\{2b+(-3b)\}a+2b\times(-3b)$
$\quad =a^2-ab-6b^2$

3 답 (1) 풀이 참조   (2) $6x^2+7x-5$
$\qquad$ (3) $20x^2+7x-3$ (4) $15x^2-13x+2$
$\qquad$ (5) $6x^2+23xy+20y^2$ (6) $6a^2+5ab-6b^2$

(1) $(2x+3)(4x+6)$
$\quad =(2\times 4)x^2+(2\times\boxed{6}+3\times\boxed{4})x+3\times 6$
$\quad =\boxed{8x^2+24x+18}$

(2) $(3x+5)(2x-1)$
$\quad =(3\times 2)x^2+\{3\times(-1)+5\times 2\}x+5\times(-1)$
$\quad =6x^2+7x-5$

(3) $(4x-1)(5x+3)$
$\quad =(4\times 5)x^2+\{4\times 3+(-1)\times 5\}x+(-1)\times 3$
$\quad =20x^2+7x-3$

(4) $(5x-1)(3x-2)$
$\quad =(5\times 3)x^2+\{5\times(-2)+(-1)\times 3\}x+(-1)\times(-2)$
$\quad =15x^2-13x+2$

(5) $(2x+5y)(3x+4y)$
$\quad =(2\times 3)x^2+(2\times 4y+5y\times 3)x+5y\times 4y$
$\quad =6x^2+23xy+20y^2$

(6) $(3a-2b)(2a+3b)$
$=(3\times2)a^2+\{3\times3b+(-2b)\times2\}a+(-2b)\times3b$
$=6a^2+5ab-6b^2$

1 답 (1) $x^2+\dfrac{5}{6}x+\dfrac{1}{6}$ (2) $-a^2+10a-21$

(3) $-4x^2+9xy-2y^2$ (4) $6a^2+2ab+\dfrac{1}{6}b^2$

(1) $\left(x+\dfrac{1}{2}\right)\left(x+\dfrac{1}{3}\right)=x^2+\left(\dfrac{1}{2}+\dfrac{1}{3}\right)x+\dfrac{1}{2}\times\dfrac{1}{3}$
$\qquad\qquad\qquad=x^2+\dfrac{5}{6}x+\dfrac{1}{6}$

(2) $(a-7)(-a+3)$
$=\{1\times(-1)\}a^2+\{1\times3+(-7)\times(-1)\}a+(-7)\times3$
$=-a^2+10a-21$

(3) $(-x+2y)(4x-y)$
$=\{(-1)\times4\}x^2+\{(-1)\times(-y)+2y\times4\}x+2y\times(-y)$
$=-4x^2+9xy-2y^2$

(4) $\left(2a+\dfrac{1}{3}b\right)\left(3a+\dfrac{1}{2}b\right)$
$=(2\times3)a^2+\left(2\times\dfrac{1}{2}b+\dfrac{1}{3}b\times3\right)a+\dfrac{1}{3}b\times\dfrac{1}{2}b$
$=6a^2+2ab+\dfrac{1}{6}b^2$

2 답 ①, ⑤, ⑦

① $(x+3)(x-5)$
$=x^2+\{3+(-5)\}x+3\times(-5)$
$=x^2-2x-15$

⑤ $(2a+b)(a-3b)$
$=(2\times1)a^2+\{2\times(-3b)+b\times1\}a+b\times(-3b)$
$=2a^2-5ab-3b^2$

⑦ $\left(x+\dfrac{1}{4}\right)\left(x+\dfrac{1}{3}\right)=x^2+\left(\dfrac{1}{4}+\dfrac{1}{3}\right)x+\dfrac{1}{4}\times\dfrac{1}{3}$
$\qquad\qquad\qquad=x^2+\dfrac{7}{12}x+\dfrac{1}{12}$

3 답 ③

① $(x+1)(x+4)=x^2+(1+4)x+1\times4$
$\qquad\qquad\qquad=x^2+5x+\boxed{4}$
② $(x+6)(x-2)=x^2+\{6+(-2)\}x+6\times(-2)$
$\qquad\qquad\qquad=x^2+\boxed{4}x-12$
③ $(2x+1)(3x-4)$
$=(2\times3)x^2+\{2\times(-4)+1\times3\}x+1\times(-4)$
$=6x^2-\boxed{5}x-4$

④ $(-x+2y)(x-2y)$
$=\{(-1)\times1\}x^2+\{(-1)\times(-2y)+2y\times1\}x$
$\qquad\qquad\qquad\qquad\qquad+2y\times(-2y)$
$=-x^2+\boxed{4}xy-4y^2$
⑤ $(3x-2y)(7x+6y)$
$=(3\times7)x^2+\{3\times6y+(-2y)\times7\}x+(-2y)\times6y$
$=21x^2+\boxed{4}xy-12y^2$
따라서 □ 안에 알맞은 수가 나머지 넷과 다른 하나는 ③이다.

4 답 (1) 14   (2) 10

(1) $(x+a)(x+6)=x^2+(a+6)x+a\times6$
$\qquad\qquad\qquad=x^2+(a+6)x+6a$
$x^2+(a+6)x+6a=x^2+bx+24$이므로
$a+6=b$, $6a=24$에서
$a=4$, $b=10$
$\therefore a+b=4+10=14$
(2) $(5x+3)(2x+a)$
$=(5\times2)x^2+(5\times a+3\times2)x+3\times a$
$=10x^2+(5a+6)x+3a$
$10x^2+(5a+6)x+3a=10x^2+bx-12$이므로
$5a+6=b$, $3a=-12$에서
$a=-4$, $b=-14$
$\therefore a-b=-4-(-14)=10$

5 답 $a=2$, $15x^2+7x-2$

$(3x+a)(x-5)$
$=(3\times1)x^2+\{3\times(-5)+a\times1\}x+a\times(-5)$
$=3x^2+(-15+a)x-5a$
$3x^2+(-15+a)x-5a=3x^2-13x-10$이므로
$-15+a=-13$에서
$a=2$
따라서 바르게 계산한 식은
$(3x+2)(5x-1)$
$=(3\times5)x^2+\{3\times(-1)+2\times5\}x+2\times(-1)$
$=15x^2+7x-2$

6 답 3

$(4x+a)(x-3)$
$=(4\times1)x^2+\{4\times(-3)+a\times1\}x+a\times(-3)$
$=4x^2+(-12+a)x-3a$
이때 x의 계수와 상수항이 같으므로
$-12+a=-3a$, $4a=12$
$\therefore a=3$

▶ **문제 속 개념 도출**

답 ① $a+b$ ② $ad+bc$

개념 22 곱셈 공식의 응용 (1) – 수의 계산

바/로/풀/기

Q1 답 100, 100, 1

Q2 답 2, 2, 100, 2

개념 확인

1 답 풀이 참조

(1) $198^2=(200-2)^2$에서 $a=200$, $b=2$로 놓으면

$$
\begin{aligned}
(a-b)^2 &= a^2-2ab+b^2 \\
&= 200^2-2\times200\times2+2^2 \\
&= 40000-800+4 \\
&= 39204
\end{aligned}
$$

로 계산하는 것이 가장 편리하다.

(2) $102^2=(100+2)^2$에서 $a=100$, $b=2$로 놓으면

$$
\begin{aligned}
(a+b)^2 &= a^2+2ab+b^2 \\
&= 100^2+2\times100\times2+2^2 \\
&= 10000+400+4 \\
&= 10404
\end{aligned}
$$

로 계산하는 것이 가장 편리하다.

(3) $103\times97=(100+3)(100-3)$에서

$a=100$, $b=3$으로 놓으면

$$
\begin{aligned}
(a+b)(a-b) &= a^2-b^2 \\
&= 100^2-3^2 \\
&= 10000-9 \\
&= 9991
\end{aligned}
$$

로 계산하는 것이 가장 편리하다.

(4) $201\times204=(200+1)(200+4)$에서

$x=200$, $a=1$, $b=4$로 놓으면

$$
\begin{aligned}
(x+a)(x+b) &= x^2+(a+b)x+ab \\
&= 200^2+(1+4)\times200+1\times4 \\
&= 40000+1000+4 \\
&= 41004
\end{aligned}
$$

로 계산하는 것이 가장 편리하다.

따라서 수를 계산할 때 가장 편리한 곱셈 공식을 찾아 선으로 연결하면 다음과 같다.

(1) 198^2 ·
(2) 102^2 ·
(3) 103×97 ·
(4) 201×204 ·

ㄱ. $(a+b)(a-b)=a^2-b^2$
ㄴ. $(a+b)^2=a^2+2ab+b^2$
ㄷ. $(a-b)^2=a^2-2ab+b^2$
ㄹ. $(x+a)(x+b)$
$\quad=x^2+(a+b)x+ab$

2 답 풀이 참조

(1)
$$
\begin{aligned}
103^2 &=(100+3)^2 &&\cdots ① \\
&=100^2+2\times100\times3+3^2 &&\cdots ② \\
&=10000+600+9 &&\cdots ③ \\
&=10609 &&\cdots ④
\end{aligned}
$$

(2)
$$
\begin{aligned}
199^2 &=(200-1)^2 &&\cdots ① \\
&=200^2-2\times200\times1+1^2 &&\cdots ② \\
&=40000-400+1 &&\cdots ③ \\
&=39601 &&\cdots ④
\end{aligned}
$$

(3)
$$
\begin{aligned}
82\times78 &=(80+2)(80-2) &&\cdots ① \\
&=80^2-2^2 &&\cdots ② \\
&=6400-4 &&\cdots ③ \\
&=6396 &&\cdots ④
\end{aligned}
$$

(4)
$$
\begin{aligned}
51\times53 &=(50+1)(50+3) &&\cdots ① \\
&=50^2+(1+3)\times50+1\times3 &&\cdots ② \\
&=2500+200+3 &&\cdots ③ \\
&=2703 &&\cdots ④
\end{aligned}
$$

교과서 문제로 개념 다지기

1 답 (1) ㄱ (2) ㄴ (3) ㄹ (4) ㄷ

(1) $203^2=(200+3)^2$에서 $a=200$, $b=3$으로 놓으면

$$
\begin{aligned}
(a+b)^2 &= a^2+2ab+b^2 \\
&= 200^2+2\times200\times3+3^2 \\
&= 40000+1200+9 \\
&= 41209
\end{aligned}
$$

로 계산하는 것이 가장 편리하다.

(2) $398^2=(400-2)^2$에서 $a=400$, $b=2$로 놓으면

$$
\begin{aligned}
(a-b)^2 &= a^2-2ab+b^2 \\
&= 400^2-2\times400\times2+2^2 \\
&= 160000-1600+4 \\
&= 158404
\end{aligned}
$$

로 계산하는 것이 가장 편리하다.

(3) $302\times304=(300+2)(300+4)$에서

$x=300$, $a=2$, $b=4$로 놓으면

$$
\begin{aligned}
(x+a)(x+b) &= x^2+(a+b)x+ab \\
&= 300^2+(2+4)\times300+2\times4 \\
&= 90000+1800+8 \\
&= 91808
\end{aligned}
$$

로 계산하는 것이 가장 편리하다.

(4) $7.2\times6.8=(7+0.2)(7-0.2)$에서 $a=7$, $b=0.2$로 놓으면

$$
\begin{aligned}
(a+b)(a-b) &= a^2-b^2=7^2-0.2^2 \\
&= 49-0.04=48.96
\end{aligned}
$$

으로 계산하는 것이 가장 편리하다.

2 답 ⑤

$96^2=(100-4)^2$
$\quad\quad=100^2-2\times100\times4+4^2$
$\quad\quad=10000-800+16$
$\quad\quad=9216$

이므로 $A=4$, $B=9216$

$102\times103=(100+2)(100+3)$
$\quad\quad\quad\quad=100^2+(2+3)\times100+2\times3$
$\quad\quad\quad\quad=10000+500+6$
$\quad\quad\quad\quad=10506$

이므로 $C=2$, $D=100$, $E=10506$

따라서 옳지 않은 것은 ⑤이다.

3 답 (1) 7569　(2) 91204　(3) 24.99　(4) 40803

(1) $87^2=(90-3)^2$
$\quad\quad=90^2-2\times90\times3+3^2$
$\quad\quad=8100-540+9$
$\quad\quad=7569$

(2) $302^2=(300+2)^2$
$\quad\quad\quad=300^2+2\times300\times2+2^2$
$\quad\quad\quad=90000+1200+4$
$\quad\quad\quad=91204$

(3) $5.1\times4.9=(5+0.1)(5-0.1)$
$\quad\quad\quad\quad=5^2-0.1^2$
$\quad\quad\quad\quad=25-0.01$
$\quad\quad\quad\quad=24.99$

(4) $201\times203=(200+1)(200+3)$
$\quad\quad\quad\quad=200^2+(1+3)\times200+1\times3$
$\quad\quad\quad\quad=40000+800+3$
$\quad\quad\quad\quad=40803$

4 답 ①, ⑤

① $104^2=(100+4)^2 \Rightarrow (a+b)^2=a^2+2ab+b^2$ (단, $b>0$)
② $399^2=(400-1)^2 \Rightarrow (a-b)^2=a^2-2ab+b^2$ (단, $b>0$)
③ $201^2=(200+1)^2 \Rightarrow (a+b)^2=a^2+2ab+b^2$ (단, $b>0$)
④ $25.1\times24.9=(25+0.1)(25-0.1)$
$\quad\Rightarrow (a+b)(a-b)=a^2-b^2$
⑤ $997^2=(1000-3)^2 \Rightarrow (a-b)^2=a^2-2ab+b^2$ (단, $b>0$)

따라서 옳지 않은 것은 ①, ⑤이다.

5 답 1010

$\dfrac{1009\times1011+1}{1010}=\dfrac{(1010-1)(1010+1)+1}{1010}$
$\quad\quad\quad\quad\quad\quad=\dfrac{(1010^2-1^2)+1}{1010}$
$\quad\quad\quad\quad\quad\quad=\dfrac{1010^2}{1010}=1010$

6 답 369

$91^2-92\times86$
$=(90+1)^2-(90+2)(90-4)$
$=90^2+2\times90\times1+1^2-[90^2+\{2+(-4)\}\times90+2\times(-4)]$
$=90^2+180+1-(90^2-180-8)$
$=90^2+180+1-90^2+180+8$
$=369$

▶ **문제 속 개념 도출**

답 ① 제곱　② 곱

• 본문 62~63쪽

개념 23 곱셈 공식의 응용 (2) - 식의 계산 ①

바/로/풀/기

Q1 답 $\sqrt{2}$, $\sqrt{2}$, $4\sqrt{2}$, $5+4\sqrt{2}$

Q2 답 $\sqrt{5}+\sqrt{2}$, $3-\sqrt{2}$

개념 확인

1 답 (1) $5+2\sqrt{6}$　(2) $11-2\sqrt{30}$　(3) 2　(4) 6
　　　(5) $11+6\sqrt{3}$　(6) $7+7\sqrt{2}$

(1) $(\sqrt{3}+\sqrt{2})^2=(\sqrt{3})^2+2\times\sqrt{3}\times\sqrt{2}+(\sqrt{2})^2$
$\quad\quad\quad\quad\quad=3+2\sqrt{6}+2=5+2\sqrt{6}$

(2) $(\sqrt{6}-\sqrt{5})^2=(\sqrt{6})^2-2\times\sqrt{6}\times\sqrt{5}+(\sqrt{5})^2$
$\quad\quad\quad\quad\quad=6-2\sqrt{30}+5=11-2\sqrt{30}$

(3) $(\sqrt{5}+\sqrt{3})(\sqrt{5}-\sqrt{3})=(\sqrt{5})^2-(\sqrt{3})^2=5-3=2$

(4) $(\sqrt{7}-1)(\sqrt{7}+1)=(\sqrt{7})^2-1^2=7-1=6$

(5) $(\sqrt{3}+2)(\sqrt{3}+4)=(\sqrt{3})^2+(2+4)\times\sqrt{3}+2\times4$
$\quad\quad\quad\quad\quad\quad=3+6\sqrt{3}+8=11+6\sqrt{3}$

(6) $(2\sqrt{2}+1)(\sqrt{2}+3)$
$\quad=(2\times1)\times(\sqrt{2})^2+(2\times3+1\times1)\times\sqrt{2}+1\times3$
$\quad=4+7\sqrt{2}+3=7+7\sqrt{2}$

2 답 풀이 참조

(1) $\dfrac{1}{\sqrt{2}+1}=\dfrac{1\times(\boxed{\sqrt{2}-1})}{(\sqrt{2}+1)\times(\boxed{\sqrt{2}-1})}$
$\quad\quad\quad=\dfrac{\sqrt{2}-1}{(\sqrt{2})^2-1^2}=\boxed{\sqrt{2}-1}$

(2) $\dfrac{4}{\sqrt{7}-\sqrt{3}}=\dfrac{4\times(\boxed{\sqrt{7}+\sqrt{3}})}{(\sqrt{7}-\sqrt{3})\times(\boxed{\sqrt{7}+\sqrt{3}})}$
$\quad\quad\quad=\dfrac{4(\sqrt{7}+\sqrt{3})}{(\sqrt{7})^2-(\sqrt{3})^2}=\dfrac{4(\sqrt{7}+\sqrt{3})}{4}$
$\quad\quad\quad=\boxed{\sqrt{7}+\sqrt{3}}$

(3) $\dfrac{\sqrt{2}}{2+\sqrt{2}}=\dfrac{\sqrt{2}\times(\boxed{2-\sqrt{2}})}{(2+\sqrt{2})\times(\boxed{2-\sqrt{2}})}$

$\qquad\quad=\dfrac{2\sqrt{2}-2}{2^2-(\sqrt{2})^2}=\dfrac{2\sqrt{2}+2}{2}$

$\qquad\quad=\boxed{\sqrt{2}-1}$

(4) $\dfrac{\sqrt{3}}{\sqrt{3}-\sqrt{2}}=\dfrac{\sqrt{3}\times(\boxed{\sqrt{3}+\sqrt{2}})}{(\sqrt{3}-\sqrt{2})\times(\boxed{\sqrt{3}+\sqrt{2}})}$

$\qquad\quad=\dfrac{3+\sqrt{6}}{(\sqrt{3})^2-(\sqrt{2})^2}=\boxed{3+\sqrt{6}}$

(5) $\dfrac{\sqrt{5}-2}{\sqrt{5}+2}=\dfrac{(\sqrt{5}-2)\times(\boxed{\sqrt{5}-2})}{(\sqrt{5}+2)\times(\boxed{\sqrt{5}-2})}$

$\qquad\quad=\dfrac{(\sqrt{5}-2)^2}{(\sqrt{5})^2-2^2}=\boxed{9-4\sqrt{5}}$

(6) $\dfrac{\sqrt{3}+\sqrt{2}}{\sqrt{3}-\sqrt{2}}=\dfrac{(\sqrt{3}+\sqrt{2})\times(\boxed{\sqrt{3}+\sqrt{2}})}{(\sqrt{3}-\sqrt{2})\times(\boxed{\sqrt{3}+\sqrt{2}})}$

$\qquad\quad=\dfrac{(\sqrt{3}+\sqrt{2})^2}{(\sqrt{3})^2-(\sqrt{2})^2}=\boxed{5+2\sqrt{6}}$

교과서 문제로 개념 다지기

1 답 5

$(\sqrt{6}+3)(\sqrt{6}-1)=(\sqrt{6})^2+\{3+(-1)\}\times\sqrt{6}+3\times(-1)$

$\qquad\qquad\qquad\quad=6+2\sqrt{6}-3=3+2\sqrt{6}$

$3+2\sqrt{6}=a+b\sqrt{6}$ 에서 $a=3,\ b=2$

$\therefore a+b=3+2=5$

2 답 ⑤

$(\sqrt{2}+1)^2-(2-\sqrt{3})(2+\sqrt{3})$

$=\{(\sqrt{2})^2+2\times\sqrt{2}\times1+1^2\}-\{2^2-(\sqrt{3})^2\}$

$=(2+2\sqrt{2}+1)-(4-3)$

$=3+2\sqrt{2}-1=2+2\sqrt{2}$

3 답 8

$(4+\sqrt{5})(a-2\sqrt{5})=4a+(-8+a)\sqrt{5}-10$

$\qquad\qquad\qquad\quad=(4a-10)+(-8+a)\sqrt{5}$

이 식이 유리수가 되려면 $-8+a=0$ 이어야 하므로

$a=8$

4 답 (1) $3+\sqrt{6}$ (2) $\sqrt{5}-\sqrt{3}$ (3) $\dfrac{5+\sqrt{5}}{4}$ (4) $6-\sqrt{35}$

(1) $\dfrac{3}{3-\sqrt{6}}=\dfrac{3\times(3+\sqrt{6})}{(3-\sqrt{6})\times(3+\sqrt{6})}$

$\qquad\quad=\dfrac{3(3+\sqrt{6})}{3^2-(\sqrt{6})^2}=\dfrac{3(3+\sqrt{6})}{3}$

$\qquad\quad=3+\sqrt{6}$

(2) $\dfrac{2}{\sqrt{5}+\sqrt{3}}=\dfrac{2\times(\sqrt{5}-\sqrt{3})}{(\sqrt{5}+\sqrt{3})\times(\sqrt{5}-\sqrt{3})}$

$\qquad\quad=\dfrac{2(\sqrt{5}-\sqrt{3})}{(\sqrt{5})^2-(\sqrt{3})^2}=\dfrac{2(\sqrt{5}-\sqrt{3})}{2}$

$\qquad\quad=\sqrt{5}-\sqrt{3}$

(3) $\dfrac{\sqrt{5}}{\sqrt{5}-1}=\dfrac{\sqrt{5}\times(\sqrt{5}+1)}{(\sqrt{5}-1)\times(\sqrt{5}+1)}$

$\qquad\quad=\dfrac{5+\sqrt{5}}{(\sqrt{5})^2-1^2}=\dfrac{5+\sqrt{5}}{4}$

(4) $\dfrac{\sqrt{7}-\sqrt{5}}{\sqrt{7}+\sqrt{5}}=\dfrac{(\sqrt{7}-\sqrt{5})\times(\sqrt{7}-\sqrt{5})}{(\sqrt{7}+\sqrt{5})\times(\sqrt{7}-\sqrt{5})}$

$\qquad\quad=\dfrac{(\sqrt{7}-\sqrt{5})^2}{(\sqrt{7})^2-(\sqrt{5})^2}=\dfrac{12-2\sqrt{35}}{2}$

$\qquad\quad=6-\sqrt{35}$

5 답 3

$\dfrac{3}{\sqrt{3}+\sqrt{2}}=\dfrac{3\times(\sqrt{3}-\sqrt{2})}{(\sqrt{3}+\sqrt{2})\times(\sqrt{3}-\sqrt{2})}$

$\qquad\quad=\dfrac{3(\sqrt{3}-\sqrt{2})}{(\sqrt{3})^2-(\sqrt{2})^2}=3\sqrt{3}-3\sqrt{2}$

$3\sqrt{3}-3\sqrt{2}=a\sqrt{3}+b\sqrt{2}$ 에서

$a=3,\ b=-3$

$\therefore 2a+b=2\times3+(-3)=3$

6 답 ⑤

$x+\dfrac{1}{x}=(\sqrt{5}+2)+\dfrac{1}{\sqrt{5}+2}$

$\qquad\quad=\sqrt{5}+2+\dfrac{1\times(\sqrt{5}-2)}{(\sqrt{5}+2)\times(\sqrt{5}-2)}$

$\qquad\quad=\sqrt{5}+2+\dfrac{\sqrt{5}-2}{(\sqrt{5})^2-2^2}$

$\qquad\quad=\sqrt{5}+2+(\sqrt{5}-2)$

$\qquad\quad=\sqrt{5}+2+\sqrt{5}-2=2\sqrt{5}$

7 답 6

$\dfrac{2}{3+\sqrt{7}}+\dfrac{2}{3-\sqrt{7}}$

$=\dfrac{2\times(3-\sqrt{7})}{(3+\sqrt{7})\times(3-\sqrt{7})}+\dfrac{2\times(3+\sqrt{7})}{(3-\sqrt{7})\times(3+\sqrt{7})}$

$=\dfrac{2(3-\sqrt{7})}{3^2-(\sqrt{7})^2}+\dfrac{2(3+\sqrt{7})}{3^2-(\sqrt{7})^2}$

$=\dfrac{2(3-\sqrt{7})}{2}+\dfrac{2(3+\sqrt{7})}{2}$

$=(3-\sqrt{7})+(3+\sqrt{7})$

$=3-\sqrt{7}+3+\sqrt{7}=6$

▶ 문제 속 개념 도출

답 ① $a+\sqrt{b}$ ② $\sqrt{a}-\sqrt{b}$

개념 24 곱셈 공식의 응용 (2) - 식의 계산 ②

📖 개념 확인

1 답 (1) 2, 2, 30 (2) 4, 4, 24

2 답 (1) 2, 2, 6 (2) 4, 4, 8

3 답 풀이 참조

(1) $x=-1+\sqrt{3}$에서 $x+\boxed{1}=\sqrt{3}$이므로

이 식의 양변을 제곱하면

$(x+\boxed{1})^2=(\sqrt{3})^2$

$x^2+2x+\boxed{1}=3$

$\therefore x^2+2x=3-1=\boxed{2}$

(2) $x=3+\sqrt{2}$에서 $x-\boxed{3}=\sqrt{2}$이므로

이 식의 양변을 제곱하면

$(x-\boxed{3})^2=(\sqrt{2})^2$

$x^2-6x+\boxed{9}=2,\ x^2-6x=\boxed{-7}$

$\therefore x^2-6x+11=-7+11=\boxed{4}$

교과서 문제로 개념 다지기

1 답 (1) 10 (2) 7 (3) 40 (4) 34

(1) $a^2+b^2=(a+b)^2-2ab$

$\qquad =4^2-2\times3=10$

(2) $x^2+y^2=(x-y)^2+2xy$

$\qquad =3^2+2\times(-1)=7$

(3) $(x-y)^2=(x+y)^2-4xy$

$\qquad =8^2-4\times6=40$

(4) $(x+y)^2=(x-y)^2+4xy$

$\qquad =(3\sqrt{2})^2+4\times4=34$

2 답 -7

$\dfrac{a}{b}+\dfrac{b}{a}=\dfrac{a^2+b^2}{ab}$이고

$a^2+b^2=(a+b)^2-2ab=5^2-2\times(-5)=35$이므로

$\dfrac{a}{b}+\dfrac{b}{a}=\dfrac{a^2+b^2}{ab}=\dfrac{35}{-5}=-7$

3 답 (1) -3 (2) -2

(1) $(a+b)^2-a^2+b^2+2ab$에서

$1^2=7+2ab,\ 2ab=-6$ $\therefore ab=-3$

(2) $(x-y)^2=x^2+y^2-2xy$에서

$(-3)^2=5-2xy,\ 2xy=-4$ $\therefore xy=-2$

4 답 (1) 8 (2) -2

(1) $x=\sqrt{2}-1$에서 $x+1=\sqrt{2}$이므로

이 식의 양변을 제곱하면

$(x+1)^2=(\sqrt{2})^2,\ x^2+2x+1=2$

$x^2+2x=1$

$\therefore x^2+2x+7=1+7=8$

(2) $x=4+\sqrt{6}$에서 $x-4=\sqrt{6}$이므로

이 식의 양변을 제곱하면

$(x-4)^2=(\sqrt{6})^2,\ x^2-8x+16=6$

$x^2-8x=-10$

$\therefore x^2-8x+8=-10+8=-2$

5 답 (1) $2+\sqrt{3}$ (2) 4

(1) $x=\dfrac{1}{2-\sqrt{3}}=\dfrac{1\times(2+\sqrt{3})}{(2-\sqrt{3})\times(2+\sqrt{3})}=2+\sqrt{3}$

(2) $x=2+\sqrt{3}$에서 $x-2=\sqrt{3}$이므로

이 식의 양변을 제곱하면

$(x-2)^2=(\sqrt{3})^2$

$x^2-4x+4=3,\ x^2-4x=-1$

$\therefore x^2-4x+5=-1+5=4$

6 답 (1) 7 (2) 5

(1) $x^2+\dfrac{1}{x^2}=\left(x+\dfrac{1}{x}\right)^2-2=3^2-2=7$

(2) $\left(x-\dfrac{1}{x}\right)^2=\left(x+\dfrac{1}{x}\right)^2-4=3^2-4=5$

| 참고 | 두 수의 곱이 1인 경우 다음과 같은 곱셈 공식의 변형을 이용한다.

(1) $a^2+\dfrac{1}{a^2}=\left(a+\dfrac{1}{a}\right)^2-2$

$\quad a^2+\dfrac{1}{a^2}=\left(a-\dfrac{1}{a}\right)^2+2$

(2) $\left(a+\dfrac{1}{a}\right)^2=\left(a-\dfrac{1}{a}\right)^2+4$

$\quad \left(a-\dfrac{1}{a}\right)^2=\left(a+\dfrac{1}{a}\right)^2-4$

7 답 (1) 15 (2) 26 (3) 121

(1) (직사각형의 둘레의 길이)$=2(a+b)$이므로

$2(a+b)=30$

$\therefore a+b=15$

(2) (직사각형의 넓이)$=ab$이므로

$ab=26$

(3) $(a-b)^2=(a+b)^2-4ab=15^2-4\times26=121$

▶ 문제 속 개념 도출

답 ① $2ab$ ② $4ab$

개념 25 곱셈 공식의 도형에의 활용

개념 확인

1 답 (1) $a-b$　(2) $c-d$　(3) $ac-ad-bc+bd$

(3) (색칠한 직사각형의 넓이) $=(a-b)(c-d)$
$$=ac-ad-bc+bd$$

2 답 (1) $a-b$　(2) $a-b$　(3) $a^2-2ab+b^2$

(3) (색칠한 직사각형의 넓이) $=(a-b)^2=a^2-2ab+b^2$

3 답 (1) $a+b$　(2) $a-b$　(3) a^2-b^2

(3) (색칠한 직사각형의 넓이) $=(a+b)(a-b)=a^2-b^2$

교과서 문제로 개념 다지기

1 답 $2ac+3ad+4bc+6bd$

새로 만든 직사각형의 가로의 길이는 $a+2b$, 세로의 길이는 $2c+3d$이므로
$$(구하는 넓이)=(a+2b)(2c+3d)$$
$$=2ac+3ad+4bc+6bd$$

2 답 (1) $16a^2+8a+1$　(2) $2x^2+11x+12$

(1) (넓이) $=(4a+1)^2=16a^2+8a+1$

(2) (넓이) $=(2x+3)(x+4)=2x^2+11x+12$

3 답 $x^2+3x-10$

새로 만든 직사각형의 가로의 길이는 $x+5$, 세로의 길이는 $x-2$이므로
$$(구하는 넓이)=(x+5)(x-2)=x^2+3x-10$$

4 답 a^2-b^2

새로 만든 직사각형은 오른쪽 그림과 같으므로
$$(구하는 넓이)=(a+b)(a-b)=a^2-b^2$$

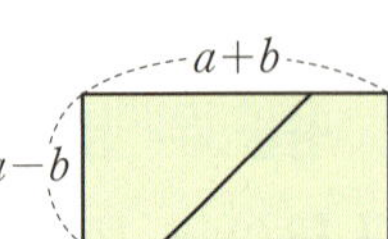

5 답 $30+2\sqrt{15}$

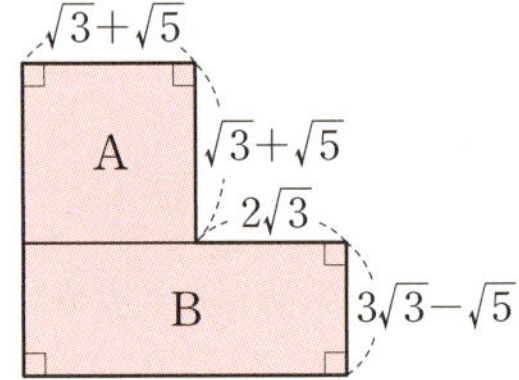

위의 그림에서 구하는 도형의 넓이는 정사각형 A의 넓이와 직사각형 B의 넓이의 합과 같다.

(정사각형 A의 넓이) $=(\sqrt{3}+\sqrt{5})^2=8+2\sqrt{15}$
(직사각형 B의 넓이) $=(\sqrt{3}+\sqrt{5}+2\sqrt{3})(3\sqrt{3}-\sqrt{5})$
$$=(3\sqrt{3}+\sqrt{5})(3\sqrt{3}-\sqrt{5})$$
$$=27-5=22$$
$\therefore$ (구하는 넓이) $=(8+2\sqrt{15})+22=30+2\sqrt{15}$

6 답 $12x^2+11x+2$

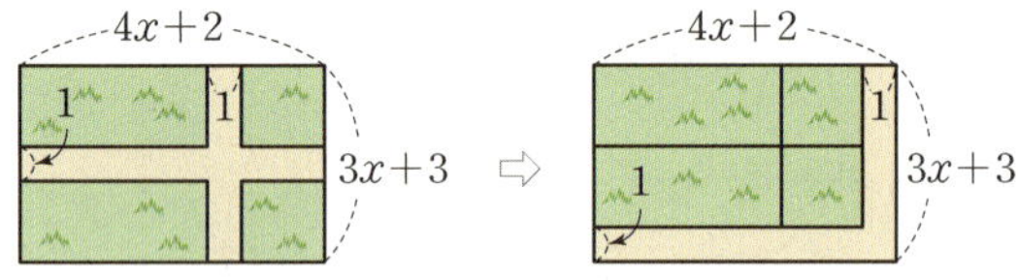

위의 그림과 같이 잔디밭을 이동하면 길을 제외한 잔디밭의 넓이는
$$\{(4x+2)-1\}\{(3x+3)-1\}=(4x+1)(3x+2)$$
$$=12x^2+11x+2$$

▶ 문제 속 개념 도출

답 ① $acx^2+(ad+bc)x+bd$

개념 26 인수분해

바/로/풀/기

Q1 답 $x-3$, $x+1$

Q2 답 x, x

개념 확인

1 답 (1) a^2+2a　(2) x^2-6x+9　(3) x^2-1　(4) $6x^2-7xy+2y^2$

2 답

다항식	공통인 인수	인수분해한 식
a^2-a	a	$a(a-1)$
$ax+ay$	a	$a(x+y)$
x^2y+xy	xy	$xy(x+1)$
$ax-bx+cx$	x	$x(a-b+c)$

3 답 (1) $x(x+2y)$　(2) $xy(3x-5)$　(3) $4a(a-2)$
　　(4) $2z(x+3y)$

(1) x^2과 $2xy$의 공통인 인수는 x이므로 $x^2+2xy=x(x+2y)$

(2) $3x^2y$와 $-5xy$의 공통인 인수는 xy이므로
$$3x^2y-5xy=xy(3x-5)$$

(3) $4a^2$과 $-8a$의 공통인 인수는 $4a$이므로
$$4a^2-8a=4a(a-2)$$

(4) $2xz$와 $6yz$의 공통인 인수는 $2z$이므로
$$2xz+6yz=2z(x+3y)$$

1 답 ⑤

①, ② ㉠의 과정은 전개, ㉡의 과정은 인수분해이다.
③ ㉠의 과정에서 분배법칙이 이용된다.
④ x^2y, $3xy^2$의 공통인 인수는 xy이다.
따라서 옳은 것은 ⑤이다.

2 답 4

$2y(2x-3y)=4xy-6y^2$이므로
$axy-6y^2=4xy-6y^2$
$\therefore a=4$

3 답 ㄴ, ㄷ, ㅁ

$x(x+1)(x-1)=x\times\underline{(x+1)}\times\underline{(x-1)}$
$$=\underline{x(x-1)}\times(x+1)$$

따라서 인수인 것은 ㄴ, ㄷ, ㅁ이다.

4 답 (1) $5y(x-2y)$　(2) $2xy(2x-4y+3)$
　　　(3) $(x+y)(a+b)$　(4) $(x-2)(x+5)$

(1) $5xy-10y^2=5y\times x-5y\times 2y=5y(x-2y)$
(2) $4x^2y-8xy^2+6xy=2xy\times 2x-2xy\times 4y+2xy\times 3$
$$=2xy(2x-4y+3)$$
(3) $a(x+y)+b(x+y)=(x+y)(a+b)$
(4) $x(x-2)+5(x-2)=(x-2)(x+5)$

해설 꼭 확인

(1) $5xy-10y^2$을 인수분해하기

$\overset{(\times)}{\longrightarrow}$ $5xy-10y^2=y\times 5x-y\times 10y=y(5x-10y)$
$\overset{(\times)}{\longrightarrow}$ $5xy-10y^2=5\times xy-5\times 2y^2=5(xy-2y^2)$
$\overset{(\bigcirc)}{\longrightarrow}$ $5xy-10y^2=5y\times x-5y\times 2y=5y(x-2y)$

➡ 인수분해할 때는 각 항에 공통인 인수가 남아 있지 않도록
　모두 묶어 내야 해!

5 답 ③

$x^3+3x^2y=x^2\times x+x^2\times 3y=x^2(x+3y)$
따라서 인수가 아닌 것은 ③ x^3+3y이다.

6 답 $2x-1$

$(x-2)(x+4)+3(2-x)=(x-2)(x+4)-3(x-2)$
$$=(x-2)\{(x+4)-3\}$$
$$=(x-2)(x+1)$$
따라서 두 일차식은 $x-2$와 $x+1$이므로 그 합은
$\therefore (x-2)+(x+1)=x-2+x+1=2x-1$

7 답 $x+2y$

$3xz+6yz=3z\times x+3z\times 2y$
$$=3z(x+2y)$$
$x^2y+2xy^2=xy\times x+xy\times 2y$
$$=xy(x+2y)$$
따라서 두 다항식의 일차 이상의 공통인 인수는 $x+2y$이다.

▶ **문제 속 개념 도출**

답 ① 인수　② 분배법칙

• 본문 70~71쪽

개념 27 인수분해 공식(1)

바/로/풀/기

Q1 답 (1) 2, 2, 2　(2) 2, 2, 2
Q2 답 a, a, 3

개념 확인

1 답 (1) 4, 4, 4　(2) 풀이 참조　(3) $(x-7)^2$
　　　(4) $(3x+5)^2$　(5) $2(a+2)^2$　(6) $-3(x-1)^2$

(2) $4x^2-12x+9=(\boxed{2}x)^2-2\times\boxed{2}x\times\boxed{3}+\boxed{3}^2$
$$=(\boxed{2}x-\boxed{3})^2$$
(3) $x^2-14x+49=x^2-2\times x\times 7+7^2$
$$=(x-7)^2$$
(4) $9x^2+30x+25=(3x)^2+2\times 3x\times 5+5^2$
$$=(3x+5)^2$$
(5) $2a^2+8a+8=2(a^2+4a+4)$
$$=2(a^2+2\times a\times 2+2^2)$$
$$=2(a+2)^2$$
(6) $-3x^2+6x-3=-3(x^2-2x+1)$
$$=-3(x^2-2\times x\times 1+1^2)$$
$$=-3(x-1)^2$$

2 답 (1) 3, 9　(2) ± 6, ± 12　(3) 25　(4) ± 14

(3) $x^2-10x+A=x^2-2\times x\times 5+A$
$\therefore A=5^2=25$
(4) $x^2+Ax+49=x^2+Ax+(\pm 7)^2$
$\therefore A=2\times(\pm 7)=\pm 14$

| 참고 |
(1) x^2+ax+b가 완전제곱식이 되려면
　➡ $x^2+2\times x\times\dfrac{a}{2}+b$에서 $b=\left(\dfrac{a}{2}\right)^2$
(2) $x^2+ax+(\pm b)^2$이 완전제곱식이 되려면
　➡ $a=2\times(\pm b)=\pm 2b$

3 답 (1) 5, 25 (2) 4, ±24 (3) 1 (4) ±40

(3) $9x^2-6x+A=(3x)^2-2\times3x\times1+A$

$\quad\therefore A=1^2=1$

(4) $25x^2+Ax+16=(5x)^2+Ax+(\pm4)^2$

$\quad\therefore A=2\times5\times(\pm4)=\pm40$

교과서 문제로 **개념 다지기**

1 답 (1) $a(x+9)^2$ (2) $(3x-4y)^2$ (3) $\left(a+\dfrac{1}{2}\right)^2$

(1) $ax^2+18ax+81a=a(x^2+18x+81)$

$\qquad\qquad\qquad\quad=a(x^2+2\times x\times9+9^2)$

$\qquad\qquad\qquad\quad=a(x+9)^2$

(2) $9x^2-24xy+16y^2=(3x)^2-2\times3x\times4y+(4y)^2$

$\qquad\qquad\qquad\qquad=(3x-4y)^2$

(3) $a^2+a+\dfrac{1}{4}=a^2+2\times a\times\dfrac{1}{2}+\left(\dfrac{1}{2}\right)^2=\left(a+\dfrac{1}{2}\right)^2$

2 답 -10

$4x^2-20x+25=(2x)^2-2\times2x\times5+5^2$

$\qquad\qquad\qquad=(2x-5)^2$

따라서 $a=2$, $b=-5$이므로

$ab=2\times(-5)=-10$

3 답 ⑤

$3x^2-24xy+48y^2=3(x^2-8xy+16y^2)$

$\qquad\qquad\qquad\quad=3\{x^2-2\times x\times4y+(4y)^2\}$

$\qquad\qquad\qquad\quad=3(x-4y)^2$

4 답 ㄴ, ㄷ, ㄹ

ㄴ. $16a^2+8a+1=(4a)^2+2\times4a\times1+1^2$

$\qquad\qquad\qquad=(4a+1)^2$

ㄷ. $\dfrac{1}{3}x^2+\dfrac{4}{3}x+\dfrac{4}{3}=\dfrac{1}{3}(x^2+4x+4)$

$\qquad\qquad\qquad=\dfrac{1}{3}(x^2+2\times x\times2+2^2)$

$\qquad\qquad\qquad=\dfrac{1}{3}(x+2)^2$

ㄹ. $x^2-\dfrac{2}{3}x+\dfrac{1}{9}=x^2-2\times x\times\dfrac{1}{3}+\left(\dfrac{1}{3}\right)^2=\left(x-\dfrac{1}{3}\right)^2$

따라서 완전제곱식으로 인수분해되는 것은 ㄴ, ㄷ, ㄹ이다.

5 답 ①

① $x^2-10x+\square=x^2-2\times x\times5+\square$이므로

$\quad\square=5^2=25$

② $x^2+\square x+81=x^2+\square x+(\pm9)^2$이므로

$\quad\square=2\times9=18\ (\because\square$는 양수)

③ $4x^2+\square x+25=(2x)^2+\square x+(\pm5)^2$이므로

$\quad\square=2\times2\times5=20\ (\because\square$는 양수)

④ $9x^2-12x+\square=(3x)^2-2\times3x\times2+\square$이므로

$\quad\square=2^2=4$

⑤ $\square x^2+6x+1=\square x^2+2\times3x\times1+1^2$이므로

$\quad\square=3^2=9$

따라서 $\square$ 안에 알맞은 양수 중 가장 큰 것은 ①이다.

6 답 36

$(x-2)(x+10)+k=x^2+8x-20+k$

$\qquad\qquad\qquad\quad=x^2+2\times x\times4-20+k$

이 식이 완전제곱식이 되려면

$-20+k=4^2$ $\quad\therefore k=36$

7 답 2

$-1<x<1$에서 $x-1<0$, $x+1>0$이므로

$\sqrt{x^2-2x+1}+\sqrt{x^2+2x+1}=\sqrt{(x-1)^2}+\sqrt{(x+1)^2}$

$\qquad\qquad\qquad\qquad\qquad=-(x-1)+(x+1)$

$\qquad\qquad\qquad\qquad\qquad=-x+1+x+1$

$\qquad\qquad\qquad\qquad\qquad=2$

▶ 문제 속 개념 도출

답 ① $a-b$ ② $-A$

• 본문 72~73쪽

개념 **28** 인수분해 공식 (2)

🔍 **바/로/풀/기**

Q1 답 (1) 1, x (2) 3, a, 3

📖 **개념 확인**

1 답 (1) 4, 4 (2) 5, 5 (3) 7, 7, 7 (4) 2, 1, 2, 1 (5) 6, 6, 6

(6) 3, 4, 4, 3

2 답 (1) $(x+8)(x-8)$ (2) $(4x+1)(4x-1)$

(3) $(2+a)(2-a)$ (4) $(y+3x)(y-3x)$

(5) $\left(x+\dfrac{1}{3}\right)\left(x-\dfrac{1}{3}\right)$ (6) $\left(x+\dfrac{1}{x}\right)\left(x-\dfrac{1}{x}\right)$

(7) $2(x+3)(x-3)$ (8) $3(x+2y)(x-2y)$

(1) $x^2-64=x^2-8^2=(x+8)(x-8)$

(2) $16x^2-1=(4x)^2-1^2=(4x+1)(4x-1)$

(3) $-a^2+4=4-a^2=2^2-a^2$

$\qquad\qquad=(2+a)(2-a)$

(4) $-9x^2+y^2=y^2-9x^2=y^2-(3x)^2$
$$=(y+3x)(y-3x)$$

(5) $x^2-\dfrac{1}{9}=x^2-\left(\dfrac{1}{3}\right)^2=\left(x+\dfrac{1}{3}\right)\left(x-\dfrac{1}{3}\right)$

(6) $x^2-\dfrac{1}{x^2}=x^2-\left(\dfrac{1}{x}\right)^2=\left(x+\dfrac{1}{x}\right)\left(x-\dfrac{1}{x}\right)$

(7) $2x^2-18=2(x^2-9)$
$$=2(x^2-3^2)$$
$$=2(x+3)(x-3)$$

(8) $3x^2-12y^2=3(x^2-4y^2)$
$$=3\{x^2-(2y)^2\}$$
$$=3(x+2y)(x-2y)$$

1 답 ②

① $a^2-4=a^2-2^2=(a+2)(a-2)$

③ $25x^2-16=(5x)^2-4^2=(5x+4)(5x-4)$

④ $-36x^2+y^2=y^2-36x^2=y^2-(6x)^2$
$$=(y+6x)(y-6x)$$

⑤ $x^2-\dfrac{1}{4}=x^2-\left(\dfrac{1}{2}\right)^2=\left(x+\dfrac{1}{2}\right)\left(x-\dfrac{1}{2}\right)$

따라서 옳은 것은 ②이다.

2 답 풀이 참조

동주는 인수분해할 식의 부호를 잘못 보았으므로 잘못 인수분해하였다. 동주의 식을 바르게 인수분해하면
$$-x^2+y^2=y^2-x^2=(y+x)(y-x)$$
찬우는 공통인 인수를 남겼으므로 잘못 인수분해하였다.
찬우의 식을 바르게 인수분해하면
$$2x^2-50y^2=2(x^2-25y^2)=2\{x^2-(5y)^2\}$$
$$=2(x+5y)(x-5y)$$

3 답 $8x$

$16x^2-9=(4x)^2-3^2=(4x+3)(4x-3)$
따라서 두 일차식은 $4x+3$과 $4x-3$이므로 그 합은
$$(4x+3)+(4x-3)=4x+3+4x-3=8x$$

해설 꼭 확인

$16x^2-9$를 인수분해하기

$\xrightarrow{(\times)}$ $16x^2-9=(8x+3)(8x-3)$

$\xrightarrow{(\times)}$ $16x^2-9=(4x+9)(4x-9)$

$\xrightarrow{(\bigcirc)}$ $16x^2-9=(4x)^2-3^2=(4x+3)(4x-3)$

➡ a^2-b^2의 꼴의 식을 인수분해할 때는 주어진 다항식의 각 항을 제곱의 꼴로 고친 다음 인수분해하도록 해!

4 답 8

$12x^2-27y^2=3(4x^2-9y^2)=3\{(2x)^2-(3y)^2\}$
$$=3(2x+3y)(2x-3y)$$
$3(2x+3y)(2x-3y)=a(bx+cy)(bx-cy)$에서
$a=3,\ b=2,\ c=3$
$\therefore\ a+b+c=3+2+3=8$

5 답 ⑤

$x^3-xy^2=x(x^2-y^2)=x(x+y)(x-y)$
따라서 인수가 아닌 것은 ⑤ x^2+y^2이다.

6 답 $a=4,\ b=2,\ c=7$

$(bx+7)(2x-c)=2bx^2+(-bc+14)x-7c$이므로
$ax^2-49=2bx^2+(-bc+14)x-7c$에서
$a=2b,\ 0=-bc+14,\ -49=-7c$
$\therefore\ a=4,\ b=2,\ c=7$

7 답 $(x^2+y^2)(x+y)(x-y)$

$x^4-y^4=(x^2)^2-(y^2)^2=(x^2+y^2)(x^2-y^2)$
$$=(x^2+y^2)(x+y)(x-y)$$

▶ 문제 속 개념 도출

답 ① $a+b$

• 본문 74~75쪽

개념 29 인수분해 공식 (3)

바/로/풀/기

Q_1 답 $3,\ 3,\ -3,\ 3$

개념 확인

1 답 (1) 2, 5　(2) $-1,\ -7$　(3) $-2,\ 4$　(4) 3, -4

(1)

곱이 10인 두 정수	두 정수의 합
$-1,\ -10$	-11
1, 10	11
$-2,\ -5$	-7
2, 5	7

따라서 곱이 10이고 합이 7인 두 정수는 2와 5이다.

(2)

곱이 7인 두 정수	두 정수의 합
$-1,\ -7$	-8
1, 7	8

따라서 곱이 7이고 합이 -8인 두 정수는 -1과 -7이다.

(3)

곱이 -8인 두 정수	두 정수의 합
$-1, 8$	7
$1, -8$	-7
$-2, 4$	2
$2, -4$	-2

따라서 곱이 -8이고 합이 2인 두 정수는 -2와 4이다.

(4)

곱이 -12인 두 정수	두 정수의 합
$-1, 12$	11
$1, -12$	-11
$-2, 6$	4
$2, -6$	-4
$-3, 4$	1
$3, -4$	-1

따라서 곱이 -12이고 합이 -1인 두 정수는 3과 -4이다.

2 답 (1) $2, 3, (x+2)(x+3)$　(2) $-1, -9, (x-1)(x-9)$
(3) $-2, 7, (x-2)(x+7)$　(4) $3, -5, (x+3)(x-5)$

(1)

곱이 6인 두 정수	두 정수의 합
$-1, -6$	-7
$1, 6$	7
$-2, -3$	-5
$2, 3$	5

곱이 6이고 합이 5인 두 정수는 $\boxed{2}$와 $\boxed{3}$이다.
따라서 주어진 식을 인수분해하면
$x^2+5x+6=(x+2)(x+3)$

(2)

곱이 9인 두 정수	두 정수의 합
$-1, -9$	-10
$1, 9$	10

곱이 9이고 합이 -10인 두 정수는 $\boxed{-1}$과 $\boxed{-9}$이다.
따라서 주어진 식을 인수분해하면
$x^2-10x+9=(x-1)(x-9)$

(3)

곱이 -14인 두 정수	두 정수의 합
$-1, 14$	13
$1, -14$	-13
$-2, 7$	5
$2, -7$	-5

곱이 -14이고 합이 5인 두 정수는 $\boxed{-2}$와 $\boxed{7}$이다.
따라서 주어진 식을 인수분해하면
$x^2+5x-14=(x-2)(x+7)$

(4)

곱이 -15인 두 정수	두 정수의 합
$-1, 15$	14
$1, -15$	-14
$-3, 5$	2
$3, -5$	-2

곱이 -15이고 합이 -2인 두 정수는 $\boxed{3}$과 $\boxed{-5}$이다.
따라서 주어진 식을 인수분해하면
$x^2-2x-15=(x+3)(x-5)$

1 답 (1) $(x+1)(x+6)$　(2) $(a-4)(a-7)$
(3) $(x-4)(x+6)$　(4) $(x+2)(x-5)$
(5) $(x-2y)(x-3y)$　(6) $(a-b)(a+3b)$

(1) 곱이 6이고 합이 7인 두 정수는 1과 6이므로
$x^2+7x+6=(x+1)(x+6)$
(2) 곱이 28이고 합이 -11인 두 정수는 -4와 -7이므로
$a^2-11a+28=(a-4)(a-7)$
(3) 곱이 -24이고 합이 2인 두 정수는 -4와 6이므로
$x^2+2x-24=(x-4)(x+6)$
(4) 곱이 -10이고 합이 -3인 두 정수는 2와 -5이므로
$x^2-3x-10=(x+2)(x-5)$
(5) 곱이 6이고 합이 -5인 두 정수는 -2와 -3이므로
$x^2-5xy+6y^2=(x-2y)(x-3y)$
(6) 곱이 -3이고 합이 2인 두 정수는 -1과 3이므로
$a^2+2ab-3b^2=(a-b)(a+3b)$

(5) $x^2-5xy+6y^2$을 인수분해하기
$\xrightarrow{(\times)}$ $x^2-5xy+6y^2=(x+2y)(x+3y)$
$\xrightarrow{(\times)}$ $x^2-5xy+6y^2=(x-2)(x-3)$
$\xrightarrow{(\bigcirc)}$ $x^2-5xy+6y^2=(x-2y)(x-3y)$

➡ $x^2+(a+b)x+ab$의 꼴의 식을 인수분해할 때는 일차항의 계수와 상수항의 부호에 주의하여 식을 인수분해해야 해.
또한, $x^2+Axy+By^2$의 꼴의 식을 인수분해할 때는 y를 빠뜨리지 않도록 주의해야 해!

2 답 $x-4$
$x^2-6x+8=(x-2)(x-4)$
$x^2-3x-4=(x+1)(x-4)$
따라서 두 다항식의 일차 이상의 공통인 인수는 $x-4$이다.

3 답 $2x-3$
$(x+6)(x-9)+26=(x^2-3x-54)+26$
$=x^2-3x-28$
곱이 -28이고 합이 -3인 두 정수는 4와 -7이므로
$x^2-3x-28=(x+4)(x-7)$
따라서 두 일차식은 $x+4$와 $x-7$이므로 그 합은
$(x+4)+(x-7)=x+4+x-7$
$=2x-3$

4 답 11

$(x+3)(x+b)=x^2+(3+b)x+3b$

$x^2+ax+12=x^2+(3+b)x+3b$에서

$12=3b$이므로 $b=4$

$a=3+b$이므로 $a=3+4=7$

$\therefore a+b=7+4=11$

5 답 (1) 3 (2) 4 (3) $(x+1)(x+3)$

(1) $(x-1)(x-3)=x^2-4x+3$에서 소현이는 상수항을 제대로 보았으므로 처음 이차식의 상수항은 3이다.

(2) $(x+2)^2=x^2+4x+4$에서 상혁이는 x의 계수를 제대로 보았으므로 처음 이차식의 x의 계수는 4이다.

(3) (1), (2)에서 처음 이차식은 x^2+4x+3이므로 이 식을 바르게 인수분해하면

$x^2+4x+3=(x+1)(x+3)$

6 답 ③

$x^2+ax+10=(x+b)(x+c)=x^2+(b+c)x+bc$

$\therefore b+c=a,\ bc=10$

곱이 10인 두 정수의 합은 다음과 같다.

곱이 10인 두 정수	두 정수의 합
$-1,\ -10$	-11
$1,\ 10$	11
$-2,\ -5$	-7
$2,\ 5$	7

따라서 a의 값이 될 수 없는 것은 ③이다.

7 답 ㈎ $x-1$, ㈏ x^2-4x+3

$x^2+2x-3=(x+3)(x-1)$이므로 ㈎에 들어갈 다항식은 $x-1$이다.

$x^2-x-6=(x+2)(x-3)$이므로 첫 번째 가로줄의 마지막 칸에 들어갈 다항식은 $x-3$이다.

따라서 ㈏에 들어갈 다항식은 두 다항식 $x-1$과 $x-3$의 곱이므로

$(x-1)(x-3)=x^2-4x+3$

▶ **문제 속 개념 도출**

답 ① $x+b$

• 본문 76~77쪽

개념 **30** 인수분해 공식(4)

🔍 **바/로/풀/기**

Q1 답 (위에서부터) $-1,\ 5,\ 5x,\ 2x,\ 1,\ 5$

---

1 답 풀이 참조

(1) $2x^2+7x+3 = (x+\boxed{3})(\boxed{2}x+\boxed{1})$

$x \quad\quad \boxed{3} \to \boxed{6}x$
$2x \quad\quad \boxed{1} \to \underline{x}\ (+$
$ 7x$

(2) $3x^2+7x-6 = (x+3)(3x-2)$

$x \quad\quad 3 \to 9x$
$3x \quad\quad -2 \to \underline{-2x}\ (+$
$ 7x$

(3) $6x^2-11x+5 = (x-1)(6x-5)$

$x \quad\quad -1 \to -6x$
$6x \quad\quad -5 \to \underline{-5x}\ (+$
$ -11x$

(4) $2x^2-3x-9 = (x-3)(2x+3)$

$x \quad\quad -3 \to -6x$
$2x \quad\quad 3 \to \underline{3x}\ (+$
$ -3x$

(5) $4x^2-13xy+9y^2 = (x-y)(4x-9y)$

$x \quad\quad -y \to -4xy$
$4x \quad\quad -9y \to \underline{-9xy}\ (+$
$ -13xy$

(6) $3x^2+2xy-8y^2 = (x+2y)(3x-4y)$

$x \quad\quad 2y \to 6xy$
$3x \quad\quad -4y \to \underline{-4xy}\ (+$
$ 2xy$

2 답 (1) $(x+2)(2x+1)$ (2) $(x+1)(3x-1)$
   (3) $(2x-1)(2x-3)$ (4) $(2x-3)(3x+1)$
   (5) $(x-5)(2x+1)$ (6) $(2a-b)(3a+2b)$

(1) $2x^2+5x+2 = (x+2)(2x+1)$

$x \quad\quad 2 \to 4x$
$2x \quad\quad 1 \to \underline{x}\ (+$
$ 5x$

(2) $3x^2+2x-1 = (x+1)(3x-1)$

$x \quad\quad 1 \to 3x$
$3x \quad\quad -1 \to \underline{-x}\ (+$
$ 2x$

(3) $4x^2-8x+3 = (2x-1)(2x-3)$

$2x \quad\quad -1 \to -2x$
$2x \quad\quad -3 \to \underline{-6x}\ (+$
$ -8x$

(4) $6x^2-7x-3=(2x-3)(3x+1)$

$$
\begin{array}{ccc}
2x & \diagdown & -3 \;\rightarrow\; -9x \\
3x & \diagup & 1 \;\rightarrow\; \underline{\;2x\;}\;(+ \\
& & -7x
\end{array}
$$

(5) $2x^2-9x-5=(x-5)(2x+1)$

$$
\begin{array}{ccc}
x & \diagdown & -5 \;\rightarrow\; -10x \\
2x & \diagup & 1 \;\rightarrow\; \underline{\;x\;}\;(+ \\
& & -9x
\end{array}
$$

(6) $6a^2+ab-2b^2=(2a-b)(3a+2b)$

$$
\begin{array}{ccc}
2a & \diagdown & -b \;\rightarrow\; -3ab \\
3a & \diagup & 2b \;\rightarrow\; \underline{\;4ab\;}\;(+ \\
& & ab
\end{array}
$$

1 답 ㄴ, ㄹ, ㅅ

ㄴ. $x^2+8x+16=(x+4)^2$

ㄹ. $a^2-7a+10=(a-2)(a-5)$

ㅅ. $4x^2-4xy-3y^2=(2x+y)(2x-3y)$

2 답 9

$4x^2+5xy-6y^2=(x+2y)(4x-3y)$

$(x+2y)(4x-3y)=(x+ay)(bx-cy)$에서

$a=2,\ b=4,\ c=3$

$\therefore a+b+c=2+4+3=9$

3 답 $4x-3$

$3x^2-7x+2=(x-2)(3x-1)$

따라서 두 일차식은 $x-2$와 $3x-1$이므로 그 합은

$(x-2)+(3x-1)=x-2+3x-1=4x-3$

4 답 $a(x+6)(2x-3)$

$$2ax^2+9ax-18a=a(2x^2+9x-18)$$
$$=a(x+6)(2x-3)$$

5 답 8

$(2x+b)(cx-3)=2cx^2+(-6+bc)x-3b$

$8x^2-ax-3=2cx^2+(-6+bc)x-3b$에서

$8=2c$이므로

$c=4$

$-3=-3b$이므로

$b=1$

$-a=-6+bc$이므로

$a=6-bc=6-1\times4=2$

$\therefore abc=2\times1\times4=8$

6 답 C

주어진 그림의 미로에서 지나는 칸을 색칠하면 다음 그림과 같으므로 나오는 출구는 C이다.

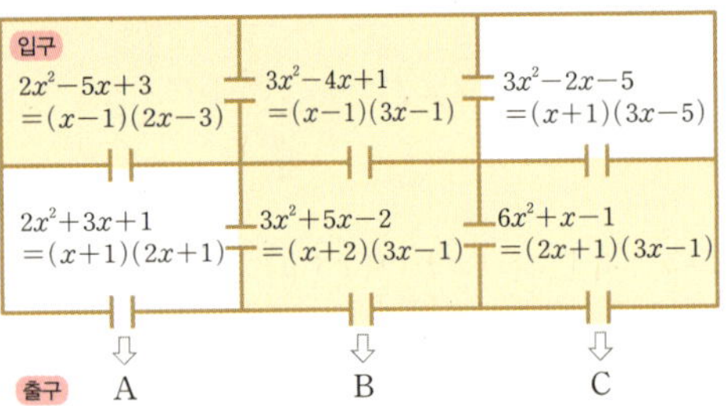

7 답 -10

$2x^2-x+a=(x+2)(2x+m)$ (m은 상수)으로 놓으면

$2x^2-x+a=2x^2+(m+4)x+2m$

따라서 $-1=m+4,\ a=2m$이므로

$m=-5,\ a=2\times(-5)=-10$

▶ 문제 속 개념 도출

답 ① $cx+d$

• 본문 78~79쪽

 인수분해 공식의 응용

바/로/풀/기

Q1 답 36, 4, 100

Q2 답 24, 20, 400

Q3 답 51, 50, 2500

개념 확인

1 답 (1) ㄷ, 30

(2) ㄱ, $(11+9)^2$, 400

(3) ㄴ, $(53-3)^2$, 2500

(4) ㄹ, $(37+27)(37-27)$, 640

(1) $15\times96-15\times94$ ┐ 공식 $ma-mb=m(a-b)$ 이용 ㄷ

$=15(96-94)$

$=15\times2=30$

(2) $11^2+2\times11\times9+81$ ┐ 공식 $a^2+2ab+b^2=(a+b)^2$ 이용 ㄱ

$=(11+9)^2$

$=20^2=400$

(3) $53^2-2\times53\times3+9$ ┐ 공식 $a^2-2ab+b^2=(a-b)^2$ 이용 ㄴ

$=(53-3)^2$

$=50^2=2500$

(4) 37^2-27^2

$\qquad =(37+27)(37-27)$ ← 공식 $a^2-b^2=(a+b)(a-b)$ 이용 ㄹ

$\qquad =64\times10=640$

2 답 (1) 2, 2, 20, 360　(2) $x+y$, $1-\sqrt{2}$, 2, 4

1 답 (1) 900　(2) 900　(3) 3600　(4) 7

(1) $9\times57+9\times43=9(57+43)=9\times100=900$

(2) $18^2+2\times18\times12+12^2=(18+12)^2=30^2=900$

(3) $61^2-2\times61+1=61^2-2\times61\times1+1^2$

$\qquad\qquad\qquad\qquad =(61-1)^2=60^2=3600$

(4) $\sqrt{25^2-24^2}=\sqrt{(25+24)(25-24)}=\sqrt{49}=7$

2 답 400

$17.3^2+2\times17.3\times2.7+2.7^2=(17.3+2.7)^2=20^2=400$

3 답 2860

$2930^2-70^2=(2930+70)(2930-70)=3000\times2860$

따라서 □ 안에 알맞은 수는 2860이다.

4 답 (1) 840　(2) 6400　(3) 8　(4) $-4\sqrt{5}$

(1) $a^2+2a=a(a+2)=28(28+2)$

$\qquad\qquad\qquad =28\times30=840$

(2) $x^2+8x+16=(x+4)^2=(76+4)^2$

$\qquad\qquad\qquad\quad =80^2=6400$

(3) $x^2+6x+9=(x+3)^2=\{(-3+2\sqrt{2})+3\}^2$

$\qquad\qquad\qquad\quad =(2\sqrt{2})^2=8$

(4) $x^2-y^2=(x+y)(x-y)$

$\qquad =\{(-1+\sqrt{5})+(1+\sqrt{5})\}\{(-1+\sqrt{5})-(1+\sqrt{5})\}$

$\qquad =2\sqrt{5}\times(-2)=-4\sqrt{5}$

5 답 $3\sqrt{5}+5$

$x^2-x-2=(x+1)(x-2)$

$\qquad\quad =\{(2+\sqrt{5})+1\}\{(2+\sqrt{5})-2\}$

$\qquad\quad =(3+\sqrt{5})\times\sqrt{5}=3\sqrt{5}+5$

6 답 $-8\sqrt{3}$

$a=\dfrac{1}{2+\sqrt{3}}=\dfrac{2-\sqrt{3}}{(2+\sqrt{3})\times(2-\sqrt{3})}=2-\sqrt{3}$

$b=\dfrac{1}{2-\sqrt{3}}=\dfrac{2+\sqrt{3}}{(2-\sqrt{3})\times(2+\sqrt{3})}=2+\sqrt{3}$

$\therefore a^2-b^2=(a+b)(a-b)$

$\qquad\qquad =\{(2-\sqrt{3})+(2+\sqrt{3})\}\{(2-\sqrt{3})-(2+\sqrt{3})\}$

$\qquad\qquad =4\times(-2\sqrt{3})=-8\sqrt{3}$

7 답 64

$11^2-9^2+7^2-5^2=(11^2-9^2)+(7^2-5^2)$

$\qquad\qquad\qquad =(11+9)(11-9)+(7+5)(7-5)$

$\qquad\qquad\qquad =20\times2+12\times2=40+24=64$

▶ 문제 속 개념 도출

답 ① $(a+b)(a-b)$

개념 32 인수분해 공식의 도형에의 활용

1 답 (1) $(x+1)^2$, $(x+1)^2$

　　　(2) $x+1$, $(x+3)(x+1)$, $(x+1)(x+3)$

1 답 $2a+5$

$6a^2+11a-10=(2a+5)(3a-2)$이고, 가로의 길이가 $3a-2$

이므로 세로의 길이는 $2a+5$이다.

2 답 $6x+8$

$9x^2+9x-4=(3x-1)(3x+4)$이므로

$\dfrac{1}{2}\times$(밑변의 길이)$\times(3x-1)=(3x-1)(3x+4)$

(밑변의 길이)$\times(3x-1)=2(3x-1)(3x+4)$

$\therefore$ (밑변의 길이)$=2(3x+4)=6x+8$

3 답 $2x-1$

$2x^2+7x-4=(x+4)(2x-1)$이므로

$\dfrac{1}{2}\times\{(x+3)+(x+5)\}\times$(높이)$=(x+4)(2x-1)$

$(x+4)\times$(높이)$=(x+4)(2x-1)$

$\therefore$ (높이)$=2x-1$

4 답 $4x+10$

넓이가 x^2인 정사각형이 1개, 넓이가 x인 직사각형이 5개, 넓이가 1인 정사각형이 4개이므로 10개의 직사각형의 넓이의 합은 x^2+5x+4

새로 민든 직사각형의 넓이는 주이진 10개의 직사긱형의 넓이의 합과 같으므로 x^2+5x+4이고

$x^2+5x+4=(x+1)(x+4)$이므로 새로 만든 직사각형의 가로, 세로의 길이는 각각 $x+1$, $x+4$ 또는 $x+4$, $x+1$이다.

따라서 새로 만든 직사각형의 둘레의 길이는
$$2\{(x+1)+(x+4)\}=2(2x+5)=4x+10$$

5 답 $2x+13$

(도형 A의 넓이)$=(2x+7)^2-6^2=(4x^2+28x+49)-36$
$$=4x^2+28x+13=(2x+13)(2x+1)$$

(도형 B의 넓이)$=$(도형 B의 가로의 길이)$\times(2x+1)$

이때 두 도형 A, B의 넓이가 서로 같으므로

$(2x+13)(2x+1)=$(도형 B의 가로의 길이)$\times(2x+1)$

$\therefore$ (도형 B의 가로의 길이)$=2x+13$

6 답 16π

두 원의 반지름의 길이의 합이 8이므로 $x+y=8$

두 원의 반지름의 길이의 차는 2이므로 $x-y=2$

이때 색칠한 부분의 넓이는 반지름의 길이가 x인 원의 넓이에서
반지름의 길이가 y인 원의 넓이를 뺀 것이므로

(색칠한 부분의 넓이)$=\pi x^2-\pi y^2=\pi(x^2-y^2)$
$$=\pi(x+y)(x-y)$$
$$=\pi\times8\times2=16\pi$$

▶ 문제 속 개념 도출

답 ① $(a+b)(a-b)$ ② $(x+a)(x+b)$

• 본문 82~83쪽

 **개념 33 복잡한 식의 인수분해**

📖 **개념 확인**

1 답 풀이 참조

(1) $(x+1)^2-3(x+1)-10=A^2-3A-10$
$$=(A+2)(A-\boxed{5})$$
$$=(\boxed{x+1}+2)(x+1-\boxed{5})$$
$$=(x+\boxed{3})(x-\boxed{4})$$

(2) $(x-3)^2-16=A^2-4^2$
$$=(A+\boxed{4})(A-4)$$
$$=(x-3+\boxed{4})(\boxed{x-3}-4)$$
$$=(x+\boxed{1})(x-\boxed{7})$$

2 답 풀이 참조

(1) $a^2-ab+ac-bc=(a^2-ab)+(ac-bc)$
$$=a(a-\boxed{b})+c(a-\boxed{b})$$
$$=(a-\boxed{b})(a+\boxed{c})$$

(2) $xy-x-y+1$
$$=(xy-x)-(y-1)$$
$$=x(\boxed{y-1})-(\boxed{y-1})$$
$$=(x-1)(\boxed{y-1})$$

3 답 풀이 참조

(1) $x^2+2xy+y^2-4$
$$=(x^2+2xy+y^2)-4$$
$$=(\boxed{x+y})^2-2^2$$
$$=(\boxed{x+y}+2)(\boxed{x+y}-2)$$

(2) $x^2-4xy-9+4y^2$
$$=(x^2-4xy+4y^2)-9$$
$$=(x-2y)^2-\boxed{3}^2$$
$$=(x-2y+\boxed{3})(x-2y-\boxed{3})$$

📗 **교과서 문제로 개념 다지기**

1 답 (1) $(a-1)^2$ (2) $(x+y+5)(x+y-5)$

(1) $a+2=A$로 놓으면
$$(a+2)^2-6(a+2)+9=A^2-6A+9$$
$$=(A-3)^2$$
$$=\{(a+2)-3\}^2$$
$$=(a-1)^2$$

(2) $x+y=A$로 놓으면
$$(x+y)^2-25=A^2-25$$
$$=(A+5)(A-5)$$
$$=(x+y+5)(x+y-5)$$

2 답 ②

$x-2y=A$로 놓으면
$$(x-2y)(x-2y+1)-12=A(A+1)-12$$
$$=A^2+A-12$$
$$=(A-3)(A+4)$$
$$=(x-2y-3)(x-2y+4)$$

따라서 인수인 것은 ② $x-2y-3$이다.

3 답 $a=3,\ b=2$

$2x-1=A$, $x+3=B$로 놓으면
$$(2x-1)^2-(x+3)^2$$
$$=A^2-B^2$$
$$=(A+B)(A-B)$$
$$=\{(2x-1)+(x+3)\}\{(2x-1)-(x+3)\}$$
$$=(3x+2)(x-4)$$

따라서 $(3x+2)(x-4)=(ax+b)(x-4)$이므로

$\therefore a=3,\ b=2$

4 탑 (1) $(a+1)(a-1)(b+1)$
    (2) $(1+x-y)(1-x+y)$

(1) a^2b-b+a^2-1
$\quad =b(a^2-1)+(a^2-1)$
$\quad =(a^2-1)(b+1)$
$\quad =(a+1)(a-1)(b+1)$

(2) $2xy+1-x^2-y^2=1-(x^2-2xy+y^2)$
$\qquad\qquad\qquad\qquad =1^2-(x-y)^2$
$\qquad\qquad\qquad\qquad =(1+x-y)(1-x+y)$

5 탑 $2x-6y$

$x^2+9y^2-25-6xy=(x^2-6xy+9y^2)-25$
$\qquad\qquad\qquad\qquad =(x-3y)^2-5^2$
$\qquad\qquad\qquad\qquad =(x-3y+5)(x-3y-5)$

따라서 두 일차식은 $x-3y+5$와 $x-3y-5$이므로 그 합은
$(x-3y+5)+(x-3y-5)=x-3y+5+x-3y-5$
$\qquad\qquad\qquad\qquad\qquad =2x-6y$

6 탑 ④

$a^2+ab-a-b=a(a+b)-(a+b)$
$\qquad\qquad\qquad =(a+b)(a-1)$
$a^2-ac-b^2-bc=(a^2-b^2)-(ac+bc)$
$\qquad\qquad\qquad\quad =(a+b)(a-b)-c(a+b)$
$\qquad\qquad\qquad\quad =(a+b)(a-b-c)$

따라서 두 다항식의 공통인 인수인 것은 ④ $a+b$이다.

7 탑 $(3x+y-1)^2$

$3x+1=A$, $y-2=B$로 놓으면
$(3x+1)^2+2(3x+1)(y-2)+(y-2)^2$
$=A^2+2AB+B^2$
$=(A+B)^2$
$=\{(3x+1)+(y-2)\}^2$
$=(3x+y-1)^2$

▶ **문제 속 개념 도출**

탑 ① 공통부분

1 탑 ③, ⑤

① $(a-6)^2=a^2-12a+36$
② $(3x-4y)^2=9x^2-24xy+16y^2$
④ $(x+4)(x-2)=x^2+2x-8$
따라서 옳은 것은 ③, ⑤이다.

2 탑 26

$(3x+a)(bx-1)=3bx^2+(-3+ab)x-a$
$3bx^2+(-3+ab)x-a=12x^2+cx-5$에서
$3b=12$이므로 $b=4$
$-a=-5$이므로 $a=5$
$-3+ab=c$이므로 $c=-3+5\times4=17$
$\therefore a+b+c=5+4+17=26$

3 탑 ㄱ과 ㄹ, ㄴ과 ㄷ

ㄱ. $997\times1003=(1000-3)(1000+3)$
$\quad\Rightarrow (a+b)(a-b)=a^2-b^2$
ㄴ. $7.98\times8.05=(8-0.02)(8+0.05)$
$\quad\Rightarrow (x+a)(x+b)=x^2+(a+b)x+ab$
ㄷ. $101\times104=(100+1)(100+4)$
$\quad\Rightarrow (x+a)(x+b)=x^2+(a+b)x+ab$
ㄹ. $6.01\times5.99=(6+0.01)(6-0.01)$
$\quad\Rightarrow (a+b)(a-b)=a^2-b^2$

따라서 수의 계산에서 이용하면 가장 편리한 곱셈 공식이 같은
것은 ㄱ과 ㄹ, ㄴ과 ㄷ이다.

4 탑 14

$\dfrac{2+\sqrt{3}}{2-\sqrt{3}}+\dfrac{2-\sqrt{3}}{2+\sqrt{3}}$

$=\dfrac{(2+\sqrt{3})\times(2+\sqrt{3})}{(2-\sqrt{3})\times(2+\sqrt{3})}+\dfrac{(2-\sqrt{3})\times(2-\sqrt{3})}{(2+\sqrt{3})\times(2-\sqrt{3})}$

$=\dfrac{(2+\sqrt{3})^2}{2^2-(\sqrt{3})^2}+\dfrac{(2-\sqrt{3})^2}{2^2-(\sqrt{3})^2}$

$=(7+4\sqrt{3})+(7-4\sqrt{3})$

$=14$

5 탑 (1) 16 (2) 7

(1) $(x+y)^2=(x-y)^2+4xy$
$\qquad\qquad =2^2+4\times3=16$

(2) $x=\dfrac{1}{1+\sqrt{2}}=\dfrac{1\times(1-\sqrt{2})}{(1+\sqrt{2})\times(1-\sqrt{2})}$

$\quad =\dfrac{1-\sqrt{2}}{1^2-(\sqrt{2})^2}=\sqrt{2}-1$

이므로 $x+1=\sqrt{2}$
이 식의 양변을 제곱하면
$(x+1)^2=(\sqrt{2})^2$, $x^2+2x+1=2$
$x^2+2x=1$
$\therefore x^2+2x+6=1+6=7$

6 탑 ㄴ, ㄷ, ㅂ

ㄱ. $2x^2-4x=2x(x-2)$
ㄴ. $x^2-4=(x+2)(x-2)$

ㄷ. $x^2+4x+4=(x+2)^2$

ㄹ. $x^2-12x+20=(x-2)(x-10)$

ㅁ. $2x^2-8x+8=2(x^2-4x+4)$
$\qquad\qquad\quad =2(x-2)^2$

ㅂ. $3x^2+7x+2=(x+2)(3x+1)$

따라서 $x+2$를 인수로 갖는 것은 ㄴ, ㄷ, ㅂ이다.

7 답 $a=4$, $b=36$

$x^2+ax+4=x^2+ax+(\pm2)^2$

이 식이 완전제곱식이 되려면

$a=2\times(\pm2)$　　$\therefore a=4\ (\because a>0)$

$4x^2+24x+b=(2x)^2+2\times2x\times6+b$

이 식이 완전제곱식이 되려면

$b=6^2=36$

8 답 9

$x^2+6x+k=(x+a)(x+b)$
$\qquad\qquad\quad =x^2+(a+b)x+ab$

에서 $a+b=6$, $ab=k$

$a+b=6$을 만족시키는 두 자연수 a, b를 순서쌍 $(a,\ b)$로 나타
내면 다음과 같다.

$(1,\ 5),\ (2,\ 4),\ (3,\ 3),\ (4,\ 2),\ (5,\ 1)$

이때 k는 두 자연수 a, b의 곱이므로 k가 될 수 있는 수 중에서
가장 큰 수는 $3\times3=9$

9 답 49

$A=\sqrt{41^2-40^2}=\sqrt{(41+40)(41-40)}=\sqrt{81}=9$

$B=\sqrt{38^2+4\times38+2^2}=\sqrt{38^2+2\times38\times2+2^2}$
$\qquad =\sqrt{(38+2)^2}=\sqrt{40^2}=40$

$\therefore A+B=9+40=49$

10 답 $2x+4$

$2x^2+9x+9=(2x+3)(x+3)$이고, 직사각형의 세로의 길이는
$x+3$이므로 직사각형의 가로의 길이는 $2x+3$이다.

즉, 직사각형의 둘레의 길이는

$2\{(2x+3)+(x+3)\}=2(3x+6)=6x+12$

따라서 정삼각형의 둘레의 길이가 $6x+12$이므로 정삼각형의 한
변의 길이는

$(6x+12)\div3=\dfrac{6x+12}{3}=2x+4$

○X 문제로 확인하기 ································· • 본문 86쪽

답 ❶ ○　❷ ×　❸ ○　❹ ○　❺ ×　❻ ×　❼ ○　❽ ○

4 이차방정식

• 본문 88~89쪽

개념 34 이차방정식과 그 해

바/로/풀/기

Q₁ 답 $4x-1=0$

Q₂ 답 $0,\ 1$

개념 확인

1 답 (1) × (2) ○ (3) × (4) ○ (5) ○ (6) ×

(1) $2x+1=0$ ⇨ 일차방정식

(2) $x^2=0$ ⇨ 이차방정식

(3) x^2-3x+5 ⇨ 이차식

(4) $x(x^2+x)=x^3-4$에서 $x^3+x^2=x^3-4$
$\quad \therefore\ x^2+4=0$ ⇨ 이차방정식

(5) $x^2+1=2x(x-3)$에서 $x^2+1=2x^2-6x$
$\quad \therefore\ -x^2+6x+1=0$ ⇨ 이차방정식

(6) $x^2-x=(x-1)(x+1)$에서 $x^2-x=x^2-1$
$\quad \therefore\ -x+1=0$ ⇨ 일차방정식

2 답 (1) $3x^2+2x+1=0$ (2) $x^2-4x-5=0$
$\qquad$ (3) $x^2-2x+3=0$

(3) $2x^2+4=(x+1)^2$에서 $2x^2+4=x^2+2x+1$
$\quad 2x^2+4-x^2-2x-1=0$
$\quad \therefore\ x^2-2x+3=0$

3 답 풀이 참조

x의 값	좌변 x^2-x-2의 값	우변 0	참 / 거짓
-2	$(-2)^2-(-2)-2=4$	0	거짓
-1	$(-1)^2-(-1)-2=0$	0	참
0	$0^2-0-2=-2$	0	거짓
1	$1^2-1-2=-2$	0	거짓
2	$2^2-2-2=0$	0	참

⇨ 해: $x=-1$ 또는 $x=2$

교과서 문제로 개념 다지기

1 답 ㄱ, ㄷ, ㅅ, ㅇ

ㄱ. $x^2=x$에서 $x^2-x=0$ ⇨ 이차방정식

ㄴ. $2x^2+3x-5$ ⇨ 이차식

ㄷ. $x^2-3x=-2$에서
$x^2-3x+2=0$ ⇨ 이차방정식

ㄹ. $x^2+x+4=x^2-3x$에서

$4x+4=0$ ⇨ 일차방정식

ㅁ. $3x^2+5x=3(x^2-1)$에서

$3x^2+5x=3x^2-3$

$\therefore 5x+3=0$ ⇨ 일차방정식

ㅂ. $x^2+4=(x+1)^2$에서

$x^2+4=x^2+2x+1$

$\therefore -2x+3=0$ ⇨ 일차방정식

ㅅ. $(x+1)(x-3)=2x$에서

$x^2-2x-3=2x$

$\therefore x^2-4x-3=0$ ⇨ 이차방정식

ㅇ. $x^2(x+1)=x^3-5$에서 $x^3+x^2=x^3-5$

$\therefore x^2+5=0$ ⇨ 이차방정식

따라서 이차방정식인 것은 ㄱ, ㄷ, ㅅ, ㅇ이다.

2 답 $a=2$, $b=-1$

$5x^2-2=(x-1)(3x+1)$에서

$5x^2-2=3x^2-2x-1$

$\therefore 2x^2+2x-1=0$

$\therefore a=2$, $b=-1$

3 답 ②

$kx^2+3x+1=2x^2-x$에서

$(k-2)x^2+4x+1=0$

이때 x^2의 계수는 0이 아니어야 하므로

$k-2\neq0$ $\quad\therefore k\neq2$

따라서 k의 값이 될 수 없는 것은 2이다.

4 답 (1) $x=-1$ 또는 $x=1$ (2) $x=-1$ 또는 $x=3$

(1)

x의 값	좌변 x^2-1의 값	우변 0	참 / 거짓
-1	$(-1)^2-1=0$	0	참
0	$0^2-1=-1$	0	거짓
1	$1^2-1=0$	0	참
2	$2^2-1=3$	0	거짓
3	$3^2-1=8$	0	거짓

따라서 이차방정식 $x^2-1=0$의 해는 $x=-1$ 또는 $x=1$이다.

(2)

x의 값	좌변 x^2-2x-3의 값	우변 0	참 / 거짓
-1	$(-1)^2-2\times(-1)-3=0$	0	참
0	$0^2-2\times0-3=-3$	0	거짓
1	$1^2-2\times1-3=-4$	0	거짓
2	$2^2-2\times2-3=-3$	0	거짓
3	$3^2-2\times3-3=0$	0	참

따라서 이차방정식 $x^2-2x-3=0$의 해는 $x=-1$ 또는 $x=3$이다.

5 답 ②

[ ] 안의 수를 주어진 이차방정식의 x에 각각 대입하면

① $4^2-16=0$

② $(-2)^2+(-2)+2\neq0$

③ $(-3)^2+3\times(-3)=0$

④ $3^2-2\times3-3=0$

⑤ $2\times(-1)^2+5\times(-1)+3=0$

따라서 [ ] 안의 수가 주어진 이차방정식의 해가 아닌 것은 ②이다.

6 답 $x^2+x-\dfrac{3}{4}=0$, x에 대한 이차방정식이다.

정사각형의 한 변의 길이가 x이면 정사각형의 넓이는

$x\times x=x^2$

즉, 밑줄 친 문장을 식으로 나타내면

$x^2+x=\dfrac{3}{4}$ $\quad\therefore x^2+x-\dfrac{3}{4}=0$

따라서 구한 식은 x에 대한 이차방정식이다.

▶ 문제 속 개념 도출

답 ① 이차방정식

개념 35 이차방정식의 한 근이 주어진 경우

개념 확인

1 답 (1) 2, 2, 2 (2) -1, -1, -9 (3) -8 (4) 6

(1) $x^2+ax-8=0$에 $x=2$를 대입하면

$\boxed{2}^2+a\times\boxed{2}-8=0$

$4+2a-8=0$, $2a-4=0$

$\therefore a=\boxed{2}$

(2) $ax^2-4x+5=0$에 $x=-1$을 대입하면

$a\times(\boxed{-1})^2-4\times(\boxed{-1})+5=0$

$a+4+5=0$, $a+9=0$

$\therefore a=\boxed{-9}$

(3) $x^2+ax+15=0$에 $x=3$을 대입하면

$3^2+a\times3+15=0$

$9+3a+15=0$, $3a+24=0$

$\therefore a=-8$

(4) $2x^2+x-a=0$에 $x=-2$를 대입하면

$2\times(-2)^2+(-2)-a=0$

$8-2-a=0$, $-a+6=0$

$\therefore a=6$

2 답 (1) $0, -2$ (2) $0, 6, 8$ (3) 8 (4) 9

(2) $x^2-x-6=0$에 $x=a$를 대입하면

$a^2-a-6=\boxed{0}$, $a^2-a=\boxed{6}$

$\therefore a^2-a+2=6+2=\boxed{8}$

(3) $x^2+2x-8=0$에 $x=a$를 대입하면

$a^2+2a-8=0$

$\therefore a^2+2a=8$

(4) $x^2-3x-4=0$에 $x=a$를 대입하면

$a^2-3a-4=0$, $a^2-3a=4$

$\therefore a^2-3a+5=4+5=9$

1 답 -3

$2x^2+5x+k=0$에 $x=-3$을 대입하면

$2\times(-3)^2+5\times(-3)+k=0$

$18-15+k=0$, $k+3=0$

$\therefore k=-3$

2 답 1

$x^2+ax-6a=0$에 $x=2$를 대입하면

$2^2+2a-6a=0$

$-4a+4=0$ $\therefore a=1$

3 답 2

$x^2+ax-8=0$에 $x=4$를 대입하면

$4^2+4a-8=0$

$4a+8=0$ $\therefore a=-2$

$x^2-3x-b=0$에 $x=4$를 대입하면

$4^2-3\times4-b=0$

$-b+4=0$ $\therefore b=4$

$\therefore a+b=-2+4=2$

4 답 9

$x^2+3x-5=0$에 $x=p$를 대입하면

$p^2+3p-5=0$, $p^2+3p=5$

$\therefore p^2+3p+4=5+4=9$

5 답 24

$x^2-x-12=0$에 $x=a$를 대입하면

$a^2-a-12=0$, $a^2-a=12$

$\therefore 2a^2-2a=2(a^2-a)$

$\qquad\qquad\quad=2\times12=24$

6 답 (1) 9 (2) 4

$x^2-4x+1=0$에 $x=a$를 대입하면

$a^2-4a+1=0$ $\cdots\ \bigcirc$

(1) $\bigcirc$에서 $a^2-4a=-1$이므로

$a^2-4a+10=-1+10=9$

(2) $a\neq0$이므로 $\bigcirc$의 양변을 a로 나누면

$a-4+\dfrac{1}{a}=0$ $\therefore a+\dfrac{1}{a}=4$

| 참고 | $x^2-4x+1=0$에 $x=0$을 대입하면 $0^2-4\times0+1\neq0$이므로 $x\neq0$이다. 즉 $a\neq0$이다.

7 답 -4

$x^2+ax+4a=0$에 $x=-2$를 대입하면

$(-2)^2+a\times(-2)+4a=0$

$2a+4=0$ $\therefore a=-2$

$x^2+bx-15=0$에 $x=3$을 대입하면

$3^2+b\times3-15=0$

$3b-6=0$ $\therefore b=2$

$\therefore ab=-2\times2=-4$

▶ 문제 속 개념 도출

답 ① 근

• 본문 92~93쪽

개념 36 인수분해를 이용한 이차방정식의 풀이

바/로/풀/기

Q1 답 $x+1=0$, $x-2=0$

Q2 답 $6, 6, -6$

개념 확인

1 답 (1) $0, 4$ (2) $x=-3$ 또는 $x=6$

(3) $x-1=0$ 또는 $x-5=0$, $x=1$ 또는 $x=5$

(4) $3x+1=0$ 또는 $2x-5=0$, $x=-\dfrac{1}{3}$ 또는 $x=\dfrac{5}{2}$

(1) $x(x-4)=0$에서

$x=0$ 또는 $x-4=0$

$\therefore x=\boxed{0}$ 또는 $x=\boxed{4}$

(2) $(x+3)(x-6)=0$에서

$x+3=0$ 또는 $x-6=0$

$\therefore x=-3$ 또는 $x=6$

(3) $(x-1)(x-5)=0$에서
  $x-1=0$ 또는 $x-5=0$
  $\therefore x=1$ 또는 $x=5$
(4) $(3x+1)(2x-5)=0$에서
  $3x+1=0$ 또는 $2x-5=0$
  $\therefore x=-\dfrac{1}{3}$ 또는 $x=\dfrac{5}{2}$

2 답 (1) 풀이 참조 (2) $x=0$ 또는 $x=3$
  (3) $x=-3$ 또는 $x=1$ (4) $x=-3$ 또는 $x=3$
  (5) $x=-2$ 또는 $x=\dfrac{3}{2}$ (6) $x=-2$ 또는 $x=\dfrac{1}{3}$

(1) $x^2+x-6=0$의 좌변을 인수분해하면
  $(\boxed{x+3})(x-2)=0$
  $\boxed{x+3}=0$ 또는 $\boxed{x-2}=0$
  $\therefore x=\boxed{-3}$ 또는 $x=\boxed{2}$
(2) $x^2-3x=0$의 좌변을 인수분해하면
  $x(x-3)=0$
  $x=0$ 또는 $x-3=0$
  $\therefore x=0$ 또는 $x=3$
(3) $x^2+2x-3=0$의 좌변을 인수분해하면
  $(x+3)(x-1)=0$
  $x+3=0$ 또는 $x-1=0$
  $\therefore x=-3$ 또는 $x=1$
(4) $x^2-9=0$의 좌변을 인수분해하면
  $(x+3)(x-3)=0$
  $x+3=0$ 또는 $x-3=0$
  $\therefore x=-3$ 또는 $x=3$
(5) $2x^2+x-6=0$의 좌변을 인수분해하면
  $(x+2)(2x-3)=0$
  $x+2=0$ 또는 $2x-3=0$
  $\therefore x=-2$ 또는 $x=\dfrac{3}{2}$
(6) $3x^2+5x-2=0$의 좌변을 인수분해하면
  $(x+2)(3x-1)=0$
  $x+2=0$ 또는 $3x-1=0$
  $\therefore x=-2$ 또는 $x=\dfrac{1}{3}$

1 답 ③

$(x+5)(2x-3)=0$에서
$x+5=0$ 또는 $2x-3=0$
$\therefore x=-5$ 또는 $x=\dfrac{3}{2}$
따라서 두 근의 곱은 $-5\times\dfrac{3}{2}=-\dfrac{15}{2}$

이차방정식 $(x+5)(2x-3)=0$을 풀기

$\xrightarrow{(\times)}$ $x=-5$ 또는 $x=3$

$\xrightarrow{(\times)}$ $x=5$ 또는 $x=-\dfrac{3}{2}$

$\xrightarrow{(\bigcirc)}$ $x=-5$ 또는 $x=\dfrac{3}{2}$

➡ 인수분해를 이용하여 이차방정식을 풀 때는 인수분해해서 나온 두 일차식을 각각 0이 되게 하는 x의 값을 구해야 해. 이때 부호에 주의해야 해!

2 답 ③

주어진 이차방정식의 해를 각각 구하면 다음과 같다.
① $x=0$ 또는 $x=-2$
② $x=-3$ 또는 $x=2$
③ $x=-2$ 또는 $x=3$
④ $x=-\dfrac{2}{3}$ 또는 $x=3$
⑤ $x=-\dfrac{3}{2}$ 또는 $x=-2$

3 답 (1) $x=1$ 또는 $x=4$ (2) $x=-1$ 또는 $x=-6$
  (3) $x=-3$ 또는 $x=4$ (4) $x=-3$ 또는 $x=7$

(1) $x^2+4=5x$에서 $x^2-5x+4=0$
  좌변을 인수분해하면 $(x-1)(x-4)=0$
  $\therefore x=1$ 또는 $x=4$
(2) $x^2+8x+4=x-2$에서 $x^2+7x+6=0$
  좌변을 인수분해하면 $(x+1)(x+6)=0$
  $\therefore x=-1$ 또는 $x=-6$
(3) $x^2+2x=3(x+4)$에서 $x^2+2x=3x+12$
  $x^2-x-12=0$의 좌변을 인수분해하면
  $(x+3)(x-4)=0$
  $\therefore x=-3$ 또는 $x=4$
(4) $(x-6)(x+2)=9$에서 $x^2-4x-12=9$
  $x^2-4x-21=0$의 좌변을 인수분해하면
  $(x+3)(x-7)=0$
  $\therefore x=-3$ 또는 $x=7$

4 답 2

$x^2-4x-2=1-3x^2$에서 $4x^2-4x-3=0$
좌변을 인수분해하면 $(2x+1)(2x-3)=0$
$\therefore x=-\dfrac{1}{2}$ 또는 $x=\dfrac{3}{2}$
따라서 $a=\dfrac{3}{2}$, $b=-\dfrac{1}{2}$ $(\because a>b)$이므로
$a-b=\dfrac{3}{2}-\left(-\dfrac{1}{2}\right)=2$

5 답 2

$x^2-7x+10=0$의 좌변을 인수분해하면

$(x-2)(x-5)=0$

$\therefore x=2$ 또는 $x=5$

$2x^2-3x-2=0$의 좌변을 인수분해하면

$(2x+1)(x-2)=0$

$\therefore x=-\dfrac{1}{2}$ 또는 $x=2$

따라서 두 이차방정식을 동시에 만족시키는 x의 값은 2이다.

6 답 5개

$(x-1)(x+5)=6x+3$에서 $x^2+4x-5=6x+3$

$x^2-2x-8=0$의 좌변을 인수분해하면

$(x+2)(x-4)=0$

$\therefore x=-2$ 또는 $x=4$

따라서 두 근 -2와 4 사이에 있는 정수는 -1, 0, 1, 2, 3의 5개이다.

7 답 4

$x^2-(a+2)x+2a=0$의 좌변을 인수분해하면

$(x-2)(x-a)=0$

$\therefore x=2$ 또는 $x=a$

이때 $a>2$이므로 $1:2=2:a$

$\therefore a=4$

▶ **문제 속 개념 도출**

답 ① 0 ② $B=0$

• 본문 94~95쪽

개념 **37** **이차방정식의 중근**

🔍 **바/로/풀/기**

Q1 답 1, 1, 1, 중근

Q2 답 10, 25

📖 **개념 확인**

1 답 (1) $x=-5$ (2) $x=3$ (3) $x=-\dfrac{1}{2}$ (4) $x=\dfrac{4}{3}$

2 답 (1) $x+2$, -2 (2) $x=4$ (3) $x=-\dfrac{1}{3}$ (4) $x=\dfrac{5}{2}$

(1) $x^2+4x+4=0$의 좌변을 인수분해하면

$(\boxed{x+2})^2=0$ $\therefore x=\boxed{-2}$

(2) $x^2-8x+16=0$의 좌변을 인수분해하면

$(x-4)^2=0$ $\therefore x=4$

(3) $9x^2+6x+1=0$의 좌변을 인수분해하면

$(3x+1)^2=0$ $\therefore x=-\dfrac{1}{3}$

(4) $4x^2-20x+25=0$의 좌변을 인수분해하면

$(2x-5)^2=0$ $\therefore x=\dfrac{5}{2}$

3 답 (1) 6, 9 (2) 36, 6 (3) 36 (4) ± 8

(1) 좌변이 완전제곱식이어야 하므로

$k=\left(\dfrac{\boxed{6}}{2}\right)^2=\boxed{9}$

(2) 좌변이 완전제곱식이어야 하므로

$9=\left(\dfrac{k}{2}\right)^2$에서 $k^2=\boxed{36}$ $\therefore k=\pm\boxed{6}$

(3) 좌변이 완전제곱식이어야 하므로

$k=\left(\dfrac{-12}{2}\right)^2=36$

(4) 좌변이 완전제곱식이어야 하므로

$16=\left(\dfrac{k}{2}\right)^2$에서 $k^2=64$ $\therefore k=\pm 8$

교과서 문제로 **개념 다지기**

1 답 (1) $x=8$ (2) $x=5$ (3) $x=-3$

(1) $x^2+64=16x$에서 $x^2-16x+64=0$

좌변을 인수분해하면

$(x-8)^2=0$ $\therefore x=8$

(2) $2x^2-20x+50=0$에서 $x^2-10x+25=0$

좌변을 인수분해하면

$(x-5)^2=0$ $\therefore x=5$

(3) $3-x^2=6(x+2)$에서 $3-x^2=6x+12$

$x^2+6x+9=0$의 좌변을 인수분해하면

$(x+3)^2=0$ $\therefore x=-3$

2 답 ㄴ, ㅁ, ㅂ

ㄱ. $x^2+4x=0$의 좌변을 인수분해하면

$x(x+4)=0$ $\therefore x=0$ 또는 $x=-4$

ㄴ. $x^2+9=-6x$에서 $x^2+6x+9=0$

좌변을 인수분해하면

$(x+3)^2=0$ $\therefore x=-3$

ㄷ. $x^2=1$에서 $x^2-1=0$

좌변을 인수분해하면

$(x+1)(x-1)=0$

$\therefore x=-1$ 또는 $x=1$

ㄹ. $(x+2)^2=1$에서 $x^2+4x+4=1$
　　$x^2+4x+3=0$의 좌변을 인수분해하면
　　$(x+3)(x+1)=0$　　∴ $x=-3$ 또는 $x=-1$

ㅁ. $4x^2-12x+9=0$에서 $x^2-3x+\dfrac{9}{4}=0$
　　좌변을 인수분해하면
　　$\left(x-\dfrac{3}{2}\right)^2=0$　　∴ $x=\dfrac{3}{2}$

ㅂ. $x^2-3x=-5x-1$에서 $x^2+2x+1=0$
　　좌변을 인수분해하면
　　$(x+1)^2=0$　　∴ $x=-1$
따라서 중근을 갖는 것은 ㄴ, ㅁ, ㅂ이다.

3 답 $a=10,\ b=25$
$x^2+ax+b=0$의 중근이 $x=-5$이므로 주어진 이차방정식은
$(x+5)^2=0$과 같다.
따라서 좌변을 전개하면 $x^2+10x+25=0$이므로
$a=10,\ b=25$

4 답 ㈎ 49, ㈏ 7, ㈐ 7
첫 번째 줄의 이차방정식의 좌변을 인수분해한 결과가 완전제곱식
이므로 상수항은
$\left(\dfrac{-14}{2}\right)^2=49$
즉, 첫 번째 줄의 이차방정식은 $x^2-14x+49=0$이므로
이 이차방정식의 좌변을 인수분해하면
$(x-7)^2=0$　　∴ $x=7$
∴ ㈎ 49, ㈏ 7, ㈐ 7

5 답 2, -2
$x^2+2kx+4=0$이 중근을 가지려면 좌변이 완전제곱식이어야
하므로
$4=\left(\dfrac{2k}{2}\right)^2$에서 $k^2=4$
∴ $k=\pm2$

6 답 16
$x^2-18x+8k+25=0$이 중근을 가지므로 좌변은 완전제곱식이다.
즉, $8k+25=\left(\dfrac{-18}{2}\right)^2$에서 $8k+25=81$
$8k=56$　　∴ $k=7$
$x^2-18x+8k+25=0$에 $k=7$을 대입하면
$x^2-18x+81=0$
이 이차방정식의 좌변을 인수분해하면
$(x-9)^2=0$　　∴ $x=9$
∴ $a=9$
∴ $a+k=9+7=16$

7 답 2개
$x^2+2ax+b=0$이 중근을 가지려면 좌변이 완전제곱식이어야
하므로
$b=\left(\dfrac{2a}{2}\right)^2$　　∴ $a^2=b$
따라서 $a^2=b$를 만족시키는 순서쌍 $(a,\ b)$는
$(1,\ 1),\ (2,\ 4)$의 2개이다.

▶ 문제 속 개념 도출
답 ① 중근　② 완전제곱식

• 본문 96~97쪽

개념 38 제곱근 또는 완전제곱식을 이용한 이차방정식의 풀이

개념 확인

1 답 (1) $\sqrt{5}$　(2) $\sqrt{2},\ -4,\ \sqrt{2}$　(3) $x=\pm2\sqrt{3}$　(4) $x=2\pm\sqrt{7}$
　　(5) $x=\pm\sqrt{3}$　(6) $x=5\pm\sqrt{2}$　(7) $x=\pm\sqrt{6}$
　　(8) $x=-3\pm2\sqrt{2}$

(3) $x^2=12$　　∴ $x=\pm\sqrt{12}=\pm2\sqrt{3}$
(4) $(x-2)^2=7$에서 $x-2=\pm\sqrt{7}$
　　∴ $x=2\pm\sqrt{7}$
(5) $2x^2=6$에서 $x^2=3$　　∴ $x=\pm\sqrt{3}$
(6) $3(x-5)^2=6$에서 $(x-5)^2=2$
　　$x-5=\pm\sqrt{2}$　　∴ $x=5\pm\sqrt{2}$
(7) $4x^2=24$에서 $x^2=6$　　∴ $x=\pm\sqrt{6}$
(8) $2(x+3)^2=16$에서 $(x+3)^2=8$
　　$x+3=\pm\sqrt{8}=\pm2\sqrt{2}$
　　∴ $x=-3\pm2\sqrt{2}$

2 답 풀이 참조
(1) $x^2-4x-3=0$
　　$x^2-4x=3$
　　$x^2-4x+\boxed{4}=3+\boxed{4}$
　　$(x-\boxed{2})^2=\boxed{7}$
　　∴ $x=\boxed{2\pm\sqrt{7}}$
(2) $3x^2+24x+15=0$
　　$x^2+8x+5=0$
　　$x^2+8x=-5$
　　$x^2+8x+\boxed{16}=-5+\boxed{16}$
　　$(x+\boxed{4})^2=\boxed{11}$
　　∴ $x=\boxed{-4\pm\sqrt{11}}$

1 답 (1) $x=\pm\dfrac{5}{3}$ (2) $x=-3$ 또는 $x=5$ (3) $x=-3\pm\sqrt{5}$

(1) $9x^2-25=0$에서 $9x^2=25$

$\quad x^2=\dfrac{25}{9}$ $\therefore x=\pm\sqrt{\dfrac{25}{9}}=\pm\dfrac{5}{3}$

(2) $16-(x-1)^2=0$에서 $(x-1)^2=16$

$\quad x-1=\pm\sqrt{16}=\pm4$

$\quad \therefore x=-3$ 또는 $x=5$

(3) $2(x+3)^2-10=0$에서 $2(x+3)^2=10$

$\quad (x+3)^2=5,\ x+3=\pm\sqrt{5}$

$\quad \therefore x=-3\pm\sqrt{5}$

2 답 (1) $x=1\pm\sqrt{10}$ (2) $x=\dfrac{3\pm\sqrt{5}}{2}$ (3) $x=3\pm\sqrt{7}$

(1) $x^2-2x-9=0$에서 $x^2-2x=9$

$\quad x^2-2x+1^2=9+1^2$

$\quad (x-1)^2=10$

$\quad x-1=\pm\sqrt{10}$

$\quad \therefore x=1\pm\sqrt{10}$

(2) $x^2-3x+1=0$에서 $x^2-3x=-1$

$\quad x^2-3x+\left(\dfrac{-3}{2}\right)^2=-1+\left(\dfrac{-3}{2}\right)^2$

$\quad \left(x-\dfrac{3}{2}\right)^2=\dfrac{5}{4}$

$\quad x-\dfrac{3}{2}=\pm\sqrt{\dfrac{5}{4}}=\pm\dfrac{\sqrt{5}}{2}$

$\quad \therefore x=\dfrac{3}{2}\pm\dfrac{\sqrt{5}}{2}=\dfrac{3\pm\sqrt{5}}{2}$

(3) $3x^2-18x+6=0$에서 $x^2-6x+2=0$

$\quad x^2-6x=-2$

$\quad x^2-6x+(-3)^2=-2+(-3)^2$

$\quad (x-3)^2=7$

$\quad x-3=\pm\sqrt{7}$

$\quad \therefore x=3\pm\sqrt{7}$

해설 꼭 확인

(3) $3x^2-18x+6=0$을 완전제곱식을 이용하여 풀기

$\underset{(\times)}{\longrightarrow}$ $3x^2-18x+6=0$

$\qquad 3x^2-18x=-6$

$\qquad 3x^2-18x+(-9)^2=-6+(-9)^2$

$\underset{(\bigcirc)}{\longrightarrow}$ $3x^2-18x+6=0$

$\qquad x^2-6x+2=0$

$\qquad x^2-6x=-2$

$\qquad x^2-6x+(-3)^2=-2+(-3)^2$

➡ 완전제곱식을 이용하여 x^2의 계수가 1이 아닌 이차방정식을 풀 때는 먼저 x^2의 계수로 양변을 나누어 x^2의 계수를 1로 만들어야 해!

3 답 $a=-2,\ b=5$

$3(x+a)^2=15$에서 $(x+a)^2=5$

$x+a=\pm\sqrt{5}$

$\therefore x=-a\pm\sqrt{5}$

따라서 $2\pm\sqrt{b}=-a\pm\sqrt{5}$이므로

$a=-2,\ b=5$

4 답 10

$(x-5)^2-2=0$에서 $(x-5)^2=2$

$x-5=\pm\sqrt{2}$

$\therefore x=5\pm\sqrt{2}$

따라서 두 근의 합은

$(5+\sqrt{2})+(5-\sqrt{2})=5+\sqrt{2}+5-\sqrt{2}=10$

5 답 9

$x^2+6x+3=0$에서 $x^2+6x=-3$

$x^2+6x+3^2=-3+3^2$

$\therefore (x+3)^2=6$

따라서 $p=3,\ q=6$이므로

$p+q=3+6=9$

6 답 8

$x^2+8x+a=0$에서 $x^2+8x=-a$

$x^2+8x+4^2=-a+4^2$

$\therefore (x+4)^2=-a+16$

따라서 $-a+16=14$에서 $a=2$이고, $b=4$이므로

$ab=2\times4=8$

7 답 풀이 참조

카드를 풀이 순서에 맞게 나열하면

$(3)-(1)-(4)-(5)-(2)$

이고, ☐ 안에 알맞은 수를 쓰면 다음과 같다.

(3) $x^2-10x=-12$

⇨ (1) $x^2-10x+\boxed{25}=-12+\boxed{25}$

⇨ (4) $(x-5)^2=\boxed{13}$

⇨ (5) $x-5=\boxed{\pm\sqrt{13}}$

⇨ (2) $x=\boxed{5\pm\sqrt{13}}$

▶ 문제 속 개념 도출

답 ① 1   ② 완전제곱식

개념 39 이차방정식의 근의 공식

🔍 바/로/풀/기

Q1 답 1, 3, 3, 3, −3, 13

📖 개념 확인

1 답 풀이 참조

(1) 근의 공식에 $a=\boxed{1}$, $b=\boxed{-3}$, $c=\boxed{-2}$를 대입하면

$$x=\dfrac{-(\boxed{-3})\pm\sqrt{(\boxed{-3})^2-4\times\boxed{1}\times(\boxed{-2})}}{2\times\boxed{1}}$$

$$=\boxed{\dfrac{3\pm\sqrt{17}}{2}}$$

(2) 근의 공식에 $a=\boxed{3}$, $b=\boxed{-7}$, $c=\boxed{1}$을 대입하면

$$x=\dfrac{-(\boxed{-7})\pm\sqrt{(\boxed{-7})^2-4\times\boxed{3}\times\boxed{1}}}{2\times\boxed{3}}$$

$$=\boxed{\dfrac{7\pm\sqrt{37}}{6}}$$

(3) 짝수 근의 공식에 $a=\boxed{1}$, $b'=\boxed{2}$, $c=\boxed{-3}$을 대입하면

$$x=\dfrac{-\boxed{2}\pm\sqrt{\boxed{2}^2-\boxed{1}\times(\boxed{-3})}}{\boxed{1}}$$

$$=\boxed{-2\pm\sqrt{7}}$$

(4) 짝수 근의 공식에 $a=\boxed{2}$, $b'=\boxed{-5}$, $c=\boxed{5}$를 대입하면

$$x=\dfrac{-(\boxed{-5})\pm\sqrt{(\boxed{-5})^2-\boxed{2}\times\boxed{5}}}{\boxed{2}}$$

$$=\boxed{\dfrac{5\pm\sqrt{15}}{2}}$$

교과서 문제로 개념 다지기

1 답 ②

근의 공식에 $a=1$, $b=7$, $c=4$를 대입하면

$$x=\dfrac{-7\pm\sqrt{\boxed{7}^2-4\times\boxed{1}\times\boxed{4}}}{2\times\boxed{1}}$$

$$=\dfrac{-7\pm\sqrt{\boxed{33}}}{\boxed{2}}$$

따라서 옳지 않은 것은 ②이다.

2 답 (1) $x=\dfrac{1\pm\sqrt{13}}{2}$ (2) $x=\dfrac{-3\pm\sqrt{3}}{2}$ (3) $x=\dfrac{2\pm\sqrt{10}}{3}$

(1) 근의 공식에 $a=1$, $b=-1$, $c=-3$을 대입하면

$$x=\dfrac{-(-1)\pm\sqrt{(-1)^2-4\times1\times(-3)}}{2\times1}$$

$$=\dfrac{1\pm\sqrt{13}}{2}$$

(2) 짝수 근의 공식에 $a=2$, $b'=3$, $c=3$을 대입하면

$$x=\dfrac{-3\pm\sqrt{3^2-2\times3}}{2}=\dfrac{-3\pm\sqrt{3}}{2}$$

다른 풀이

근의 공식에 $a=2$, $b=6$, $c=3$을 대입하면

$$x=\dfrac{-6\pm\sqrt{6^2-4\times2\times3}}{2\times2}$$

$$=\dfrac{-6\pm\sqrt{12}}{4}=\dfrac{-6\pm2\sqrt{3}}{4}$$

$$=\dfrac{-3\pm\sqrt{3}}{2}$$

(3) $3x^2-4x=2$에서 $3x^2-4x-2=0$

짝수 근의 공식에 $a=3$, $b'=-2$, $c=-2$를 대입하면

$$x=\dfrac{-(-2)\pm\sqrt{(-2)^2-3\times(-2)}}{3}$$

$$=\dfrac{2\pm\sqrt{10}}{3}$$

다른 풀이

근의 공식에 $a=3$, $b=-4$, $c=-2$를 대입하면

$$x=\dfrac{-(-4)\pm\sqrt{(-4)^2-4\times3\times(-2)}}{2\times3}$$

$$=\dfrac{4\pm\sqrt{40}}{6}=\dfrac{4\pm2\sqrt{10}}{6}$$

$$=\dfrac{2\pm\sqrt{10}}{3}$$

해설 꼭 확인

(1) $x^2-x-3=0$을 근의 공식을 이용하여 풀 때, a, b, c의 값 구하기

$\xrightarrow{(\times)}$ $a=0$, $b=0$, $c=3$

$\xrightarrow{(\times)}$ $a=1$, $b=1$, $c=3$

$\xrightarrow{(○)}$ $a=1$, $b=-1$, $c=-3$

➡ 근의 공식을 이용하여 이차방정식을 풀 때는 계수가 1 또는 −1인 경우 생략되어 있으므로 계수가 0이라 생각하지 않아야 하고, 계수가 음수인 경우 '−' 부호를 빠뜨리지 않도록 주의해야 해!

3 답 풀이 참조

근의 공식에 x의 계수의 '−' 부호를 빠뜨리고 대입하였다.

따라서 $x^2-x-5=0$을 근의 공식을 이용하여 바르게 풀면 다음과 같다.

$$x=\dfrac{-(-1)\pm\sqrt{(-1)^2-4\times1\times(-5)}}{2\times1}=\dfrac{1\pm\sqrt{21}}{2}$$

4 답 1

근의 공식에 $a=2$, $b=-5$, $c=k$를 대입하면

$$x=\frac{-(-5)\pm\sqrt{(-5)^2-4\times2\times k}}{2\times2}$$

$$=\frac{5\pm\sqrt{25-8k}}{4}$$

$\dfrac{5\pm\sqrt{25-8k}}{4}=\dfrac{5\pm\sqrt{17}}{4}$에서

$25-8k=17$, $-8k=-8$

$\therefore k=1$

5 답 2

짝수 근의 공식에 $a=4$, $b=-3$, $c=p$를 대입하면

$$x=\frac{-(-3)\pm\sqrt{(-3)^2-4\times p}}{4}=\frac{3\pm\sqrt{9-4p}}{4}$$

$\dfrac{3\pm\sqrt{9-4p}}{4}=\dfrac{q\pm\sqrt{13}}{4}$에서

$3=q$, $9-4p=13$

따라서 $p=-1$, $q=3$이므로

$p+q=-1+3=2$

다른 풀이

근의 공식에 $a=4$, $b=-6$, $c=p$를 대입하면

$$x=\frac{-(-6)\pm\sqrt{(-6)^2-4\times4\times p}}{2\times4}$$

$$=\frac{6\pm\sqrt{36-16p}}{8}=\frac{6\pm2\sqrt{9-4p}}{8}$$

$$=\frac{3\pm\sqrt{9-4p}}{4}$$

6 답 (1) $x=-1$ 또는 $x=\dfrac{2}{3}$

(2) $x=-1$ 또는 $x=\dfrac{2}{3}$

(3) $x=-1$ 또는 $x=\dfrac{2}{3}$

(4) (1)~(3)의 어떤 방법을 이용하여 풀어도 이차방정식의 해는 같다.

(1) $3x^2+x-2=0$에서 $(x+1)(3x-2)=0$

$\quad\therefore x=-1$ 또는 $x=\dfrac{2}{3}$

(2) $3x^2+x-2=0$에서 $x^2+\dfrac{1}{3}x-\dfrac{2}{3}=0$

$$x^2+\frac{1}{3}x=\frac{2}{3}$$

$$x^2+\frac{1}{3}x+\left(\frac{1}{6}\right)^2=\frac{2}{3}+\left(\frac{1}{6}\right)^2$$

$$\left(x+\frac{1}{6}\right)^2=\frac{25}{36},\ x+\frac{1}{6}=\pm\frac{5}{6}$$

$\quad\therefore x=-1$ 또는 $x=\dfrac{2}{3}$

---

(3) 근의 공식에 $a=3$, $b=1$, $c=-2$를 대입하면

$$x=\frac{-1\pm\sqrt{1^2-4\times3\times(-2)}}{2\times3}$$

$$=\frac{-1\pm\sqrt{25}}{6}=\frac{-1\pm5}{6}$$

$\therefore x=-1$ 또는 $x=\dfrac{2}{3}$

▶ **문제 속 개념 도출**

답 ① $\dfrac{-b\pm\sqrt{b^2-4ac}}{2a}$　② 근의 공식

• 본문 100~101쪽

개념 40 복잡한 이차방정식의 풀이

개념 확인

1 답 풀이 참조

(1) 주어진 이차방정식의 좌변을 전개하면

$\quad x^2+x-2=-x+6$

우변에 있는 모든 항을 좌변으로 이항하여 정리하면

$\quad x^2+\boxed{2}x-\boxed{8}=0$

$\quad (x+\boxed{4})(x-2)=0$

$\quad\therefore x=\boxed{-4}$ 또는 $x=2$

(2) 주어진 이차방정식의 양변에 분모의 최소공배수인 $\boxed{6}$을 곱하면

$\quad\boxed{3}x^2+5x-\boxed{2}=0$

$\quad (x+2)(\boxed{3x-1})=0$

$\quad\therefore x=-2$ 또는 $x=\boxed{\dfrac{1}{3}}$

(3) 주어진 이차방정식의 양변에 $\boxed{10}$을 곱하면

$\quad 2x^2-\boxed{3}x+\boxed{1}=0$

$\quad (x-1)(\boxed{2x-1})=0$

$\quad\therefore x=1$ 또는 $x=\boxed{\dfrac{1}{2}}$

(4) $x-2=A$로 놓으면 $A^2-\boxed{4}A-\boxed{5}=0$

$\quad (A+1)(A-\boxed{5})=0$

$\quad\therefore A=-1$ 또는 $A=\boxed{5}$

(i) $A=-1$일 때, $A=x-2$를 대입하면

$\quad\quad x-2=-1$　$\therefore x=\boxed{1}$

(ii) $A=\boxed{5}$일 때, $A=x-2$를 대입하면

$\quad\quad x-2=5$　$\therefore x=\boxed{7}$

따라서 (i), (ii)에서 $x=\boxed{1}$ 또는 $x=\boxed{7}$

1 답 (1) $x=-3$ 또는 $x=1$ (2) $x=\dfrac{-2\pm\sqrt{22}}{3}$

      (3) $x=-1$ 또는 $x=\dfrac{2}{5}$

(1) $2x^2-2=(x-1)^2$에서

  $2x^2-2=x^2-2x+1$

  $x^2+2x-3=0$

  $(x+3)(x-1)=0$

  $\therefore x=-3$ 또는 $x=1$

(2) 주어진 이차방정식의 양변에 12를 곱하면

  $3x^2+4x-6=0$에서 짝수 근의 공식에 의하여

  $x=\dfrac{-2\pm\sqrt{2^2-3\times(-6)}}{3}=\dfrac{-2\pm\sqrt{22}}{3}$

(3) 주어진 이차방정식의 양변에 10을 곱하면

  $5x^2+3x-2=0$, $(x+1)(5x-2)=0$

  $\therefore x=-1$ 또는 $x=\dfrac{2}{5}$

2 답 2

$(x+2)(x-3)=-3x-4$에서

$x^2-x-6=-3x-4$

$x^2+2x-2=0$에서 짝수 근의 공식에 의하여

$x=\dfrac{-1\pm\sqrt{1^2-1\times(-2)}}{1}=-1\pm\sqrt{3}$

$-1\pm\sqrt{3}=A\pm\sqrt{B}$에서

$A=-1,\ B=3$

$\therefore A+B=-1+3=2$

3 답 $x=-1$ 또는 $x=\dfrac{5}{2}$

주어진 이차방정식의 양변에 10을 곱하면

$2x^2-3x-5=0$, $(x+1)(2x-5)=0$

$\therefore x=-1$ 또는 $x=\dfrac{5}{2}$

4 답 $x=\dfrac{1\pm\sqrt{21}}{2}$

주어진 이차방정식의 양변에 15를 곱하면

$5(x+1)(x-2)=3x(x-1)$

$5(x^2-x-2)=3x^2-3x$

$5x^2-5x-10=3x^2-3x$

$2x^2-2x-10=0$에서 짝수 근의 공식에 의하여

$x=\dfrac{-(-1)\pm\sqrt{(-1)^2-2\times(-10)}}{2}$

  $=\dfrac{1\pm\sqrt{21}}{2}$

5 답 (1) $x=-2$ 또는 $x=6$ (2) $x=-\dfrac{8}{3}$ 또는 $x=-1$

(1) $x-1=A$로 놓으면 $A^2-2A-15=0$

  $(A+3)(A-5)=0$

  $\therefore A=-3$ 또는 $A=5$

  즉, $x-1=-3$ 또는 $x-1=5$

  $\therefore x=-2$ 또는 $x=6$

(2) $x+2=A$로 놓으면 $3A^2-A-2=0$

  $(3A+2)(A-1)=0$

  $\therefore A=-\dfrac{2}{3}$ 또는 $A=1$

  즉, $x+2=-\dfrac{2}{3}$ 또는 $x+2=1$

  $\therefore x=-\dfrac{8}{3}$ 또는 $x=-1$

6 답 ㉣, $x=-2$ 또는 $x=-1$

㉣에서 $x+4=A$로 놓고 푼 A의 값을 이차방정식의 해로 생각한 것이 틀렸다.

주어진 이차방정식을 바르게 풀면

$(x+4)^2-5(x+4)+6=0$에서

$x+4=A$로 놓으면

$A^2-5A+6=0$

$(A-2)(A-3)=0$

$\therefore A=2$ 또는 $A=3$

즉, $x+4=2$ 또는 $x+4=3$

$\therefore x=-2$ 또는 $x=-1$

7 답 4

마방진의 규칙에 의하여

$9+(x+1)+A=1.5x+A+\dfrac{1}{2}x^2$

에서 $x+10=\dfrac{1}{2}x^2+1.5x$

$\dfrac{1}{2}x^2+0.5x-10=0$

		$1.5x$
9	$x+1$	A
		$\dfrac{1}{2}x^2$

양변에 2를 곱하면

$x^2+x-20=0$, $(x+5)(x-4)=0$

$\therefore x=-5$ 또는 $x=4$

이때 $x=-5$이면 $x+1=-5+1=-4$

이므로 1부터 9까지의 숫자를 한 번씩만 사용한다는 규칙을 만족시키지 않는다.

$\therefore x=4$

▶ 문제 속 개념 도출

답 ① 최소공배수 ② 10 ③ 정수

개념 41 이차방정식의 근의 개수

바/로/풀/기

Q1 답 (1) 서로 다른 두 근 (2) 한 근 (3) 근이 없다.

개념 확인

1 답 풀이 참조

	a, b, c의 값	b^2-4ac의 값	근의 개수
(1)	$a=3, b=4, c=-1$	$4^2-4\times3\times(-1)=28$	2개
(2)	$a=1, b=-6, c=9$	$(-6)^2-4\times1\times9=0$	1개
(3)	$a=2, b=1, c=3$	$1^2-4\times2\times3=-23$	0개
(4)	$a=1, b=2, c=2$	$2^2-4\times1\times2=-4$	0개
(5)	$a=4, b=-4, c=1$	$(-4)^2-4\times4\times1=0$	1개
(6)	$a=2, b=5, c=-2$	$5^2-4\times2\times(-2)=41$	2개

2 답 (1) $k<\dfrac{25}{4}$ (2) $k=\dfrac{25}{4}$ (3) $k>\dfrac{25}{4}$

$b^2-4ac=5^2-4\times1\times k=25-4k$

(1) $b^2-4ac>0$이므로 $25-4k>0$

$\qquad \therefore k<\dfrac{25}{4}$

(2) $b^2-4ac=0$이므로 $25-4k=0$

$\qquad \therefore k=\dfrac{25}{4}$

(3) $b^2-4ac<0$이므로 $25-4k<0$

$\qquad \therefore k>\dfrac{25}{4}$

교과서 문제로 개념 다지기

1 답 2개

ㄱ. $(-5)^2-4\times1\times8=-7<0$

　　이므로 근이 없다.

ㄴ. $3^2-4\times2\times(-1)=17>0$

　　이므로 서로 다른 두 근을 갖는다.

ㄷ. $(-10)^2-4\times1\times25=0$

　　이므로 중근을 갖는다.

ㄹ. $(-7)^2-4\times3\times(-2)=73>0$

　　이므로 서로 다른 두 근을 갖는다.

따라서 서로 다른 두 근을 갖는 이차방정식은 ㄴ, ㄹ의 2개이다.

2 답 ⑤

① $(-8)^2-4\times1\times10=24>0$

　　이므로 서로 다른 두 근을 갖는다.

② $(-2)^2-4\times2\times(-3)=28>0$

　　이므로 서로 다른 두 근을 갖는다.

③ $2^2-4\times3\times(-1)=16>0$

　　이므로 서로 다른 두 근을 갖는다.

④ $6^2-4\times4\times(-1)=52>0$

　　이므로 서로 다른 두 근을 갖는다.

⑤ $(-7)^2-4\times5\times3=-11<0$

　　이므로 근이 없다.

따라서 근의 개수가 나머지 넷과 다른 하나는 ⑤이다.

3 답 (1) $k<11$ (2) $k=11$ (3) $k>11$

$(-4)^2-4\times1\times(k-7)=-4k+44$

(1) $-4k+44>0$이므로 $k<11$

(2) $-4k+44=0$이므로 $k=11$

(3) $-4k+44<0$이므로 $k>11$

4 답 $-6, 2$

$k^2-4\times1\times(3-k)=0$이므로

$k^2+4k-12=0$

$(k+6)(k-2)=0$

$\therefore k=-6$ 또는 $k=2$

5 답 ①

$(-6)^2-4\times1\times(k+2)\geq0$이어야 하므로

$36-4(k+2)\geq0$

$-4k+28\geq0,\ -4k\geq-28$

$\therefore k\leq7$

6 답 -3

$5^2-4\times3\times(-k)<0$이어야 하므로

$25+12k<0,\ 12k<-25$

$\therefore k<-\dfrac{25}{12}$

따라서 상수 k의 값 중 가장 큰 정수는 -3이다.

7 답 지안

정우: $k=3$이면 $x^2+3x+4=0$에서

$\qquad 3^2-4\times1\times4=-7<0$

$\qquad$ 이므로 근이 없다.

지안: $k=4$이면 $x^2+4x+4=0$에서

$\qquad 4^2-4\times1\times4=0$

$\qquad$ 이므로 중근을 갖는다.

세정: $k=5$이면 $x^2+5x+4=0$에서
$$5^2-4\times1\times4=9>0$$
이므로 서로 다른 두 근을 갖는다.
따라서 옳게 말한 학생은 지안이다.

▶ 문제 속 개념 도출
답 ① b^2-4ac　② $b^2-4ac=0$　③ 0

• 본문 104~105쪽

개념
42 이차방정식 구하기

바/로/풀/기

Q1 답 6, $x^2+3x-18$

Q2 답 5, $x^2-10x+25$

개념 확인

1 답 (1) $x^2+5x+6=0$　(2) $2x^2+6x-8=0$
　　(3) $-3x^2+9x+30=0$　(4) $x^2-\dfrac{7}{2}x+\dfrac{3}{2}=0$

(1) 두 근이 -2, -3이고 x^2의 계수가 1인 이차방정식은
$$(x+2)(x+3)=0 \quad \therefore\ x^2+5x+6=0$$
(2) 두 근이 -4, 1이고 x^2의 계수가 2인 이차방정식은
$$2(x+4)(x-1)=0,\ 2(x^2+3x-4)=0$$
$$\therefore\ 2x^2+6x-8=0$$
(3) 두 근이 -2, 5이고 x^2의 계수가 -3인 이차방정식은
$$-3(x+2)(x-5)=0,\ -3(x^2-3x-10)=0$$
$$\therefore\ -3x^2+9x+30=0$$
(4) 두 근이 $\dfrac{1}{2}$, 3이고 x^2의 계수가 1인 이차방정식은
$$\left(x-\dfrac{1}{2}\right)(x-3)=0 \quad \therefore\ x^2-\dfrac{7}{2}x+\dfrac{3}{2}=0$$

2 답 (1) $x^2+16x+64=0$　(2) $3x^2+12x+12=0$
　　(3) $-x^2+6x-9=0$　(4) $2x^2-3x+\dfrac{9}{8}=0$

(1) 중근이 -8이고 x^2의 계수가 1인 이차방정식은
$$(x+8)^2=0 \quad \therefore\ x^2+16x+64=0$$
(2) 중근이 -2이고 x^2의 계수가 3인 이차방정식은
$$3(x+2)^2=0,\ 3(x^2+4x+4)=0$$
$$\therefore\ 3x^2+12x+12=0$$
(3) 중근이 3이고 x^2의 계수가 -1인 이차방정식은
$$-(x-3)^2=0,\ -(x^2-6x+9)=0$$
$$\therefore\ -x^2+6x-9=0$$

(4) 중근이 $\dfrac{3}{4}$이고 x^2의 계수가 2인 이차방정식은
$$2\left(x-\dfrac{3}{4}\right)^2=0,\ 2\left(x^2-\dfrac{3}{2}x+\dfrac{9}{16}\right)=0$$
$$\therefore\ 2x^2-3x+\dfrac{9}{8}=0$$

교과서 문제로 **개념 다지기**

1 답 $3x^2-9x-12=0$
두 근이 -1, 4이고 x^2의 계수가 3인 이차방정식은
$$3(x+1)(x-4)=0,\ 3(x^2-3x-4)=0$$
$$\therefore\ 3x^2-9x-12=0$$

2 답 $a=8$, $b=6$
두 근이 -1, -3이고 x^2의 계수가 2인 이차방정식은
$$2(x+1)(x+3)=0,\ 2(x^2+4x+3)=0$$
$$\therefore\ 2x^2+8x+6=0$$
$$\therefore\ a=8,\ b=6$$

3 답 ③
두 근이 -2, -5이고 x^2의 계수가 3인 이차방정식은
$$3(x+2)(x+5)=0,\ 3(x^2+7x+10)=0$$
$$\therefore\ 3x^2+21x+30=0$$

4 답 -6
중근이 3이고 x^2의 계수가 -2인 이차방정식은
$$-2(x-3)^2=0,\ -2(x^2-6x+9)=0$$
$$\therefore\ -2x^2+12x-18=0$$
따라서 $a=12$, $b=-18$이므로
$$a+b=12+(-18)=-6$$

5 답 $x=-\dfrac{1}{3}$ 또는 $x=1$
두 근이 -1, $\dfrac{1}{4}$이고 x^2의 계수가 4인 이차방정식은
$$4(x+1)\left(x-\dfrac{1}{4}\right)=0,\ 4\left(x^2+\dfrac{3}{4}x-\dfrac{1}{4}\right)=0$$
$$\therefore\ 4x^2+3x-1=0$$
즉, $a=3$, $b=-1$이므로
$$3x^2-2x-1=0$$에서
$$(3x+1)(x-1)=0$$
$$\therefore\ x=-\dfrac{1}{3}$$ 또는 $x=1$

6 답 4

한 근이 다른 근의 3배이므로 두 근을 α, 3α라 하자.
두 근이 α, 3α이고 x^2의 계수가 3인 이차방정식은
$3(x-\alpha)(x-3\alpha)=0$, $3(x^2-4\alpha x+3\alpha^2)=0$
$\therefore 3x^2-12\alpha x+9\alpha^2=0$
$3x^2-8x+k=3x^2-12\alpha x+9\alpha^2$에서
$-8=-12\alpha$, $k=9\alpha^2$
따라서 $\alpha=\dfrac{2}{3}$이므로
$k=9\alpha^2=9\times\left(\dfrac{2}{3}\right)^2=9\times\dfrac{4}{9}=4$

7 답 (1) -1 (2) -6 (3) $x=-2$ 또는 $x=3$

(1) 서우는 x의 계수를 제대로 보았으므로
$(x+3)(x-4)=0$에서 $x^2-x-12=0$
따라서 처음 이차방정식의 x의 계수는 -1이다.
(2) 소은이는 상수항을 제대로 보았으므로
$(x+1)(x-6)=0$에서 $x^2-5x-6=0$
따라서 처음 이차방정식의 상수항은 -6이다.
(3) (1), (2)에서 처음 이차방정식은
$x^2-x-6=0$이므로
$(x+2)(x-3)=0$
$\therefore x=-2$ 또는 $x=3$

▶ 문제 속 개념 도출

답 ① $x-\beta$

개념 43 이차방정식의 활용(1) - 수, 나이

📖 개념 확인

1 답 풀이 참조

❶ 연속하는 두 자연수 중 작은 수를 x라 하면 두 자연수는 x, $\boxed{x+1}$이다.
❷ 연속하는 두 자연수의 곱이 110이므로 이차방정식을 세우면
$x(\boxed{x+1})=110$
❸ 이 이차방정식을 풀면
$x^2+x=110$, $x^2+x-110=0$
$(x+\boxed{11})(x-\boxed{10})=0$
$\therefore x=\boxed{-11}$ 또는 $x=\boxed{10}$
그런데 x는 자연수이므로 $x=\boxed{10}$
따라서 구하는 두 자연수는 $\boxed{10}$, $\boxed{11}$이다.
❹ $\boxed{10}\times\boxed{11}=110$이므로 문제의 뜻에 맞는다.

2 답 풀이 참조

❶ 동생의 나이를 x세라 하면 언니는 동생보다 2세가 많으므로 언니의 나이는 ($\boxed{x+2}$)세이다.
❷ 언니의 나이의 10배가 동생의 나이의 제곱보다 4세만큼 적으므로 이차방정식을 세우면
$10(\boxed{x+2})=x^2-\boxed{4}$
❸ 이 이차방정식을 풀면
$10x+20=x^2-4$, $x^2-10x-24=0$
$(x+\boxed{2})(x-\boxed{12})=0$
$\therefore x=\boxed{-2}$ 또는 $x=\boxed{12}$
그런데 $x>0$이므로 $x=\boxed{12}$
따라서 구하는 동생의 나이는 $\boxed{12}$세이므로 언니의 나이는 $\boxed{14}$세이다.
❹ $10(\boxed{12}+2)=\boxed{12}^2-4=140$이므로 문제의 뜻에 맞는다.

교과서 문제로 **개념 다지기**

1 답 6

어떤 자연수를 x라 하면
$x^2=4x+12$
$x^2-4x-12=0$, $(x+2)(x-6)=0$
$\therefore x=-2$ 또는 $x=6$
그런데 x는 자연수이므로 $x=6$
따라서 어떤 자연수는 6이다.

2 답 26

연속하는 두 짝수 중 작은 수를 x라 하면 두 짝수는 x, $x+2$이다.
연속하는 두 짝수의 곱이 168이므로
$x(x+2)=168$
$x^2+2x=168$, $x^2+2x-168=0$
$(x+14)(x-12)=0$
$\therefore x=-14$ 또는 $x=12$
그런데 x는 자연수이므로 $x=12$
따라서 두 짝수는 12, 14이므로 구하는 합은
$12+14=26$

3 답 7, 8, 9

연속하는 세 자연수를 $x-1$, x, $x+1$ $(x>1)$이라 하면 연속하는 세 자연수의 제곱의 합이 194이므로
$(x-1)^2+x^2+(x+1)^2=194$
$x^2-2x+1+x^2+x^2+2x+1=194$, $3x^2-192=0$
$x^2-64=0$, $(x+8)(x-8)=0$
$\therefore x=-8$ 또는 $x=8$
그런데 $x>1$이므로 $x=8$
따라서 연속하는 세 자연수는 7, 8, 9이다.

4 답 8세

딸의 나이를 x세라 하면 어머니의 나이는 $(x+26)$세이므로

$x^2=2(x+26)-4$

$x^2-2x-48=0$, $(x+6)(x-8)=0$

$\therefore x=-6$ 또는 $x=8$

그런데 $x>0$이므로 $x=8$

따라서 딸의 나이는 8세이다.

5 답 ①

여행 날짜를 x일, $(x+1)$일이라 하면

$x^2+(x+1)^2=61$

$2x^2+2x+1=61$, $2x^2+2x-60=0$

$x^2+x-30=0$, $(x+6)(x-5)=0$

$\therefore x=-6$ 또는 $x=5$

그런데 $x>0$이므로 $x=5$

따라서 여행을 시작하는 날짜는 5일이다.

6 답 10명

학생 수를 x명이라 하면 한 학생이 받는 귤의 개수는 $(x-3)$개이므로

$x(x-3)=70$

$x^2-3x=70$, $x^2-3x-70=0$

$(x+7)(x-10)=0$

$\therefore x=-7$ 또는 $x=10$

그런데 $x>3$이므로 $x=10$

따라서 학생 수는 10명이다.

해설 꼭 확인

$(x+7)(x-10)=0$을 풀어 답(학생 수) 구하기

$\xrightarrow{(\times)}$ $x=-7$ 또는 $x=10$이므로 학생 수는 -7명 또는 10명이다.

$\xrightarrow{(\bigcirc)}$ $x=-7$ 또는 $x=10$이지만 학생 수는 음수가 될 수 없으므로 10명이다.

➡ 이차방정식의 모든 해가 문제의 답이 되지 않는 경우도 있으므로 이차방정식을 풀어 해를 구한 후, 그 해가 문제에서 주어진 상황에 맞는지 확인해야 해!

7 답 ①, ④

숲속에 있는 전체 원숭이의 수를 모두 x마리라 하면

$x-\left(\dfrac{1}{8}x\right)^2=12$

$x-\dfrac{1}{64}x^2=12$, $x^2-64x+768=0$

$(x-16)(x-48)=0$

$\therefore x=16$ 또는 $x=48$

따라서 전체 원숭이의 수는 모두 16마리 또는 48마리이다.

 개념 44 이차방정식의 활용 (2) – 식이 주어진 경우

개념 확인

1 답 풀이 참조

❶ 이 물체가 지면에 떨어질 때의 높이는 $0\,\text{m}$이므로 주어진 식을 이용하여 이차방정식을 세우면

$20t-5t^2=\boxed{0}$

❷ 이 이차방정식을 풀면 $t^2-4t=0$에서

$t(t-4)=0$

$\therefore t=\boxed{0}$ 또는 $t=\boxed{4}$

그런데 $t>0$이므로 $t=\boxed{4}$

따라서 이 물체가 지면에 떨어지는 것은 쏘아 올린 지 $\boxed{4}$초 후이다.

❸ $20\times\boxed{4}-5\times\boxed{4}^2=0$이므로 문제의 뜻에 맞는다.

2 답 풀이 참조

❶ 주어진 식을 이용하여 이차방정식을 세우면

$\dfrac{n(n+1)}{2}=\boxed{190}$, 즉 $n(n+1)=\boxed{380}$

❷ 이 이차방정식을 풀면

$n^2+n=380$, $n^2+n-380=0$

$(n+20)(n-19)=0$

$\therefore n=\boxed{-20}$ 또는 $n=\boxed{19}$

그런데 n은 자연수이므로 $n=\boxed{19}$

따라서 1부터 $\boxed{19}$까지의 자연수를 더해야 190이 된다.

❸ $\dfrac{\boxed{19}\times(\boxed{19}+1)}{2}=190$이므로 문제의 뜻에 맞는다.

교과서 문제로 개념 다지기

1 답 (1) 1초 후 또는 4초 후 (2) 5초 후

(1) $-5t^2+25t=20$에서 $t^2-5t+4=0$

$(t-1)(t-4)=0$

$\therefore t=1$ 또는 $t=4$

따라서 물 로켓의 높이가 $20\,\text{m}$가 되는 것은 쏘아 올린 지 1초 후 또는 4초 후이다.

(2) 지면에 떨어지는 것은 높이가 $0\,\text{m}$일 때이므로

$-5t^2+25t=0$에서 $t^2-5t=0$

$t(t-5)=0$

$\therefore t=0$ 또는 $t=5$

그런데 $t>0$이므로 $t=5$

따라서 물 로켓이 지면에 떨어지는 것은 쏘아 올린 지 5초 후이다.

2 답 2초 후

지면에 떨어지는 것은 공의 높이가 0 m일 때이므로

$-5t^2+10t=0$

$t^2-2t=0,\ t(t-2)=0$　　$\therefore t=0$ 또는 $t=2$

그런데 $t>0$이므로 $t=2$

따라서 공이 지면에 떨어지는 것은 쏘아 올린 지 2초 후이다.

3 답 1초 후

$-5t^2+30t+40=65$에서 $-5t^2+30t-25=0$

$t^2-6t+5=0,\ (t-1)(t-5)=0$

$\therefore t=1$ 또는 $t=5$

따라서 이 물체의 지면으로부터의 높이가 처음으로 65 m가 되는 것은 쏘아 올린 지 1초 후이다.

4 답 구각형

대각선의 개수가 27개이므로

$\dfrac{n(n-3)}{2}=27$에서 $n^2-3n-54=0$

$(n+6)(n-9)=0$　　$\therefore n=-6$ 또는 $n=9$

그런데 $n>3$이므로 $n=9$

따라서 구하는 다각형은 구각형이다.

5 답 11명

악수한 총횟수가 55번이므로

$\dfrac{n(n-1)}{2}=55$에서 $n^2-n-110=0$

$(n+10)(n-11)=0$　　$\therefore n=-10$ 또는 $n=11$

그런데 $n>1$이므로 $n=11$

따라서 이 모임에 참가한 회원 수는 11명이다.

6 답 5개

$16+2n-\dfrac{1}{10}n^2=23.5$에서 $n^2-20n+75=0$

$(n-5)(n-15)=0$　　$\therefore n=5$ 또는 $n=15$

그런데 $0\le n\le 10$이므로 $n=5$

따라서 만들 수 있는 제품의 개수는 5개이다.

• 본문 110~111쪽

개념 45 이차방정식의 활용 (3) – 도형

개념 확인

1 답 풀이 참조

❶ 직사각형의 가로의 길이를 x cm라 하면 세로의 길이는 ($\boxed{x+3}$) cm이다.

❷ 직사각형의 넓이가 108 cm²이므로 이차방정식을 세우면

$x(\boxed{x+3})=108$

❸ 이 이차방정식을 풀면 $x^2+3x=108$에서

$x^2+3x-108=0,\ (x+12)(x-9)=0$

$\therefore x=\boxed{-12}$ 또는 $x=\boxed{9}$

그런데 $x>0$이므로 $x=\boxed{9}$

따라서 직사각형의 가로의 길이는 $\boxed{9}$ cm이다.

❹ $\boxed{9}\times(\boxed{9}+3)=108$이므로 문제의 뜻에 맞는다.

2 답 풀이 참조

❶ 처음 정사각형의 한 변의 길이를 x cm라 하면 2 cm만큼 늘인 가로의 길이는 ($\boxed{x+2}$) cm, 4 cm만큼 줄인 세로의 길이는 ($\boxed{x-4}$) cm이다.

❷ 직사각형의 넓이가 72 cm²이므로 이차방정식을 세우면

$(x+\boxed{2})(x-\boxed{4})=72$

❸ 이 이차방정식을 풀면 $x^2-2x-8=72$에서

$x^2-2x-80=0,\ (x+8)(x-10)=0$

$\therefore x=\boxed{-8}$ 또는 $x=\boxed{10}$

그런데 $x>4$이므로 $x=\boxed{10}$

따라서 처음 정사각형의 한 변의 길이는 $\boxed{10}$ cm이다.

❹ $(\boxed{10}+2)\times(\boxed{10}-4)=72$이므로 문제의 뜻에 맞는다.

교과서 문제로 개념 다지기

1 답 16

4개의 직사각형의 넓이의 합은

$14\times14+x\times14+x\times14+x\times x=x^2+28x+196$

따라서 $x^2+28x+196=900$이므로

$x^2+28x-704=0,\ (x+44)(x-16)=0$

$\therefore x=-44$ 또는 $x=16$

그런데 $x>0$이므로 $x=16$

2 답 12 cm

둘레의 길이가 40 cm이므로 직사각형의 가로의 길이와 세로의 길이의 합은

$40\div2=20\,(\text{cm})$

이때 직사각형의 가로의 길이를 x cm라 하면 세로의 길이는 $(20-x)$ cm이므로

$x(20-x)=96$

$x^2-20x+96=0,\ (x-8)(x-12)=0$

$\therefore x=8$ 또는 $x=12$

그런데 $10<x<20$이므로 $x=12$　← 가로의 길이가 세로의 길이보다 길다.

따라서 가로의 길이는 12 cm이다.

3 답 10

직각삼각형이 되려면 피타고라스 정리에 의하여
$(2x)^2=(x+6)^2+(x+2)^2$이 성립해야 하므로
$4x^2=x^2+12x+36+x^2+4x+4$
$2x^2-16x-40=0,\ x^2-8x-20=0$
$(x+2)(x-10)=0$
$\therefore x=-2$ 또는 $x=10$
그런데 $x>0$이므로 $x=10$

4 답 2 m

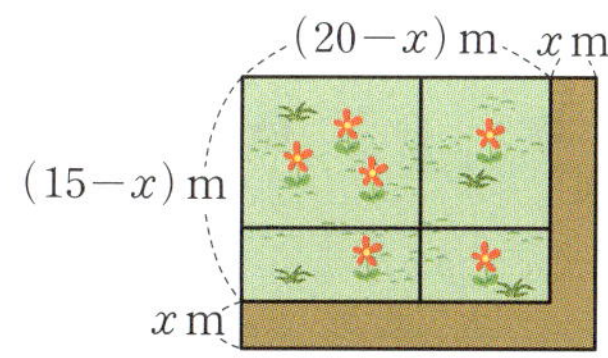

길의 폭을 x m라 하면 길을 제외한 꽃밭의 넓이는 가로의 길이
가 $(20-x)$ m, 세로의 길이가 $(15-x)$ m인 직사각형의 넓이
와 같으므로
$(20-x)(15-x)=234$
$300-35x+x^2=234,\ x^2-35x+66=0$
$(x-2)(x-33)=0$
$\therefore x=2$ 또는 $x=33$
그런데 $0<x<15$이므로 $x=2$
따라서 길의 폭은 2 m이다.

5 답 30 cm

처음 정사각형 모양의 종이의 한 변의 길이를 x cm라 하면 포장
상자의 밑면은 한 변의 길이가 $(x-10)$ cm인 정사각형이므로
$5(x-10)^2=2000$
$5x^2-100x+500=2000,\ 5x^2-100x-1500=0$
$x^2-20x-300=0,\ (x+10)(x-30)=0$
$\therefore x=-10$ 또는 $x=30$
그런데 $x>10$이므로 $x=30$
따라서 처음 정사각형 모양의 종이의 한 변의 길이는 30 cm이다.

6 답 12

작은 정사각형의 한 변의 길이를 x라 하면 큰 정사각형의 한 변
의 길이는 $x+6$이고, 두 정사각형의 넓이의 합은 468이므로
$x^2+(x+6)^2=468$
$2x^2+12x-432=0,\ x^2+6x-216=0$
$(x+18)(x-12)=0$
$\therefore x=-18$ 또는 $x=12$
그런데 $x>0$이므로 $x=12$
따라서 작은 정사각형의 한 변의 길이는 12이다.

1 답 ①, ③

① $\dfrac{1}{x^2}=0$ ⇨ 방정식이 아니다.
② $(x-4)^2=3x$에서
　$x^2-8x+16=3x$
　$\therefore x^2-11x+16=0$ ⇨ 이차방정식
③ $9x^2=(1-3x)^2$에서
　$9x^2=1-6x+9x^2$
　$\therefore 6x-1=0$ ⇨ 일차방정식
④ $(x-1)(x+2)=x$에서
　$x^2+x-2=x$
　$x^2-2=0$ ⇨ 이차방정식
⑤ $x^3-2x=-2+x^2+x^3$에서
　$-x^2-2x+2=0$ ⇨ 이차방정식
따라서 이차방정식이 아닌 것은 ①, ③이다.

2 답 ④

[ ] 안의 수를 주어진 이차방정식의 x에 각각 대입하면
① $(-1)^2+1\neq0$
② $2\times(-1)^2\neq-(-1)-1$
③ $25\neq9\times\left(\dfrac{3}{5}\right)^2$
④ $(-4+2)^2=4$
⑤ $-3\times(-3+3)\neq-3\times(-3)$
따라서 [ ] 안의 수가 주어진 이차방정식의 해인 것은 ④이다.

3 답 $a=10,\ x=-5$

$x^2+7x+a=0$에 $x=-2$를 대입하면
$(-2)^2+7\times(-2)+a=0$
$4-14+a=0$　　$\therefore a=10$
즉, 주어진 이차방정식은 $x^2+7x+10=0$이므로
이차방정식을 풀면
$(x+2)(x+5)=0$
$\therefore x=-2$ 또는 $x=-5$
따라서 다른 한 근은 $x=-5$이다.

4 답 $x=-6$ 또는 $x=2$

$x^2+6x+k=0$이 중근을 가지므로 좌변은 완전제곱식이다.
즉, $k=\left(\dfrac{6}{2}\right)^2=9$
$x^2+(k-5)x-12=0$에 $k=9$를 대입하면
$x^2+4x-12=0,\ (x+6)(x-2)=0$
$\therefore x=-6$ 또는 $x=2$

5 답 ④

$x^2-5x+3=0$에서

$x^2-5x=-3$

$x^2-5x+\boxed{\dfrac{25}{4}}=-3+\boxed{\dfrac{25}{4}}$

$\left(x-\boxed{\dfrac{5}{2}}\right)^2=\boxed{\dfrac{13}{4}}$

$x-\boxed{\dfrac{5}{2}}=\boxed{\pm\dfrac{\sqrt{13}}{2}}$

$\therefore x=\boxed{\dfrac{5\pm\sqrt{13}}{2}}$

따라서 옳지 않은 것은 ④이다.

6 답 ②

$3x^2-Ax+1=0$에서 근의 공식에 의하여

$x=\dfrac{-(-A)\pm\sqrt{(-A)^2-4\times3\times1}}{2\times3}$

$=\dfrac{A\pm\sqrt{A^2-12}}{6}$

$\dfrac{A\pm\sqrt{A^2-12}}{6}=\dfrac{5\pm\sqrt{B}}{6}$에서

$A=5$, $A^2-12=B$이므로

$B=5^2-12=13$

$\therefore A+B=5+13=18$

7 답 $x=\dfrac{-2\pm\sqrt{6}}{2}$

주어진 이차방정식의 양변에 8을 곱하면

$2x(x+4)-4x=1$

$2x^2+8x-4x=1$

$2x^2+4x-1=0$

$\therefore x=\dfrac{-2\pm\sqrt{2^2-2\times(-1)}}{2}$

$=\dfrac{-2\pm\sqrt{6}}{2}$

8 답 -4

두 근이 -1, $\dfrac{3}{2}$이고 x^2의 계수가 2인 이차방정식은

$2(x+1)\left(x-\dfrac{3}{2}\right)=0$, $2\left(x^2-\dfrac{1}{2}x-\dfrac{3}{2}\right)=0$

$\therefore 2x^2-x-3=0$

따라서 $a=-1$, $b=-3$이므로

$a+b=-1+(-3)=-4$

9 답 5일, 12일

달력에서 아래, 위로 이웃하는 두 날짜를 x일, $(x+7)$일이라 하면 두 날짜를 각각 제곱하여 더한 값이 169이므로

$x^2+(x+7)^2=169$

$2x^2+14x+49=169$, $x^2+7x-60=0$

$(x+12)(x-5)=0$

$\therefore x=-12$ 또는 $x=5$

그런데 $0<x<25$이므로 $x=5$

따라서 구하는 두 날짜는 5일, 12일이다.

↻ OX 문제로 확인하기 · 본문 114쪽

답 ❶ ✕　❷ ⭕　❸ ✕　❹ ⭕　❺ ⭕　❻ ⭕　❼ ✕　❽ ✕

5 이차함수와 그 그래프

• 본문 116~117쪽

개념 46 이차함수

 **바/로/풀/기**

Q1 답 이차함수이다, 이차함수가 아니다

Q2 답 -1, -1, -1, 4

개념 확인

1 답 (1) $\times$ (2) $\bigcirc$ (3) $\times$ (4) $\bigcirc$ (5) $\bigcirc$ (6) $\bigcirc$

(1) $y=x$ ⇨ 일차함수

(2) $y=2x^2$ ⇨ 이차함수

(3) $y=2x-4$ ⇨ 일차함수

(4) $y=4+9x^2$ ⇨ 이차함수

(5) $y=\dfrac{1}{5}x^2+1$ ⇨ 이차함수

(6) $y=3x(x-2)$에서 $y=3x^2-6x$ ⇨ 이차함수

2 답 (1) $y=1000x$ (2) $y=10x$ (3) $y=x^2$ (4) $y=x^2+x$

　　이차함수인 것: (3), (4)

(1) $y=1000\times x=1000x$ ⇨ 일차함수

(2) $y=10\times x=10x$ ⇨ 일차함수

(3) $y=x\times x=x^2$ ⇨ 이차함수

(4) $y=x\times(x+1)=x^2+x$ ⇨ 이차함수

따라서 이차함수인 것은 (3), (4)이다.

3 답 (1) 5 (2) 1 (3) -1 (4) 0

(1) $f(-1)=(-1)^2-3\times(-1)+1=5$

(2) $f(0)=0^2-3\times0+1=1$

(3) $f(2)=2^2-3\times2+1=-1$

(4) $f(1)=1^2-3\times1+1=-1$

　　$f(3)=3^2-3\times3+1=1$

　　$\therefore f(1)+f(3)=-1+1=0$

교과서 문제로 개념 다지기

1 답 2개

ㄱ. $y=2x$ ⇨ 일차함수

ㄴ. $y=x(4-x)=4x-x^2$ ⇨ 이차함수

ㄷ. $y=(x+3)^2=x^2+6x+9$ ⇨ 이차함수

ㄹ. $y=5-x$ ⇨ 일차함수

ㅁ. $y=\dfrac{2}{x^2}$ ⇨ 이차함수가 아니다.

ㅂ. $y=x^2-x(x+1)=x^2-x^2-x=-x$ ⇨ 일차함수

따라서 이차함수인 것은 ㄴ, ㄷ의 2개이다.

해설 꼭 확인

ㅂ. $y=x^2-x(x+1)$이 이차함수인지 판단하기

$\xrightarrow{(\times)}$ 우변에 x^2항이 있으므로 이차함수이다.

$\xrightarrow{(\bigcirc)}$ 우변을 간단히 정리하면

　　$y=x^2-x(x+1)=x^2-x^2-x=-x$

　　즉, $y=-x$이므로 이차함수가 아니다.

➡ 주어진 식이 이차함수인지 판단할 때는 먼저 주어진 식을
$y=(x$에 대한 식)으로 간단히 정리하고 우변이 이차식인지
확인해야 해!

2 답 ②, ④, ⑥

① $y=\dfrac{1}{2}\times x\times2x=x^2$ ⇨ 이차함수

② $y=4\times x=4x$ ⇨ 일차함수

③ $y=x\times x=x^2$ ⇨ 이차함수

④ $y=2\pi\times x=2\pi x$ ⇨ 일차함수

⑤ $y=x(x+2)=x^2+2x$ ⇨ 이차함수

⑥ $y=x\times x\times x=x^3$ ⇨ 이차함수가 아니다.

⑦ $y=(x\times x)\times3=3x^2$ ⇨ 이차함수

따라서 이차함수가 아닌 것은 ②, ④, ⑥이다.

3 답 ③

$y=(2k+1)x^2+x-3$에서

x^2의 계수는 0이 아니어야 하므로

$2k+1\neq0$　$\therefore k\neq-\dfrac{1}{2}$

따라서 k의 값이 될 수 없는 것은 ③이다.

4 답 29

$f(-2)=(-2)^2-6\times(-2)+5=21$

$f(3)=3^2-6\times3+5=-4$

$\therefore f(-2)-2f(3)=21-2\times(-4)=21+8=29$

5 답 4

$f(-2)=a\times(-2)^2+3\times(-2)-6-4a-12$

이때 $f(-2)=4$이므로

$4a-12=4$, $4a=16$

$\therefore a=4$

6 답 4

$f(-1)=(-1)^2+a\times(-1)+2a=a+1$

이때 $f(-1)=2$이므로

$a+1=2$ $\therefore a=1$

따라서 $f(x)=x^2+x+2$이므로

$f(1)=1^2+1+2=4$

7 답 (1) $(20-x)$ m (2) $y=20x-x^2$, 이차함수이다.

(1) 직사각형 모양의 텃밭의 둘레의 길이가 40 m이므로 텃밭의
   가로의 길이와 세로의 길이의 합은 20 m이다.

   따라서 텃밭의 가로의 길이가 x m이면 세로의 길이는
   $(20-x)$ m이다.

(2) 가로의 길이가 x m이고 세로의 길이가 $(20-x)$ m이므로

   $y=x(20-x)=20x-x^2$

   따라서 y가 x에 대한 이차식이므로 y는 x에 대한 이차함수
   이다.

▶ 문제 속 개념 도출

답 ① 이차함수

• 본문 118~119쪽

개념 47 이차함수 $y=x^2$의 그래프

바/로/풀/기

Q1 답 아래, 위

Q2 답 증가, 감소

Q3 답 y

개념 확인

1 답 풀이 참조

x	$\cdots$	-3	-2	-1	0	1	2	3	$\cdots$
$y=x^2$	$\cdots$	9	4	1	0	1	4	9	$\cdots$

위의 표에서 순서쌍 $(x,\ y)$를 좌표로 하는 점을 좌표평면 위에
나타내고, 이 점들을 매끄러운 곡선으로 연결하면 이차함수
$y=x^2$의 그래프를 그릴 수 있다.

따라서 x의 값의 범위가 실수 전체일
때, 이차함수 $y=x^2$의 그래프는 오른
쪽 그림과 같다.

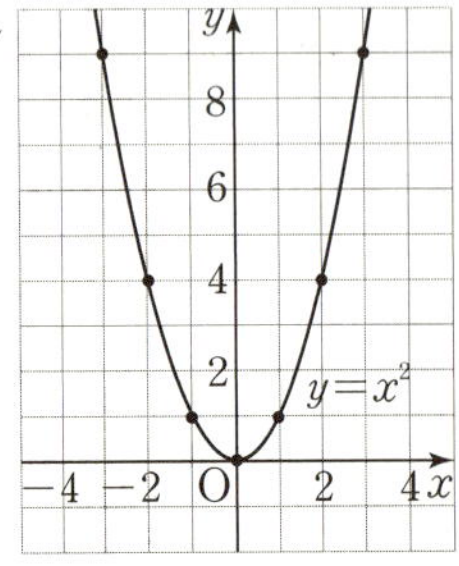

2 답 풀이 참조

x	$\cdots$	-3	-2	-1	0	1	2	3	$\cdots$
$y=-x^2$	$\cdots$	-9	-4	-1	0	-1	-4	-9	$\cdots$

위의 표에서 순서쌍 $(x,\ y)$를 좌표로 하는 점을 좌표평면 위에
나타내고, 이 점들을 매끄러운 곡선으로 연결하면 이차함수
$y=-x^2$의 그래프를 그릴 수 있다.

따라서 x의 값의 범위가 실수 전체
일 때, 이차함수 $y=-x^2$의 그래프
는 오른쪽 그림과 같다.

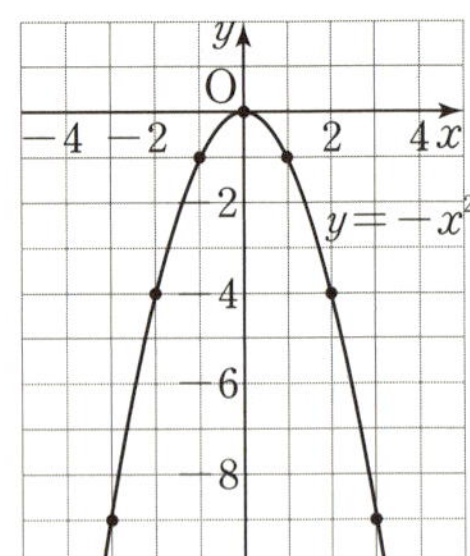

교과서 문제로 개념다지기

1 답 ①, ②, ⑤

③ 이차함수 $y=x^2$의 그래프는 아래로 볼록한 포물선이다.

④ 이차함수 $y=x^2$의 그래프는 $x<0$일 때, x의 값이 증가하면
   y의 값은 감소한다.

⑥ 이차함수 $y=-x^2$의 그래프는 제3, 4사분면을 지난다.

따라서 옳은 것은 ①, ②, ⑤이다.

2 답 ③

$y=x^2$에 주어진 점의 좌표를 각각 대입하면 다음과 같다.

① $4=(-2)^2$ ② $\dfrac{9}{4}=\left(-\dfrac{3}{2}\right)^2$ ③ $-1\neq1^2$

④ $\dfrac{1}{4}=\left(\dfrac{1}{2}\right)^2$ ⑤ $9=3^2$

따라서 이차함수 $y=x^2$의 그래프 위의 점이 아닌 것은 ③이다.

3 답 7

$y=x^2$에 $x=2$, $y=a$를 대입하면

$a=2^2$ $\therefore a=4$

$y=x^2$에 $x=b$, $y=9$를 대입하면

$9=b^2$ $\therefore b=3\ (\because b>0)$

$\therefore a+b=4+3=7$

4 답 $(-4,\ -16),\ (4,\ -16)$

$y=-x^2$에 $y=-16$을 대입하면

$-16=-x^2,\ x^2=16$

$\therefore x=\pm4$

따라서 구하는 점의 좌표는

$(-4,\ -16),\ (4,\ -16)$

5 답 -25

이차함수 $y=x^2$의 그래프와 x축에 서로 대칭인 그래프를 나타내는 이차함수의 식은

$y=-x^2$

이차함수 $y=-x^2$의 그래프가 점 $(5,\ k)$를 지나므로

$y=-x^2$에 $x=5$, $y=k$를 대입하면

$k=-5^2$

$\therefore k=-25$

6 답 4

이차함수 $y=x^2$의 그래프는 y축에 대칭이고, $\overline{PQ}=4$이므로

$\overline{PR}=\overline{RQ}=\dfrac{1}{2}\overline{PQ}=2$

즉, 두 점 P, Q의 x좌표는 각각 -2, 2이므로 y좌표는

$y=(-2)^2=2^2=4$

이때 $\overline{OR}$의 길이는 두 점 P, Q의 y좌표와 같으므로

$\overline{OR}=4$

▶ 문제 속 개념 도출

답 ① 아래 ② y ③ x축

• 본문 120~121쪽

개념 48 이차함수 $y=ax^2$의 그래프

바/로/풀/기

Q1 답 아래, y축, $x>0$

Q2 답 x

개념 확인

1 답 (1) 풀이 참조

(2) $(0,\ 0)$, $(0,\ 0)$, $(0,\ 0)$

(3) $x=0$, $x=0$, $x=0$

(4) $y=2x^2$, $y=x^2$, $y=\dfrac{1}{2}x^2$

(5) $y=-x^2$, $y=-2x^2$, $y=-\dfrac{1}{2}x^2$

(1)

x	$\cdots$	-2	-1	0	1	2	$\cdots$
$y=x^2$	$\cdots$	4	1	0	1	4	$\cdots$
$y=2x^2$	$\cdots$	8	2	0	2	8	$\cdots$
$y=\dfrac{1}{2}x^2$	$\cdots$	2	$\dfrac{1}{2}$	0	$\dfrac{1}{2}$	2	$\cdots$

위의 표에서 순서쌍 $(x,\ y)$를 좌표로 하는 점을 각각 좌표평면 위에 나타내고, 이 점들을 각각 매끄러운 곡선으로 연결하면 세 이차함수 $y=x^2$, $y=2x^2$, $y=\dfrac{1}{2}x^2$의 그래프를 그릴 수 있다.

따라서 x의 값의 범위가 실수 전체일 때, 세 이차함수 $y=x^2$, $y=2x^2$, $y=\dfrac{1}{2}x^2$의 그래프는 오른쪽 그림과 같다.

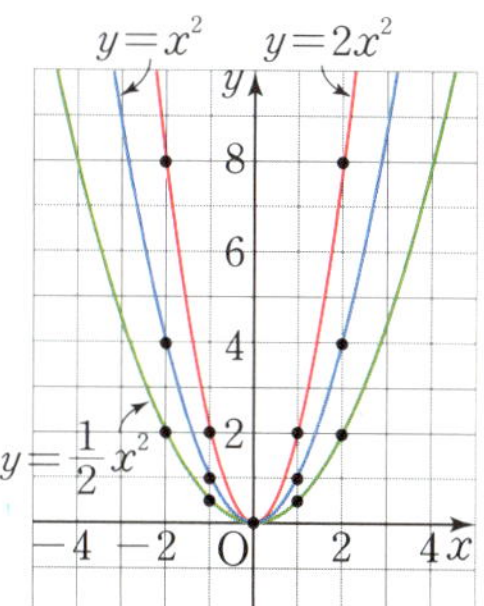

| 참고 | x의 각 값에 대하여 이차함수 $y=2x^2$의 함숫값은 이차함수 $y=x^2$의 함숫값의 2배이므로 이차함수 $y=2x^2$의 그래프는 이차함수 $y=x^2$의 그래프 위의 각 점에 대하여 y좌표를 2배로 하는 점을 잡아서 그릴 수 있다. 같은 방법으로 이차함수 $y=\dfrac{1}{2}x^2$의 그래프는 이차함수 $y=x^2$의 그래프 위의 각 점에 대하여 y좌표를 $\dfrac{1}{2}$배로 하는 점을 잡아서 그릴 수 있다.

(4) x^2의 계수의 절댓값이 클수록 그래프의 폭은 좁아진다. 세 이차함수 $y=x^2$, $y=2x^2$, $y=\dfrac{1}{2}x^2$의 x^2의 계수의 절댓값은 각각 1, 2, $\dfrac{1}{2}$이므로 그래프의 폭이 좁은 것부터 차례로 나열하면 $y=2x^2$, $y=x^2$, $y=\dfrac{1}{2}x^2$이다.

(5) 이차함수 $y=ax^2$의 그래프는 이차함수 $y=-ax^2$의 그래프와 x축에 서로 대칭이다.

따라서 세 이차함수 $y=x^2$, $y=2x^2$, $y=\dfrac{1}{2}x^2$의 그래프와 x축에 서로 대칭인 그래프를 나타내는 이차함수의 식은 각각 $y=-x^2$, $y=-2x^2$, $y=-\dfrac{1}{2}x^2$이다.

교과서 문제로 개념 다지기

1 답

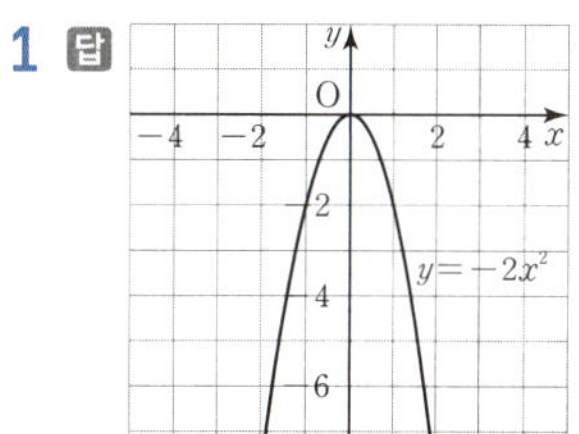

(1) $(0,\ 0)$, $x=0$

(2) 제3, 4사분면

2 답 ③

③ 이차함수 $y=\dfrac{1}{3}x^2$의 그래프의 축의 방정식은 $x=0$이다.

3 답 (1) ㄷ, ㄹ (2) ㄷ (3) ㄱ과 ㄹ

(1) x^2의 계수가 음수이면 그래프가 위로 볼록하므로

  ㄷ, ㄹ

(2) x^2의 계수의 절댓값이 작을수록 그래프의 폭이 넓어지므로

  ㄷ

(3) x^2의 계수의 절댓값이 같고 부호가 반대인 두 이차함수의 그래프는 x축에 서로 대칭이므로

  ㄱ과 ㄹ

4 답 ⑤

이차함수 $y=ax^2$의 그래프가 두 이차함수 $y=2x^2$, $y=\dfrac{2}{3}x^2$의 그래프의 사이에 있으므로

$$\dfrac{2}{3}<a<2$$

따라서 상수 a의 값이 될 수 없는 것은 ⑤이다.

5 답 4

이차함수 $y=\dfrac{5}{4}x^2$의 그래프와 x축에 서로 대칭인 그래프를 나타내는 이차함수의 식은

$$y=-\dfrac{5}{4}x^2$$

이차함수 $y=-\dfrac{5}{4}x^2$의 그래프는 점 $(a,\,-20)$을 지나므로

$y=-\dfrac{5}{4}x^2$에 $x=a$, $y=-20$을 대입하면

$$-20=-\dfrac{5}{4}a^2,\ a^2=16$$

$$\therefore a=4\ (\because a>0)$$

6 답 수학의 본질은 그 자유로움에 있다.

(1) 위로 볼록하고 이차함수 $y=-2x^2$의 그래프보다 폭이 좁으므로 이 그래프의 식의 x^2의 계수는 음수이고, 그 절댓값은 2보다 크다.

  즉, 이차함수의 식으로 적당한 것은 $y=-4x^2$이다. ⇨ 수

(2) 아래로 볼록하고 이차함수 $y=x^2$의 그래프보다 폭이 좁으므로 이 그래프의 식의 x^2의 계수는 양수이고, 그 절댓값은 1보다 크다.

  즉, 이차함수의 식으로 적당한 것은 $y=3x^2$이다. ⇨ 학

(3) 위로 볼록하고 이차함수 $y=-2x^2$의 그래프보다 폭이 넓고 이차함수 $y=-\dfrac{1}{2}x^2$의 그래프보다 폭이 좁으므로 이 그래프의 식의 x^2의 계수는 음수이고, 그 절댓값은 $\dfrac{1}{2}$보다 크고 2보다 작다.

  즉, 이차함수의 식으로 적당한 것은 $y=-x^2$이다. ⇨ 본

(4) 아래로 볼록하고 이차함수 $y=x^2$의 그래프보다 폭이 넓으므로 이 그래프의 식의 x^2의 계수는 양수이고, 그 절댓값은 1보다 작다.

  즉, 이차함수의 식으로 적당한 것은 $y=\dfrac{1}{2}x^2$이다. ⇨ 질

따라서 문장을 완성하면 '수학의 본질은 그 자유로움에 있다.'이다.

▶ 문제 속 개념 도출

답 ① $a<0$ ② 절댓값

 **개념 49** 이차함수 $y=ax^2+q$의 그래프

🔍 바/로/풀/기

Q₁ 답 y, 꼭짓점

Q₂ 답 (1) 2 (2) 0 (3) 0, 2

📖 개념 확인

1 답 풀이 참조

(1)

x	…	-2	-1	0	1	2	…
$y=x^2$	…	4	1	0	1	4	…
$y=x^2+3$	…	7	4	3	4	7	…

위의 표에서 순서쌍 $(x,\,y)$를 좌표로 하는 점을 각각 좌표평면 위에 나타내고, 이 점들을 각각 매끄러운 곡선으로 연결하면 두 이차함수 $y=x^2$, $y=x^2+3$의 그래프를 그릴 수 있다.

따라서 x의 값의 범위가 실수 전체일 때, 두 이차함수 $y=x^2$, $y=x^2+3$의 그래프는 오른쪽 그림과 같다.

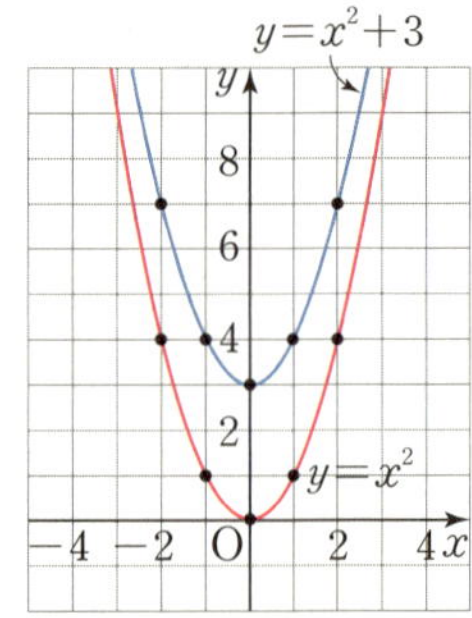

(2) 이차함수 $y=x^2+3$의 그래프는 이차함수 $y=x^2$의 그래프를 $\boxed{y}$축의 방향으로 $\boxed{3}$만큼 평행이동한 것이다.

(3)

이차함수	꼭짓점의 좌표	축의 방정식
$y=x^2$	$(0,\,0)$	$x=0$
$y=x^2+3$	$(0,\,3)$	$x=0$

2 답 ⑴ 이차함수의 식: $y=2x^2-5$,

축의 방정식: $x=0$,

꼭짓점의 좌표: $(0, -5)$

⑵ 이차함수의 식: $y=-x^2+4$,

축의 방정식: $x=0$,

꼭짓점의 좌표: $(0, 4)$

⑶ 이차함수의 식: $y=-3x^2+2$,

축의 방정식: $x=0$,

꼭짓점의 좌표: $(0, 2)$

⑷ 이차함수의 식: $y=\dfrac{2}{3}x^2-1$,

축의 방정식: $x=0$,

꼭짓점의 좌표: $(0, -1)$

1 답

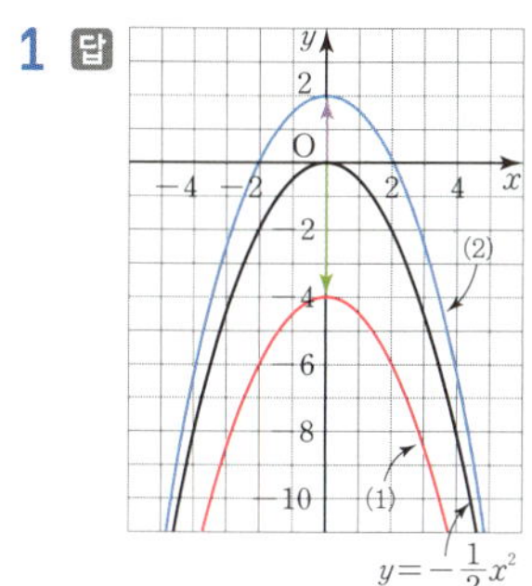

2 답 ②

$y=2x^2-1$에서 x^2의 계수가 양수이므로 그래프는 아래로 볼록
하고, 꼭짓점의 좌표는 $(0, -1)$이다.
따라서 이차함수 $y=2x^2-1$의 그래프로 적당한 것은 ②이다.

3 답 -6

이차함수 $y=4x^2$의 그래프를 y축의 방향으로 -6만큼 평행이동
한 그래프를 나타내는 이차함수의 식은
$$y=4x^2-6$$
따라서 이차함수 $y=4x^2-6$의 그래프의 꼭짓점의 좌표는
$(0, -6)$, 축의 방정식은 $x=0$이므로
$p=0$, $q=-6$, $r=0$
$$\therefore p+q+r=0+(-6)+0=-6$$

4 답 ①, ⑤, ⑦

이차함수 $y=5x^2-1$의 그래프는 이차함수
$y=5x^2$의 그래프를 y축의 방향으로 -1
만큼 평행이동한 오른쪽 그림과 같다.

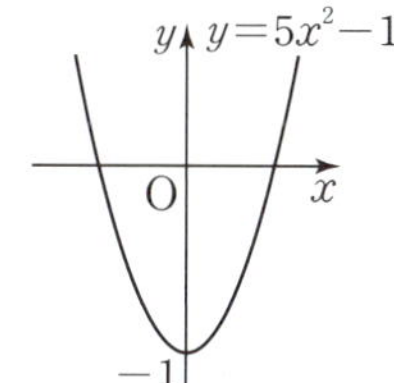

① $-4\neq5\times1^2-1$이므로 이차함수 $y=5x^2-1$의 그래프는
점 $(1, -4)$를 지나지 않는다.
⑤ 이차함수 $y=5x^2-1$의 그래프가 지나지 않는 사분면은 없다.
⑦ 이차함수 $y=5x^2-1$의 그래프는 이차함수 $y=5x^2$의 그래프를
y축의 방향으로 -1만큼 평행이동한 것이다.

5 답 -30

주어진 그래프의 꼭짓점의 좌표가 $(0, 10)$이므로 주어진 그래프
는 이차함수 $y=-\dfrac{2}{5}x^2$의 그래프를 y축의 방향으로 10만큼 평
행이동한 것이다.
즉, 주어진 그래프를 나타내는 이차함수의 식은
$$y=-\dfrac{2}{5}x^2+10$$
따라서 이차함수 $y=-\dfrac{2}{5}x^2+10$의 그래프가 점 $(10, k)$를 지
나므로
$y=-\dfrac{2}{5}x^2+10$에 $x=10$, $y=k$를 대입하면
$$k=-\dfrac{2}{5}\times10^2+10$$
$$\therefore k=-30$$

6 답 4

이차함수 $y=\dfrac{1}{3}x^2$의 그래프를 y축의 방향으로 a만큼 평행이동
한 그래프를 나타내는 이차함수의 식은
$$y=\dfrac{1}{3}x^2+a$$
이때 이차함수 $y=\dfrac{1}{3}x^2+a$의 그래프가 점 $(3, 5)$를 지나므로
$y=\dfrac{1}{3}x^2+a$에 $x=3$, $y=5$를 대입하면
$$5=\dfrac{1}{3}\times3^2+a$$
$$\therefore a=2$$
따라서 이차함수 $y=\dfrac{1}{3}x^2+2$의 그래프의 꼭짓점의 좌표는
$(0, 2)$이므로
$b=0$, $c=2$
$$\therefore a+b+c=2+0+2=4$$

▶ 문제 속 개념 도출

답 ① $y=ax^2+q$　② $(0, q)$

개념 50 이차함수 $y=a(x-p)^2$의 그래프

바/로/풀/기

Q1 답 x, 축, 꼭짓점

Q2 답 (1) 2 (2) 2 (3) 2, 0

개념 확인

1 답 풀이 참조

(1)

x	$\cdots$	-2	-1	0	1	2	$\cdots$
$y=x^2$	$\cdots$	4	1	0	1	4	$\cdots$
$y=(x-1)^2$	$\cdots$	9	4	1	0	1	$\cdots$

위의 표에서 순서쌍 (x, y)를 좌표로 하는 점을 각각 좌표평면 위에 나타내고, 이 점들을 각각 매끄러운 곡선으로 연결하면 두 이차함수 $y=x^2$, $y=(x-1)^2$의 그래프를 그릴 수 있다.

따라서 x의 값의 범위가 실수 전체일 때, 두 이차함수 $y=x^2$, $y=(x-1)^2$의 그래프는 오른쪽 그림과 같다.

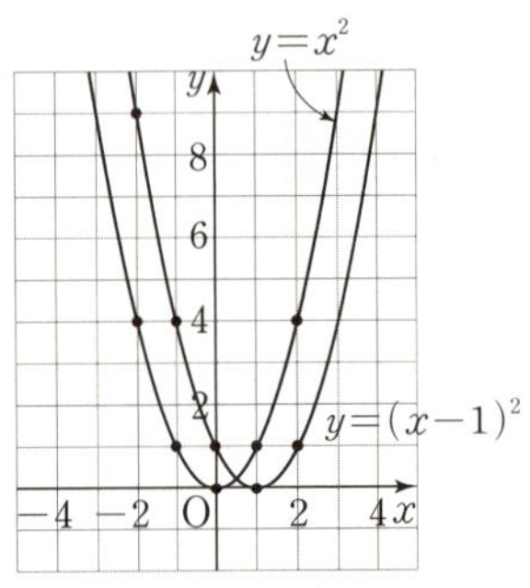

(2) 이차함수 $y=(x-1)^2$의 그래프는 이차함수 $y=x^2$의 그래프를 $\boxed{x}$축의 방향으로 $\boxed{1}$만큼 평행이동한 것이다.

(3)

이차함수	꼭짓점의 좌표	축의 방정식
$y=x^2$	$(0, 0)$	$x=0$
$y=(x-1)^2$	$(1, 0)$	$x=1$

2 답 (1) 이차함수의 식: $y=3(x+1)^2$,
축의 방정식: $x=-1$,
꼭짓점의 좌표: $(-1, 0)$

(2) 이차함수의 식: $y=-(x-3)^2$,
축의 방정식: $x=3$,
꼭짓점의 좌표: $(3, 0)$

(3) 이차함수의 식: $y=-5(x-2)^2$,
축의 방정식: $x=2$,
꼭짓점의 좌표: $(2, 0)$

(4) 이차함수의 식: $y=-\dfrac{3}{2}(x+2)^2$,
축의 방정식: $x=-2$,
꼭짓점의 좌표: $(-2, 0)$

1 답

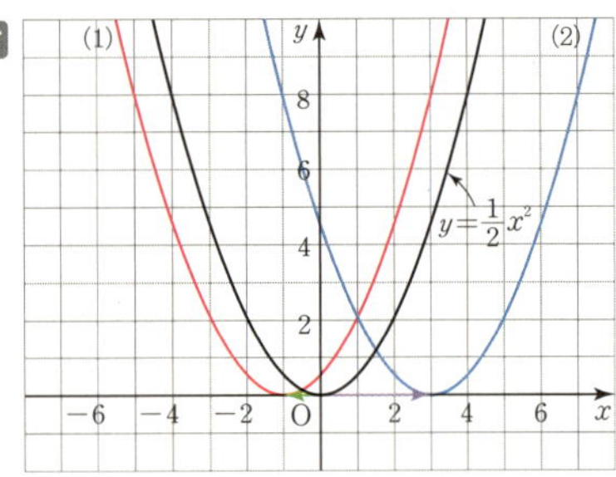

2 답 6

이차함수 $y=-(x-3)^2$의 그래프는 이차함수 $y=-x^2$의 그래프를 x축의 방향으로 3만큼 평행이동한 것이고, 꼭짓점의 좌표는 $(3, 0)$이므로
$a=3$, $b=3$, $c=0$
$\therefore a+b+c=3+3+0=6$

3 답 ㄷ, ㄹ

이차함수 $y=\dfrac{1}{5}(x-2)^2$의 그래프는

ㄱ. 직선 $x=2$를 축으로 한다.

ㄴ. 점 $(2, 0)$을 꼭짓점으로 한다.

ㄷ. $y=\dfrac{1}{5}(x-2)^2$에 $x=-3$, $y=5$를 대입하면

$5=\dfrac{1}{5}\times(-3-2)^2$이므로 점 $(-3, 5)$를 지난다.

따라서 옳은 것은 ㄷ, ㄹ이다.

4 답 ①

이차함수 $y=2(x+1)^2$의 그래프는 오른쪽 그림과 같으므로 x의 값이 증가할 때, y의 값도 증가하는 x의 값의 범위는 $x>-1$이다.

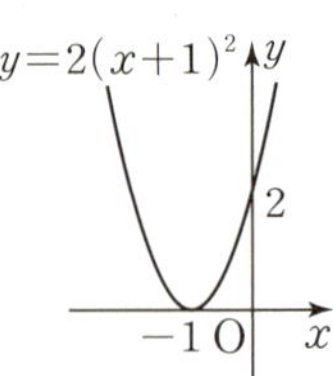

5 답 -3, -1

이차함수 $y=-3x^2$의 그래프를 x축의 방향으로 -2만큼 평행이동한 그래프의 식은
$y=-3(x+2)^2$
이때 이차함수 $y=-3(x+2)^2$의 그래프가 점 $(k, -3)$을 지나므로
$y=-3(x+2)^2$에 $x=k$, $y=-3$을 대입하면
$-3=-3(k+2)^2$, $(k+2)^2=1$
$k+2=\pm1$
$\therefore k=-3$ 또는 $k=-1$

6 답 $y=2(x-3)^2$

이차함수 $y=2x^2$의 그래프와 폭이 같고, 축과 꼭짓점의 위치만 옮겨졌으므로 이 그래프는 이차함수 $y=2x^2$의 그래프를 평행이동한 것이다.

이때 그래프의 꼭짓점의 좌표가 $(3, 0)$, 축의 방정식이 $x=3$이므로 이차함수 $y=2x^2$의 그래프를 x축의 방향으로 3만큼 평행이동한 것임을 알 수 있다.

따라서 이차함수의 그래프의 식은 $y=2(x-3)^2$이다.

▶ **문제 속 개념 도출**

답 ① $x=p$ ② $(p, 0)$

• 본문 126~127쪽

개념 51 이차함수 $y=a(x-p)^2+q$의 그래프

🔍 **바/로/풀/기**

Q1 답 2, 3, 축, 꼭짓점

Q2 답 (1) 2, 3 (2) 2 (3) 2, 3

📖 **개념 확인**

1 답 (1) 1, 4 (2) -5, -3 (3) 1, $-\dfrac{2}{3}$

2 답 (1) 축의 방정식: $x=2$, 꼭짓점의 좌표: $(2, 7)$

(2) 축의 방정식: $x=-1$, 꼭짓점의 좌표: $(-1, 3)$

(3) 축의 방정식: $x=5$, 꼭짓점의 좌표: $(5, -2)$

(4) 축의 방정식: $x=-\dfrac{1}{2}$, 꼭짓점의 좌표: $\left(-\dfrac{1}{2}, -4\right)$

(5) 축의 방정식: $x=4$, 꼭짓점의 좌표: $\left(4, -\dfrac{5}{6}\right)$

(6) 축의 방정식: $x=-\dfrac{1}{3}$, 꼭짓점의 좌표: $\left(-\dfrac{1}{3}, 5\right)$

교과서 문제로 개념 다지기

1 답

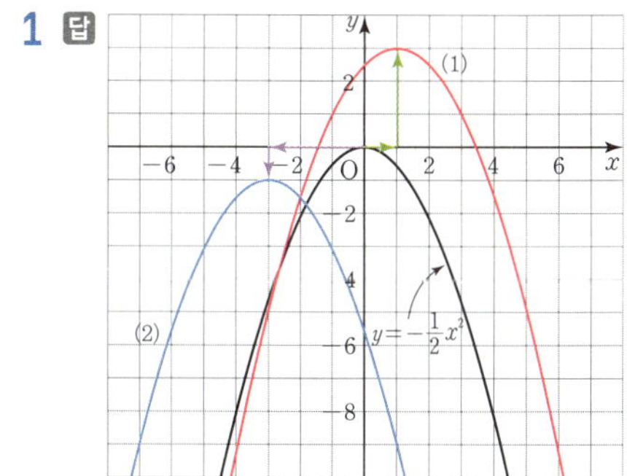

2 답 -9

이차함수 $y=2x^2$의 그래프를 x축의 방향으로 p만큼, y축의 방향으로 q만큼 평행이동한 그래프를 나타내는 이차함수의 식은

$$y=2(x-p)^2+q$$

이 식이 $y=2(x+4)^2-5$와 일치해야 하므로

$$p=-4,\ q=-5$$

$$\therefore p+q=-4+(-5)=-9$$

3 답 $(-1, 3)$, $x=-1$

이차함수 $y=-5x^2$의 그래프를 x축의 방향으로 -1만큼, y축의 방향으로 3만큼 평행이동한 그래프를 나타내는 이차함수의 식은

$$y=-5(x+1)^2+3$$

따라서 꼭짓점의 좌표는 $(-1, 3)$, 축의 방정식은 $x=-1$이다.

4 답 은정

은정: 이차함수 $y=\dfrac{2}{3}(x+3)^2-1$의 그래프는 오른쪽 그림과 같으므로 제4사분면을 지나지 않는다.

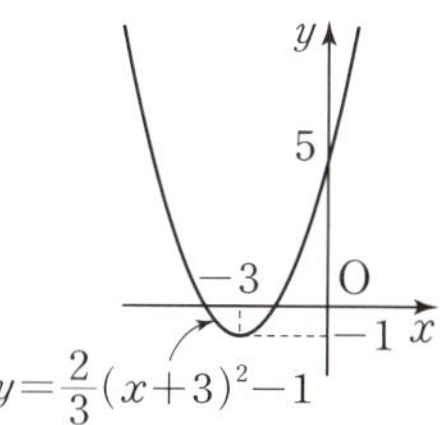

해설 꼭 확인

이차함수 $y=\dfrac{2}{3}(x+3)^2-1$의 그래프의 축의 방정식과 꼭짓점의 좌표를 구하기

$(\times)$ 축의 방정식: $x=3$, 꼭짓점의 좌표: $(3, -1)$

$(\bigcirc)$ $y=\dfrac{2}{3}(x+3)^2-1$에서 $y=\dfrac{2}{3}\{x-(-3)\}^2-1$

즉, 축의 방정식: $x=-3$, 꼭짓점의 좌표: $(-3, -1)$

➡ 축의 방정식과 꼭짓점의 좌표를 구할 때는 $y=\dfrac{2}{3}\{x-(-3)\}^2-1$과 같이 $y=a(x-p)^2+q$의 꼴로 정리해서 구해야 해!

5 답 -3

이차함수 $y=-\dfrac{1}{4}x^2$의 그래프를 x축의 방향으로 3만큼, y축의 방향으로 -2만큼 평행이동한 그래프를 나타내는 이차함수의 식은

$$y=-\dfrac{1}{4}(x-3)^2-2$$

이때 이차함수 $y=-\dfrac{1}{4}(x-3)^2-2$의 그래프가 점 $(5, k)$를 지나므로

$y=-\dfrac{1}{4}(x-3)^2-2$에 $x=5$, $y=k$를 대입하면

$$k=-\dfrac{1}{4}(5-3)^2-2 \qquad \therefore k=-3$$

6 답 ㉠ y축의 방향으로 2만큼 평행이동
　　 ㉡ x축의 방향으로 4만큼 평행이동
　　 ㉢ x축의 방향으로 4만큼, y축의 방향으로 2만큼 평행이동

㉠: 이차함수 $y=3x^2+2$의 그래프는 이차함수 $y=3x^2$의 그래프를 y축의 방향으로 2만큼 평행이동한 것이므로 y축의 방향으로 2만큼 평행이동을 나타낸다.

㉡: 이차함수 $y=3(x-4)^2$의 그래프는 이차함수 $y=3x^2$의 그래프를 x축의 방향으로 4만큼 평행이동한 것이므로 x축의 방향으로 4만큼 평행이동을 나타낸다.

㉢: 이차함수 $y=3(x-4)^2+2$의 그래프는 이차함수 $y=3x^2$의 그래프를 x축의 방향으로 4만큼, y축의 방향으로 2만큼 평행이동한 것이므로 x축의 방향으로 4만큼, y축의 방향으로 2만큼 평행이동을 나타낸다.

▶ 문제 속 개념 도출

답 ① $x=p$　② $(p,\ q)$

• 본문 128~129쪽

개념 52 이차함수 $y=a(x-p)^2+q$의 그래프에서 $a,\ p,\ q$의 부호

개념 확인

1 답 풀이 참조

	a의 부호	$p,\ q$의 부호
(1)	그래프가 아래로 볼록 $\Rightarrow a\,\ofbox{>}\,0$	꼭짓점이 제4사분면 위에 있으면 $(+,\ -)$ $\Rightarrow p\,\ofbox{>}\,0,\ q\,\ofbox{<}\,0$
(2)	그래프가 위로 볼록 $\Rightarrow a<0$	꼭짓점이 제2사분면 위에 있으면 $(-,\ +)$ $\Rightarrow p<0,\ q>0$
(3)	그래프가 아래로 볼록 $\Rightarrow a>0$	꼭짓점이 제3사분면 위에 있으면 $(-,\ -)$ $\Rightarrow p<0,\ q<0$
(4)	그래프가 위로 볼록 $\Rightarrow a<0$	꼭짓점이 제1사분면 위에 있으면 $(+,\ +)$ $\Rightarrow p>0,\ q>0$

교과서 문제로 개념 다지기

1 답 (1) $a<0,\ p<0,\ q>0$　(2) $a>0,\ p>0,\ q>0$

(1) 그래프가 위로 볼록하므로 $a<0$
　꼭짓점 $(p,\ q)$가 제2사분면 위에 있으므로
　$p<0,\ q>0$

(2) 그래프가 아래로 볼록하므로 $a>0$
　꼭짓점 $(p,\ q)$가 제1사분면 위에 있으므로
　$p>0,\ q>0$

2 답 ⑤

$a<0$이므로 그래프는 위로 볼록하고, $p>0,\ q>0$이므로 꼭짓점은 제1사분면 위에 있다.
따라서 그래프로 적당한 것은 ⑤이다.

3 답 $a>0,\ q>0$

그래프가 아래로 볼록하므로 $a>0$
꼭짓점 $(0,\ q)$가 x축보다 위쪽에 있으므로
$q>0$

4 답 ④

그래프가 위로 볼록하므로 $a<0$
꼭짓점 $(p,\ q)$가 제3사분면 위에 있으므로 $p<0,\ q<0$
③ $ap>0$　　④ $a+q<0$　　⑤ $a+p+q<0$
따라서 옳지 않은 것은 ④이다.

5 답 ㄱ, ㄷ

이차함수 $y=a(x-p)^2+q$의 그래프가 제1, 2, 3사분면만 지나려면 오른쪽 그림과 같아야 하므로
$a>0,\ p<0,\ q<0$

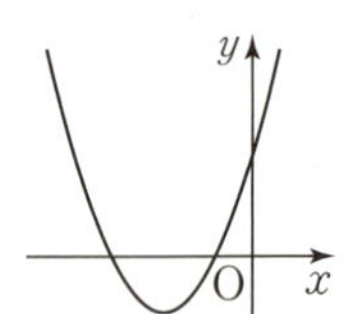

ㄱ. 그래프는 아래로 볼록한 포물선이다.
ㄷ. 그래프의 꼭짓점은 제3사분면 위에 있다.
ㄹ. $a>0,\ p<0,\ q<0$이므로 $apq>0$
따라서 옳지 않은 것은 ㄱ, ㄷ이다.

6 답 제1, 2사분면

이차함수 $y=a(x-p)^2+q$의 그래프가 위로 볼록하므로 $a<0$
꼭짓점 $(p,\ q)$가 제1사분면 위에 있으므로 $p>0,\ q>0$
즉, 이차함수 $y=q(x-a)^2+p$의 그래프는 $q>0$이므로 아래로 볼록한 포물선이고, $a<0,\ p>0$이므로 꼭짓점 $(a,\ p)$는 제2사분면 위에 있다.
따라서 이차함수 $y=q(x-a)^2+p$의 그래프는 오른쪽 그림과 같이 제1, 2사분면을 지난다.

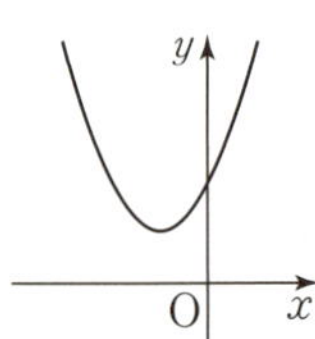

▶ 문제 속 개념 도출

답 ① $a>0$　② $p<0,\ q>0$　③ $p>0,\ q<0$

개념 53 이차함수 $y=a(x-p)^2+q$의 식 구하기

📖 개념 확인

1 답 풀이 참조

❶ 꼭짓점의 좌표가 $(1, 3)$이므로 이차함수의 식을
$y=a(x-\boxed{1})^2+\boxed{3}$으로 놓자.

❷ 이 이차함수의 그래프가 점 $(2, 5)$를 지나므로
❶의 식에 $x=\boxed{2}$, $y=\boxed{5}$를 대입하여 a의 값을 구하면
$a=\boxed{2}$

따라서 구하는 이차함수의 식은 $y=\boxed{2(x-1)^2+3}$이다.

2 답 풀이 참조

❶ 축의 방정식이 $x=2$이므로 이차함수의 식을
$y=a(x-\boxed{2})^2+q$로 놓자.

❷ 이 이차함수의 그래프가 두 점 $(1, 3)$, $(5, -5)$를 지나므로
❶의 식에 $x=1$, $y=3$을 대입하면 $3=\boxed{a+q}$ $\cdots$ ㉠
❶의 식에 $x=5$, $y=-5$를 대입하면 $-5=\boxed{9a+q}$ $\cdots$ ㉡
㉠, ㉡을 연립하여 풀면
$a=\boxed{-1}$, $q=\boxed{4}$
따라서 구하는 이차함수의 식은 $y=\boxed{-(x-2)^2+4}$이다.

🟩 교과서 문제로 개념 다지기

1 답 $a=4$, $p=3$, $q=-2$

이차함수 $y=a(x-p)^2+q$의 그래프의 꼭짓점의 좌표가
$(3, -2)$이므로
$p=3$, $q=-2$
$\therefore y=a(x-3)^2-2$
이때 이차함수 $y=a(x-3)^2-2$의 그래프가 점 $(4, 2)$를 지나므로
$y=a(x-3)^2-2$에 $x=4$, $y=2$를 대입하면
$2=a(4-3)^2-2$ $\quad \therefore a=4$

2 답 $y=-(x+2)^2+7$

꼭짓점의 좌표가 $(-2, 7)$이므로 이차함수의 식을
$y=a(x+2)^2+7$로 놓자.
이 이차함수의 그래프가 점 $(1, -2)$를 지나므로
$y=a(x+2)^2+7$에 $x=1$, $y=-2$를 대입하면
$-2=a(1+2)^2+7$, $9a=-9$
$\therefore a=-1$
따라서 구하는 이차함수의 식은 $y=-(x+2)^2+7$이다.

꼭짓점의 좌표가 $(-2, 7)$인 포물선을 그래프로 하는 이차함수
의 식을 세우기
$\xrightarrow{(\times)} y=a(x-2)^2+7$
$\xrightarrow{(\bigcirc)} y=a\{x-(-2)\}^2+7$

➡ 꼭짓점의 좌표가 (p, q)인 포물선을 그래프로 하는 이차함수의 식은 $y=a(x-p)^2+q$의 꼴이므로 꼭짓점의 좌표를 대입할 때 부호에 주의해야 해!

3 답 -11

꼭짓점의 좌표가 $(1, 1)$이므로 이차함수의 식을
$y=a(x-1)^2+1$로 놓자.
이 이차함수의 그래프가 점 $(3, -2)$를 지나므로
$y=a(x-1)^2+1$에 $x=3$, $y=-2$를 대입하면
$-2=a(3-1)^2+1$, $4a=-3$
$\therefore a=-\dfrac{3}{4}$

이때 이차함수 $y=-\dfrac{3}{4}(x-1)^2+1$의 그래프가 점 $(-3, k)$를
지나므로
$y=-\dfrac{3}{4}(x-1)^2+1$에 $x=-3$, $y=k$를 대입하면
$k=-\dfrac{3}{4}(-3-1)^2+1$ $\quad \therefore k=-11$

4 답 5

이차함수 $y=a(x-p)^2+q$의 그래프의 축의 방정식이 $x=1$이므로
$p=1$ $\quad \therefore y=a(x-1)^2+q$
이 이차함수의 그래프가 두 점 $(-2, -4)$, $(3, 1)$을 지나므로
$y=a(x-1)^2+q$에 $x=-2$, $y=-4$를 대입하면
$-4=9a+q$ $\quad \cdots$ ㉠
$y=a(x-1)^2+q$에 $x=3$, $y=1$을 대입하면
$1=4a+q$ $\quad \cdots$ ㉡
㉠, ㉡을 연립하여 풀면
$a=-1$, $q=5$
따라서 $a=-1$, $p=1$, $q=5$이므로
$a+p+q=-1+1+5=5$

5 답 ⑤

축의 방정식이 $x=-2$이므로 이차함수의 식을
$y=a(x+2)^2+q$로 놓자.
이 이차함수의 그래프가 두 점 $(4, -12)$, $(-4, 4)$를 지나므로
$y=a(x+2)^2+q$에 $x=4$, $y=-12$를 대입하면
$-12=36a+q$ $\quad \cdots$ ㉠
$y=a(x+2)^2+q$에 $x=-4$, $y=4$를 대입하면
$4=4a+q$ $\quad \cdots$ ㉡

㉠, ㉡을 연립하여 풀면

$a=-\dfrac{1}{2}$, $q=6$

$\therefore y=-\dfrac{1}{2}(x+2)^2+6$

이 이차함수의 식에 주어진 점의 좌표를 각각 대입하면 다음과 같다.

① $\dfrac{11}{2}=-\dfrac{1}{2}(-1+2)^2+6$

② $4=-\dfrac{1}{2}(0+2)^2+6$

③ $\dfrac{3}{2}=-\dfrac{1}{2}(1+2)^2+6$

④ $-2=-\dfrac{1}{2}(2+2)^2+6$

⑤ $-6\neq-\dfrac{1}{2}(3+2)^2+6$

따라서 주어진 이차함수의 그래프 위의 점이 아닌 것은 ⑤이다.

6 답 -36

이차함수 $y=a(x-p)^2+q$의 그래프의 축의 방정식이 $x=4$이므로

$p=4$ $\therefore y=a(x-4)^2+q$

이때 이차함수 $y=a(x-4)^2+q$의 그래프가

두 점 $(7, 0)$, $(0, 7)$을 지나므로

$y=a(x-4)^2+q$에 $x=7$, $y=0$을 대입하면

$0=9a+q$ $\cdots$ ㉠

$y=a(x-4)^2+q$에 $x=0$, $y=7$을 대입하면

$7=16a+q$ $\cdots$ ㉡

㉠, ㉡을 연립하여 풀면

$a=1$, $q=-9$

따라서 $a=1$, $p=4$, $q=-9$이므로

$apq=1\times4\times(-9)=-36$

7 답 $y=-5(x-3)^2-1$

구하는 이차함수의 그래프는 위로 볼록한 포물선이고, 직선 $x=3$에 대칭이면서 점 $(3, -1)$을 지나므로 꼭짓점의 좌표는 $(3, -1)$이다.

즉, 이차함수의 식을 $y=a(x-3)^2-1$로 놓자.

이 이차함수의 그래프가 점 $(4, -6)$을 지나므로

$y=a(x-3)^2-1$에 $x=4$, $y=-6$을 대입하면

$-6=a(4-3)^2-1$

$\therefore a=-5$

따라서 구하는 이차함수의 식은 $y=-5(x-3)^2-1$이다.

▶ 문제 속 개념 도출

답 ① $y=ax^2+q$ ② $y=a(x-p)^2$

1 답 ⑤

① $y=\dfrac{5}{x}$ ⇨ 이차함수가 아니다.

② $y=3x-2$ ⇨ 일차함수

③ $y=2(x-1)^2-2x^2=-4x+2$ ⇨ 일차함수

④ $y=4x^3-(2x+1)^2=4x^3-4x^2-4x-1$

  ⇨ 이차함수가 아니다.

⑤ $y=x^2+(1-x)^2=2x^2-2x+1$ ⇨ 이차함수

따라서 이차함수인 것은 ⑤이다.

2 답 9

이차함수 $y=ax^2$의 그래프가 점 $(-2, 2)$를 지나므로

$y=ax^2$에 $x=-2$, $y=2$를 대입하면

$2=a\times(-2)^2$ $\therefore a=\dfrac{1}{2}$

즉, 이차함수 $y=\dfrac{1}{2}x^2$의 그래프가 점 $(6, b)$를 지나므로

$y=\dfrac{1}{2}x^2$에 $x=6$, $y=b$를 대입하면

$b=\dfrac{1}{2}\times6^2$ $\therefore b=18$

$\therefore ab=\dfrac{1}{2}\times18=9$

3 답 $\dfrac{1}{3}<a<3$

이차함수 $y=ax^2$의 그래프는 a가 양수이고, 이차함수 $y=\dfrac{1}{3}x^2$의 그래프보다 폭이 좁고 이차함수 $y=3x^2$의 그래프보다 폭이 넓으므로

$\dfrac{1}{3}<a<3$

4 답 $\dfrac{1}{4}$

점 D의 x좌표를 $k\,(k>0)$라 하면

$D(k, k^2)$

그런데 점 D의 y좌표는 9이므로

$k^2=9$ $\therefore k=3\,(\because k>0)$

즉, 점 D의 좌표는 $(3, 9)$이다.

$\overline{DE}=\overline{CD}=3$이므로 점 E의 x좌표는

$3+3=6$

이고, 점 E의 좌표는 $(6, 9)$이다.

이때 점 E는 이차함수 $y=ax^2$의 그래프 위의 점이므로

$y=ax^2$에 $x=6$, $y=9$를 대입하면

$9=a\times6^2$, $36a=9$

$\therefore a=\dfrac{1}{4}$

5 답 -1

이차함수 $y=\dfrac{1}{2}x^2$의 그래프를 x축의 방향으로 m만큼, y축의 방향으로 n만큼 평행이동한 그래프를 나타내는 이차함수의 식은

$$y=\dfrac{1}{2}(x-m)^2+n$$

이때 이 이차함수의 그래프가 이차함수 $y=\dfrac{1}{2}(x+5)^2+4$의 그래프와 완전히 포개어지므로

$m=-5,\ n=4$

$\therefore m+n=-5+4=-1$

6 답 ⑤

주어진 이차함수의 그래프의 꼭짓점의 좌표를 각각 구하면

① $(0,\ 3)$ ② $(1,\ 0)$ ③ $(-2,\ -7)$

④ $(4,\ -2)$ ⑤ $(-1,\ 4)$

따라서 꼭짓점이 제2사분면 위에 있는 것은 ⑤이다.

7 답 ㄴ, ㄹ, ㅂ

ㄴ. 꼭짓점의 좌표는 $(2,\ 1)$이다.

ㄹ. $x<2$일 때, x의 값이 증가하면 y의 값도 증가한다.

ㅂ. 이차함수 $y=-4x^2$의 그래프를 x축의 방향으로 2만큼, y축의 방향으로 1만큼 평행이동한 것이다.

8 답 ②

그래프가 아래로 볼록하므로

$a>0$

꼭짓점 $(p,\ q)$가 제3사분면 위에 있으므로

$p<0,\ q<0$

따라서 옳은 것은 ②이다.

9 답 -3

이차함수 $y=a(x-p)^2+q$의 그래프의 꼭짓점의 좌표가 $(3,\ 3)$이므로

$p=3,\ q=3$ $\therefore y=a(x-3)^2+3$

이 이차함수 $y=a(x-3)^2+3$의 그래프가 원점 O를 지나므로

$y=a(x-3)^2+3$에 $x=0,\ y=0$을 대입하면

$0=a(0-3)^2+3$

$9a=-3$ $\therefore a=-\dfrac{1}{3}$

$\therefore apq=-\dfrac{1}{3}\times 3\times 3=-3$

♻ OX 문제로 확인하기 ···················· • 본문 134쪽

답 ❶ ○ ❷ × ❸ ○ ❹ × ❺ ○ ❻ ○ ❼ × ❽ ×

6 이차함수 $y=ax^2+bx+c$의 그래프

• 본문 136~137쪽

개념 54 이차함수 $y=ax^2+bx+c$의 그래프 (1)

🔍 바/로/풀/기

Q1 답 $4,\ 4,\ 2,\ 2$ (1) 2 (2) $2,\ -2$

📖 개념 확인

1 답 (1) 풀이 참조 (2) $y=(x+3)^2-7$

(3) $y=(x-4)^2-21$ (4) $y=(x+2)^2-7$

(1) $y=x^2-2x+8$

$\quad =(x^2-2x)+8$

$\quad =(x^2-2x+\boxed{1}-\boxed{1})+8$

$\quad =(x^2-2x+\boxed{1})-\boxed{1}+8$

$\quad =(x-\boxed{1})^2+\boxed{7}$

(2) $y=x^2+6x+2$

$\quad =(x^2+6x)+2$

$\quad =(x^2+6x+9-9)+2$

$\quad =(x^2+6x+9)-9+2$

$\quad =(x+3)^2-7$

(3) $y=x^2-8x-5$

$\quad =(x^2-8x)-5$

$\quad =(x^2-8x+16-16)-5$

$\quad =(x^2-8x+16)-16-5$

$\quad =(x-4)^2-21$

(4) $y=x^2+4x-3$

$\quad =(x^2+4x)-3$

$\quad =(x^2+4x+4-4)-3$

$\quad =(x^2+4x+4)-4-3$

$\quad =(x+2)^2-7$

2 답 (1) 풀이 참조 (2) $y=3(x-1)^2-2$

(3) $y=-(x-2)^2-1$ (4) $y=\dfrac{1}{2}(x+1)^2-2$

(1) $y=2x^2+8x-3$

$\quad =2(x^2+4x)-3$

$\quad =2(x^2+4x+\boxed{4}-\boxed{4})-3$

$\quad =2(x^2+4x+\boxed{4})-\boxed{8}-3$

$\quad =2(x+\boxed{2})^2-\boxed{11}$

(2) $y=3x^2-6x+1$

$\quad =3(x^2-2x)+1$

$\quad =3(x^2-2x+1-1)+1$

$\quad =3(x^2-2x+1)-3+1$

$\quad =3(x-1)^2-2$

(3) $y=-x^2+4x-5$

$\quad =-(x^2-4x)-5$

$\quad =-(x^2-4x+4-4)-5$

$\quad =-(x^2-4x+4)+4-5$

$\quad =-(x-2)^2-1$

(4) $y=\dfrac{1}{2}x^2+x-\dfrac{3}{2}$

$\quad =\dfrac{1}{2}(x^2+2x)-\dfrac{3}{2}$

$\quad =\dfrac{1}{2}(x^2+2x+1-1)-\dfrac{3}{2}$

$\quad =\dfrac{1}{2}(x^2+2x+1)-\dfrac{1}{2}-\dfrac{3}{2}$

$\quad =\dfrac{1}{2}(x+1)^2-2$

교과서 문제로 개념다지기

1 답 (1) $y=3(x+2)^2-5$, $x=-2$, $(-2,\ -5)$

$\quad\quad$ (2) $y=-\dfrac{1}{4}(x-2)^2+4$, $x=2$, $(2,\ 4)$

(1) $y=3x^2+12x+7$

$\quad =3(x^2+4x)+7$

$\quad =3(x^2+4x+4-4)+7$

$\quad =3(x^2+4x+4)-12+7$

$\quad =3(x+2)^2-5$

따라서 축의 방정식은 $x=-2$, 꼭짓점의 좌표는 $(-2,\ -5)$이다.

(2) $y=-\dfrac{1}{4}x^2+x+3$

$\quad =-\dfrac{1}{4}(x^2-4x)+3$

$\quad =-\dfrac{1}{4}(x^2-4x+4-4)+3$

$\quad =-\dfrac{1}{4}(x^2-4x+4)+1+3$

$\quad =-\dfrac{1}{4}(x-2)^2+4$

따라서 축의 방정식은 $x=2$, 꼭짓점의 좌표는 $(2,\ 4)$이다.

해설 꼭 확인

(2) $y=-\dfrac{1}{4}x^2+x+3$을 $y=a(x-p)^2+q$의 꼴로 나타내기

$\xrightarrow{(\times)}\ y=-\dfrac{1}{4}(x^2+x)+3$

$\xrightarrow{(\times)}\ y=-\dfrac{1}{4}(x^2+4x)+3$

$\xrightarrow{(\bigcirc)}\ y=-\dfrac{1}{4}(x^2-4x)+3$

➡ 이차함수 $y=ax^2+bx+c$를 $y=a\left(x^2+\dfrac{b}{a}x\right)+c$의 꼴로 나타내는 과정에서는 x의 계수와 부호에 주의해서 묶어야 해!

2 답 11

$y=4x^2-16x+7$

$\quad =4(x^2-4x)+7$

$\quad =4(x^2-4x+4-4)+7$

$\quad =4(x^2-4x+4)-16+7$

$\quad =4(x-2)^2-9$

따라서 $p=2$, $q=-9$이므로

$p-q=2-(-9)=11$

3 답 ③

③ $y=x^2-4x-1$

$\quad =(x^2-4x)-1$

$\quad =(x^2-4x+4-4)-1$

$\quad =(x^2-4x+4)-4-1$

$\quad =(x-2)^2-5$

이므로 이 이차함수의 그래프의 축의 방정식은 $x=2$, 꼭짓점의 좌표는 $(2,\ -5)$이다.

④ $y=-x^2-6x-5$

$\quad =-(x^2+6x)-5$

$\quad =-(x^2+6x+9-9)-5$

$\quad =-(x^2+6x+9)+9-5$

$\quad =-(x+3)^2+4$

이므로 이 이차함수의 그래프의 축의 방정식은 $x=-3$, 꼭짓점의 좌표는 $(-3,\ 4)$이다.

⑤ $y=-2x^2+4x+3$

$\quad =-2(x^2-2x)+3$

$\quad =-2(x^2-2x+1-1)+3$

$\quad =-2(x^2-2x+1)+2+3$

$\quad =-2(x-1)^2+5$

이므로 이 이차함수의 그래프의 축의 방정식은 $x=1$, 꼭짓점의 좌표는 $(1,\ 5)$이다.

따라서 옳지 않은 것은 ③이다.

4 답 -10

$y=\dfrac{1}{2}x^2-4x+3$

$\quad =\dfrac{1}{2}(x^2-8x)+3$

$\quad =\dfrac{1}{2}(x^2-8x+16-16)+3$

$\quad =\dfrac{1}{2}(x^2-8x+16)-8+3$

$\quad =\dfrac{1}{2}(x-4)^2-5$

따라서 $a=\dfrac{1}{2}$, $p=4$, $q=-5$이므로

$$apq=\dfrac{1}{2}\times 4\times(-5)=-10$$

5 답 ①

$$y=-x^2+2px+1$$
$$=-(x^2-2px)+1$$
$$=-(x^2-2px+p^2-p^2)+1$$
$$=-(x^2-2px+p^2)+p^2+1$$
$$=-(x-p)^2+p^2+1$$

따라서 축의 방정식은 $x=p$이므로

$$p=-2$$

6 답 $(3, -7)$

이차함수 $y=x^2+ax+2$의 그래프가 점 $(2, -6)$을 지나므로
$y=x^2+ax+2$에 $x=2$, $y=-6$을 대입하면

$$-6=2^2+2a+2,\ 2a=-12$$
$$\therefore a=-6$$

즉, $y=x^2-6x+2$에서

$$y=x^2-6x+2$$
$$=(x^2-6x)+2$$
$$=(x^2-6x+9-9)+2$$
$$=(x^2-6x+9)-9+2$$
$$=(x-3)^2-7$$

따라서 구하는 꼭짓점의 좌표는 $(3, -7)$이다.

7 답 (1) 풀이 참조
　　　 (2) 축의 방정식: $x=-2$, 꼭짓점의 좌표: $(-2, -2)$

(1) 괄호 안에 있는 -4를 괄호 밖으로 꺼낼 때, 괄호 앞에 있는
　 2를 곱하지 않았으므로 처음으로 틀린 곳은 ㉣이다.
　 따라서 바르게 고치면

$$y=2x^2+8x+6$$
$$=2(x^2+4x)+6$$
$$=2(x^2+4x+4-4)+6$$
$$=2(x+2)^2-8+6$$
$$=2(x+2)^2-2$$

(2) (1)에서 $y=2x^2+8x+6=2(x+2)^2-2$이므로 이 이차함수
　 의 그래프의 축의 방정식은 $x=-2$, 꼭짓점의 좌표는
　 $(-2, -2)$이다.

▶ **문제 속 개념 도출**

답 ① $-\dfrac{b}{2a}$

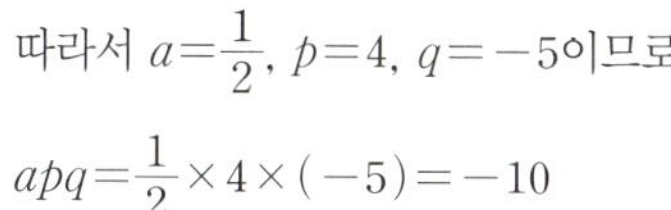

개념 55 이차함수 $y=ax^2+bx+c$의 그래프 (2)

개념 확인

1 답 (1) $(2, -1)$, $(0, 3)$, 아래로 볼록, 그래프는 풀이 참조
　　　 (2) $(-1, 3)$, $(0, 0)$, 위로 볼록, 그래프는 풀이 참조
　　　 (3) $(-3, -2)$, $(0, 1)$, 아래로 볼록, 그래프는 풀이 참조

(1) $y=x^2-4x+3$
$$=(x^2-4x)+3$$
$$=(x^2-4x+4-4)+3$$
$$=(x^2-4x+4)-4+3$$
$$=(x-2)^2-1$$

따라서 꼭짓점의 좌표는 $(2, -1)$,
y축과 만나는 점의 좌표는 $(0, 3)$
이고 그래프의 모양은 아래로 볼
록하므로 이차함수 $y=x^2-4x+3$
의 그래프는 오른쪽 그림과 같다.

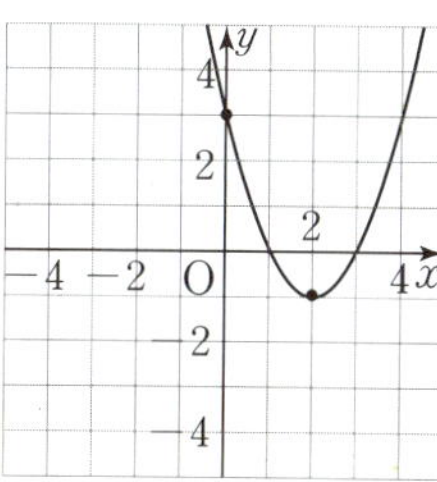

(2) $y=-3x^2-6x$
$$=-3(x^2+2x)$$
$$=-3(x^2+2x+1-1)$$
$$=-3(x^2+2x+1)+3$$
$$=-3(x+1)^2+3$$

따라서 꼭짓점의 좌표는 $(-1, 3)$,
y축과 만나는 점의 좌표는 $(0, 0)$
이고, 그래프의 모양은 위로 볼록
하므로 이차함수 $y=-3x^2-6x$
의 그래프는 오른쪽 그림과 같다.

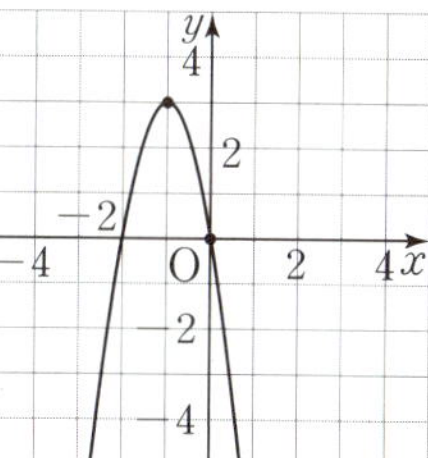

(3) $y=\dfrac{1}{3}x^2+2x+1$
$$=\dfrac{1}{3}(x^2+6x)+1$$
$$=\dfrac{1}{3}(x^2+6x+9-9)+1$$
$$=\dfrac{1}{3}(x^2+6x+9)-3+1$$
$$=\dfrac{1}{3}(x+3)^2-2$$

따라서 꼭짓점의 좌표는
$(-3, -2)$, y축과 만나는 점의
좌표는 $(0, 1)$이고, 그래프의 모
양은 아래로 볼록하므로 이차함수
$y=\dfrac{1}{3}x^2+2x+1$의 그래프는 오
른쪽 그림과 같다.

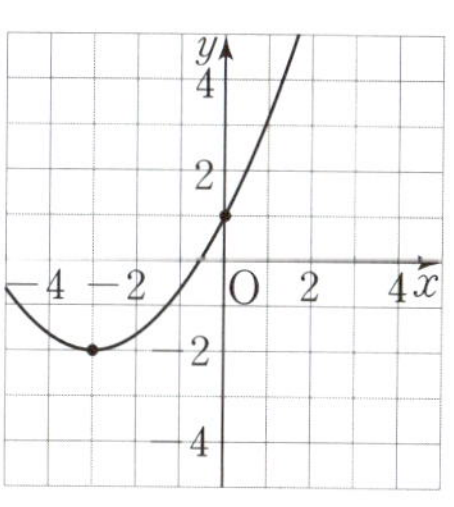

2 답 풀이 참조

(1) $y=x^2+7x+12$에 $y=\boxed{0}$을 대입하면

$$\boxed{0}=x^2+7x+12$$
$$(x+3)(x+\boxed{4})=0$$
$$\therefore x=-3 \text{ 또는 } x=\boxed{-4}$$
$$\Rightarrow (-3, \boxed{0}),\ (\boxed{-4}, \boxed{0})$$

(2) $y=-x^2-x+20$에 $y=\boxed{0}$을 대입하면

$$\boxed{0}=-x^2-x+20$$
$$x^2+x-20=0$$
$$(x+5)(x-\boxed{4})=0$$
$$\therefore x=-5 \text{ 또는 } x=\boxed{4}$$
$$\Rightarrow (-5, \boxed{0}),\ (\boxed{4}, \boxed{0})$$

교과서 문제로 개념 다지기

1 답 그래프는 풀이 참조,

　　(1) -3, -3, -5　(2) 0, 4　(3) 4　(4) 감소

$$y=x^2+6x+4$$
$$=(x^2+6x)+4$$
$$=(x^2+6x+9-9)+4$$
$$=(x^2+6x+9)-9+4$$
$$=(x+3)^2-5$$

이므로 그래프는 다음 그림과 같다.

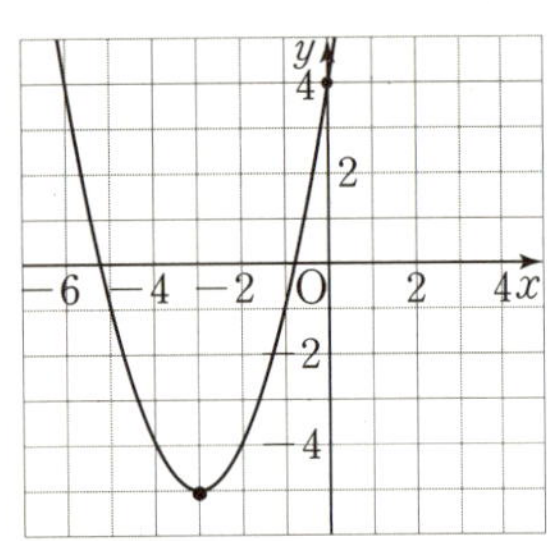

(1) 축의 방정식은 $x=\boxed{-3}$이고, 꼭짓점의 좌표는 $(\boxed{-3}, \boxed{-5})$
　　이다.

(2) y축과 만나는 점의 좌표는 $(\boxed{0}, \boxed{4})$이다.

(3) 제$\boxed{4}$사분면을 지나지 않는다.

(4) $x<-3$일 때, x의 값이 증가하면 y의 값은 $\boxed{감소}$한다.

2 답 ②

$$y=-2x^2+8x-5$$
$$=-2(x^2-4x)-5$$
$$=-2(x^2-4x+4-4)-5$$
$$=-2(x^2-4x+4)+8-5$$
$$=-2(x-2)^2+3$$

이므로 그래프는 오른쪽 그림과 같다.

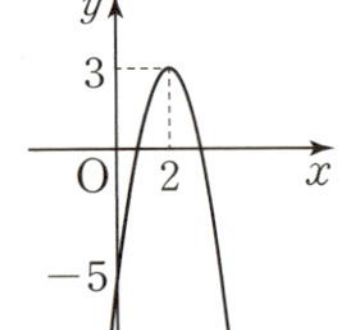

따라서 이차함수 $y=-2x^2+8x-5$의 그래프가 지나지 않는 사분면은 제2사분면이다.

3 답 ③

$$y=4x^2-8x+2$$
$$=4(x^2-2x)+2$$
$$=4(x^2-2x+1-1)+2$$
$$=4(x^2-2x+1)-4+2$$
$$=4(x-1)^2-2$$

이므로 그래프는 오른쪽 그림과 같다.

① 아래로 볼록한 그래프이다.

② 꼭짓점의 좌표는 $(1, -2)$이다.

④ 이차함수 $y=4x^2$의 그래프를 평행이동한 그래프이다.

⑤ $x>1$일 때, x의 값이 증가하면 y의 값도 증가한다.

따라서 옳은 것은 ③이다.

4 답 (1) x축과 만나는 점의 좌표: $\left(-\dfrac{5}{2}, 0\right)$, $\left(\dfrac{5}{2}, 0\right)$,

　　　 y축과 만나는 점의 좌표: $(0, -25)$

　　(2) x축과 만나는 점의 좌표: $(-5, 0)$, $(3, 0)$,

　　　 y축과 만나는 점의 좌표: $(0, -15)$

　　(3) x축과 만나는 점의 좌표: $\left(-\dfrac{1}{2}, 0\right)$, $(2, 0)$,

　　　 y축과 만나는 점의 좌표: $(0, 2)$

(1) $y=4x^2-25$에 $y=0$을 대입하면

$$0=4x^2-25,\ x^2=\frac{25}{4}$$
$$\therefore x=\pm\frac{5}{2}$$

$y=4x^2-25$에 $x=0$을 대입하면

$$y=4\times0^2-25=-25$$

따라서 x축과 만나는 점의 좌표는 $\left(-\dfrac{5}{2}, 0\right)$, $\left(\dfrac{5}{2}, 0\right)$이고,

y축과 만나는 점의 좌표는 $(0, -25)$이다.

(2) $y=x^2+2x-15$에 $y=0$을 대입하면

$$0=x^2+2x-15,\ x^2+2x-15=0$$
$$(x+5)(x-3)=0$$
$$\therefore x=-5 \text{ 또는 } x=3$$

$y=x^2+2x-15$에 $x=0$을 대입하면

$$y=0^2+2\times0-15=-15$$

따라서 x축과 만나는 점의 좌표는 $(-5, 0)$, $(3, 0)$이고,

y축과 만나는 점의 좌표는 $(0, -15)$이다.

(3) $y=-2x^2+3x+2$에 $y=0$을 대입하면

$$0=-2x^2+3x+2,\ 2x^2-3x-2=0$$
$$(2x+1)(x-2)=0$$
$$\therefore x=-\frac{1}{2} \text{ 또는 } x=2$$

$y=-2x^2+3x+2$에 $x=0$을 대입하면

$y=-2\times0^2+3\times0+2=2$

따라서 x축과 만나는 점의 좌표는 $\left(-\dfrac{1}{2},\,0\right)$, $(2,\,0)$이고,

y축과 만나는 점의 좌표는 $(0,\,2)$이다.

5 답 -16

$y=-x^2+3x+4$에 $y=0$을 대입하면

$0=-x^2+3x+4$, $x^2-3x-4=0$

$(x+1)(x-4)=0$

$\therefore x=-1$ 또는 $x=4$

$\therefore p=-1$, $q=4\,(\because p<q)$

$y=-x^2+3x+4$에 $x=0$을 대입하면

$y=-0^2+3\times0+4=4$ $\quad\therefore r=4$

$\therefore pqr=(-1)\times4\times4=-16$

6 답 동진, 재욱

$y=\dfrac{1}{2}x^2-4x+6$

$\quad=\dfrac{1}{2}(x^2-8x)+6$

$\quad=\dfrac{1}{2}(x^2-8x+16-16)+6$

$\quad=\dfrac{1}{2}(x^2-8x+16)-8+6$

$\quad=\dfrac{1}{2}(x-4)^2-2$

이때 $y=\dfrac{1}{2}x^2-4x+6$에 $y=0$을 대입하면

$0=\dfrac{1}{2}x^2-4x+6$, $x^2-8x+12=0$

$(x-2)(x-6)=0$

$\therefore x=2$ 또는 $x=6$

즉, 주어진 이차함수의 그래프는 x축과 두 점 $(2,\,0)$, $(6,\,0)$에서 만난다.

따라서 이차함수 $y=\dfrac{1}{2}x^2-4x+6$의 그래프는 오른쪽 그림과 같으므로 축의 방정식은 $x=4$이고 제3사분면을 지나지 않는다. 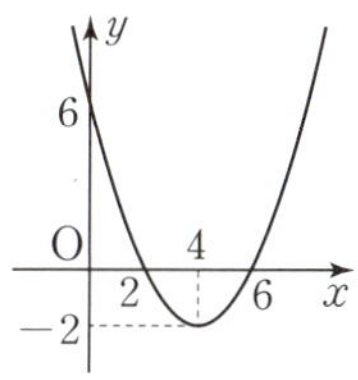

또한, (x^2의 계수)$=\dfrac{1}{2}>0$이므로 이차함수

$y=\dfrac{1}{2}x^2-4x+6$의 그래프는 아래로 볼록하고 이차함수 $y=x^2$

의 그래프보다 폭이 넓다.

그러므로 바르게 말한 학생은 동진, 재욱이다.

▶ 문제 속 개념 도출

답 ① $y=a(x-p)^2+q$ ② x

개념 56 이차함수 $y=ax^2+bx+c$의 그래프에서 a, b, c의 부호

개념 확인

1 답 풀이 참조

	a의 부호	b의 부호	c의 부호
(1)	그래프가 아래로 볼록 $\Rightarrow a\,>\,0$	축이 y축의 오른쪽 $\Rightarrow ab\,<\,0$ $\Rightarrow b\,<\,0$	y축과 만나는 점이 x축보다 위쪽 $\Rightarrow c\,>\,0$
(2)	그래프가 위로 볼록 $\Rightarrow a<0$	축이 y축의 오른쪽 $\Rightarrow ab<0$ $\Rightarrow b>0$	y축과 만나는 점이 x축보다 위쪽 $\Rightarrow c>0$
(3)	그래프가 아래로 볼록 $\Rightarrow a>0$	축이 y축의 왼쪽 $\Rightarrow ab>0$ $\Rightarrow b>0$	y축과 만나는 점이 x축보다 아래쪽 $\Rightarrow c<0$
(4)	그래프가 위로 볼록 $\Rightarrow a<0$	축이 y축의 왼쪽 $\Rightarrow ab>0$ $\Rightarrow b<0$	y축과 만나는 점이 x축보다 아래쪽 $\Rightarrow c<0$

교과서 문제로 개념 다지기

1 답 (1) 위, $<$ (2) 왼, $>$, $<$ (3) 위, $>$

2 답 (1) $a>0$, $b<0$, $c>0$ (2) $a<0$, $b<0$, $c<0$

(1) 그래프가 아래로 볼록하므로 $a>0$

축이 y축의 오른쪽에 있으므로

$ab<0$ $\quad\therefore b<0$

y축과 만나는 점이 x축보다 위쪽에 있으므로

$c>0$

(2) 그래프가 위로 볼록하므로 $a<0$

축이 y축의 왼쪽에 있으므로

$ab>0$ $\quad\therefore b<0$

y축과 만나는 점이 x축보다 아래쪽에 있으므로

$c<0$

3 답 제4사분면

$a>0$이므로 그래프는 아래로 볼록하고, $c<0$이므로 y축과 만나는 점이 x축보다 아래쪽에 있다.

$a>0$, $b<0$에서 $ab<0$이므로 축은 y축의 오른쪽에 있다.

따라서 이차함수 $y=ax^2+bx+c$의 그래프는 오른쪽 그림과 같으므로 꼭짓점은 제4사분면 위에 있다. 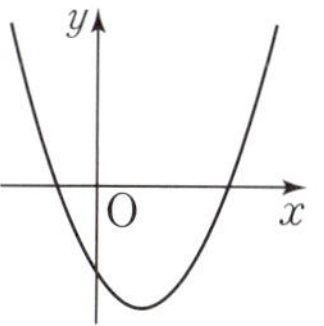

4 탭 ㄱ, ㄹ

ㄱ. 그래프가 아래로 볼록하므로 $a>0$

ㄴ. 축이 y축의 오른쪽에 있으므로 $ab<0$ $\therefore b<0$

ㄷ. y축과 만나는 점이 x축보다 아래쪽에 있으므로 $c<0$

ㄹ. $x=-1$일 때, $y=a-b+c$

   주어진 그래프에서 $x=-1$일 때의 함숫값이 양수이므로

   $a-b+c>0$

ㅁ. $x=1$일 때, $y=a+b+c$

   주어진 그래프에서 $x=1$일 때의 함숫값이 음수이므로

   $a+b+c<0$

따라서 옳은 것은 ㄱ, ㄹ이다.

5 탭 (1) $a>0$, $b>0$ (2) 제4사분면

(1) 축이 y축의 왼쪽에 있으므로 x^2의 계수와 x의 계수의 부호가

   같다.

   (x^2의 계수)$=1>0$이므로 $a>0$

   y축과 만나는 점이 x축보다 위쪽에 있으므로

   $b>0$

(2) (1)에서 $a>0$, $b>0$이므로 일차함수

   $y=ax+b$의 그래프는 오른쪽 그림과 같

   이 제4사분면을 지나지 않는다.

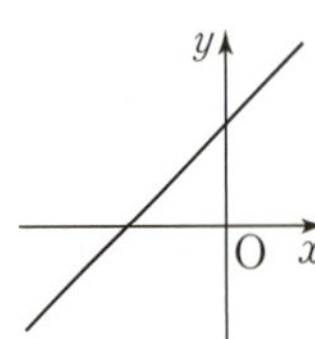

▶ **문제 속 개념 도출**

탭 ① a ② 축 ③ y

• 본문 142~143쪽

개념 57 이차함수 $y=ax^2+bx+c$의 식 구하기

📖 **개념 확인**

1 탭 풀이 참조

❶ 구하는 이차함수의 식을 $y=ax^2+bx+c$로 놓자.

❷ 이 이차함수의 그래프가 점 $(0, 5)$를 지나므로 $c=\boxed{5}$

   즉, 이차함수 $y=ax^2+bx+\boxed{5}$의 그래프가 두 점 $(2, 3)$,

   $(-1, 9)$를 지나므로

   $3=4a+2b+\boxed{5}$ $\therefore 4a+2b=-2$ ⋯ ㉠

   $9=a-b+\boxed{5}$ $\therefore a-b=4$ ⋯ ㉡

   ㉠, ㉡을 연립하여 풀면

   $a=\boxed{1}$, $b=\boxed{-3}$

따라서 구하는 이차함수의 식은 $y=\boxed{x^2-3x+5}$이다.

2 탭 풀이 참조

❶ x축과 두 점 $(1, 0)$, $(4, 0)$에서 만나므로

   구하는 이차함수의 식을 $y=a(x-1)(x-\boxed{4})$로 놓자.

❷ 이 이차함수의 그래프가 점 $(3, -4)$를 지나므로

   $-4=a(3-1)(3-\boxed{4})$, $-2a=-4$

   $\therefore a=\boxed{2}$

따라서 구하는 이차함수의 식은

$y=\boxed{2}(x-1)(x-\boxed{4})=\boxed{2x^2-10x+8}$

교과서 문제로 개념 다지기

1 탭 (1) $y=3x^2+x+2$ (2) $y=-2x^2+2x+12$

(1) 구하는 이차함수의 식을 $y=ax^2+bx+c$로 놓으면

   이 이차함수의 그래프가 점 $(0, 2)$를 지나므로

   $c=2$

   즉, 이차함수 $y=ax^2+bx+2$의 그래프가 두 점 $(-1, 4)$,

   $(1, 6)$을 지나므로

   $4=a-b+2$ $\therefore a-b=2$ ⋯ ㉠

   $6=a+b+2$ $\therefore a+b=4$ ⋯ ㉡

   ㉠, ㉡을 연립하여 풀면

   $a=3$, $b=1$

   $\therefore y=3x^2+x+2$

(2) x축과 두 점 $(-2, 0)$, $(3, 0)$에서 만나므로

   $y=a(x+2)(x-3)$으로 놓자.

   이 이차함수의 그래프가 점 $(2, 8)$을 지나므로

   $8=a(2+2)(2-3)$

   $-4a=8$ $\therefore a=-2$

   $\therefore y=-2(x+2)(x-3)=-2x^2+2x+12$

2 탭 $y=2x^2+5x-3$

구하는 이차함수의 식을 $y=ax^2+bx+c$로 놓으면

이 이차함수의 그래프가 점 $(0, -3)$을 지나므로

$c=-3$

즉, 이차함수 $y=ax^2+bx-3$의 그래프가 두 점 $(-3, 0)$,

$(-2, -5)$를 지나므로

$0=9a-3b-3$ $\therefore 3a-b=1$ ⋯ ㉠

$-5=4a-2b-3$ $\therefore 2a-b=-1$ ⋯ ㉡

㉠, ㉡을 연립하여 풀면

$a=2$, $b=5$

$\therefore y=2x^2+5x-3$

3 탭 4

이차함수 $y=ax^2+bx+c$의 그래프가 점 $(0, -2)$를 지나므로

$c=-2$

즉, 이차함수 $y=ax^2+bx-2$의 그래프가
두 점 $(1, 4)$, $(-2, -8)$을 지나므로
$4=a+b-2$ $\therefore a+b=6$ $\cdots$ ㉠
$-8=4a-2b-2$ $\therefore 2a-b=-3$ $\cdots$ ㉡
㉠, ㉡을 연립하여 풀면
$a=1$, $b=5$
$\therefore a+b+c=1+5+(-2)=4$

4 답 18

x축과 두 점 $(-4, 0)$, $(2, 0)$에서 만나므로
$y=a(x+4)(x-2)$로 놓자.
이 이차함수의 그래프가 점 $(1, 10)$을 지나므로
$10=a(1+4)(1-2)$
$-5a=10$ $\therefore a=-2$
$\therefore y=-2(x+4)(x-2)=-2x^2-4x+16$
따라서 이차함수 $y=-2x^2-4x+16$의 그래프가 점 $(-1, k)$
를 지나므로
$k=-2\times(-1)^2-4\times(-1)+16$
$\therefore k=18$

해설 꼭 확인

**x축과 두 점 $(-4, 0)$, $(2, 0)$에서 만나는 이차함수의 그래프
의 식 구하기**
$\xrightarrow{(\times)} y=a(x-4)(x+2)$
$\xrightarrow{(\times)} y=(x+4)(x-2)$
$\xrightarrow{(\bigcirc)} y=a(x+4)(x-2)$

➡ x축과 만나는 두 점 $(\alpha, 0)$, $(\beta, 0)$을 이용하여 이차함수의
식을 구할 때는 α, β의 부호에 주의해야 해.
또한, x^2의 계수에 대한 언급이 없으면 미지수 a로 놓고 식
을 세워야 해!

5 답 $(3, 4)$

x축과 두 점 $(1, 0)$, $(5, 0)$에서 만나므로
$y=a(x-1)(x-5)$로 놓자.
이 이차함수의 그래프가 점 $(4, 3)$을 지나므로
$3=a(4-1)(4-5)$
$-3a=3$ $\therefore a=-1$
$\therefore y=-(x-1)(x-5)=-x^2+6x-5$
$y=-x^2+6x-5$
$\quad =-(x^2-6x)-5$
$\quad =-(x^2-6x+9-9)-5$
$\quad =-(x^2-6x+9)+9-5$
$\quad =-(x-3)^2+4$
따라서 구하는 꼭짓점의 좌표는 $(3, 4)$이다.

6 답 $y=-x^2+2x+3$

x축과 두 점 $(-1, 0)$, $(3, 0)$에서 만나므로
$y=a(x+1)(x-3)$으로 놓자.
이차함수 $y=-x^2$의 그래프를 평행이동하면 완전히 포개어지므
로 x^2의 계수가 같아야 한다. 즉, $a=-1$이다.
$\therefore y=-(x+1)(x-3)=-x^2+2x+3$

7 답 $y=-\dfrac{1}{2}x^2+2x+6$

세 학생의 대화에서 어떤 이차함수의 그래프는 위로 볼록하고,
x축과 두 점 $(6, 0)$, $(-2, 0)$에서 만나고, y축과 점 $(0, 6)$에
서 만나는 것을 알 수 있다.
구하는 이차함수의 식을 $y=a(x-6)(x+2)$로 놓으면
이 이차함수의 그래프가 y축과 점 $(0, 6)$에서 만나므로
$6=a(0-6)(0+2)$
$-12a=6$ $\therefore a=-\dfrac{1}{2}$
따라서 구하는 그래프의 식은
$y=-\dfrac{1}{2}(x-6)(x+2)=-\dfrac{1}{2}x^2+2x+6$ ←  $(x^2$의 계수$)=-\dfrac{1}{2}<0$
이므로 위로 볼록한
그래프임을 확인할 수
있다.

▶ **문제 속 개념 도출**

답 ① $y=ax^2+bx+c$ ② $y=a(x-\alpha)(x-\beta)$

• 본문 144~145쪽

개념 **58** **이차함수의 그래프와 도형의 넓이**

📖 **개념 확인**

1 답 (1) $A(2, 9)$ (2) $B(-1, 0)$, $C(5, 0)$ (3) 27

(1) $y=-x^2+4x+5=-(x-2)^2+9$이므로 꼭짓점의 좌표는
$\quad (2, 9)$ $\therefore A(2, 9)$
(2) $y=-x^2+4x+5$에 $y=0$을 대입하면
$\quad 0=-x^2+4x+5$, $x^2-4x-5=0$
$\quad (x+1)(x-5)=0$ $\therefore x=-1$ 또는 $x=5$
$\quad \therefore B(-1, 0)$, $C(5, 0)$
(3) $\triangle ABC$는 밑변의 길이가 $5-(-1)=6$이고, 높이가 9이므로
$\quad \triangle ABC=\dfrac{1}{2}\times 6\times 9=27$

2 답 (1) $A(-4, 0)$, $B(1, 0)$ (2) $C(0, 4)$ (3) 10

(1) $y=-x^2-3x+4$에 $y=0$을 대입하면
$\quad 0=-x^2-3x+4$, $x^2+3x-4=0$
$\quad (x+4)(x-1)=0$ $\therefore x=-4$ 또는 $x=1$
$\quad \therefore A(-4, 0)$, $B(1, 0)$

(2) $y=-x^2-3x+4$에 $x=0$을 대입하면

$\quad y=-0-3\times0+4=4$

$\quad\therefore \mathrm{C}(0, 4)$

(3) $\triangle\mathrm{ABC}$는 밑변의 길이가 $1-(-4)=5$이고, 높이가 4이므로

$\quad\triangle\mathrm{ABC}=\dfrac{1}{2}\times5\times4=10$

1 답 8

$y=x^2-6x+5$에 $y=0$을 대입하면

$0=x^2-6x+5,\ (x-1)(x-5)=0$

$\therefore x=1$ 또는 $x=5$

$\therefore \mathrm{A}(1, 0),\ \mathrm{B}(5, 0)$

$y=x^2-6x+5=(x-3)^2-4$이므로 그래프의 꼭짓점의 좌표는

$(3, -4)\quad\therefore \mathrm{C}(3, -4)$

$\therefore \triangle\mathrm{ABC}=\dfrac{1}{2}\times(5-1)\times4=8$

2 답 ②

$y=\dfrac{1}{2}x^2+3x+4$에 $x=0$을 대입하면

$y=\dfrac{1}{2}\times0+3\times0+4=4$

$\therefore \mathrm{A}(0, 4)$

$y=\dfrac{1}{2}x^2+3x+4$에 $y=0$을 대입하면

$0=\dfrac{1}{2}x^2+3x+4,\ x^2+6x+8=0$

$(x+2)(x+4)=0$

$\therefore x=-2$ 또는 $x=-4$

$\therefore \mathrm{B}(-4, 0),\ \mathrm{C}(-2, 0)$

$\therefore \triangle\mathrm{ABC}=\dfrac{1}{2}\times\{-2-(-4)\}\times4=4$

3 답 64

$y=-x^2-8x=-(x+4)^2+16$이므로 꼭짓점의 좌표는

$(-4, 16)\quad\therefore \mathrm{A}(-4, 16)$

$y=-x^2-8x$에 $y=0$을 대입하면

$0=-x^2-8x,\ x^2+8x=0$

$x(x+8)=0\quad\therefore x=0$ 또는 $x=-8$

$\therefore \mathrm{B}(-8, 0)$

$\therefore \triangle\mathrm{OAB}=\dfrac{1}{2}\times8\times16=64$

4 답 6

$y=-x^2-4x+6=-(x+2)^2+10$이므로 꼭짓점의 좌표는

$(-2, 10)\quad\therefore \mathrm{A}(-2, 10)$

$y=-x^2-4x+6$에 $x=0$을 대입하면

$y=-0-4\times0+6=6$

$\therefore \mathrm{B}(0, 6)$

$\triangle\mathrm{AOB}$의 밑변의 길이는 $|(점\ \mathrm{B}의\ y좌표)|=6$이고,

높이는 $|(점\ \mathrm{A}의\ x좌표)|=2$이므로

$\triangle\mathrm{AOB}=\dfrac{1}{2}\times6\times2=6$

5 답 (1) $\dfrac{3}{2}$　(2) 6　(3) $\dfrac{15}{2}$

(1) $y=x^2-2x-3$에 $x=0$을 대입하면

$\quad y=0-2\times0-3=-3$

$\quad\therefore \mathrm{A}(0, -3)$

$\quad y=x^2-2x-3=(x-1)^2-4$이므로 꼭짓점의 좌표는

$\quad(1, -4)\quad\therefore \mathrm{B}(1, -4)$

$\quad\triangle\mathrm{OAB}$의 밑변의 길이는 $|(점\ \mathrm{A}의\ y좌표)|=3$이고, 높이는

$\quad|(점\ \mathrm{B}의\ x좌표)|=1$이므로

$\quad\triangle\mathrm{OAB}=\dfrac{1}{2}\times3\times1=\dfrac{3}{2}$

(2) $y=x^2-2x-3$에 $y=0$을 대입하면

$\quad0=x^2-2x-3,\ (x+1)(x-3)=0$

$\quad\therefore x=-1$ 또는 $x=3$

$\quad\therefore \mathrm{C}(3, 0)$

$\quad\therefore \triangle\mathrm{OBC}=\dfrac{1}{2}\times3\times4=6$

(3) $\square\mathrm{OABC}=\triangle\mathrm{OAB}+\triangle\mathrm{OBC}$

$\qquad=\dfrac{3}{2}+6=\dfrac{15}{2}$

▶ 문제 속 개념 도출

답 ① 0　② y

• 본문 146~147쪽

1 답 ㄴ, ㄷ

ㄱ. $y=2x^2-4x$

$\quad=2(x^2-2x)$

$\quad=2(x^2-2x+1-1)$

$\quad=2(x^2-2x+1)-2$

$\quad=2(x-1)^2-2$

ㄴ. $y=x^2+6x+7$

$\quad=(x^2+6x)+7$

$\quad=(x^2+6x+9-9)+7$

$\quad=(x^2+6x+9)-9+7$

$\quad=(x+3)^2-2$

ㄷ. $y=3x^2-6x+4$
$$=3(x^2-2x)+4$$
$$=3(x^2-2x+1-1)+4$$
$$=3(x^2-2x+1)-3+4$$
$$=3(x-1)^2+1$$

ㄹ. $y=\dfrac{1}{4}x^2+x-2$
$$=\dfrac{1}{4}(x^2+4x)-2$$
$$=\dfrac{1}{4}(x^2+4x+4-4)-2$$
$$=\dfrac{1}{4}(x^2+4x+4)-1-2$$
$$=\dfrac{1}{4}(x+2)^2-3$$

따라서 $y=a(x-p)^2+q$의 꼴로 바르게 나타낸 것은 ㄴ, ㄷ이다.

2 답 14

$y=-2x^2-8x+10$
$$=-2(x^2+4x)+10$$
$$=-2(x^2+4x+4-4)+10$$
$$=-2(x^2+4x+4)+8+10$$
$$=-2(x+2)^2+18$$

즉, 주어진 이차함수의 축의 방정식은 $x=-2$이고 꼭짓점의 좌표는 $(-2, 18)$이다.

따라서 $a=-2$, $p=-2$, $q=18$이므로
$a+p+q=-2+(-2)+18=14$

3 답 ③

$y=3x^2+6x$
$$=3(x^2+2x)$$
$$=3(x^2+2x+1-1)$$
$$=3(x^2+2x+1)-3$$
$$=3(x+1)^2-3$$

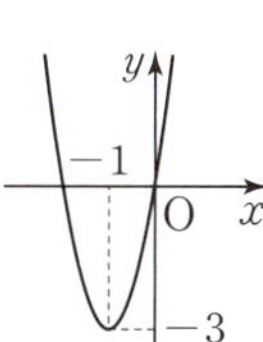

따라서 이차함수 $y=3x^2+6x$의 그래프는 오른쪽 그림과 같으므로 제1, 2, 3사분면을 지난다.

4 답 ⑤

$y=\dfrac{1}{2}x^2+4x+3$
$$=\dfrac{1}{2}(x^2+8x)+3$$
$$=\dfrac{1}{2}(x^2+8x+16-16)+3$$
$$=\dfrac{1}{2}(x^2+8x+16)-8+3$$
$$=\dfrac{1}{2}(x+4)^2-5$$

이므로 그래프는 오른쪽 그림과 같다.

⑤ 주어진 이차함수의 그래프는 이차함수 $y=\dfrac{1}{2}x^2$의 그래프를 x축의 방향으로 -4만큼, y축의 방향으로 -5만큼 평행이동하면 완전히 포개어진다.

5 답 $\overline{AB}=6$, $\overline{OC}=5$

$y=x^2+4x-5$에 $y=0$을 대입하면
$0=x^2+4x-5$, $(x+5)(x-1)=0$
$\therefore x=-5$ 또는 $x=1$
$\therefore$ A$(-5, 0)$, B$(1, 0)$
$y=x^2+4x-5$에 $x=0$을 대입하면
$y=0+4\times0-5=-5$
$\therefore$ C$(0, -5)$
$\therefore \overline{AB}=1-(-5)=6$, $\overline{OC}=5$

6 답 ⑤

일차함수 $y=ax+b$의 그래프에서
$a<0$, $b<0$
이차함수 $y=x^2+ax+b$의 그래프는
(x^2의 계수)$=1>0$이므로 아래로 볼록하다.
또한, x^2의 계수와 x의 계수의 부호가 다르므로 축이 y축의 오른쪽에 있고, $b<0$이므로 y축과 만나는 점이 x축보다 아래쪽에 있다.
따라서 $y=x^2+ax+b$의 그래프로 적당한 것은 ⑤이다.

7 답 $(1, 1)$

이차함수의 식을 $y=ax^2+bx+c$로 놓자.
이 이차함수의 그래프가 점 $(0, 3)$을 지나므로
$c=3$
즉, 이차함수 $y=ax^2+bx+3$의 그래프가
두 점 $(-1, 9)$, $(2, 3)$을 지나므로
$9=a-b+3$
$\therefore a-b=6$ $\quad\cdots$ ㉠
$3=4a+2b+3$
$\therefore 2a+b=0$ $\quad\cdots$ ㉡
㉠, ㉡을 연립하여 풀면
$a=2$, $b=-4$
$\therefore y=2x^2-4x+3$
$$=2(x^2-2x)+3$$
$$=2(x^2-2x+1-1)+3$$
$$=2(x^2-2x+1)-2+3$$
$$=2(x-1)^2+1$$

따라서 구하는 꼭짓점의 좌표는 $(1, 1)$이다.

8 답 3

$y=-x^2+2x+8$에 $y=0$을 대입하면

$0=-x^2+2x+8$, $x^2-2x-8=0$

$(x+2)(x-4)=0$

$\therefore x=-2$ 또는 $x=4$

$\therefore A(-2,\ 0),\ B(4,\ 0)$

$y=-x^2+2x+8$에 $x=0$을 대입하면

$y=-0+2\times0+8=8$

$\therefore C(0,\ 8)$

$y=-x^2+2x+8$

$\quad=-(x^2-2x)+8$

$\quad=-(x^2-2x+1-1)+8$

$\quad=-(x^2-2x+1)+1+8$

$\quad=-(x-1)^2+9$

$\therefore D(1,\ 9)$

따라서

$\triangle ABC=\dfrac{1}{2}\times\{4-(-2)\}\times8=24$,

$\triangle ABD=\dfrac{1}{2}\times\{4-(-2)\}\times9=27$

이므로

$\triangle ABD-\triangle ABC=27-24=3$

 **OX 문제로 확인하기** ·········· • 본문 148쪽

답 ❶ × ❷ ○ ❸ × ❹ ○ ❺ ○ ❻ ○

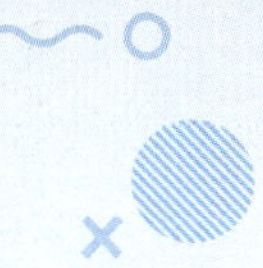

memo

memo

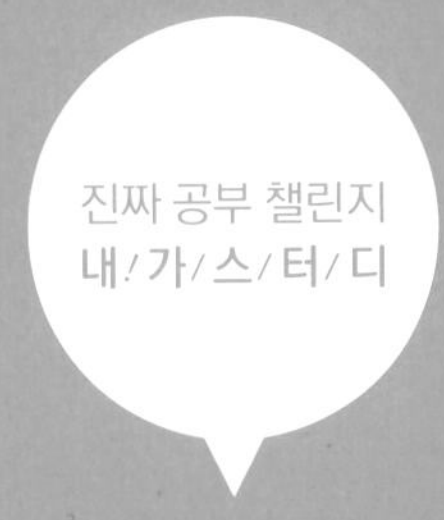

공부는 스스로 해야 실력이 됩니다.
아무리 뛰어난 스타강사도, 아무리 좋은 참고서도
학습자의 실력을 바로 높여 줄 수는 없습니다.

내가 무엇을 공부하고 있는지, 아는 것과 모르는 것은 무엇인지
스스로 인지하고 학습할 때 진짜 실력이 만들어집니다.

메가스터디북스는 스스로 하는 공부, 내가스터디를 응원합니다.
메가스터디북스는 여러분의 내가스터디를 돕는 좋은 책을 만듭니다.

메가스터디BOOKS

www.megastudybooks.com

내용 문의 | 02-6984-6901   구입 문의 | 02-6984-6868,9

일 개념

1일 1개념